KB139936

조선전기 특권신분

조선전기 특권신분

최 이 돈

景仁文化社

전환기에 서서

조선 전기는 서로 다른 시대의 가치가 공존하는 '전환기'였다. 중세의 가치와 근대의 가치가 같이 존재하였다. 이는 정치, 경제, 신분의 제부분에서 두루 나타났다. 즉 정치에서는 '사적지배'와 '공공통치', 경제에서는 '경제외적 관계'와 '경제적 관계', 신분에서는 '혈통'과 '능력' 등의 서로 대치되는 가치들이 공존하고 있었다.

이는 고려 말 급격한 생산력의 향상으로 인한 사회변화를 기존의 가치체계 안에서 수습할 수 없었기 때문이었다. 그러므로 유학자들은 기존의 가치를 유지하여 체제의 안정을 확보하였고, 새시대의 가치를 수용하여 개혁과 발전을 도모하였다. 물론 상호 모순적인 가치를 공존시키는 것은 쉽지 않았으나, 음과 양을 '太極' 안에서 조화시킬 수 있다고 믿었던 유학자들은 현실과 이상을 조화시키면서 당면한 과제들을 성실하게 풀어나갔다.

그동안 조선전기사 연구자들은 조선전기를 중세와 근대의 가치가 공존하는 시기로 인식하지 못하였다. 정치사에서는 '관료제'적 성격을 강조하면서 근대적 요소를 찾는 데에 집중하였고, 경제사에서는 '신분적 경제'를 강조하면서 중세적 요소를 찾는 데에 집중하였다. 신분사에서는 한편의 연구자들은 '혈통'을 강조하였고, 다른 한편의 연구자들은 '능력'을 강조하면서, 서로 대립된 견해를 제시하였다. 연구자들은 서로 모순적인 다른 시대적 가치인 혈통과 능력이 한 시대 안에서 대등하게 공존할 수 있다고 보지 않았다.

사실 어느 시기든 구시대나 새시대의 가치들은 공존하기 마련이었다. 그러나 조선전기에는 두 가지의 가치가 서로 대등하게 작용하고 있어, 중세나 근대의 어느 가치도 주도적 영향력을 관철시키지 못하였다. 그러므로 조선전기를 중세나 근대 하나로만 규정하기 어렵다.

물론 수 백 년 동안 유지되던 한 시대의 가치가 짧은 기간 안에 다른 가치로 전환되는 것은 쉽지 않았다. 서양사에서도 중세에서 근대로의 전환기, 수 백 년을 'Early Modern'이라고 명명하고 있는 것은 유사한 상황임을 잘 보여준다. 그러므로 조선전기를 중세에서 근대로의 전환기, 중세와 근대가 공존하였던 시기, 즉 '近世'로 보아도 좋을 것이다.

저자는 조선전기를 전환기로 이해하는 가설 위에서 상당한 시간을 연구에 투자하였다. 그러나 조선전기의 전체상을 설명하는 것은 많은 시간이 더 필요할 것으로 보인다. 그간 밝힌 조선전기의 특징적인 모습을, 일부나마 동학들과 공유하는 것은 의미있는 일이라고 판단하여, 그간의 성과를 묶어서 '近世 朝鮮의 형성'으로 출간하고자 한다.

전5권에 걸쳐서 조선초기 생산력의 향상에 따른 생산관계의 변화가 경제, 신분, 정치의 각 영역에 어떻게 구현되었는지를 검토하였다. 즉 당시 '天民'으로 인식되었던 백성의 법적, 실제적 지위가 어떠하였는지를 고찰하였다.

제1권 『조선초기 과전법』에서는 조선초기 백성의 경제적 지위를 검토하였다. 고려말 조선초 생산력의 상승으로 인한 생산관계의 변화가 과전법체제에 함축되어 표현되었다. 그러므로 과전법을 통해서 수조권을 둘러싼 국가, 전주, 전부 등의 생산관계 변화를 검토하였다.

제2권 『조선전기 신분구조』와 제3권 『조선전기 특권신분』에서는 백성들의 신분적 지위를 검토하였다. 생산관계 변화로 인해 신분질서가 새롭게 정립되는 모습을 '신분구조'로 정리하였다. 또한 그간 신분사 연구에서 지배신분이 중요한 쟁점이 되었음을 고려하여, 이를 '특권신분'으로 나누어 정리하였다.

제4권 『조선전기 공공통치』와 제5권 『조선중기 사림정치』에서는 백성들의 정치적 지위를 검토하였다. 생산력 향상으로 변화한 백성의 정치적 지위를 '공공통치'의 형성과정으로 검토하였다. 또한 성종대부터 백성의 상위계층인 사림이 지배신분인 훈구와 대립하면서 참정권의 확보를 위해서 투쟁하였는데, 그 과정을 '사림정치'의 전개과정으로 정리하였다.

사실 현대도 서로 다른 시대의 가치가 공존하는 전환기이다. 현대의 가장 대표적인 가치인 '자유'와 '평등'도 상호 모순적인 성격으로 긴장과 갈등을 유발시키고 있다. 이는 이 두 가치가 서로 다른 시대의 소산이기 때문이다. 자유는 근대를 열면서 중심적인 가치로 자리를 잡았고, 평등은 근대의 문제를 해결하기 위한 가치로 그 입지를 점차 확대해가고 있다. 그러므로 공동체의 안정과 발전을 위해서, 현대의 주된 관심은 '疏通'의 화두아래 자유와 평등을 조화롭게 발전시키는 데에 집중되고 있다.

'전환기에 서서' 우리의 공동체를 위해 고심하는 이 시대의 독자들에게, '중세의 가치'와 '근대의 가치'를 조화 발전시키기 위해 분투하였던 선조들의 모습이 한 줄기 지혜와 위안이 되기를 기대한다.

다시 맞는 丁酉年 10월에
심심한 감사를 담아서
최이돈

목차

제2부 特權身分과 정치 경제

補論

제9장 16세기 士林派의 身分制 인식

제1부

特權身分의 형성

제1장 特權 官品의 정비과정

머리말

최근 연구에 의하면 조선 초기의 신분제는 태종대에서 세종대에 걸쳐서 서서히 정비되어 갔다.[1] 신분제는 직역의 구조와 불가분의 관계에 있었으므로 신분제의 정비에 따른 직역체계의 변화도 불가피 하였다. 특히 상위 직역으로 파악되는 관직제도도 이에 상응하는 변화를 보였다.

관직이 양인의 직역이라는 견해[2]와는 달리, 국가는 양인은 물론 모든 신분소지자 즉 모든 국가 구성원, '국민'[3]에게 관직을 부여할 수 있는 관직 체계를 갖추기 위해서 노력하였다. 태종대 서얼에게 적절한 관직을 부여하기 위해서 한직제나 한품제를 도입한 것이나,[4] 세종대 천인과 공상인들에게 관직을 주기 위해서 잡직계를 만든 것은 이러한 노력의 소산이었다.[5] 따라서 관직은 단일 신분에 대응하는 직역이 아니라 모든 신분에 대응할 수 있는 직역이었다. 그러므로 관직 체계의 내부는 동질적인 것이 아니라 넘어가기 힘든 몇 개의 구역을 가진 이질적인 구조였다.

---

1) 최이돈 「조선 초기 왕실 친족의 신분적 성격」 『진단학보』 117, 2013.
2) 한영우 『조선시대 신분사 연구』 집문당 1997.
   유승원 『조선 초기 신분제 연구』 을유문화사 1986.
3) 최이돈 「조선 초기 천인천민론의 전개」 『조선시대사학보』 57, 2011.
   조선 초기에는 천인도 '국민'으로 인정되었다.
4) 이성무 『조선 초기 양반연구』 일조각 1980.
   최이돈 「조선 초기 서얼의 차대와 신분」 『역사학보』 204, 2009.
5) 이성무 위의 책.
   최이돈 「조선 초기 공상의 신분」 『한국문화』 38, 2006.

관직체계의 최상부에는 특권관원이 있었다. 특권관원은 특권 특히 신분적 특권이 부여되는 관원이었다. 특권관원에 대해서는 신분사의 관점에서 지속적으로 관심이 집중되었으나, 관원체계 전체를 동질적으로 파악하는 관점이 제기되면서 깊이 있게 검토되지 못하였다. 이 장은 조선 초기 신분제의 형성과정을 구명하는 일환으로 특권관원의 제도가 어떻게 정비되었는가를 구명해보고자 한다.

특권관원에 대한 개괄적인 이해는 이성무의 선도적 연구로 정리되었다. 그는 양반을 신분으로 설정하고, 양반의 신분적 특성으로 특권관원의 모습을 가장 중요한 근거로 제시하였다. 그러나 그는 양반의 일반적 특징을 구명하는 데에 관심을 집중하면서, 특권관원제의 정비과정에 대해서는 상대적으로 관심이 적었다.6)

이후 특권관원에 대한 관심은 문음제의 검토를 통해서 지속되었다. 문음제 연구는 조선 문음제의 형성과정과 운용의 실태를 중심으로 진행되었다.7) 문음제는 특권관원이 가지는 가장 중요한 특권이었으므로 이에 대한 연구는 특권관원을 이해하는데 크게 기여하였다.

이 장은 이와 같은 성과를 바탕으로 조선 초기 특권관원 제도의 형성과정과 그 성격을 검토하고자 한다. 특권관원의 검토는 『경국대전』의 문음조의 내용을 바탕으로 진행할 수 있다. 『경국대전』 문음조에는 문음의 특권을 가지는 관원으로 2품 이상의 관품과8) 3품 이하의 몇몇 관직을 거론하고 있다.9) 필자는 3품 이하의 몇몇 관직에 대해서는 이미 '현관'이라는

---

6) 이성무 위의 책.
   이성무 「조선 초기 음서제와 과거제」 『한국사학』 12, 1991.
7) 김용선 「조선 전기의 음서제도」 『아시아학보』 6, 1990.
   김창현 「조선 초기의 문음제도에 관한 연구」 『국사관논총』 56, 1994.
   박홍갑 『조선시대 문음제도 연구』 탐구당 1994.
8) 조선왕조실록에서 官品과 官階는 모두 관인의 품계라는 의미로 사용되었다. 관계라는 용어보다 관품이라는 용어가 익숙하고, 조선왕조실록에도 관품이라는 용어가 관계보다 더 많이 사용되었으므로 관품으로 통일하여 표현하였다.

주제로 일부 구명한 바가 있으므로, 이 장에서는 2품 이상의 관품만을 그 대상으로 하고자 한다.10)

그간의 2품 이상의 관품에 대한 연구는 앞에서 언급한 이성무의 연구 이후11) 남지대에 의해서 한 단계 진전된 성과를 보여주었다.12) 남지대는 「조선 초기 중앙정치제도연구」에서 조선 초기 2품 이상 관품이 정비되는 과정을 잘 설명하였다. 그러나 그는 관직과 관품 전체를 포괄적으로 설명하는데 주력하고 있어 2품 이상 특권관품의 정비과정에 대한 설명에는 미진한 면이 있다.

본논문은 특권 관품이 정비되는 과정을 검토하는데 초점이 있다. 검토의 편의상 2품 이상 관품 중에서는 그 하한에 있는 嘉善大夫를 중심으로 논의하고자 한다. 가선대부의 지위의 변화가 당연히 2품 이상의 관품의 위상을 보여주기 때문이다. 또한 2품 이상의 지위는 그 이하의 지위와 비교할 때에 분명해지는 것으로 3품 이하의 관품 중에서 최상위에 위치한 通政大夫를 언급하지 않을 수 없다. 특히 통정대부는 2품 이상의 지위의 변화로 인한 파장으로 그 지위에 변화가 있었는데, 그 변화과정도 같이 정리하고자 한다.

---

9) 이 규정은 관품과 관직이 조합되어 표현되고 있다. 결국 문음제 내에 같이 묶였지만, 이 두 계통은 형성과정이 서로 달랐다.

10) 최이돈 「조선 전기 현관과 사족」 『역사학보』 184, 2004.

11) 이성무 앞의 책.

12) 남지대 「조선 초기 중앙정치제도연구」 서울대학교 대학원 박사학위논문 1993.

1. 嘉善大夫의 지위 형성

1) 태조대 가선대부의 지위

태조대의 자료를 보면, 가선대부는 태종대 이후와는 다른 지위를 가졌다. 가선대부는 종2품으로[13] 고려에서는 재상에, 조선에서는 대신에 속하는 품계로서 당연히 특권을 부여받아야 할 품계였다. 그러나 태조대 가선대부는 그런 지위에 있지 못하였다.

이는 태조 1년 태조가 안렴사를 파견하면서 내린 다음과 같은 명을 통해서 알 수 있다.

> 법도를 어긴 사람은 마땅히 징계해야 될 것이니, 兩府 이상의 관원은 감금하고서 보고하고, 가선 이하의 관원은 마땅히 즉시 처결해야 할 것이다. 백성들에게 편리한 事條가 있으면 적당한 바에 따라 거행하여 나의 새로운 정치를 보필하게 하라.[14]

태조는 안렴사에게 잘못한 관원을 처벌할 때 필요한 지침을 주고 있다. 이에 의하면 안렴사는 잘못한 관원이 양부 이상의 관원이면 왕에게 보고하여 왕의 지시를 받아 처벌해야 하였고, 가선대부 이하의 관원이면 직단할 수 있었다. 왕에게 보고한 후에 지시를 받아서 관원을 처벌하는 '啓聞治罪'의 규정은 관원을 보호하기 위한 우대였으나, 태조대에는 가선대부가 이러한 우대의 밖에 있었다.[15]

가선대부와 대비되어서 언급된 부류는 양부 이상의 관원이었다. 즉 재

---

13) 『태조실록』 권1, 태조 1년 7월 정미.
14) 『태조실록』 권2, 태조 1년 9월 기축.
15) 남지대 앞의 논문; 최이돈 「조선초기 잡직의 형성과 그 변화」 『역사와 현실』 58, 2005.

추의 재상들이었다. 이들은 계문치죄의 특혜를 받았다. 고려의 관행에 의하면 재추 중에는 3품인 관원도 있었으므로, 가선대부는 관품으로 보면 재추와 같은 대우를 받는 것이 당연하였다. 그러나 관품보다는 관직을 중시하는 고려의 관행이 태조대에도 유지되면서16) 가선대부는 우대받는 관품이 되지 못하고 있었다.

이러한 상황이었으므로 태조대에는 가선대부를 대신으로 호칭하지도 않았다. 태종대 이후 2품 이상은 대신으로 호칭되는 것이 보통이었으나, 태조대에는 가선대부를 대신이라 칭하지 않았다. 이는 사간원에서 관찰사를 각도에 보낼 것을 요청한 태종 1년의 다음과 같은 건의에 잘 나타난다.

> 여러 도의 巡問 節制 등 사신을 모두 大臣으로 보내고, 州府의 사신은 대개 嘉善 이상의 관원을 쓰고 있습니다. 안렴사는 군민의 정사를 통할하고 상벌의 권세를 잡고 있으니 그 책임이 중합니다.17)

이 내용에 의하면 가선대부는 대신에 속하지 못하고 이에 대비되는 집단에 속하였다. 이때의 대신은 앞에서 보았듯이 양부의 재상을 칭하는 것이다.

이러한 가선대부에 대한 홀대는 어디에서 기인하였을까? 가선대부는 상위의 품계가 확실하였으나, 현실에서는 쉽게 획득할 수 있는 품계로 이해되고 있었다. 가선대부까지의 승진은 매우 쉬웠음을 보여주는 것은 태종 9년 의정부의 다음과 같은 언급이다.

> 船軍은 가산을 돌보지 아니하고 오랜 햇수를 赴防하므로 가장 일이 고되나, 관직으로 상주는 길이 막혀서 권하고 징계할 방법이 없으니, 마땅히 海領의 직임을 설치하여 40개월이 차는 자는 차례로 1급을 승

---

16) 남지대 앞의 논문.
17) 『태종실록』 권2, 태종 1년 11월 신묘.

진시켜서, 嘉善에 이르면 그치게 하소서.18)

이에 의하면 역이 고단한 선군을 격려하기 위하여 해령의 직을 두고 있었다. 해령은 40개월마다 1급씩 승진되어 가선대부까지 오를 수 있도록 규정되어 있었다. 그러므로 군역의 대가로 얻은 관직인 해령의 직만 충실히 하여도 일정시간이 지나면, 가선대부의 품계를 얻을 수 있었다. 실제로 군역의 대가로 가선대부의 품계를 얻을 수 있었는지의 문제와는 별도로 이러한 규정이 있다는 것만 해도 가선대부는 귀한 관품으로 인식되기 어려웠다.

이와 같은 상황이었으므로 실제로 가선대부의 수도 적지 않았을 것으로 추측된다. 이는 태조 5년 태조가 도평의사사에 명한 다음과 같은 명령을 통해서 추측할 수 있다.

근래에 들으니 수령들의 대다수가 제대로 일을 하지 못한다 하니, 각사에 분부하여 嘉善 이하 6품 이상 중에서, 문무를 겸재하여 수령이 될만한 자를 천거하게 하라. 잘못 천거하면 죄가 천거한 자까지 미치리라.19)

태조는 수령이 될 자를 천거하라고 명하면서 그 대상을 6품 이상에서 가선대부까지로 정하고 있다. 수령이 될 사람을 천거하는 것이었으므로 중요 관직에 임명될 사람이 아니었으나, 고위 관품인 가선대부가 포함되어 있었다. 다른 자료에도 이와 유사하게 '군민을 겸임할 수 있는 사람'20)을 추천하라고 명하면서 그 대상에 가선대부를 포함시키고 있었다. 이는 당시 가선대부는 왕이 그 품계를 가진 관원들을 파악하고 있을 만큼 중요

---

18) 『태종실록』 권17, 태종 9년 1월 신미.
19) 『태조실록』 권9, 태조 5년 2월 계축.
20) 『태조실록』 권7, 태조 4년 4월 갑신.

품계가 아니었고, 또한 왕이 기억할 수 있을 정도로 소수도 아니었음을 짐작케 해준다.

이러한 상황이었으므로 가선대부 이하 관원들에 대한 관리도 충실하게 되고 있지 못하였다. 다음 태종 1년 문하부의 상소는 이를 잘 보여준다.

> 지금 嘉善, 通訓, 朝散, 朝奉 등으로 중랑장, 낭장을 행하는 자가 署謝할 즈음에, 본직의 告身이 없는 자가 혹 있으니, 이것은 虛銜을 妄稱하여 次序를 건너뛰어 직을 받는 것이 틀림없습니다.[21)

이에 의하면 태종 초까지도 가선대부 이하의 관품을 가진 자에 대한 관리가 허술하였다. 가선대부로 고신을 가지지 못한 자도 있었다. 이러한 관리의 허술함은 麗末 鮮初의 혼란에도 기인하였으며, 또한 관원이 고려의 관행을 따라서 관직 중심으로 관리되면서 관품에 대한 관리가 제대로 되고 있지 않았음을 보여준다.

이러한 상황이었으므로 사간원에서는 관원에 대한 관리의 강화를 요청하였다. 이는 태조 7년 다음과 같은 사간원의 요청에 잘 드러난다.

> 告身의 법이 반드시 대성을 거쳐야 하는 것은 재주와 덕행을 상고하여 귀하고 천한 사람을 구분하기 위한 때문인데, 지금은 4품 이상의 관원에게는 바로 官教로 임명하여 현명하고 불초한 사람이 혼잡하게 되고 천례들이 조관의 반열에 끼이게 되니, 원하옵건대 지금부터는 兩府 이상의 관원은 그전대로 관교로 하고, 嘉善 이하의 관원은 대성으로 하여금 고신을 署經하게 할 것입니다.[22)

사간원에는 가선대부 이하 관원의 관리를 강화하기 위해서 서경의 실시를 주장하였다. 고려에서는 전 관원을 대상으로 하던 서경이 태조대에는

---

21) 『태종실록』 권1, 태종 1년 3월 갑술.
22) 『태조실록』 권15, 태조 7년 9월 경인.

4품관 이하로 제한되고 있었다. 그러므로 적극 관원들을 관리하기 위해서
는 가선대부까지의 서경제가 절실하였다.

이와 같은 상황에서 가선대부는 특혜를 받지 못하였다. 이를 상징적으
로 보여주는 것이 이미 앞에서 언급한 것처럼 가선대부는 '계문치죄'의 대
상이 아니라 직단의 대상이었다는 것이다.[23] 이는 가선대부에 대한 의례
에 있어서도 동일하게 나타났다. 태조 3년 도평의사사의 다음과 같은 언급
은 이를 잘 보여준다.

> 진상하는 의식 용품 이외에는 신하들은 금을 쓰지 못하고, 의정부와
> 중추원 이외에는 명주와 비단과 玉纓子, 玉環子를 쓰지 못하며, 嘉善
> 大夫 이하 6품 이상은 술잔 외에 은을 쓰지 못하게 하소서.[24]

이에 의하면 의전에 있어서 가선대부는 6품 이상의 관원과 같이 묶여
취급되고 있었다. 그러므로 태조대의 가선대부는 특권을 가지는 관원으로
보기는 어렵다.

이러한 상황에서 가선대부는 신분적 특권인 문음의 특혜를 받고 있었을
까? 『태조실록』에서는 이와 관련된 자료를 찾을 수 없다. 조선 건국 초에
문음제에 대한 특별한 조치가 없었으므로, 문음제는 고려의 유제를 따라
운영되었고, 가선대부는 문음의 특권을 가졌다고 보는 것이 자연스럽다.
그러나 앞에서 검토한 바와 같이 가선대부는 군역만을 충실히 하여도 다
다를 수 있는 지위로 인식되고 있었으므로 가선대부가 문음을 받았다고
보기는 힘들다.

가선대부만 아니라 정3품 통정대부도 유사한 처지에 있었던 것 같다. 이
는 다음의 태조 1년 통정대부의 지위에 관한 다음의 자료에 잘 나타난다.

---

23) 『태조실록』 권12, 태조 6년 7월 갑술.
24) 『태조실록』 권6, 태조 3년 6월 갑오.

여러 주의 향리 가운데 과거에 오르거나 공을 세운 사람 외에, 본조
의 通政이하의 향리와 고려 왕조의 奉翊이하의 향리는 모두 본역에 돌
아가게 하소서.25)

이는 향리의 부족이 문제가 되자 이를 해결하기 위하여 도평의사사에서
제안한 대안이었다. 이에 의하면 향리로서 통정대부에 이른 이들을 다시
향역을 수행하는 향리로 돌려보내고자 하였다. 통정대부는 정3품으로 가
선대부보다는 낮지만, 고려의 유제를 따라서 문음을 받을 수 있는 품계였
다. 만약 이들이 문음을 받는 지위에 있었다면, 단지 과거에 향리였다는
이유만으로 그간에 이룬 성취와 이미 받는 문음의 특혜를 무시하고 향리
의 신분으로 귀환시키는 것은 쉽지 않았을 것이다. 그러므로 태조대 통정
대부는 가선대부와 같이 별다른 우대를 받지 못하고 있었고, 문음을 받을
수 있는 위치도 아니었다고 보는 것이 자연스럽다.

『조선왕조실록』에는 문음제에 대한 구체적인 기사가 태종대에 이르러
나타나고 있다. 이는 위의 가선대부나 통정대부가 처한 상황과 연결시켜
서 살펴볼 때에 건국초의 혼란 가운데 태조대에는 문음제를 본격적으로
정비하지 못하였음을 짐작케 한다.26) 결국 태조대의 가선대부는 특권을
부여받는 특권관원이 아니었다.

2) 태종대 가선대부의 지위 변화

가선대부의 지위에 큰 변화를 준 것은 태종 5년의 관계 개혁이었다. 개
혁의 핵심은 육조의 기능을 강화하는 것이었다. 이를 위해서 육조 판서의

---

25) 『태조실록』권2, 태조 1년 9월 임인.
26) 조선 초기 왕실 친족의 문음제는 이러한 추측에 도움을 준다. 조선 초기 왕실 친
　족의 문음제는 태종대를 거쳐 세종대에 이르러서야 완비된다(최이돈 「조선 초기
　왕실 친족의 신분적 성격」 『진단학보』 117, 2013).

지위를 상승시키는 것이 필요하였다. 기존의 관직 중심 체계에서 볼 때에 단순히 판서의 품계를 올리는 것은 의미를 가질 수 없었다. 관품의 상승이 의미를 가지려면, 관직 중심의 체제에서 관품 중심의 체제로의 변화가 필요하였다.27)

그러한 변화의 조짐을 보여주는 것이 태종 5년 육조의 체계를 손보면서 말미에 언급한 가선대부와 통정대부에 대한 다음과 같은 언급이다.

> 嘉善은 비록 종2품의 산관이 될지라도 六曹典書의 階衛이 되고, 외방의 수령으로서 벼슬이 정3품에 이른 자도 또한 얻어서 계함이 될 수 있었는데, 이날에 모두 개혁하여 通政으로 고쳐서 낮추었다.28)

이 내용은 가선대부의 관품이 관직과 일치되지 않는 상황을 지적하고 있다. 관직을 중심으로 운영되던 체계에서는 관품과 관직이 일치되지 않는 것이 문제될 수 없었다. 대표적인 예로 고려에서는 3품도 재추에 참여하고 있었다. 그러나 육조의 기능을 활성화하고자 하여 관품을 정비할 때에는 관품과 관직 사이의 괴리가 문제될 수 있었다. 그러므로 종2품 가선대부의 품계를 가지고, 정3품 관직인 전서나 수령의 역할을 하고 있는 것을 비판하고, 이를 통일하기 위하여 가선의 품계를 통정으로 정리하였다. 또한 위의 조치와 함께 이러한 변화 이전에 가선대부의 품계를 가지고 있던 이들을 이후 모두 통정대부로 대우하는 것으로 정리하였다.29) 이는 관품 중심의 운영체계를 만들기 위해서 그간 쉬운 승진 체계 속에서 양산된 가선대부를 정리하는 것이 필수적이었음을 보여준다. 이러한 변화의 결과

---

27) 남지대는 태종 14년의 관직명의 정비를 관직체계 변화의 중요한 기점으로 보고 있다(남지대 앞의 논문).

28) 『태종실록』권9, 태종 5년 1월 임자.

29) 그러한 예는 태종 14년 노비변정도감을 설치하면서 결정된 다음과 같은 지적에 잘 드러난다. "옛날 가선대부와 지금 통정대부 이하는 直斷으로 시행하게 하였다."(『태종실록』권27, 태종 14년 4월 정사).

새로운 가선대부는 이전의 가선대부보다 상위에 있던 양부의 대신들에게 주어졌다.

그러므로 이후 새로운 가선대부를 대신이나 재상으로 호칭하는 것은 당연하였다. 먼저 가선대부가 대신으로 호칭된 사례를 보자. 태종 5년 의정부에서는 다음과 같이 가선대부를 대신으로 호칭하고 있다.

> 국가에서 大臣이 죽으면 일찍이 정부를 지낸 자는 시산을 논하지 않고 모두 예로써 장사하니, 이것은 공을 갚는 도리요, 충후하기 그지없는 것입니다. (중략) 종1품 이상은 禮葬과 贈諡하고, 정2품은 증시 치부하고, 종2품은 치부만 하소서.30)

국가에서 대신이 죽는 경우 장사하는 예를 논하면서 종2품까지를 대신으로 칭하고 이들의 장례에 치부하는 예전을 만들고 있다. 가선대부가 대신으로 칭해지고, 국가의 우대를 받는 예우의 대상이 되었다.

또한 가선대부는 양부대신들과 함께 재추로 호칭되고 있었다. 태종 12년 다음 사헌부의 상소는 이를 잘 보여준다.

> 조정은 높이지 않을 수 없고 관작을 중히 하지 않을 수 없습니다. 본래 일찍이 양부를 거친 자를 宰樞라고 일컬어 비록 한산에 있더라도 나라에 의논할 일이 있으면 반드시 모여 앉아서 가부를 논하니, 직임이 중한 것이 이와 같았습니다. (중략) 지금 양부를 거치지 않은 檢校嘉善 이상이 또한 모두 前銜宰樞所에 합좌하므로, 班의 차서가 혼란할 뿐만 아니라, 명분이 등수가 없으니 심히 미편합니다. 빌건대, 양부를 거치지 않은 검교로 하여금 따로 회소를 만들어서, 관작을 중하게 하고 조정을 높게 하소서.31)

---

30) 『태종실록』 권10, 태종 5년 12월 계미.
31) 『태종실록』 권23, 태종 12년 6월 정묘.

이 내용에 의하면, 검교가선대부가 양부의 재추들과 함께 재추소에 합좌하고 있음을 알 수 있다. 대간은 관직을 중시하던 관행을 근거로 이를 비판하고 있지만, 이미 관품 중심의 운영체제로 바뀌면서, 가선대부는 재추로 인정되었고 재추소에 합좌할 수 있었다.

이러한 상황이 진행되면서 당연히 가선대부로 승진하는 것은 어려워질 수밖에 없었다. 앞에서 살핀 것과 같이 쉽게 가선대부로 진급할 수 있던 군직 제도도 바뀔 수밖에 없었다. 태종 9년의 의정부의 다음과 같은 요청은 이를 잘 보여준다.

> "海領의 직임을 설치하여 40개월이 차는 자는 차례로 1급을 승진시켜서, 嘉善에 이르면 그치게 한다."하였습니다. (중략) 그 가운데 재능이 특별히 뛰어나서 여러 사람이 추앙하고 복종하는 자는 차례대로 천전하도록 허락하되, 折衝에 이르면 그치게 할 것입니다.[32]

이 자료는 이미 앞에서 살폈던 것으로, 해령은 시간이 지나면 가선대부에 오를 수 있었으나, 가선대부가 의미를 달리하는 관품이 되면서 이에 대한 조정이 불가피하였다. 이 제안에 의해서 해령은 정3품 절충장군까지만 오를 수 있도록 조정되었다.

이상에서 볼 때에 가선대부는 태종 5년 이후 대신으로 인정되면서 그 지위가 변화하고 있었다.

3) 세종대 가선대부의 특권과 제약

대신으로 인정되는 가선대부가 가지는 특권을 무엇일까? 이를 전면적으로 검토하는 것은 별도의 작업으로 보류하고, 그 지위를 상징적으로 보여

---

32) 『태종실록』 권17, 태종 9년 1월 신미.

주는 몇 가지만 검토하고자 한다. 즉 가선대부의 신분상, 사법상의 특권을 검토하고자 한다.

가선대부에게 부여되는 신분상 특권은 문음과 추증이었다. 가선대부에게 문음이 주어졌다는 것은 이미 기왕의 논문들에 의해서 잘 밝혀졌다.[33] 그러나 이 장이 특권관품의 정비과정에 관심을 가지고 있으므로, 언제부터 가선대부에게 문음이 부여되었는가를 밝히는 것은 중요한 과제가 될 수 있다. 그러나 자료의 부족으로 이 점에 대해서는 기왕의 논문들도 충분히 해명하지 못하고 있다. 그러므로 고려의 문음제와는 다른 2품 이상을 대상으로 하는 문음제가 언제 만들어졌는지를 검토하고자 한다.

문음이 가선대부에게 주어진 것이 『조선왕조실록』에 구체적으로 언급된 것은 태종 16년 다음의 자료에서이다.

> 銓選하는 법은 실로 공정하기 어렵다. 공신의 아들과 사위나 2품 이상의 아들과 사위는 이미 蔭職을 받았으나, 그 밖의 벼슬에 오를 만한 사람으로서 학생과 같은 類야 어찌 알겠는가? 문음의 법도 또한 아직 공정을 다한다고 이를 수는 없다. 이조에서 그 행할 만한 법을 참작하여서 아뢰라.[34]

태종은 문음이 2품 이상 관원의 아들과 사위에게 시행되고 있음을 지적하고 있다. 당시 시행되고 있는 문음제는 고려대에 비하여 문음을 받는 관원의 범위가 줄었고, 그 대상도 아들과 사위에 한정되었다. 고려의 유제가 아닌 이와 같은 문음제의 시행은 언제부터일까? 이미 앞에서 필자는 태종 5년 이전의 가선대부는 문음을 받을 지위에 있지 않다고 보았으므로 그 시기는 태종 5년 이후 태종 16년 사이로 추정된다.

그 시행시기를 밝히기 위해서 태종 16년부터 태종 5년까지 역으로 문음

---

33) 이성무 앞의 논문; 김용선 앞의 논문; 김창현 앞의 논문; 박홍갑 앞의 논문.
34) 『태종실록』 권31, 태종 16년 6월 무자.

관련 단편적인 자료를 추적해 볼 필요가 있다. 다음의 태종 14년의 자료는 2품 이상 대신에게 문음이 주어졌음을 짐작케 해준다.

> "훈구지신의 婢妾 所出을 상의원, 상림원에 예속시켜 그 識字에 開通한 자를 골라서 限品의 관직에 충당하도록 하는 것이 어떻겠습니까?" 임금이 명하였다. "2품 이상의 자기 비첩의 아들은 영구히 양인으로 삼고, 5품까지 한하라. 금후로는 공사 천첩을 自己婢子로써 贖身하도록 허락하고 그 소생의 아들은 위조항의 예에 의하라."[35]

이 내용은 태종 14년 대신들이 서얼을 관직에 임명해줄 것을 요청하였고, 이에 태종이 허락한 것이다. 이로써 2품 이상 관원의 첩소생을 양인으로 삼고 5품에 한하여 관직을 부여할 수 있게 되었다. 여기서 2품 이상 관원으로 한정한 것은 이미 2품 이상의 관원에게 문음을 부여하고 있는 상황에서, 이를 비첩소생에게까지 확대한 조처로 이해된다. 그러므로 이 내용으로 미루어 이미 2품 이상 대신들을 대상으로 하는 문음제가 실시되었음을 짐작할 수 있다.

조금 더 거슬러 올라가면, 다음의 태종 13년 대사성 권우의 상소 역시 2품 이상의 대신을 대상으로 문음이 행해졌음을 짐작케 한다.

> 옛날에 公卿, 大夫, 元士의 嫡子가 모두 태학에 입학하던 법과, 근대에 '門蔭으로 입학하던 예'에 의하여, 2품 이상의 자제로서 部學에 재학하는 자로 나이 15세 이상인 자는 식년을 기다리지 말고 그 글을 講하고 그 문장을 시험하여 國學으로 올려 보내소서.[36]

이 내용은 국학의 입학대상을 확보하기 위한 방안을 제시한 것이다. 여기서 '문음으로 입학하던 예'를 거론하면서 '2품 이상의 자제'를 대상으로

---

35) 『태종실록』 권27, 태종 14년 1월 기묘.
36) 『태종실록』 권25, 태종 13년 6월 정축.

언급하고 있는 것은 당시 2품 이상의 자제를 대상으로 하는 문음이 시행
되고 있었음을 보여준다.

더 거슬러 올라가면, 태종 5년 2월 관제의 개편이 이루어진 다음 달에
이조판서 이직이 언급한 다음의 내용도 2품 이상 관원을 대상으로 하는
문음제의 시행시기를 짐작케 한다.

> 門蔭과 功蔭의 子弟를 서용하는 법은 이미 정해진 법이 있으나, '다
> 른 자제'는 벼슬에 나아갈 길이 없사오니, 이제부터는 문음과 공음의
> 자제 외에, 벼슬이 없는 자의 자제로서 나이가 18세 이상의 재간이 있
> 는 자도 또한 大小官으로 하여금 천거하게 하소서.37)

이조판서는 銓選法을 논하면서 문음자제의 서용법이 이미 정해졌으니,
문음자제 외의 인원에 대한 임용의 방법이 필요하다고 제안하고 있다. 이
자료만으로는 여기서 지적하는 문음제가 고려의 유제에 의한 문음제인지,
2품 이상을 대상으로 하는 새로운 조선의 문음제인지 분명하지 않다.

그러나 여기서 문음자제와 대비하여서 '다른 자제'를 거론한 것은 중요
한 단서가 된다. 즉 문음자제 외의 '다른 자제'의 서용을 거론한 것은 이후
논의의 맥락을 검토해보면, 근본적으로 문음의 특혜 범위가 2품으로 줄어
들면서 제기된 논의였다. 이 논의는 태종 16년에 결론을 맺게 되는데, 여
기서 밝혀지는 '다른 자제'는 '3품 이상과 일찍이 대간 정조를 지낸 사람의
자제'로 정리된다.38) 이는 자연스럽게 '다른 자제'와 대비는 문음자제가 2
품 이상의 자제였음을 보여준다. 그러므로 위의 자료는 2품 이상 관원의
문음제가 태종 5년 2월까지는 만들어졌음을 보여준다. 그러나 이미 언급
한 것처럼 태종 5년 관제개혁 이전의 2품 이상은 특권관품이 아니었음을
고려한다면, 결국 2품 이상을 대상으로 하는 문음제는 태종 5년 1월 관제

---

37) 『태종실록』 권9, 태종 5년 2월 을해.
38) 『태종실록』 권32, 태종 16년 7월 정유.

개혁의 소산으로 보는 것이 적절할 것이다.

문음의 규정은 태종 16년에 다소 보충된다. 태종은 그 16년에 이조 병조에 문음제도를 보완할 것을 명하였고, 논의에 근거하여 태종은 다음과 같이 문음의 대상을 확대하였다.

> "공신과 2품 이상에 弟姪이 없으니, 同生弟와 三寸姪을 아울러 단자에 기록하게 하라."고 하였으니, 전에 수교한 것에 '弟姪' 두 글자를 첨가하라.[39]

이 내용에 의하면 2품 이상 대신의 문음은 자손과 사위는 물론 제와 질까지 포함하는 범위로 확대되었다. 이로서 특권관원인 2품 이상이 누리는 문음제의 틀이 완전하게 갖추어 졌고, 가선대부 이상은 문음의 특혜를 누리는 특권관원이 되었다.

추증은 2품 이상 관원의 조상에게 관품을 주어 우대하는 것으로서 자손에게 문음을 주는 것과 같은 성격을 가진 신분상의 특권이었다. 조선 초기의 추증제는 태조 5년에 다음과 같이 정비되었다.

> 6품 이상으로서 3대의 제사를 받들어야 할 사람은 3대의 고비를 追贈하되, 부친은 본인의 품계와 대등하게 하고 조부와 증조부는 각각 한 등씩 낮추고 妣도 같게 하며, 공신이면 2등을 더하라.[40]

이에 의하면 6품 이상의 관원은 부, 조, 증조의 3대를 추증하도록 규정하고 있다. 이는 고려에서 6품 이상 관원의 부모에게 추증하였던 것을 이어받은 것이었다.[41]

---

39) 상동조.
40) 『태조실록』 권9, 태조 5년 5월 병자.
41) 『고려사』 권75, 선거3, 전주 封贈.

그러나 고려의 제도를 이어 받은 추증제도가 조선에서 활성화되지는 않은 듯하다. 이는 태종 16년 옥천부원군 유창의 다음과 같은 상소를 보면 알 수 있다.

가만히 생각하건대, 3대를 추증하고 자손에게 음직을 주는 것은 傳에 있고, 또 錄券에도 이 법이 함께 실려 있습니다. 음직은 이미 받았으나 추증하는 법은 아직 다 행하지 못하고 있습니다. 祖考를 추영하는 것은 인자의 지극한 소원입니다.[42]

이에 의하면 태종 16년의 상황에서 문음제는 잘 시행되고 있으나, 추증제는 잘 시행되지 못하고 있었음을 알 수 있다. 음서제와 추증제는 모두 신분적 특권을 부여하는 제도였는데, 이미 문음제가 2품 이상을 대상으로 하는 제도로 변경되는 상황에서, 고려의 유제를 따라서 6품을 대상으로 하는 추증제가 시행되기 어려웠다.

이와 같은 유창의 문제 제기는 추증제를 정비하는 계기가 되었던 것으로 추측된다. 이는 유창이 지적한 몇 달 뒤의 이조의 다음과 같은 건의로 짐작할 수 있다.

전에 수교한 내에, "兩府 이상은 考妣를 추증하되 아비는 본인의 품질과 같게 하고, 조와 증조는 각각 한 등을 遞降하고, 妣도 같게 하라." 하였는데, 체강하는 등차가 정하여지지 않았으니, 금후로 추증 체강하는 것을 매품마다 강등하도록 하소서. 또 영락 원년 수교에 6품 이상 국가에 공이 있는 사람은 조부를 추증하는 것을 허락하고 曾祖考妣에는 미치지 않았는데, 빌건대, 삼대를 제사하는 예에 의하여 증조고비도 아울러 추증하소서.[43]

42) 『태종실록』 권31, 태종 16년 1월 무오.
43) 『태종실록』 권32, 태종 16년 7월 신축.

이에 의하면 추증제가 새롭게 만들어지면서 그 대상이 양부 이상으로 정리된 것을 알 수 있다. 양부 이상이라 함은 대신을 대상으로 추증제가 정리된 것을 의미하는 것으로 문음제를 2품 이상으로 한정한 것과 같은 맥락에 있음을 알 수 있다. 또한 이전에 6품 이상을 추증하라는 규정은 폐지하지 않고, '국가에 공이 있는' 즉 공신에 대한 규정으로 재해석하여 유지하였다.

여기서 추증의 대상을 '양부 이상'이라고 규정한 것은 바로 2품 이상 관원으로 재해석되어서 적용되었다. 이는 세종 28년 다음 이강백 상소의 언급을 통해서 확인된다.

> 우리 조정의 제도에 2품 이상의 관원에게는 3대까지 추증하는데, 신과 신의 형은 관위가 높은 품계에 이르렀으며, 신의 형 이백관과 이백신 및 신의 아우 이백현도 모두 소용함을 입어 또한 3품까지 이르렀는데도, 신의 아버지는 관작이 없으니 신은 그윽이 민망히 여깁니다.[44]

이는 이강백이 자신의 아버지의 추증을 요청하면서 3품의 관원이 되어도 추증이 되지 않는 현실을 지적하고 있다. 이에 의하면 추증은 2품 이상 관원을 대상으로 하는 것임을 확인할 수 있다. 이는 그대로 『경국대전』에 수록되어 조선의 추증제는 완비되었다.[45] 이로써 가선대부 이상은 추증의 특혜를 누리게 되었다.

가선대부는 사법상의 특혜도 누렸다. 가선대부 이상은 잘못을 하여도 작은 죄는 용서를 받았고, 처벌받는 경우에도 寬典에 의해서 경한 처벌을 받았다. 또한 왕에 의해서만 재판을 받는 계문치죄의 특권이 있었다. 왕은 2품 이상의 대신들이 잘못을 하더라도, 작은 잘못은 거론도 하지 못하게 하였다. 세종 14년 다음의 세종의 명은 이를 잘 보여준다.

---

44) 『세종실록』 권113, 세종 28년 9월 을해.
45) 『경국대전』「이전」추증조 "종친 및 문무관으로 실직 2품 이상은 3대를 추증한다."

2품 이상에 대하여 그 범죄가 비록 작은 것이라 할지라도 모두 율에
의하여 論罪함은 매우 온당하지 못하니, 이 뒤로는 작은 잘못에 대하
여는 이렇게 하지 말라.46)

이는 형조에 내린 세종의 명으로 2품 대신의 작은 잘못은 논죄하지 못
하도록 명하고 있다. 어느 정도의 잘못이 작은 잘못인지는 분명치 않으나,
대신들은 잘못을 하더라도 용서받는 특혜가 부여되어 있음을 알 수 있다.
대신들의 지은 죄가 작지 않아 처벌이 거론되는 경우에도 대부분 寬典
으로 형량을 낮추어주는 것이 일반적이었다. 이는 태종 16년 다음의 자료
를 통해서 알 수 있다.

전 전라도 수군도절제사 홍유룡을 남원에 付處하라고 명하였다. 또
말하기를, "일이 宗廟와 社稷에 관계되는 이외의 것은 마땅히 寬典을
따라야 한다."하니, 병조 판서 이원이 아뢰기를, "홍유룡이 비록 사리
를 알지 못한다고 하나 이미 '재상'이 되었으니, 가뭄을 걱정하는 때를
만나서 또한 마땅히 두려워하며 조심하여야 했습니다.47)

이는 홍유룡의 처벌에 대하여 태종과 병판 이원이 논의한 내용이다. 여
기서 태종은 '재상'의 잘못은 종묘와 사직에 관련되는 것이 아니면, 寬典으
로 가볍게 처리하여야 할 것을 명하고 있다. 그러므로 대신에게는 종묘와
사직에 관여되는 대역의 죄가 아니면 관전의 특혜를 부여하였다.
이와 더불어 가선대부에게 부여된 사법상의 중요한 특권은 계문치죄의
특혜였다. 이는 태종 14년 변정도감에서 올린 다음의 사목에 잘 나타난다.

誤決한 관리나 오결이라고 망령되게 고하는 자와 말을 꾸며서 억지
로 변명하는 자는 옛 嘉善大夫, 지금 通政大夫 이하는 直斷하고, 2품

46) 『세종실록』 권56, 세종 14년 4월 무신.
47) 『태종실록』 권31, 태종 16년 6월 정묘.

이상은 申聞하여 科罪하라.[48]

이미 앞에서 살핀 것처럼 태조대의 가선대부는 계문치죄하는 권리가 없었고, 직단의 대상이었다. 그러나 관품제도가 바뀌면서 2품 이상 즉 가선대부 이상은 계문치죄하는 것으로 변화되었다. 여기서 제도 변화 이전의 가선대부를 '옛 가선대부'로 칭하면서 통정대부와 묶어서 직단하고 있는 것이 주목된다.

사실상 조선 초기에 계문치죄는 두 가지의 형태로 나타난다. 계문치죄는 대신에게 부여되었을 뿐 아니라 참상관 이상 관원에게도 부여되었다.[49] 그러나 참상관 이상의 관원에게 부여된 계문치죄는 제한이 있었다. 즉 국가에서는 중요한 사안을 처리하기 위하여 事目을 만들고, 이에 입각해서 일을 처리하는 경우가 자주 있었는데, 그 경우 일반관원에 대한 直斷權이 규정되어 있었다. 대신이 아닌 일반관원의 경우는 직단하였다. 즉 계문치죄의 특혜가 완전하게 부여된 이는 대신들뿐이었다. 대신만이 실질적으로 항시 계문치죄의 특혜, 즉 왕의 법정에서만 재판을 받을 수 있는 권리가 있었다.[50]

그러나 가선대부는 특권과 더불어 제한도 받고 있었다. 그 유일한 제한이 지방거주 금지였다. 태종 12년 사헌부에서 다음과 같이 2품 관원의 지방거주를 문제로 삼았다.

전 도절제사 조익수, 전 부윤 강후, 이은, 검교 한성 조윤, 이홍림, 김회련 등은 관직이 2품인데, 과전을 받고도 경성에 살지 않고 물러가 외방에 거처하니, 청컨대 죄를 가하게 하소서.[51]

---

48)『태종실록』권27, 태종 14년 5월 기묘.
49) 최이돈 앞의 논문.
50) 이외에도 대신은 다양한 사법상의 특혜를 부여받았다. 죄를 지어 이송 중에도 우대조치를 받았으며(『태종실록』권33, 태종 17년 6월 신해), 민사의 재판에 임할 때에도 대리인을 내세울 수 있었다(『태종실록』권30, 태종 15년 9월 신축).

사헌부는 조익수를 비롯한 2품 이상 관원이 지방에 거주하는 것을 탄핵하였다. 이에 대하여 태종은 과전을 거두는 것으로 정리하였다. 과전은 관원에게 주는 가장 기본적인 보상이었으므로 과전의 환급은 중요한 규제였다.

2품 관원의 지방거주를 막는 법은 언제부터 만들어져 시행되었을까? 그 기원은 태조 6년 태조가 내린 다음과 같은 명과 연결되는 것으로 보인다.

> 兩府 이하의 前銜 品官으로 하여금 항상 서울에 있어 왕실을 호위하게 하되, 양부는 6월 초1일에 한정하고 가선은 8월 초1일에 한정하였다.[52]

이는 가선대부 이상의 관원들이 관직을 그만두어도 서울에 거주하도록 한 명령이었다. 이에 의하면 태조대부터 가선대부를 서울에 거주하도록 규제한 것으로 보인다. 그러나 앞에서 살핀 것처럼 가선대부는 고위의 관품이었으나, 태조대에는 특권을 가지는 관원이 아니었다. 그러므로 태조대에 2품 이상에 대하여 지방 거주를 규제하는 것이 의미를 가지기 어려웠다. 2품 이상 관원의 지방 거주를 규제하는 규정은 있었으나 시행되지 않았다고 보는 것이 타당하다.

그러나 다음의 태종 10년 다음과 같은 논의는 사문화되었던, 2품 관원의 지방거주 규제가 이 무렵 새롭게 살아나고 있음을 보여준다.

> 사헌부에서 전 완산 부윤 한답의 죄를 청하였다. "한답이 김제군에 살고 있는데, 그 고을 백성이 군수의 불법한 일을 말하는 자가 있으므로, 한답이 향인을 데리고 가서 그 집을 헐었으니, 죄가 마땅히 장 1백 대에 해당합니다." 임금이 말하였다. "2품 이상이 외방에 사는 것을 일찍이 금한 令이 있었다. 헌사에서 만일 이것으로 논한다면 가하지만,

---

51) 『태종실록』 권24, 태종 12년 12월 신유.
52) 『태조실록』 권11, 태조 6년 4월 을사.

사유 전의 일을 가지고 죄를 줄 수는 없다."53)

　사헌부에서 대신 한답이 지방에서 문제를 일으키자 이를 처벌할 것을 요청하였다. 이에 대하여 태종은 "2품 이상이 외방에 사는 것을 일찍이 금한 슈이 있었다."라고 그 처리 방안을 제시하였다. 사헌부가 이 규정을 언급하지 않은 것은 당시까지 이 규정이 사문화되어 있었음을 보여주는 것이었는데, 태종의 이와 같은 지적으로 이 규정은 다시 의미를 가지게 되었다.

　관직체계가 관직 중심에서 관품 중심으로 바뀌면서 가선대부 이상은 특권 관품이 되었고, 오히려 이들의 지방거주는 활성화될 수 있었다. 관직 중심 체제에서 지방으로의 이주는 관직을 그만두는 것으로, 대신들이 권력을 버리는 지방 이주를 택할 가능성은 거의 없었다. 그러나 관품 중심의 체제에서는 관품만 가지면 실직을 맡지 않아도 특권을 가질 수 있었으므로, 대신들의 지방 이주의 가능성은 높았고, 실제로 이주의 사례들도 많아졌다.

　특권을 가진 대신들의 지방 거주는 한답의 사례에서 볼 수 있듯이 지방 사회에 부담을 줄 수 있었다. 대신들의 지방 거주로 인한 문제가 제기되자, 이에 대한 규제는 불가피한 것이었고, 이미 태종 10년경에 이르면 이에 대한 규제가 논의되기 시작하였다. 앞에서 살핀 바와 같이 태종 12년에는 지방에 거주한 대신의 과전을 환수하는 조치도 시행하였다.

　그러나 2품 이상 관원의 지방거주는 계속되었다. 이는 태종 13년 사헌부의 다음과 같은 지적으로 알 수 있다.

　　2품은 외방에 있을 수 없다는 것이 이미 이루어진 법이 있습니다. 검교한성윤 손가흥, 박상경, 박후식, 고도관, 윤사혁, 최함, 여극해, 정도복, 전이성병마사 정과 등은 항상 외방에 거주하니 심히 미편합니다. 청컨대 告身을 거두고 다른 道에 移置하소서.54)

---

53)『태종실록』권20, 태종 10년 11월 계유.

사헌부에서 지방에 거주한 대신으로 손가흥 등 상당수의 인원을 처벌할 것을 요청하였다. 사헌부는 태종 12년에 시행한 과전만을 수거하는 규제가 충분치 않았다고 평가하고, 이들의 告身을 거두고 다른 道에 유배하는 강력한 규제를 취할 것을 요청하였다. 이에 태종은 이들을 서울로 돌아오도록 조치하였다.

이후 가선대부 이상의 대신들의 지방거주를 제한하는 것은 계속되었다. 그러나 대신들이 여러 가지 연고로 지방에 출입하는 것은 불가피 하였고, 이러한 경우에는 의정부에 그 연고를 고하도록 제도화하였다.55) 이러한 규제는 태종 13년 이후 나타나는 도제와 군현제의 정비 등 지방제도 개혁이 시행되면서 더욱 강조될 수밖에 없었다.56)

이상으로 볼 때 가선대부는 특권과 규제를 동시에 받는 지위에 있었다. 그러나 가선대부의 지방거주 규제는 가선대부가 가지는 특권에 기인한 것으로, 이는 역으로 가선대부가 가지는 영향력을 상징적으로 보여주는 것이었다.

2. 通政大夫의 지위와 그 변화

1) 세종대 통정대부의 지위

가선대부가 특권관원임을 살펴보았는데, 그 아래 품계인 통정대부의 지

---

54) 『태종실록』 권26, 태종 13년 7월 기축.
55) 『태종실록』 권35, 태종 18년 2월 신축.
56) 『세종실록』 권1, 세종 즉위년 9월 임술.
"선지를 내려, 전직 2품 이상의 사람이 문 밖에 출입할 때에는 전에 승정원에 올리던 예에 따라, 어느 날 나갔다가 어느 날 돌아왔다는 사연을 기록한 緣故單子를 병조에 올리도록 하였다."

위는 어떠하였을까? 통정대부의 지위를 포괄적으로 보여주는 것은 세종 26년 의정부의 다음과 같은 언급이다.

> 우리나라의 제도는 3품 이하 6품 이상을 '參上'이라고 일컬어 같은 등급으로 하고 있어서, 참상관과 2품관 사이에는 '커다란 간격'을 두고 있습니다.[57]

이에 의하면 통정대부는 참상관으로 규정되고 있다. 또한 참상관과 2품 관원 사이에는 '커다란 간격'이 존재한다고 보았다. 이 커다란 간격이 참상 관인 통정대부의 지위를 상징적으로 보여주는 것이었다. 통정대부는 가선 대부가 가진 신분상, 사법상의 특권을 가지지 못하였다. 또한 통정대부까 지의 승진은 쉬웠고 고과제, 상피제, 고시제 등 관료제의 틀 안에 있었다.

통정대부까지 승진은 상대적으로 쉬웠다. 앞에서 살펴본 해령의 예에서 알 수 있듯이 군역을 충실히 하여도 통정대부에 이를 수 있었고, 서얼도 통정대부까지의 승진이 보장되어 있었다. 심지어 한품제에 걸린 관원도 그 한품만 넘어서면 그 이후에는 제한 없이 통정대부까지 오를 수 있었다. 이를 잘 보여주는 예로 세조 9년 도화원 제거 최경의 경우를 들 수 있다.

> 畵員의 職이 본래 5품이 한정인데, 최경은 그 업으로서 權貴한 이를 잘 섬겨 도화원 별좌를 제수 받고, '例대로' 통정대부에 가자하였다.[58]

이에 의하면 최경은 한품인 5품을 넘어서는 것이 어려웠지만, 일단 5품 을 넘으면서 어렵지 않게 '예대로' 통정대부까지 승진할 수 있었다. 그러므 로 통정대부로의 진입과 승진은 상대적으로 쉬웠다. 통정대부는 특권관원 이 아니었기 때문이었다.

---

57)『세종실록』권105, 세종 26년 윤7월 임진.
58)『세조실록』권30, 세조 9년 3월 병신.

통정대부 이하는 가선대부와 달리 관료제의 규제 안에 있었다. 즉 통정대부는 고과제, 상피제, 과거제 등 관료제의 틀 안에 있었다. 이와 같은 제도들은 관료제의 합리성과 투명성을 제고하는 중요한 장치였다. 그러나 이와 같은 제도는 통정대부 이하에게만 적용되어, 상대적으로 규제의 의미를 가졌다.

먼저 고과제는 통정대부까지만 적용되었다. 고과제는 세종대에 그 기본틀이 마련되었다. 세종 5년 이조에서 다음과 같이 고과제 방안을 제안하였다.

> 옛날 법제나 조정의 법을 따라 외방 수령들을 매년 두 번씩 성적을 고사하되, 다섯 번째 고사가 끝나기를 기다려서, 三上부터 五上까지는 加資하여 주고, 三中부터 五中까지는 먼저 받은 품질을 그대로 두고, 一下가 있으면 모두 파면시킵니다. 또 五考까지 끝나기를 기다려서 가자하고, 仍資하고 罷黜하는 법은 위에 의하여 시행하되, 實仕한 지 60개월이 차기를 기다려서 그 資로써 京官을 제수합니다. 통정 이상은 '特旨'가 있지 아니하면 다만 그 本資에 그치게 하소서.[59]

정부는 관리들의 승진제도를 정비하여 3년 단위로 평가하는 고과제를 마련하였다. 주지하듯이 고과제의 정비는 관료제의 합리적인 운영을 위하여 불가피한 제도였다. 그러나 여기서 특히 주목되는 것은 정작 고과제도의 적용이 통정대부까지였다는 점이다. 이미 통정대부에 이르면 그 이상으로 승진에는 '특지'가 필요하였다. 즉 통정대부까지의 승진은 고과제라는 관료제의 운영방식 내에 있었으나, 통정대부이상의 승진은 이를 벗어나 있었다.[60]

가선대부의 승진에 특지가 필요하다는 것은 무엇을 의미하였을까? 당시 용례에 의하면 특지라는 의미는 왕의 단독적인 인사를 의미하였다. 세종

---

59) 『세종실록』 권20, 세종 5년 6월 갑인.
60) 2품 이상의 승진에 특지를 적용하는 방식을 중국의 『元史』「銓法」에서 그 근거를 찾고 있었다(『세종실록』 권20, 세종 5년 6월 갑인).

12년 다음 사간원의 언급은 이를 잘 보여준다.

> 이조에서 교지를 받기를, "3품 이하는 제수한 뒤에 班簿에 그 내력
> 을 기록하되, 대내로부터 제수된 것은 特旨라 일컫고, 保擧에 의해 제
> 수된 것은 某人의 薦이라 쓰고, 功臣이나 2품 이상의 아들과 사위는
> 아무의 아들, 아무의 사위라고 쓰며, 전직 官案을 상고해 제수한 자는
> 前官案付라고 기록한다."라고 하였습니다.[61]

이 내용은 3품 이하의 인사기록에 대한 언급으로, 이에 의하면 인사에서
는 그 행해진 근거를 특지, 보거, 문음, 관안 등으로 나누어 기록하고 있었
다. 이중 특지는 '대내로부터 제수 된 것'이라고 기록되어 있어서 왕명을 근
거해서 이루어진 인사였다. 이러한 용례에 비추어 볼 때, 가선대부로의 승진
은 왕의 명에 의해서 이루어는 寵臣的 성격을 가진다고 해석할 수 있다.[62]

그렇다고 가선대부의 승진이 왕의 단독적인 결정에 따른다고 보기는 어
렵다. 왕과 재상들의 합의에 의해서 진행되었을 것으로 추측된다. 그러나
특지라는 표현이나, 이러한 제도가 정비된 시기가 왕권이 매우 강하였던
태종대였다는 점을 고려한다면, 특권관원이 되는 가선대부의 승진에는 왕
의 영향력이 지대했을 것으로 추측된다. 그러므로 가선대부부터의 인사는
통정대부 이하의 일반 관료제의 인사체계를 벗어난 것이었다.

상피제도의 경우도 통정대부까지만 적용되었다. 가선대부 이상은 상피
제에서도 벗어나 있었다. 상피제는 일정범위 내의 친족이 영향력을 미치
지 못하도록 규제하는 제도로, 정실에 의한 부정을 막기 위한 합리적인 장
치였다. 그러나 가선대부 이상은 상피제의 규제를 벗어나 있었다. 단종 즉
위년 단종의 다음과 같은 언급은 이를 잘 보여준다.

---

61) 『세종실록』 권49, 세종 12년 8월 신묘.
62) 남지대는 "왕의 의지가 크게 작용하여 당상관의 서용, 가자, 승품은 그 자체가 정
    치적이었다."고 언급하고 있다(남지대 위의 논문 179쪽).

상피에 대해서, 당상관은 본래 상피가 없고 대성, 정조, 연변의 장수, 수령은 그 책임이 가볍지 않으니, 만일 그 재주가 쓸 수 있다면 대신의 자제라고 해서 폐할 수는 없다.[63]

여기서 단종은 당상관의 상피는 없다고 언급하고 있다. 물론 당상관에는 통정당상관도 포함된다. 그러나 단종대의 통정당상관은 후론할 것처럼 일반 통정대부와 그 지위가 달랐다.[64] 그러므로 통정대부 이하는 상피제의 제한을 받았다고 보는 것이 타당하다.

당상관은 상피제에서 예외가 되었지만, 이조나 병조의 인사 담당자가 상피관계에 있는 자를 인선하는 경우는 계속 조정의 문제가 될 수 있었다. 그 대표적인 예로 성종 6년 사간원에서는 이조의 인사를 비판하면서 언급한 다음의 자료를 들 수 있다.

이제 이원효를 판결사로 삼았으나, 이원효는 이조참의 심한의 동서인데, 이조에서 혐의하지 아니하고 주의하였으니, 외람됨이 막심합니다. 원컨대 유사에 내려서 추핵하여 이원효의 관직을 아울러 고치게 하소서."[65]

대간은 이조참의 심한이 동서인 이원효의 인사를 한 것을 문제로 삼고 있다. 그러나 이미 당상관은 상피에서 벗어난다는 관행이 있었으므로 이에 대하여 이조에서는 다음과 같이 답하였다.

당상관은 상피를 논하지 않고 제수한 지가 오래되었습니다. 이극중이 도승지가 되어서 이극기에게 강원도 관찰사를 제수하였으며, 이극중이 이조 판서가 되어서 이극돈에게 강원도 관찰사를 제수하였으니

---

63) 『단종실록』 권1, 단종 즉위년 5월 을묘.
64) 다음 절 참조.
65) 『성종실록』 권56, 성종 6년 6월 을미.

다. 노사신이 겸판서가 되어서 강희맹에게 병조 판서를 제수하였으며 심한을 동부승지로 삼았습니다. 전례가 이와 같기 때문에 신 등도 이제 또 주의를 하였습니다.

이 내용에 의하면 관행적으로 이조당상들은 형제 관계에 있는 이들도 당상관의 인사인 경우에는 상피제에 관계없이 인사하고 있었다. 그러나 대간은 계속해서 이를 문제 삼았고, 특히 "상피의 법은 『대전』에 실려 있는데, 당상과 당하의 구분이 없었습니다."라고 법전까지 근거로 거론하였다.66)

대간들의 반대에도 불구하고 당상관 인사에 상피제를 적용하지 않는 관행은 계속 유지되었다. 오히려 이를 규정화하여서 『경국대전』에 다음과 같이 세주로 명시하였다.

吏房承旨 및 本曹의 관원이 相避하여야 할 경우에 처해 있는 자라면 그 職에 임명하지 아니 한다. (堂上官은 이 제한을 받지 아니한다.) 근무 일수가 다 찬 자는 예에 따라 平敍한다. (兵房承旨 및 兵曹도 같다.)67)

이 내용에 의하면 細註로 인사를 담당하는 이조, 병조의 관원 및 이방승지, 병방승지가 당상관 인사를 하는 경우에는 상피제의 제한을 받지 않도록 규정하고 있다.68) 왕과 대신들은 『경국대전』에 예외 규정을 넣으면서까지 당상관 이상을 상피제에서 벗어나도록 하고 있다. 당상관을 상피제에서 제외하고 있었으므로, 성종 10년의 자료에 의하면 이조의 당상관인 이조판서, 이조참판, 이조참의가 같은 친척인 경우도 있었다.69) 결국 당상

---

66) 『성종실록』 권56, 성종 6년 6월 신축.
67) 『경국대전』 「이전」, 상피조.
68) 이러한 법적 규정이 언제 만들어졌는지는 분명하지 않다. 다만 당상관 관련 조항이 세주로 처리된 것은 그 조항이 만들어진 시기를 추적해 볼 수 있는 단서가 될 수 있다. 검토해 볼 때, 성종 16년에 간행된 『을사대전』에는 당상관 예외 규정이 첨가되었을 것으로 보인다(『성종실록』 권80, 성종 8년 5월 무진; 권255, 성종 22년 7월 임진).

관의 인사는 합리적이고 투명한 관료제적인 규제 밖에 있었다.

가선대부 이상은 고시제의 대상도 아니었다. 고시는 능력에 의하여 관료를 평가하는 제도로 관료제의 중요한 기초였다. 관원의 선발은 물론 관원이 된 이후에도 관원들을 대상으로 하는 重試 등 다양한 평가가 있어, 능력에 입각한 관원의 평가제도가 운영되고 있었다. 그러나 시험을 통해서 능력을 확인하고 능력에 입각해서 승진하는 것은 통정대부까지였다. 2품 이상은 이에서 벗어나 있었다. 시험과 평가는 3품 이하의 관원만이 그 대상이었다.

다음의 세종대 16년 다음과 같은 세종의 명은 과거의 대상이 3품 이하의 관원이었음을 잘 보여준다.

　　태학에 나오는 생원과, 升補된 생도와, 유음 자제로서, 時行職 3품
　　이하와 前銜 6품 이상은 모두 과거에 응시하도록 하라.[70)]

이는 세종이 예조에 내린 명으로 시험에 참여할 수 있는 대상을 3품 이하의 관원으로 한정하고 있다. 특권관원이 되지 못한 3품 이하의 관원은 여전히 자신의 능력을 시험을 통해서 확인하고 표현하여야 하였다. 실제로 통정대부로 과거에 응시하거나 합격한 경우도 종종 있었다. 세조대에 권반이나[71)] 최영린 등이[72)] 그 예이다.

이미 관원이 된 이들을 대상으로 하는 重試의 경우도 그 대상은 3품 이하 관원이었다. 중시는 정종대부터 시행되기 시작하였으나, 그 대상이 분명하지 않다. 태종 7년의 중시에는 종3품까지를 대상으로 하였으나,[73)] 그 대상을 바로 정3품까지로 확대되었다. 이는 태종 7년 다음의 자료를 보아

---

69) 『성종실록』 권100, 성종 10년 1월 신유.
70) 『세종실록』 권63, 세종 16년 3월 신사.
71) 『세조실록』 권16, 세조 5년 4월 임자.
72) 『세조실록』 권34, 세조 10년 11월 임신.
73) 『태종실록』 권13, 태종 7년 4월 임인.

서 알 수 있다.

> 仲月에 賦詩하는 법을 시행하였으니, 권근의 말을 따른 것이었다.
> 영예문춘추관사 하윤, 지춘추관사 권근, 예문관 대제학 성석인 등이 관
> 각 제학 2품 이상과 더불어 예문관에 모여 시, 표 두 글제를 내어, 時
> 職 散職 3품 이하 문신으로 하여금 각각 私家에서 지어서 3일 만에 바
> 치게 하였다.74)

이 내용에 의하면 정3품 이하의 관원을 시험하였다. 시험결과 "입격한
자 30인의 차례를 정하여" 발표하였다. 아직 重試가 정기적으로 이루어지
지 않는 상황에서 賦詩 등 부정기적 시험이 중시를 대신하였다.

이와 같이 賦詩의 대상이 정3품으로 확대되면서 태종 10년에 시행된 무
과의 친시에서도75) 그 대상이 정3품까지였다.76) 이와 같은 규례는 세종대
에도 이어졌다.77) 그러므로 3품 이하의 관원들은 고시제의 틀 안에 있었
다. 이들은 여전히 시험을 통해서 자신들의 능력을 표현해야 할 지위에 있
었다.

이와 같이 통정대부 이하는 관료제의 틀 안에 있었다. 이 틀의 경계를
상징적으로 보여주는 용어가 '資窮'이었다. 관료제의 안에서 올라갈 수 있
는 최대의 품계는 통정대부였고, 통정대부의 다른 이름이 資窮이었다. 이
는 문종 즉위년 다음과 같은 기록을 통해서 확인할 수 있다.

> 경성에서는 해동청 2連을 잡아서 바치니 爵 1級을 내려 주었다. 온
> 성에서도 또한 해동청 2連을 잡아 바치니 부사가 통정대부로 資窮이
> 므로, (나라의 제도에 관직이 통정대부까지 이르면 특지가 아니고는 정

---

74) 『태종실록』 권14, 태종 7년 8월 병오.
75) 중시와 친시는 같은 의미였다(『태종실록』 권13, 태종 7년 4월 기축).
76) 『태종실록』 권19, 태종 10년 1월 기묘.
77) 『세종실록』 권48, 세종 12년 4월 임신.

3품 이상의 품계에 오를 수 없다.) 의복 2습을 하사하고 판관에게는 작 1급을 내려 주었다.[78]

지방의 부사가 해동청 2連을 잡아 올리면 품계 1급을 올려주었는데, 온성부사에게는 품계를 올려주지 않고 의복으로 상을 주고 있다. 그 이유로 온성부사의 품계가 통정대부로 자궁이기 때문이라고 언급하였다. 자궁이라는 용어는 조선왕조실록 중 이 자료에서 처음 출현한 것으로 사관은 친절하게 자궁이라는 용어에 대하여 "나라의 제도에 관직이 통정대부까지 이르면 특지가 아니고는 정3품 이상의 품계에 오를 수가 없다."라고 해설을 달았다. 일상적인 승진에 의해서 받을 수 있는 資級의 끝이라는 의미로 자궁이라는 용어가 만들어졌다.

통정대부에서 한 품계를 올라가면 가선대부였으므로 통정대부의 품계가 자급의 끝일 수 없었다. 그러나 관원들은 통정대부를 자급의 끝으로 해석하고 있었다. 이는 관원들이 고과제, 상피제, 과거제 등의 틀 밖에서 운영되는 가선대부 이상의 영역을 관료제 밖의 별도의 영역, 단절된 영역으로 인식하고 있었음을 보여준다.

통정대부는 특권관원이 아니었으므로 실직에서 물러난 이후의 지위도 가선대부 이상 관원들과 차이가 있었다. 통정대부 이하는 신분적 특권을 가지는 지위가 아니었으므로 관직에서 물러나면 이전의 지위가 인정되지 않았다. 이를 잘 보여주는 것이 군역의 차정이었다. 통정대부는 관직에서 물러나면 군역차정의 대상이었다. 세종 21년 의정부의 다음과 같은 언급은 3품관원이 군역의 대상임을 잘 보여준다.

각도의 侍衛牌와 營屬 鎭屬에는 田民의 수가 적고, 똑똑하지 못한 자로 정하였기 때문에, 軍役을 감내하지 못하여 방어가 허술하게 되었

---

78) 『문종실록』 권1, 문종 즉위년 3월 무진. 府使以通政資窮, 國制, 官至通政, 非特旨, 不得例陞資.

습니다. 청하옵건대 각 고을의 3품 이하 6품 이상으로 수령들을 이미
지냈던 품관, 성중관의 去官人, 갑사 별시위에 속하였던 散人, 吏典의 去
官人 등을 남김없이 수색하여 충당하게 하소서.[79]

이는 의정부에서 각 고을의 방어를 위한 방안으로 올린 것으로, 이에 의
하면 3품 이하 즉 통정대부 이하는 퇴역 후 군역의 차정 대상이었다. 통정
대부의 지위는 일반 양인과는 차이가 있다고 하더라도 특권적 지위와는
거리가 있었다.

이는 세조 3년 중추원 부사 유강수의 다음과 같은 제안으로 거듭 확인
된다.

한량 통정대부로 60세가 되지 않은 사람 이하와 하번의 갑사, 별시
위, 총통위, 방패의 60세와 自募한 학생인 등으로 재주를 시험하여, 도
절제사영 및 삼척, 간성, 옥원 등의 여러 진에 분속시키게 하소서.[80]

이는 부사 유수강이 영동 방어를 위하여 제안한 방어책이었다. 그는 통
정대부까지를 그 대상으로 하여 방어 계획을 짜고 있다. 이는 통정대부가
관직에서 물러나면 군역을 질 수도 있는 지위에 있었음을 보여준다. 이러
한 상황이 있었으므로 성종 2년 병조에서는 "동반 서반의 前銜 3품 이하
는 모두 正兵에 소속시켜서 귀천의 구분이 없는 듯하다."고 언급할 수 있
었다.[81]

이와 같이 통정대부가 퇴직을 하는 경우에 군역을 져야하는 것은 이들은
퇴직 후에는 관원으로서 가졌던 그들의 지위를 유지하지 못하였기 때문이
었다. 이와 같은 지위는 아래의 세종 10년 공복착용 논의에 잘 드러난다.

---

79) 『세종실록』 권87, 세종 21년 12월 무인.
80) 『세조실록』 권7, 세조 3년 4월 기유.
81) 『성종실록』 권11, 성종 2년 7월 계사.

임금이 "前銜도 역시 公服을 착용할 수 있는가."하였다. 판부사 변계량이 아뢰기를, "2품 이상은 비록 전함이더라도 예궐할 때에는 금대와 사모를 착용하기 때문에, 제사를 행할 때에도 사모와 금대를 착용할 수 있사오나, 3품 이하의 전함은 사모와 은각대를 착용할 수 없으니, 제사 때에 착용한다는 것은 불가할 것입니다. 만약 착용하게 하면 2품 이상과 더불어 일례가 될 것이니, 아마도 '尊卑의 분별'이 없게 되지 않을까 하옵니다."[82]

이는 의례상정소에서 전직 관원이 時祭를 행할 때에는 공복을 착용할 있도록 허용해 달라고 제안한 것에 따른 논의였다. 이 논의에 의하면 2품 이상은 퇴직 후에도 관복을 착용할 수 있는 지위를 가지고 있었으나 3품 이하는 관복을 착용할 수 없었다. 즉 2품 이상은 실직을 벗어난 이 후에도 관품을 유지하면서 여전히 관원으로서의 지위를 확보하고 있었으나, 3품 이하는 현직을 떠나면 관복을 입을 수 없는 지위에 있었음을 의미한다. 그러므로 이 논의에 참여한 변계량은 2품 이상과 그 3품 이하의 차이에 '존비의 분별'이 있다고 지적하고 있다. 이와 같은 상황이었으므로 통정대부 이하가 관직을 떠나서 지방에 거주할 때에는 앞에서 보았던 것처럼 양인과 같이 군역에 차정될 수 있었다.

3품 이하의 관원은 자손에게 문음의 혜택을 부여할 수 없었으므로, 그 자손은 협의 양인과 같은 지위에 있었다. 세종 10년에 병조에서 올린 계에 의하면 평안도의 경우 3품 이하 관원의 자손이 역리의 역할을 하는 관군으로 차출되고 있었다.

그 거주하는 고을에 소속된 관사에는 원래 정해진 역리가 없기 때문에, 비록 3,4품의 아들, 사위, 아우, 조카 및 자신이 7품을 지낸 자들도 모두 돌려가면서 館軍이 되어 역자로서의 부역에 이바지하고 있습니다.[83]

---

82) 『세종실록』 권41, 세종 10년 11월 기유.
83) 『세종실록』 권41, 세종 10년 7월 신해.

이 내용에 의하면 3품 이하 관원의 아들이 고역에 하나인 역리로 차출
되고 있었다. 물론 역리로 차출되어도 관군으로 양인의 신분을 상실하는
것은 아니었으나, 그 지위는 협의 양인과 다르지 않았다. 이러한 내용은 3
품 관원이 그 아들이나 사위에게 특혜를 부여할 수 있는 지위에 있지 않음
을 잘 보여준다.

　이상에서 볼 때 통정대부는 가선대부 바로 아래의 품계였으나, 그 지위
는 확연하게 대비되었다. 통정대부 이하는 신분상, 사법상 특권이 없었다.
또한 이들은 고과제, 상피제, 고시제 등의 관료제적 규제 하에 있었다. '자
궁'이라는 용어는 이들이 관료제적 규제 하에 있음을 분명하게 표현하는 용
어였다. 통정대부 이하는 퇴직한 이후에도 그 지위가 가선대부 이상과는
달랐다. 관원으로서 가졌던 지위를 인정받지 못하여 관복도 입을 수 없었
고, 군역에도 차정되었다. 또한 자신의 지위가 그러하였으므로 자손에게 문
음은 물론 여타의 특혜도 남길 수 없었다. 그러므로 통정대부와 가선대부
의 지위 차이는 당대인들이 '존비의 분별'이라고 거론할 만큼 큰 것이었다.

2) 세종 세조대 통정대부의 지위 분화

　이상으로 통정대부는 특권관원이 되지 못함을 살펴보았다. 또한 관료제
의 틀 안에서 올라갈 수 있는 최상위의 지위가 통정대부이었음도 살펴보
았다. 통정대부가 자궁으로 정리되면서, 나타나는 문제점은 통정대부의 품
계소지자가 계속 늘어날 수밖에 없다는 것이었다. 이러한 상황에서 정부
에서는 이에 대한 대책을 모색하였다. 그 방법 중 하나로 제기된 것이 세
종 14년 상정소에서 제안한 다음의 방안이었다.

　통정이라는 資品은 국초에는 다만 다섯 가지 벼슬에만 한정되어 있
어서, 대언, 좌우산기, 대사성, 육조참의 뿐이었습니다. 그 자품은 가벼

운 것이 아닌데, 지금은 경관직이나 외관직으로 통훈의 자품에 있는 자
가 考滿이면 문득 통정으로 가자하여 외람됨이 매우 지나칩니다. 지금
부터는 특지가 있을 경우가 아니면 가자하는 것을 허가하지 마소서.[84]

이는 통정대부로의 승진을 제한하자는 안이었다. 상정소는 통정대부로
받을 수 있는 실직이 5종류만 있음에 비하여, 통정대부가 과도하게 양산되
고 있는 상황을 지적하면서, 통정대부로의 승진을 제한하기 위해서 특지
에 의한 승진을 대안으로 제시하고 있다. 세종은 이에 동의하였으나 이 방
법은 시행되지 않았다. 이후 세종 26년에 이 방법이 다시 제안되는 것은
그간 이 방법이 시행되지 않았음을 보여준다.[85]

이후 새로운 방안으로 제기된 것이 통정대부를 분리시켜서 통정대부 내
에 별도의 단계를 설정하는 것이었다. 이는 세종 15년 다음과 같이 대신들
에 의해서 제안되었다.

정3품은 통정 당상관으로 올리고, 종3품 및 정종4품은 정3품을 주
고, 5품 이하는 각각 적의 머리를 베고 사로잡은 수의 많고 적음에 의
하여『등록』에 정한 대로 상을 주소서. 제수할 때에 처리하기 어려운
것이 있으면 임금의 뜻을 받아 시행하게 하소서.[86]

대신들은 정3품이 공을 세우는 경우 통정당상관으로 올려줄 것을 제안
하였다. 이미 통정대부인 이들에게 통정당상관이 되는 것을 상으로 주고
있다. 종4품이 공을 세운 경우 정3품을 주고 있는 것과 비교해 보면, 통정
대부에게는 정2품을 상으로 주어야 하였다. 그러나 통정대부가 자궁이었

84)『세종실록』권55, 세종 14년 3월 무인.
85) "공로가 있어서 당연히 산관을 제수할 자는 의정부와 육조의 당상이 의논이 합해
서, 여럿이 서명하여 啓聞한 연후에야 제수하게 하고, 통정과 절충은 특지가 아
니면 제수하지 못하게 하소서."(『세종실록』권104, 세종 26년 6월 갑오).
86)『세종실록』권60, 세종 15년 5월 경진.

으므로 통정당상관을 주는데 그치고 있다. 여기서 통정당상관이란 통정대
부의 품계로 임명할 수 있는 당상관직을 의미하였다. 즉 통정대부의 품계
로 가질 수 있는 실직 중에서 당상관에 해당하는 관직이 통정당상관직이
었다. 자궁을 넘어서 가선대부로 올려주는 것은 매우 어려운 것이었으므
로 정부에서는 궁여지책으로 통정대부 품계 내에서 별도의 통정당상관이
라는 단계를 설정하는 방법을 찾아내고 있었다.

통정당상관이라는 별도의 단계를 만들면서, 정부에서 통정대부의 품계
를 다음과 같이 3단계로 나누어 운영하였다.

> 郊祀 및 宗廟의 春享 預告祭의 여러 집사 안에서 通政職事를 實行
> 한 사람은 당상관으로 임명하고, 비록 자궁이나 실직을 행하지 못한
> 사람도 실직에 준하여 서용하라.[87]

이는 세조가 그 2년에 이조에 내린 명으로 이에 의하면 통정대부는 3부
류로 나누어지고 있다. 이는 ① 통정당상관 - 통정대부로 당상관의 실직을
가진 자, ② 통정대부 준직자 - 통정대부로 통정대부에 준하는 실직을 가
진 자, ③ 통정대부 품계 소지자 - 통정대부로 품계만 소지하거나, 통정대
부 아래의 품계에 준하는 실직을 소지하고 있는 자 등이다.

이러한 통정대부 내의 각 단계는 이미 고과제 밖에 있는 단계였으므로
시간이 지난다고 승진할 수 없었다. 공을 세워야 승진이 가능하였다. 그러
므로 각 단계의 승진은 고과에 의해서 통정대부로 올라오는 과정보다 더
어려운 과정이었다. 그러므로 적절한 공이 없이 각 단계를 승진시키는 경
우, 이는 대간 탄핵의 대상이었다. 세조 3년 다음과 같은 대간의 탄핵은
이를 잘 보여준다.

---

87) 『세조실록』 권6, 세조 3년 1월 임오.

지금 郊祀의 집사에 통정직사를 실행한 사람을 '관등을 뛰어 올려' 당상관으로 임명한다면, 후일에 교사로 인하여 당상관을 구할 사람이 혹시 있을 것입니다. 그러나 당상관은 이로 인하여 얻을 수가 없는 것 입니다. 청컨대 이 명령을 거두소서.[88]

대간은 통정당상관으로 승진시킨 이들이 '郊祀의 執事'에 동원된 통정대부 준직자들인데, 이들이 한 일이 통정당상관 승진을 상으로 줄만큼 되지 못함을 지적하고, 이들의 승진을 철회할 것을 요구하였다. 이에 대하여 세조는 대간 주장의 정당성을 인정하고 이들의 승진을 철회하였다. 여기서 대간들이 '官等을 뛰어 올려'라는 표현을 사용한 것이 주목되는데, 이는 통정당상관이 통정대부와 별도의 관등이 되고 있음을 보여주고 있다.

이러한 변화가 있으면서 통정대부로 당상관이 되는 관직이 분명하게 정리되었다. 이를 보여주는 것은 세종 16년 다음과 같은 기록이다.

　　육조참의, 승지, 첨지중추원사, 첨지돈녕부사, 집현전 부제학 등의 좌목의 법을 세우다.[89]

이에 의하면 육조참의, 승지, 집현전 부제학, 첨지중추원사, 첨지돈녕부사 등을 좌목에 기록하는 법이 만들어졌다. 좌목의 법은 "堂上 이상의 관리는 職事를 쓰지 아니하고 散官의 고하를 가지고 임시로 取旨하여 그 좌차를 정하고, 이름을 座目이라 하였다."[90]라는 세종 23년의 기록에 의하면 당상관 이상에게 행하는 규정이었음을 알 수 있다. 그러므로 육조참의 등의 좌목을 만들었다는 것은 이들이 당상관으로 정리되었음을 보여준다.

육조참의 등이 통정당상관으로 좌목에 올랐다는 것은 이들의 인사가 특

88) 『세조실록』 권6, 세조 3년 1월 계미.
89) 『세종실록』 권66, 세종 16년 12월 을사.
90) 『세종실록』 권92, 세종 23년 5월 임자.

지에 의하여 되어졌음을 보여준다. 이는 성종 8년 사간원에서 언급한 다음
의 기록으로 추측된다.

　　통정대부에서 숭록대부에 이르기까지는 한 資級에서 한 자급이 더
　　욱 엄하여서, 세월이 비록 쌓였다 하더라도 例에 의해 가자할 수 없고,
　　반드시 임금의 명령을 기다린 연후에야 진급하니, 이것을 座目이라고
　　이르는 것입니다.[91]

　　이 기록은 좌목과 특지의 관계를 보여준다. '임금의 명령을 기다린 연후'
라는 표현은 '세월이 비록 쌓였다 하더라도'라는 표현과 대비되는 내용으
로 특지에 의한 인사를 의미한다. 즉 좌목은 특지 인사의 소산임을 보여준
다. 따라서 통정당상관의 인사는 특지에 의해서 되어졌다.[92] 특지에 의한
인사는 가선대부 이상의 인사에 한정하던 것이 통정당상관에까지 적용되
고 있었다.
　　통정당상관의 승진이 특지에 의해서 되면서 통정당상관에 대한 대우도
통정대부와 다른 모습을 보여주고 있다. 통정당상관에 대한 우대의 근거

---

91) 『성종실록』 권83, 성종 8년 8월 계해.
92) 좌목의 제도가 언제부터 만들어졌는지는 분명하지 않다. 조선왕조실록에 좌목이
　　라는 용어는 세종 즉위년에 처음 언급된다(『세종실록』 권1, 세종 즉위년 9월 기
　　유). 이는 좌목이 그 이전 어느 시기에 만들어 졌음을 의미한다. 좌목이 특지 임
　　명과 관련이 있고, "職事를 쓰지 아니하고 散官의 고하를 가지고"(『세종실록』
　　권92, 세종 23년 5월 임자)라는 표현에서 볼 수 있듯이 좌차를 관품에 입각해서
　　운영하고 있다는 점은 좌목제가 만들어 진 시기를 태종 5년 관제개혁과 연결시킬
　　수 있게 한다. 특지는 그 형식이 왕에 의한 인사라는 점이 강조되고 있는데, 왕의
　　단독적인 운영을 제한하기 위해서는 이를 보완할 장치가 필요하였다. 그 방안으
　　로 제안된 것이 좌목제였다고 생각된다. 특지에 의해서 임명된 관원들의 좌차를
　　정리해 놓고 이를 존중함으로써, 당상관의 승진 이후에 왕의 단독적인 인사를 제
　　한하고자 한 것으로 추측된다. 그러므로 좌목제는 태종 5년 이후 서서히 그 형태
　　를 갖추어 갔을 것으로 짐작되며, 좌목이라는 용어가 보이는 세종 즉위년까지는
　　완비되었을 것으로 보인다.

는 이들이 당상관이었으므로 당상관에 해당하는 대우를 한다는 것이었다.

통정당상관을 우대하는 것 중에 하나가 계문치죄하는 것이었다. 이는 세조 4년 세조가 병조에 명한 다음과 같은 기록에 잘 나타난다.

이달 초7일 習陣할 때에 군령을 범한 자로 杖 80 이하를 주장과 대장이 直斷하고, 당상관은 구금하여 啓聞하라.93)

이에 의하면 가선대부 이상만을 계문치죄하던 것이 당상관 이상으로 바뀌고 있다. 즉 통정당상관이 특지로 임명되면서 나타난 변화였다. 또한 당상관은 잘못을 하였을 때에 寬典의 특혜가 주어졌다.94) 당상관에게 관전의 특혜를 베푸는 것은 가선대부 이상 대신에게 주었던 특혜가 통정당상관에게도 부여되는 것이었다.95)

통정당상관에 대한 일반적이 예우는 세종 24년 행수법을 시행하면서 언급한 다음의 조목에 잘 나타난다.

당상관으로서 이미 통정대부를 행직한 자는 다른 통정과는 구별된다. 비록 行職으로 임명되었더라도 그 儀物, 禮法, 座次, 序立 같은 것은 일체 당상관의 예규에 좇는다.96)

이에 의하면 통정대부로 당상관을 지낸 자는 통정대부와 구분하여서 의물 등을 당상관에 준하여 대우하였다. 이와 같은 대우는 거의 가선대부에 준하는 대우였다. 그러므로 세종 26년 의정부에서는 이를 다음과 같이 언급하였다.

---

93) 『세조실록』 권11, 세조 4년 윤2월 갑자.
94) 『세종실록』 권29, 세종 7년 7월 갑오.
95) 이와 같은 예는 『세종실록』 권125, 세종 31년 8월 을해조 등에 빈번하게 나타난다.
96) 『세종실록』 권97, 세종 24년 7월 정축.

정3품과 종3품을 구분하지 않고 모두 헌관으로 임명하는 것은 헌관을 경이하게 여기는 것 같지만, 정3품 통정당상관의 경우에는 '그 대우가 2품관과 다름이 없으니,' 지금부터는 통정당상관은 2품과 동일하게 헌관을 차임하게 하옵소서.97)

이 기록은 조정에서 제사의 헌관 임명을 논하면서 언급한 내용이다. 여기서 의정부는 통정당상관이 2품관을 대신해서 헌관이 될 수 있음을 주장하면서 통정당상관은 그 대우가 '2품관과 다름이 없으니'라고 언급하고 있다. 이는 통정당상관에 대한 대우가 통정대부와 달랐고 가선대부에 준하였음을 알 수 있다.

이러한 까닭에 통정당상관을 예우하여 '卿'이라는 칭호를 사용하였다.98) 2품 이상의 대신만 경이라는 칭호를 사용하고 통정대부 이하는 '爾'라는 칭호를 사용하였으나, 통정당상관에게는 경이라는 칭호를 사용하였다.

그러나 통정당상관을 우대하였다고 하더라도 이들이 가선대부와 동일한 대우를 받았던 것은 아니다. 통정당상관을 대신이라 칭하지 않았다. 이는 세종 31년 다음과 같은 세종의 명에 분명하게 나타난다.

무릇 일 처리함에는 大臣만 같지 못하나, 졸도들이 번다하면 반드시 폐단이 있을 것이므로 오래 행해지지 못할까 염려스러우니, 정부가 함께 의논하여 通政堂上이나 혹은 3품 조관 중에서 적당한 자를 택하여 아뢰라.99)

이 내용은 지방의 제언을 살필 관원을 보내면서 대신을 보내는 경우 종사관 등을 대동해서 보내야 하는 번거로움을 피하기 위하여, 그 대안으로 대신보다는 통정당상관이나 3품관을 보내도록 명하고 있다. 통정당상관을

97) 『세종실록』 권105, 세종 26년 윤7월 임진.
98) 『세조실록』 권37, 세조 11년 10월 임오.
99) 『세종실록』 권125, 세종 31년 7월 정미.

경이라고 칭하였지만, 대신으로 인정하지는 않았다. 결국 조정에서는 통정 당상관을 우대하였지만, 가선대부와는 분명히 구별하고 있었다.

이상에서 볼 때 통정대부가 자궁이 되면서 그 수가 늘어나자, 정부에서는 그 대책으로 통정당상관 등 통정대부 내의 관등을 나누어 대응하였다. 통정대부의 각 관등의 승진에는 고과제가 적용되지 않았으므로, 특별한 공이 없이는 승진하기 어려웠다. 그러므로 이 방법은 늘어나는 통정대부를 관리하는 좋은 방법이 될 수 있었다.

3) 성종대 통정당상관제의 성립

통정대부는 그 수가 늘어나면서 정부는 통정대부의 관등을 분화시켜 이들의 인원수를 조절하였다. 그러나 통정당상관의 수는 세조대 공신의 남발 등으로 급격하게 늘어가자 이 방법은 한계를 노출하였다. 이는 예종 1년 예종의 다음과 같은 언급을 통해서 짐작할 수 있다.

> 병조에 전지하기를, "行職堂上은 정사 때마다 계품하여, '輪次로 陞降'시키도록 하라." 하였다. 이때 통정 이상 당상관이 3백 60여 인인데, 과궐이 부족하여 서반직으로 강등하여 제수하였다. 그러나 상호군으로부터 부사용까지 그 품계가 같지 않고, 그 강등하여 부사용이 된 자는 봉록이 처자를 기를 수 없고, 또 驅從도 없어 儀物을 갖출 수 없는 자가 많았다. 그러므로 이와 같은 명이 있었다.[100]

이에 의하면 통정 이상의 당상관이 360여인에 이르고 있었다.[101] 통정당산관을 만들어 통정대부와 통정당상관을 나눈 것이 그 수가 과도하게

---

100) 『예종실록』 권8, 예종 1년 10월 갑인.
101) 『경국대전』에 의하면 통정대부 이상 관원이 임명되는 실직은 겸직을 제하면 45
　　직에 불과하였다.

늘면서 그 의미를 상실하였다. 이들은 심지어 행직으로 9품의 직에도 임명
되고 있었다. 물론 한번은 당상관직에 임명되었기에 통정당상관이 될 수
있었을 것이나, 그 직에 계속 머물 수가 없었다. 그러므로 위의 언급에 보
이듯 통정당상관으로 행직을 받은 이들을 '輪次로 陞降'하라는 구차한 명
령을 내릴 수밖에 없었다.

이러한 상황이 제기되자, 통정당상관의 수를 제한하기 위해서 그 모집
단이 되는 통정대부로의 승진을 더욱 어렵게 하는 방법이 제기될 수밖에
없었다. 이는 성종 8년의 다음 사간원의 상소에 의하여 확인된다.

> 신 등이 가만히 본조의 관작의 계급을 상고해 보건대, 장사랑에서부
> 터 통훈대부에 이르기까지도 오히려 考課로써 진급하고, 통정대부에서
> 숭록대부에 이르기까지는 한 자급에서 한 자급이 더욱 엄하여서, 세월이
> 비록 쌓였다 하더라도 例에 의해 加할 수 없고, 반드시 '임금의 명령'을
> 기다린 연후에야 진급하니, 이것을 '座目'이라고 이르는 것입니다.102)

이 내용에 의하면 통정대부의 승진이 '임금의 명령' 즉 특지에 의하여
결정되고 있다. 통정대부의 승진을 제한하기 위해서 특지로 승진하는 방
식으로 바꾸고 있다. 특지에 의해 인사가 되면서 당연히 좌목제도 시행하
였다.

통정당상관만이 특지에 의해서 임명되던 것이 통정대부 모두가 특지에
의해서 승진하는 것으로 변화하면서 통정대부 모두를 통정당상관으로 호
칭하는 통정당상관제가 시행되었다.103) 이는 성종 13년 사헌부의 다음과

---

102) 『성종실록』 권83, 성종 8년 8월 계해.
103) 남지대는 통정대부가 당상관으로 인정되는 시기를 저자보다 조금 앞으로 잡고
있다. 그는 이를 보여주는 결정적인 자료로 세조 12년 1월에 발표된 신관제의
조문 중에 "절충장군을 당상관으로 올린다."(『세조실록』 권38, 세조 12년 1월
무오)라는 구절을 중시하고 있다. 저자도 무반의 절충장군은 문반의 통정대부에
준하니, 절충장군이 당상관이 되었다는 것은 문반의 통정대부도 당상관이 되었

같은 언급을 통해서 알 수 있다.

　　근 일에 환자 정존에게 가자하시어 통정대부로 삼으시고, 최습을 자
　　헌대부로 삼으셨습니다. 대저 통정대부는 당상관이고, 자헌대부는 崇
　　班입니다. 이것은 바로 임금이 士大夫를 대우하여 庶績을 이루게 하는
　　것이지, 환관에게 주어 마땅한 것이 아닙니다. 그런데 전하께서 이와
　　같이 하셨으니, 신 등은 그 까닭을 알지 못하겠습니다.[104]

　사헌부는 환관 정존이 통정대부의 품계를 받는 것을 비판하고 있는데,
여기서 통정대부를 당상관으로 호칭하고 있다. 통정대부 내에서 당상관을
지낸 자와 지내지 못한 자를 구분하여 당상관을 지낸 자만을 우대하였으
나, 통정대부 모두를 특지에 의해서 임명하자, 통정대부를 모두를 당상관
으로 칭하게 된 것이다.

　통정대부가 모두 당상관으로 호칭되면서 통훈대부 이하는 상대적으로
당하관이라 호칭되었다. 이는 성종 13년 사헌부의 다음과 같은 언급을 통
해서 확인할 수 있다.

　　무릇 벼슬의 등급은 9품 장사랑에서부터 그 출사한 일수를 헤아려
　　서 3품인 통훈대부에 이르는데, 이는 당하관의 급이며, 통정대부에서
　　숭정대부까지는 혹은 어진 덕으로써 혹은 공과 능력으로써 승진하는
　　것이며 본디부터 예사로 주는 자급이 아닙니다.[105]

　을 것을 암시하는 것으로 이해하므로 남지대의 견해에 공감이 간다.
　그러나 신관제의 조문 중에서는 "대사성을 당상관으로 올린다."라는 구절이 나
　와서 조심스럽다. 대사성은 이미 국초부터 통정대부였으나, 당상관은 아니었으
　므로(『세조실록』 권7, 세조 3년 4월 병신) 신관제에서 당상관으로 올렸다. 신관
　제로 인해서 통정대부가 이미 모두 당상관이 되었다면, 대사성만을 구분해서 당
　상관으로 올리는 명령은 필요가 없는 것이 아닌가 생각된다. 조금 더 검토가 필
　요하지만, 그 시기를 세조대까지 올려 잡을 수 있는 가능성은 열어두고자 한다.
104) 『성종실록』 권140, 성종 13년 4월 계축.

이 내용에 의하면 통훈대부 이하를 당하관으로 칭하고 있다. 즉 통정대부 모두를 당상관으로 칭하게 되면서 당상관을 품계에 의하여 구분할 수 있게 되자, 아래의 품계인 통훈대부 이하를 당하관으로 칭할 수 있게 된 것이다.[106)

이와 함께 통훈대부가 자궁이 되는 변화도 같이 나타났다. 성종 24년 다음과 같은 성종의 명은 이를 잘 보여준다.

> 친공신으로 통정대부 이상이면 아들, 사위, 아우, 조카 중에서 각각 1자급을 더하여 주고, 嫡長이 통정대부 이상이거나 자궁인 자는 향표리를 주고, 자궁이 아닌 자는 각기 1자급을 더하여 주어라.[107)

이 명령에서 통정대부와 자궁을 나누어 병렬로 언급하고 있다. 이미 통정대부가 자궁이 아니었다. 통정대부가 특지에 의해서 인선되면서 자궁은 관료제에 의해서 올라갈 수 있는 최상위 품계인 통훈대부를 지칭하였다.

통정당상관제가 시행되면서 통정대부는 기왕의 통정당상관이 가졌던 우대와 한계를 모두 계승하였다. 통정대부는 당상관으로서 상당한 특혜를 받았다. 그러나 통정대부는 여전히 대신이 아니었다. 당연히 대신이 가지는 특권은 가지지 못하였다. 그러므로 통정당상관제의 시행은 특권 품관으로 진입하는 인원을 조절하기 위하여, 통정대부를 준특권관품으로 설정하여, 특권 관품의 진입을 막는 완충 영역으로 삼은 것이었다.[108)

---

105) 『성종실록』 권148, 성종 13년 11월 임술.
106) 당하관이라는 용어 자체가 조선왕조실록에 처음 보이는 것은 예종 1년이다. 예종 1년 관원들을 대상으로 시험을 쳐 그 결과를 발표하면서 당상관과 당하관을 나누어 발표한 것이 당하관이 거론되는 첫 용례였다(『예종실록』 권6, 예종 1년 6월 정사; 7월 경인).
107) 『성종실록』 권24, 성종 3년 11월 병오.
108) 남지대는 "3품 당상관은 당상관직이 확대되는 과정에서 2품 이상 실직의 지나친 확대와 2품 이상 승품을 줄이는 안전판과 같은 구실을 하였다."고 보았다(남지대 앞의 논문).

맺음말

　조선 초기의 신분제는 태종대에서 세종대에 걸쳐서 형성되어 갔다. 신분제는 직역과 불가분의 관계에 있었으므로 신분제의 형성에 따른 직역체계의 변화도 불가피 하였다. 특히 상위 직역으로 파악되는 관직제도에도 상응하는 변화가 있었다.

　관직은 국가에 기여하는 모든 구성원, '국민'에 대응하는 직역이었다. 국가는 양인은 물론 천인에게도 관직을 부여하고 있었다. 그러므로 관직 체계는 내부가 열린 구조가 아니라, 신분에 대응하기 위해서 그 내부에는 넘어가기 힘든 몇 개의 구역이 존재하였다. 관직체계의 최상부에는 특권이 부여된 특권관직이 존재하였다. 이는 최상위 신분과 대응하는 관직의 영역이었다.

　1. 이 장에서 조선 초기 신분제 구명의 일환으로 특권관직이 어떻게 정비되어 가는가를 검토하였다. 특권관직은 신분적 특권인 문음이 부여되는 관직이다. 문음이 부여되는 관직은 『경국대전』「이전」문음조에 2품 이상의 관품과 3품 이하의 몇몇 顯官이 명시되어 있다. 필자는 3품 이하의 현관에 대해서 별고에서 다룬 바 있으므로, 이 장에서는 2품 이상의 관품만을 그 대상으로 하였다. 물론 2품 이상 관품의 정비과정은 그 하위의 품계에도 영향을 미쳤으므로, 하위 품계인 통정대부에 관한 고찰도 추가하였다. 검토의 결과 특권관품의 정비과정은 다른 신분제의 정비과정과 같이 태종대에 시작되어 세종대에 그 골격이 마련되었고, 성종 초에 이르러 마무리되었다.

　태조대의 자료를 보면, 가선대부는 특권관품이 아니었다. 가선대부는 종2품으로 고위 관품이었으나, 태조대에는 대신으로 인정받지 못하였고 당연히 그에 상응하는 특권도 부여받지 못하였다. 태조대의 자료에 의하면 군인이 군역만 충실히 이행하여도 가선대부의 품계를 얻을 수 있었고,

국가에서 관원에 대한 관리가 허술하여 고신을 가지지 않은 가선대부도 있었다. 이와 같은 현상은 태조대에는 관원의 관리가 고려의 유제를 이어 관품 중심이 아니라 관직 중심으로 운영되면서, 고위의 관품인 가선대부도 중요한 관품이 아니었기 때문이었다.

2. 가선대부의 지위에 큰 변화를 준 것은 태종 5년의 관제 개혁이었다. 개혁의 핵심은 육조의 기능을 강화하기 위해서 관직 중심의 운영체제를 관품 중심의 운영체계로 바꾸는 것이었다. 관품 중심의 운영체계를 만들기 위해서, 그간 쉬운 승진 체계 속에서 양산된 가선대부를 정리하여 이들을 모두 통정대부로 정리하였다.

그 결과 새로운 가선대부는 이전의 가선대부보다 상위에 있던 양부의 대신들에게 주어졌다. 변화한 관품제 하에서 가선대부는 대신으로 호칭되었고, 상응하는 신분상, 사법상 특권을 부여받았다. 신분상 특권으로 門蔭, 追贈 등의 특권이 부여되었고, 사법상 특권으로 寬典에 따른 재판, 啓聞治罪의 특권 등이 주어졌다. 태종 5년 이후 가선대부는 특권 관품이 되었다.

가선대부가 특권 관품이 되었으나, 그 아래의 품계인 통정대부는 전혀 다른 위치에 있었다. 양 관품 사이에는 그 당시의 표현을 빌리면 '커다란 간격', '尊卑의 분별' 등이 존재하였다. 통정대부는 참상관에 속하여, 서얼이나 기술관도 가질 수 있는 품계였으므로 당연히 신분이나 사법상의 특권을 가지지 못하였다.

특히 통정대부는 고과제, 상피제, 고시제 등 관료제의 틀 안에 존재하였다. 고과제, 상피제, 고시제 등은 능력을 기준으로 관료제를 합리적이고 투명하게 운영하기 위한 제도로, 관료들이 이 틀 안에 있다는 것은 당연하였다. 그러나 가선대부 이상은 이 틀을 벗어나 있었다.

통정대부를 資窮이라 불렀는데, 이는 資級의 끝이라는 의미로 통정대부가 관료제의 틀 안에서 올라갈 수 있는 가장 상위의 품계였음을 의미하였다. 이는 가선대부와 통정대부는 외형상 하나로 연결되어 있었지만, 가선대부 이상은 별도의 관리방식에 의해서 운영되는 별도의 영역에 속하였음을 보여준다.

그러므로 통정대부는 관직에 있으면서 자녀에게 문음의 특혜를 부여하거나, 부모에게 추증의 특혜를 부여하지 못하였을 뿐 아니라, 퇴직 후 관원으로서의 자신의 지위를 신분으로 연결시키지 못하였다. 그러므로 통정대부는 퇴직 후에는 양인과 같이 군역에 편제될 수 있었다. 이는 가선대부 이상이 퇴직 후에도 관품에 따른 특권을 누린 것과 대조된다. 결국 통정대부는 특권신분이 되지 못하였다.

3. 통정대부와 가선대부 사이에 단절이 생기면서 문제가 노출되었다. 고과제를 통해서 올라온 관원들이 자궁인 통정대부에 쌓이기 시작하였다. 통정대부의 품계소지자가 과도하게 늘어나면서 정부에서는 대응방법을 모색하였다. 그 한 방법이 통정대부를 분리시켜서 통정대부 내에 별도의 관품처럼 운영하는 것이었다. 통정당상관은 그러한 모색으로 만들어진 통정대부 내의 단계였다.

통정대부 내부에서의 승진과정은 이미 고과제 밖에 있는 단계였으므로 시간이 지난다고 승진할 수 없었고, 공을 세워야 승진이 가능하였다. 그러므로 그 승진과정은 고과에 의한 승진보다 더 어려운 과정이 되었다. 그러므로 이 방법은 통정대부가 팽창되는 문제를 완화할 수 있는 방안이었다.

그러나 이러한 조치에도 불구하고 통정당상관의 수가 급격히 늘자 새로운 방법이 필요하였다. 세조대 공신의 남발 등으로 통정당상관 이상 관원은 360명을 넘기도 하였다. 당시 통정당상관 이상의 실직이 45직에 불과한 상황에서 볼 때에 이는 과도하게 많은 수였다.

통정당상관의 수가 과도하게 늘면서 통정대부를 나누어 대응하는 것이 현실적으로 어려워지자, 통정대부로의 승진을 제한하는 방법이 제기되었다. 이는 통정대부를 특지에 의하여 임명하는 방법이었다. 특지에 의하여 통정대부가 되는 방법은 일정시간이 지나면 승진하는 고과에 의한 방식보다 통정대부의 양산을 제한하는 좋은 방법이 될 수 있었다. 이러한 변화로 통정대부와 통정당상관의 구분이 약해졌고, 통정대부를 일률적으로 당상관으로 호칭하게 되는 통정당상관제가 시행되었다. 또한 자궁의 품계가 통정대부의 아래 품계인 통훈대부로 바뀌었다. 이러한 변화는 특권 관품의 진입을 더욱 확실하게 통제하기 위해서 통정대부를 준특권관품으로 설정하여 완충 영역으로 삼은 것이었다.

4. 이상을 종합할 때에 가선대부 이상의 특권관품은 준특권관품인 통정대부를 통해서 통훈대부 이하와 연결되어 있었다. 그러나 그 내부의 운영 방식은 상이하게 다른 체제 아래에 있었다. 통훈대부 이하에 대한 관리는 능력을 근간으로 하여 합리적이고 투명한 제도를 바탕으로 하여 이루어졌다. 반면 가선대부 이상의 관원은 진입부터가 왕의 특지에 의한 寵臣的 성격이 강하였고, 이후의 인사도 고과제, 상피제 등의 합리적인 규정을 벗어난 것이었다.

기본적으로 혈통에 입각한 신분제와 능력을 기반으로 하는 관료제는 양립하기 어려웠다. 따라서 형식상으로는 하나인 관직체계 내에 닫혀 있는 별도의 공간을 마련하는 것은 불가피한 조치였다. 그러므로 조선의 위정자들은 태종대에서 성종대에 이르는 긴 논의과정을 통해서 특권 신분에 대응할 수 있는 관직체계 내의 한 영역을 특권 관품으로 정비해갔다. 따라서 조선 초기의 관직체계는 열려있으면서 닫혀있고, 닫혀있으면서 열려있는 구조였는데, 이는 당시 신분제의 특성에 조응하는 것이었다(최이돈 「조선초기 특권 관품의 정비과정」 『조선시대사학보』 67, 2013).

제2장 顯官과 士族 신분

머리말

신분제 논쟁 이후 가장 중요한 과제 중에 하나는 지배신분이 있는가를 밝히는 것이다. 통설에서는 지배신분을 양반으로 상정하고, 이를 관원에 한정하지 않고 범주를 확대하여 광의양반까지를 포괄하였다. 반면 양천제론은 통설의 양반이 지배신분의 경계가 불명료하고, 특권과의 관계도 불확실하다고 보았다. 양천제론에서 주장하듯이 통설의 양반을 지배신분으로 보기에는 법적 근거를 찾기 쉽지 않다.

이러한 경우 지배집단을 추출하는 가장 손쉬운 방법은 특권으로부터 접근하는 것이다. 특권을 부여받은 집단이 지배신분이다. 그 경우 당연히 특권이 주어지는 관직이 어떻게 구성되고 운영되었는가를 살펴볼 필요가 있다. 혈통에 의해서 신분적 특권을 부여하는 것은 관료제의 능력 위주의 개방성과 합리성에 배치되는 것인데, '혈통'과 '능력' 이 두 가지의 요소가 조선 초기의 관료체제 내에서 어떻게 작용하고 있는가를 살펴볼 필요가 있다.

신분적 특권으로 가장 명료한 것은 문음이었는데, 이 특권이 부여되는 대상은 『경국대전』에 정리되어 있다. 즉 2품 이상의 대신과, 3품 이하의 현관에 한정되었다. 그러므로 특권신분을 추출하기 위해서는 2품 이상의 관품에 대하여 그리고 현관에 대하여 자세하게 검토하는 것이 필요하다.

저자는 앞 장에서 먼저 2품 이상 특권관품을 검토해 보았다.[1) 태조대에

---

1) 최이돈 「조선초기 특권관품의 정비과정」 『조선시대사학보』 67, 2013.

는 2품은 특권관품이 아니었다. 2품 이상 관원이 특권관품으로 정리되고 특권이 부여되는 것은 태종대에서 세종대의 이르는 상당히 긴 기간을 통해서 진행되었다. 이는 3품 이하의 관원들을 대상으로 하여 고시제, 고과제, 상피제 등 합리적이고 투명한 관료체제가 만들어지는 이면에서 진행되었다. 그러므로 2품 이상 특권관원에게는 고시제, 고과제, 상피제 등의 모든 제도가 적용되지 않았고, 2품으로의 진입도 특지에 의한 특별한 것이었다. 물론 이들에게는 문음제, 추증제, 대가제 등의 신분제적 특권과 사법상의 특권 등 다양한 특권이 부여되었다.

사실 능력을 기반으로 운영하는 관료제와 혈통을 기반으로 하는 특권의 부여는 잘 어울리지 않는 것이었다. 그러므로 정부는 관원제 내의 일정한 영역을 나누어 특권을 부여하기 위한 영역으로 만들어갔는데, 그것이 2품 이상의 관품이었다. 그러므로 2품 이상의 관품을 획득하는 것이 특권 관원이 되는 것이었고, 특권을 매개로 형성되는 집단이 지배집단이었다. 따라서 특권관품제는 특권신분의 형성의 제도적 기초가 될 수 있었다.

그러나 문음의 특권이 부여되는 관품은 2품 이상의 대신에 한정되는 것은 아니었다. 3품 이하의 관품에서도 주요 관직에 한정하여 문음을 부여하고 있었다. 2품 이상의 특권관품과 3품 이하의 관품 사이에는 많은 면에서 달랐으나, 연결되는 면도 가지고 있었다. 지배신분은 2품 이상의 특권의 영역을 구축하여서 기득권을 보호하였으나, 신분 재생산 구조를 만들기 위해서는 그것으로 부족하였다. 즉 문음은 신분의 재생산을 위해서 매우 중요한 특권이었으나 그 기능이 충분하지 않았다. 문음은 자손에게 관직 입사를 보장한 것에 그쳤기 때문이다. 문음으로 관직에 진출한 자손이 다시 2품직에 올라야만 그 자손이 문음의 특혜를 받을 수 있었다. 그러므로 지배신분들은 3품 이하의 관직에도 적절한 안배가 필요함을 인식하였다.

그 안배로써 주목되는 것이 『경국대전』「이전」음자제조에 문음이 부여되는 3품 이하의 관직이다. 이에 의하면 3품 실직, 이조, 병조, 도총부,

사헌부, 사간원, 홍문관, 부장, 선전관 등이 문음을 부여받고 있었다. 이에 대하여 검토하면 지배신분들이 3품 이하의 관직을 어떻게 구성하여 기득권을 유지하는 제도로 이용하려고 하였는지를 알 수 있다.

문음이 부여되는 관직은 당시의 용어로 淸要職, 淸顯職 혹은 淸職, 顯職, 顯官 등으로 불렸다. 현관에 대해서는『대전후속록』에 '四祖 顯官'이라는 대목이 언급되어 있어, 여러 신분제 연구자들에 의해서 주목을 받았다. 이성무 역시 양천제 논쟁 중에서 위의 자료와『명종실록』에 보이는 현관 자료를 양반지배신분설의 중요한 논거로 제기하였다.[2] 이러한 주장에 대하여 논쟁의 반대편에 있는 한영우의 반응이 재미있다. 그는 현관에 대한 내용이 "평자의 주장 즉 16세기 중엽을 양반신분 형성기로 보는 입장을 강화해 주는 것이오."라고 이 자료가 양반신분이 형성된 것을 증명하는 자료임을 부인하지 않고, 다만 이 자료가 보이는 것이 조선 초기가 아니고 16세기임을 지적하면서 이 자료를 자신의 주장을 입증하는 자료로 파악하고 있다.[3] 이는 현관 자료가 상당히 적극적으로 받아들여지고 있음을 보여준다. 이러한 연구의 영향으로 김현영, 최이돈 등도 그들의 연구에서 현관의 개념을 사족의 범주화에 이용하고 있다.[4]

현관의 개념에 대해서는 이성무는『경국대전주해』의 내용을 인용하여서 '문무관 正職'을 모두 현관으로 보는 입장을 취하고 있다.[5] 이에 비해서 김현영 등은『중종실록』에 중종 20년 기사에 입각해서 '동서반의 정직 5품 이상과 감찰, 육조낭관, 부장, 선전관, 현감' 등을 현관으로 보고 있다.[6]

---

2) 이성무『조선 초기 양반연구』일조각 1980.
3) 한영우「조선 초기 신분계층연구의 현황과 문제점」『조선시대 신분사연구』집문당 1997.
4) 김현영「조선 후기 남원지방 사족의 향촌지배에 관한 연구」서울대학교 대학원 박사학위논문 1993.
   최이돈「16세기 사림 중심의 지방정치 형성과 민」『역사비평』16, 1995.
5) 이성무 앞의 책.
6) 김현영 앞의 논문.

이와 같은 상반되는 견해의 차이는 종합적인 검토를 바탕으로 하지 않고 특정사료에 의존하여서 현관을 이해하고 있기 때문에 나타나는 현상이다. 또한 이러한 이해는 현관이나 청요직이라는 용어가 어떻게 출현했으며 왜 필요했는가를 좀 더 깊이 있게 검토하지 못한데 기인하였다.

　연구사의 상황을 볼 때, ‘현관’이라는 단어가 신분사에 매우 중요한 용어임이 확인되고 있으나, 이에 대한 본격적인 연구가 없는 것이 현재의 상황이다. 이 장은 이를 보완하기 위한 것이다. 먼저 3품 이하로 문음이 부여되는 관직을 검토하여 이를 어떻게 호칭하였는지 살펴보고, 현관이란 구체적으로 무엇을 의미하는 지도 살펴보고자 한다. 그리고 현관의 특권이 있다면 무엇인지를 검토하고자 한다. 마지막으로 현관의 개념이 어떻게 사족과 연결되는지 검토하고자 한다. 이를 통해서 현관과 사족 신분에 대한 이해가 조금 더 분명해지기를 기대한다.

1. 門蔭과 顯官

1) 3품 이하 문음제의 형성

　특권관품인 2품 이상의 문음제는 태종 5년경에 형성되었고,[7] 태종 16년에 문음의 대상으로 ‘弟姪’을 보완하면서 완성되었다.[8] 3품 이하의 문음제는 2품 이상의 문음제가 그 골격을 갖추면서 논의를 시작하였고, 조금씩 다듬어지면서 성종대에 이르러 『경국대전』에 실리면서 완성되었다. 이는 3품 이하의 경우 그 포함되는 대상이 다양하여서 그 하나하나를 추가하면

---

7) 최이돈 「조선초기 특권관품의 정비과정」『조선시대사학보』 67, 2013.
8) 『태종실록』 권32, 태종 16년 7월 정유.

서 다듬는 과정이 필요하였기 때문이다.

3품 이하의 관원에게 문음을 부여한 것은 언제부터였을까? 세종 7년의 기록에 의하면 조선 건국기부터 3품 이하의 관원에 대한 문음규정이 있었던 것으로 보인다. 세종 7년의 이조의 다음과 같은 지적이 이를 잘 보여준다.

> 『六典』에, 무릇 문음 출신은 洪武 25년 7월 이후부터 그 祖父가 實職을 받았던 자이면 이미 작고했거나, 퇴임했거나 불문하고, 정종1품이었던 자의 맏아들은 정종7품을, 정종2품이었던 자의 맏아들은 정종8품을, 정종3품이었던 자의 맏아들은 정종9품을 주고, 만일 맏아들이 유고할 것 같으면 맏손자에게 한 등 낮은 품을 주며, 둘째 아들에게도 그리하는데 京職, 外職을 분간하지 않았습니다.9)

이에 의하면 『육전』의 규정에 의하여 홍무 25년(태조 1년)부터 3품의 실직을 가진 자의 아들은 문음을 받을 수 있었다. 그러나 주지하다시피 이러한 규정은 잘 지켜지지 않았다. 조선의 문음제가 정비된 것은 태종 5년경으로 추정되는데,10) 이때에 만들어진 문음제는 2품 이상 관원만을 대상으로 한 것이었다.

그러므로 3품 이하의 관원들의 문음제는 태종 16년까지 만들어지지 않았다. 태종 16년 정사에 참여하였던 세자는 다음과 같이 이 문제를 지적하였다.

> 銓選하는 법은 실로 공정하기가 어렵다. 공신의 아들과 사위나 2품이상의 아들과 사위는 이미 음직을 받았으나, 그 밖의 벼슬에 오를 만한 사람으로서 학생과 같은 類야 어찌 알겠는가? 문음의 법도 또한 아직 공정을 다한다고 이를 수는 없다. 이조에서 그 행할 만한 법을 참작하여서 아뢰라.11)

---

9) 『세종실록』 권29, 세종 7년 7월 임오.
10) 최이돈 앞의 논문.

이 내용에 의하면 분명하게 문음의 특혜는 공신들과 2품 이상의 대신들만 받고 있었다. 세자가 이와 같이 문제를 제기하자, 이 자리에 같이 하였던 조말생은 "공신의 子壻의 이름을 기재하여 한 책으로 만들고, 2품 이상의 자서를 한 책으로 만들고, 각 품에서 保擧한 사람을 한 책으로 만들어, 이조에 갈무리하였다가, 전선하는 때를 당하여 성상 앞에 바치면, 성상께서 임명할 만한 사람을 골라서 명하여 서용하소서."라고 공신 자제의 기록, 2품 이상 자제의 기록, 3품 이하 자제의 기록 등을 구비하여 인사에 만전을 기하자고 제안하였다. 이와 같은 논의는 있었으나 이 자리에서 3품 이하 관원의 문음제는 만들어지지 못하였다.

이러한 문제의 제기가 있자, 이러한 지적이 있던 다음 달 태종 16년 7월 이병조에서는 다음과 같이 3품 이하를 위한 문음제의 정비 방향을 제시하였다.

> 2품 이상의 자손과 사위를 나이와 재간을 자세히 써서 본조에 바치면, 성명을 謄錄하고 그 나이의 장성하고 어린 것을 상고하여 문무의 適宜한 곳에 따라 계문하여 서용하소서. (중략) 3품 이상과 일찍이 대간 정조를 지낸 사람의 자제는 한결같이 『續典』에 실린 것에 의하여 나이 18세 이상이고 재간이 있는 자는 대소 관원으로 하여금 천거하게 하소서. 내외조부의 직명을 아울러 기록하여 본조에 바치면, 본조에서 書, 算, 律로써 그 능하고 능하지 못한 것을 시험하여 바야흐로 서용하도록 허락하여 청탁의 문을 막으소서.[12]

이는 두 부분으로 나뉜다. 앞의 부분은 2품 이상의 자제에 관한 내용이고, 뒷부분은 3품과 대간, 정조를 지낸 자의 문음에 관한 것이다. 뒷부분이 문음에 관한 것인지 분명하지 않으나, 앞부분이 2품 이상 자제의 문음을

---

11) 『태종실록』 권31, 태종 16년 6월 무자.
12) 『태종실록』 권32, 태종 16년 7월 정유.

논한 것이 분명하므로, 이는 이미 앞에서 언급한 세자가 지적한 문제점에 대한 대책임을 짐작할 수 있다.

이에 의하면 3품과 대간 정조의 관원들에게 문음의 특권이 부여되고 있다. 이들은 2품 이상의 자제들과는 달리 관원들의 천거를 받아서 서, 산, 율의 시험을 쳐야 하였다. 관원의 천거를 받는다거나, 시험을 치도록 한 것은 2품 이상에게 문음은 부여하는 방식과 달랐다. 또한 3품 관원과 대간 정조의 관원 사이에 차이가 없이 모두 '자제'를 대상으로 하였다. 아직 규정을 입론하는 단계여서 구체적이지는 않지만, 3품과 대간 정조 관원의 문음제가 만들어지고 있다.

이후 세종 7년에 3품에 대한 문음이 정비되었다. 이조에서 다음과 같이 제안하였다.

> 이제부터는 경직 실직이 3품 이상이었거나, 혹은 외직 3품 이상의 수령이었던 자의 자손을 취재하여서 음직을 받게 하도록 청합니다.[13]

이로써 3품에게 문음을 부여하는 방식이 조정되었다. 이전의 규정에는 3품 모두를 대상으로 하였는데, 제한을 붙여서 실직 즉 경직과 외직의 실직에 한하여 문음을 주고 있다. 또한 3품의 경우 그 문음의 허용 대상을 '자손'으로 명시하였다.

문음제는 변화를 종합하여 세종 15년에 간행된 『속육전』에 기록된다. 속육전의 내용은 성종 1년 이조의 다음과 같은 언급을 통해서 확인할 수 있다.

> 『속육전』 문음조에는, 공신 및 2품 이상의 아들, 손자, 사위, 아우, 조카와 경관으로서 實行한 3품인 자, 외관으로서 3품 수령의 아들, 손자와, 일찍이 臺諫 政曹를 지낸 자의 아들로, 나이가 20세 이상이면

---

13) 『세종실록』 권29, 세종 7년 7월 임오.

祖, 父, 親堂叔, 伯叔, 兄弟와 대소 관원으로 하여금 천거케 한다.[14]

이 내용에 의하면 3품과 대간 정조의 문음이 부여되는 범위가 분명하게 정리되었다. 3품 이하 문음은 태종 16년에 결정되지만, 대상범위가 정확하게 결정되지 않아서 모두 그 대상을 '자제'로만 언급되어 있었다. 여기서 3품 실행 관원은 아들과 손자, 대간과 정조 관원은 아들이 문음을 받는 것으로 정리되었다.

선전관과 부장에 대한 문음은 세조 3년에 추가로 결정되었다. 병조는 다음과 같이 선전관과 부장의 문음을 요청하였다.

宣傳官과 鎭撫와 部將은 臺省과 正曹의 예에 의거하여 子孫이 蔭職을 물려받도록 하소서. 임금이 그대로 따랐다.[15]

이에 의하면 병조는 대성과 정조의 예에 따라서 선전관 부장 및 진무의 문음을 요청하였고, 이에 대하여 세조는 허락하고 있다. 특이한 것은 대성과 정조의 예를 거론하면서 '자손'의 문음을 요청한 것이다. 이는 앞의 『속대전』의 내용과 일치하지 않는다. 즉 『속대전』에서는 대간 정조의 관원의 아들까지만 명기하고 있기 때문이다. 어느 기록이 진실인지 구분하기 어렵다. 사실 앞의 『속대전』을 인용하고 있는 기사는 성종대의 것으로 이 기록에서 '자손'으로 표현한 것이 더 신뢰가 간다. 즉 세조 3년까지 3품 실직, 대성, 정조의 구분이 없이 자손까지 문음을 부여한 것으로 추측된다. 그에 준하여 선전관, 부장, 진무의 문음도 결정되었을 것으로 보인다.

이후 『경국대전』에는 이상의 변화를 종합하여 문음을 부여하는 대상이 "3품 실직 관리의 아들과 손자, 이조, 병조, 도총부, 사헌부, 사간원, 홍문관, 부장, 선전관을 지낸 사람의 아들"로 정리되었다. 이를 세조 3년의 기

14) 『성종실록』 권4, 성종 1년 3월 계미.
15) 『세조실록』 권7, 세조 3년 4월 갑오.

록에 비교하면, 진무소가 도총부로 이름이 바뀐 제도의 변화로 진무 대신 도총부로 바뀌었고, 3품 실직 관원은 아들과 손자에게 이조, 병조, 도총부, 사헌부, 사간원, 홍문관, 부장, 선전관을 지낸 관원에게는 아들만 문음을 주는 것으로 확정되었다.

이로써 조선 초기 3품 이하 관원의 문음제가 정리되었다. 2품 이상의 특권 관품의 관원들은 아들, 손자, 동생, 조카까지 문음을 부여하였다. 3품은 실직이라는 조건이 붙었고, 아들과 손자에게만 문음이 주어졌고, 4품 이하의 경우는 이조, 병조, 도총부, 사간원, 사헌부, 홍문관, 부장, 선전관에 한정하여 아들에게만 문음을 주었다.

당시의 지배신분들은 특권 신분의 재생산을 위해서 문음제를 이용하였는데, 이를 특관관품의 영역에뿐 아니라 3품 이하의 영역에서도 배치하고 있다. 이는 3품에서 9품에 이르기까지 전 관품을 대상으로 하는 것이었다.

2) 현관 호칭의 부여

이상으로 3품 이하의 관원으로서 문음을 받는 특별한 관직이 형성되었다. 이 관직들은 제한적이지만 문음의 특권이 부여되어 있어서 여타의 관직과 구분되고 있었다. 당연히 이들은 법적으로 별도의 권리를 가지고 있었으므로 이들만을 호칭하는 명칭이 있었다. 그 대표적인 호칭이 '청요직'이었다. 청요직이라는 호칭은 세종대부터 사용되기 시작하였다.[16] 이 용어는 서얼의 한직제와 한품제가 분명해지고, 특권관품제가 분명하게 정비되면서[17] 더욱 빈번하게 사용되었고, 성종초에 이르러 관직제와 신분제가 확연하게 조응하는 체계를 이루면서 문음이 부여된 관직을 이르는 말로 분명하게 자리를 잡았다. '현관'이라는 용어도 많이 사용되었는데, 이는 조

16) 『세종실록』 권68, 세종 17년 5월 경진.
17) 최이돈 앞의 논문.

선 초기부터 '저명한 관직' 정도의 보통명사로 사용되다가 점차 신분제가
정비되면서 청요직과 같은 의미를 가진 용어로 정비되었다.

  청요직과 현관이 같은 의미로 사용되고 있는 것은 성종 8년의 대신들이
『경국대전』의 조항을 인용하면서 논의한 다음의 내용을 통해서 알 수 있다.

> ① 『대전』의 법에 三夫를 고쳐 시집간 자의 자손에게는 淸要職을
>   불허하였으되, 再嫁를 금하는 조항이 없습니다(윤흠 등).
> ② 『대전』에, "再嫁는 단지 封爵만 하지 말 것이나, 그 三嫁하여 失
>   行한 자는 자손을 錄案하여 顯官의 제수와 赴擧함을 허락하지
>   않는다."고 이미 법령으로 나타나 있습니다(김유).
> ③ 실절한 자의 자손으로 하여금 또한 淸顯職에 列位하게 하는 습
>   관이 풍속을 이루었는데, 평범히 보아 넘겨 괴이하게 여기지 않
>   고 있습니다(임원준 등).18)

  이 내용에 의하면 관원들이 같은 『경국대전』의 규정을 인용하면서 청요
직, 현관, 청현직 등과 같은 용어를 사용하고 있다. 이 용어들은 문맥상 같
은 의미였으나, 논의에 참여한 대신들이 법조문을 보면서 논의한 것이 아
니고 기억에 의존하여서 논의하는 과정에서 같은 관직을 다양한 용어로
표현하고 있다. 이미 성종 초반이 되면 청요직, 청현직, 현관 등으로 표현
되는 관직에 대한 합의는 이루어지고 있었다. 이 용어들은 淸, 要, 顯 등의
용어와 職, 官을 조합한 것이었다. 그러므로 실제로 사용된 명칭은 위에서
거론한 것보다 다양하였다.

  그러면 구체적으로 청요직과 현관 등의 용어가 문음이 부여된 관직을
지칭하는 것인지 사례를 통해서 확인해보자.

  이병조의 관직이 청요직으로 불리고 있었다. 병조 정랑을 청요직으로
부르고 있는 예는 19년 사간원의 다음과 같은 언급을 통해서 확인할 수

---

18) 『성종실록』 권82, 성종 8년 7월 임오.

있다.

> "兵曹正郎 조형문은 그 증조부 조진이 贓汚를 범하였으므로 그 아
> 비 조득인은 淸要職을 얻지 못하였는데, 이제 조형문은 政曹郎廳이 되
> 었으니, 합당하지 못합니다."라고 하니, 전교하기를, "조형문이 참으로
> 장오한 자의 손자라면 바꾸는 것이 가하나 그렇지 아니하면 바꾸는 것
> 이 애매하니, 그 아비 조득인이 벼슬한 내력을 상고해 아뢰라."[19]

이에 의하면 조형문은 증조부가 장오죄를 범하여 청요직을 받을 수 없
는 처지였다. 그런데 조형문이 병조정랑에 임명되자, 대간이 이를 문제로
삼고 있다. 그러므로 병조정랑은 청요직이었다. 병조정랑은 앞에서 살핀
것과 같이 문음이 부여되는 자리였는데, 이를 청요직으로 칭하고 있다.

홍문관의 관직이 청요직으로 불리고 있었다. 홍문관 전적을 청요직으로
호칭한 예는 성종 20년 다음의 윤필상 등 의정부 대신의 논의에 잘 나타
난다.

> 이제 새로 만든 『대전』을 상고하건대, 두 번 시집간 여자의 소생은
> 동서반 벼슬에 서용하지 못하고 曾孫에 이르러서야 바야흐로 의정부,
> 육조, 대간 외의 벼슬에 쓴다고 하였습니다. 이제 이 법으로써 헤아리
> 건대, 두 번 시집간 것도 오히려 그러한데 김맹강 등은 바로 세 번 시
> 집간 여자의 손자이므로 동반 서반의 모든 관직에 아직 서용할 수 없
> 습니다. 그러나 특별히 일이 법을 세우기 전에 있어서 여러 손자가 동
> 반 서반의 관직에 퍼져 있으니, 이것도 너그럽게 용서하는 것인데 어
> 찌 다시 청요직을 바라겠습니까?[20]

이에 의하면 대간이 김맹강을 홍문관 전적에 임명한 것을 문제를 삼자,

---

19) 『성종실록』 권212, 성종 19년 윤1월 무인.
20) 『성종실록』 권224, 성종 20년 1월 경진.

왕은 대신들에게 의견을 물었다. 이에 대한 대신들은 세 번 시집간 여인의 아들인 김맹강을 청요직에 둘 수 없다고 답하고 있다. 이에 의하면 대신들은 관직을 동서반직과 청요직으로 나누어 이해하고 있다. 재가한 여인의 아들은 동서반에 서용할 수 없고, 증손이 되어서야 동서반에 서용할 수 있는데, 동서반에 사용하는 경우에도 청요직에는 서용할 수 없다고 보았다.[21] 그러므로 김맹강이 청요직인 홍문관의 전적에 임명된 것을 부당한 것으로 보고 있다. 이를 통해서 문음이 부여되는 홍문관의 관직이 청요직으로 칭해지고 있음을 알 수 있다.

대간의 관직을 청현직으로 호칭하였다. 사헌부의 지평을 청현직으로 호칭한 예는 성종 14년의 성종과 대간의 대화에 잘 나타난다.

"편치 못한 것이 무슨 일인가? 송영이 배우인가, 도둑인가? 다만 亂臣에 연좌되긴 하였으나, 이미 벼슬길을 열어주어 일찍이 淸顯을 지냈으니, 무엇이 편치 못한가?" 하였다. 채수 등이 아뢰기를, "송영이 벼슬길에 통한 것도 성상의 은혜가 이미 지나칩니다. 지금 또 淸顯職을 제수하시니, 신 등은 매우 온당치 못하다고 생각합니다."[22]

송영이 지평에 임명이 되자 대간들은 송영이 난신에 연좌되어 있으므로 대간에 둘 수 없다고 반대하고 있다. 여기서 지평을 청현직으로 표현하고 있다. 즉 문음이 부여되는 대간의 직이 청현직이었다.

이상과 같이 문음이 부여되는 관직의 호칭은 청요직, 청현직, 현직, 현

---

21) 『경국대전』「이전」경관직조에는 "貪臟罪를 지은 臟吏의 아들과 손자는 의정부, 6조, 한성부, 사헌부, 개성부, 승정원, 장예원, 사간원, 경연, 세자시강원, 춘추관, 지제교, 종부시, 관찰사, 도사, 고을원 등의 관직에 임명하지 못하며, 정조를 지키지 못한 여자와 재가한 여인의 아들은 東西班의 관직에 임명하지 못한다. 증손대에 가서야 상기의 각 관청 이외의 관직에 등용하는 것을 허락한다."라고 되어 있다.

22) 『성종실록』권143, 성종 13년 7월 무진.

관 등의 용어로 호칭되었다. 이러한 호칭의 중심에는 정조와 삼사가 있었으나, 문음이 부여되는 관직이었던 선전관, 부장, 도총부도 같이 현관으로 호칭되었다. 먼저 부장을 현관으로 부른 예는 성종 9년 사헌부에서는 올린 다음과 같은 차자에 잘 나타난다.

> 수령은 親民하는 중한 직임이 있으므로 事體를 아는 자가 아니면 할 수 없는데, 이제 의학훈도 이도를 양덕 현감으로 제수하였으니, 모람됨이 매우 심합니다. 비록 部將과 같은 6품 顯官이라 할지라도 반드시 京職으로 제수하여서 마땅한가를 시험한 뒤에 수령으로 제수하기를 허락하는데, 하물며 9품의 의학훈도이겠습니까?[23]

대간에서는 의학훈도 이도가 현감에 제수된 것을 문제로 삼으면서, 부장이 6품 현관 즉 청요직임을 밝히고 있다.

당연히 문음이 부여되는 선전관도 청요직이었다. 이는 연산군 5년 유순이 올린 다음과 같은 언급에 잘 드러난다.

> 신돈의는 일찍이 선전관을 역임한 자이니, '일찍이 顯官을 역임하였으므로 그 試才를 책할 수 없다.'고 논한다면 오히려 가하오나, 갑자기 4품직을 제수함은 지나친 일이옵니다.[24]

대간은 신돈의가 4품직에 승품됨을 문제로 삼자, 연산군은 이 문제를 대신들에게 물었다. 이에 유순은 신돈의가 선전관 즉 현관을 역임한 이임을 인정하면서도 4품으로의 승진은 과하다고 평하고 있다. 역시 선전관은 현관 즉 청요직이었다.

도총부도 청요직이었다. 도총부의 경력을 현직으로 칭한 예는 성종 17

---

23)『성종실록』권91, 성종 9년 4월 갑진.
24)『연산군일기』권32, 연산군 5년 2월 기유.

년 대간의 다음과 같은 지적을 통해서 알 수 있다.

　　임영년은 병 때문에 만호를 사퇴하였고 아직 기한이 차지 않았는데 顯職에 제수하였으니, 병조에서 반드시 사정을 두었을 것입니다. (중략) 한명회가 의논하기를, "임영년은 實職으로 3품의 벼슬을 지냈으니, 이제 경력이 되어도 무방합니다. 그러나 외임을 면하려고 꾀하였다면, 그 기한이 찰 때까지 서용하지 않아야 마땅합니다."[25]

　대간은 임영년이 만호의 임기를 채우지 못하였는데, 현직인 경력에 임명한 것을 문제로 삼고 있다. 여기서 경력을 현직으로 파악하고 있다. 한명회는 이미 임영년이 3품 실직을 지낸 자임을 지적하면서 경력에 임명하여도 무방하다고 지적하고 있다. 즉 이미 임영년은 3품 실직을 지내면서 문음을 받았음을 강조한 것이다. 도총부의 경력은 보통 선전관을 거쳐서 선임되었으므로 이미 문음의 특혜를 받고 있는 경우가 일반적이었다.[26]
　그러나 청요직이나 현관 등이 사용된 용례를 자세히 살피면, 3품 이하의 문음이 부여되는 몇몇 관품과 관직 외에도 현관이나 청요직이라는 용어를 사용하는 경우를 볼 수 있다. 먼저 2품 이상의 관품을 칭할 때에도 흔하지는 않지만, 현관이라는 칭호를 사용하기도 하였다. 이러한 대표적인 예를 다음의 세조 12년 다음의 기록을 통해서 알 수 있다.

　　강희맹을 예조 판서로, 유서를 문천군으로, 유사를 문원군으로 삼았다. (중략) 강희맹은 문학이 남보다 뛰어났는데, 이때에 와서 임금이 더욱 그 명성을 알고 顯官에 임용하였다.[27]

---

25)『성종실록』권192, 성종 17년 6월 신축.
26)『성종실록』권267, 성종 23년 7월 경진. "정홍손은 광양 현감에 제수되었을 적에는 병을 핑계로 사양하고 부임하지 아니하였고, 그 후 兼宣傳官이 되었다가 이번에 都摠府 經歷에 제수되었는데, 경력은 4품직입니다."
27)『세조실록』권39, 세조 12년 7월 갑술.

이는 강희맹을 예조 판서에 임명한 인사 기록인데, 여기서 예조판서를 현관으로 칭하고 있다. 2품 이상의 관원은 당연히 문음의 특권이 있었으므로 이러한 용례는 청요직, 현관을 문음과의 관련성에서 설명해온 내용과도 잘 연결이 된다.

그러나 3품 이하의 관직으로 문음과 관련이 없는 관직의 경우에도 청요직이라는 용어를 사용하는 경우가 보인다. 육조의 낭관을 청요직으로 칭하고 있다. 육조의 낭관 중 정조의 낭관에게만 문음을 주고 있는데, 성종 22년에는 정조 즉 이조와 병조의 낭관이 아닌 경우도 청요직으로 칭하는 사례가 보인다. 다음의 사헌부의 다음과 같은 지적이 이를 잘 보여준다.

> 이적은 남원 판관으로서 예조정랑에 제수되었습니다마는, 이적이 외방에 있을 때 공조정랑에 移授되니, 이적은 또 이를 잃을까 두려워하여 교대하지 않고서 왔으니, 이는 명리에 급급한 자입니다. 육조낭관은 淸要職을 뽑는 것인데 이적을 이제 또 형조정랑으로 제배함은 미편합니다.

대간은 이적이 형조정랑에 임명된 것을 비판한 것이다. 대간은 이적의 행적으로 볼 때 형조정랑에 적절하지 않다고 주장을 하고 있다. 여기서 형조정랑을 포함해서 육조 낭관을 청요직으로 파악하고 있다. 6조 중에서 이조와 병조만 문음이 주어지고 있었으므로 나머지 낭관은 청요직이 될 수 없었다. 그런데 여기서는 나머지의 낭관을 포함한 육조의 낭관을 모두 청요직으로 파악하고 있다.

그러므로 이 문제는 좀 더 세심하게 검토할 필요가 있다. 이에 대한 이해는 당시의 관직과 인사체계와 연결시킬 때에 설명이 가능하다. 관원들은 문음이 부여된 청요직을 선호하였지만, 문음의 혜택은 청요직을 한번만 거쳐도 주어지는 것이었으므로 계속 청요직을 고집할 필요는 없었다. 청요직을 만든 지배신분의 의도도 3품 이하의 관원에게 문음의 기회를 주

기 위해서 청요직을 만들었지만, 적절히 문음을 부여하고 통제하기 위해
서 최소한의 관직에만 문음을 부여하고 있기 때문에, 이를 원활하게 활용
하기 위해서는 보직의 순환은 필요하였다. 그 과정에서 청요직의 의미는
조금 확대될 수 있었다. 이미 청요직을 거친 관원들이 옮겨 갈 수 있는 관
직 역시 청요직으로 인식될 수 있었다. 당시의 낭관들은 삼사와 육조를 오
가면서 번갈아 관직을 맡고 있었다. 육조 낭관 중 이조와 병조에만 한정되
지 않았다. 여기서 거론되고 있는 이적의 경우도 이미 사헌부와[28) 사간원
의[29) 직을 이미 역임하고서, 형조정랑에 임명되고 있다. 그러므로 관원들
은 형조정랑을 포함한 육조낭관직을 모두 청요직으로 파악할 수 있었다.

그와 같은 유사한 사례로 성종 9년에는 판관을 현관으로 칭하였다. 이
는 다음의 장령 유경의 다음과 같은 언급을 통해서 확인할 수 있다.

> 신의 형 유찬은 을미년 과시에 합격하여 병오년에 죽었으니, 그간에
> 郎署직을 거쳐 判官의 관직에 이르렀으며, 신도 그 때에 감찰이 되었습
> 니다. 送終은 큰일이며 판관, 감찰은 모두 顯官입니다. 현관으로서 대사
> 를 당하였는데 신이 호상하지 않았다면 남들이 누가 모르겠습니까?[30)

이는 유경이 장령에 임명이 되자 대간에서는 유경이 장령이 되는 것은
문제가 있다고 비판을 하였다. 이에 유경은 위의 글을 통해서 자신의 입장
을 변명하였는데, 여기서 감찰과 판관을 현관으로 보고 있다. 감찰은 사헌
부의 관원으로 문음이 주어지는 직이었으므로 현관이 분명하였으나, 판관
은 문음이 주어지는 직은 아니었다.[31) 그러나 유찬의 경력을 보면 위의 언
급에서도 '낭서'의 직을 거쳤다고 언급하였듯이 이미 사간원 정언 등[32) 청

---

28) 『성종실록』 권253, 성종 22년 5월 갑신.
29) 『성종실록』 권174, 성종 16년 1월 기해.
30) 『성종실록』 권288, 성종 25년 3월 정사.
31) 유찬은 봉상시 판관이었다(『성종실록』 권288, 성종 25년 3월 갑인).
32) 『성종실록』 권122, 성종 11년 10월 병인.

요직을 거쳐 봉상시 판관에 이르고 있었다. 그러므로 당시 관원들은 봉상시 판관도 청요직으로 인식하였던 것이다.

이러한 상황을 감안할 때에 청요직의 범위는 문음이 부여된 관직보다 조금 넓어질 수 있었다. 그러나 기본적으로 문음직에 접근이라는 관점을 계속 유지되었으므로 크게 넓어질 수는 없었다. 현관의 범위를 확인하기 위해서 현관의 범주를 보여주는 자료를 검토하는 것이 중요하다. 그러한 사례가 적지만, 한 예를 성종 8년 충청도 관찰사 이육의 다음과 같은 언급을 통해서 살필 수 있다.

> 금후로 범법하는 자는 堂上官, 臺省, 六曹郎官, 宣傳官, 守令 등 모든 일찍이 顯官을 지낸 자와 사족의 부녀 외에는 한결같이 교서에 의하여 가두고 推考하여 律에 의하여 科斷하는 것이 어떠합니까?[33]

관찰사 이육은 범죄인을 추고할 때 관찰사가 직단할 수 있는 범위를 조정에 묻고 있다. 이육은 현관을 제외하고는 관찰사가 직단할 것을 요청하였고, 이에 대하여 정부는 승인하였다. 이 내용에서 이육은 "당상관, 대성, 육조 낭관, 선전관, 수령" 등을 현관으로 파악하고 있다. 이는 이육이 파악하고 있는 현관의 범위였으나, 이를 정부가 승인하였다는 것은 이러한 현관에 대한 이해를 정부도 인정하고 있다는 것을 보여준다. 여기서의 현관은 당상관, 대성, 육조 낭관, 선전관, 수령 등으로 파악하고 있다. 이 내용은 앞에서 검토한 것과 일치되나 수령이 첨가되고 있다. 수령이 첨가된 것이 주목된다. 수령의 지위를 일률적으로 논하기 어렵지만, 대간이나 육조 낭관이 4품에 승진하기 위해서는 필수적으로 수령을 거쳐야 하였다.[34] 또한 부장도 상위의 직에 올라가면서 수령을 거쳤다.[35] 따라서 청요직을 거친 관

---

33) 『성종실록』 권84, 성종 8년 9월 갑술.
34) 『세종실록』 권89, 세종 22년 5월 무오.
35) "비록 부장과 같은 6품 顯官이라 할지라도 반드시 京職으로 제수하여 마땅한가

원들이 지나가는 관직이었으므로 수령직을 현관으로 파악한 듯하다.

이러한 현관에 대한 이해는 세월이 가면서 다소 변동이 있었다. 앞에서 이육이 현관을 종합적으로 언급한 성종 8년에서 약 50년이 경과한 중종 20년에는 정부에서 현관을 다음과 같이 정의하였다.

> 각 고을에서 어느 관직이 顯官인지를 모르니, 바라건대 東西班의 正職 5품 이상과 監察, 六曹郎官, 部將, 宣傳官, 縣監 등을 현관으로 하고, 아울러 諭示하시기 바랍니다.[36)

이 내용에 의하면 현관을 5품 이상의 정직과 6품의 몇몇 관직을 거론하고 있다. 이중 6품의 관직은 성종 8년에 이육이 언급한 관직과 전혀 차이가 없다. 다만, 5품 이상의 모든 정직을 포함하고 있다는 점이 차이가 있다. 5품 이상의 정직이 모두 포함된 것은 그간 관직체계에 변화가 있었던 것으로 추측된다. 즉 5품 이상의 정직에 승진하기 위해서는 6품에서 문음이 부여된 현관을 거치지 않고는 불가능한 관직체계가 되었다면, 5품 이상의 정직은 모두 현관이 될 수 있었다.

이상의 검토로 3품 이하 문음이 부여되는 관직들을 청요직, 현관 등으로 호칭하였음을 알 수 있었다. 물론 현관의 외연은 이보다 다소 넓은 것으로 나타난다. 그러나 이는 당시 관직 운영체계를 고려하면 이해될 수 있는 것이었다. 즉 이는 문음이 부여된 관직과 순환관계에 있는 관직에 한정되었다. 그러므로 청요직, 현관은 문음이 부여된 관직을 부르는 호칭으로 이해할 수 있다.

를 시험한 뒤에 수령으로 제수하기를 허락한다."(『성종실록』 권91, 성종 9년 4월 갑진).

36) 『중종실록』 권55, 중종 20년 8월 갑인.

2. 顯官의 신분

1) 현관의 신분적 특권

문음을 매개로 하여서 형성된 청요직과 현관은 그 지위에 따른 다양한 특권이 있었는데, 특별히 그 자녀들에게 특혜를 부여하는 신분적 특권을 가지고 있었다. 현관의 신분상 특권으로 가장 먼저 거론할 수 있는 것은 門蔭이다. 이는 자손을 입사시킬 수 있는 매우 중요한 특권이었다. 『속육전』 문음조에는 다음과 같이 이들에게 문음을 부여하는 절차가 정리되어 있다.

> 경관으로서 實行한 3품인 자, 외관으로서 3품 수령의 아들 손자와, 일찍이 臺諫 政曹를 지낸 자의 아들로, 나이가 20세 이상이면 祖, 父, 親堂叔, 伯叔, 兄弟와 대소 관원으로 하여금 천거케 한다. 아울러 內外 祖父의 직함과 이름을 적어서 이조에 바치면, 예문관에 移文하여 한 경서를 시험하여 합격한 자는 牌를 주고 이조에 회보하라. (중략) 서울 과 외방의 실행한 3품의 아들 손자 및 일찍이 대간 정조를 지낸 자의 아들은 司醞副直長同正에 서용한다.[37]

이에 의하면 3품 실직의 자와 손, 대간 정조의 자가 문음의 대상이었다. 대상이 되는 자제가 20세가 되면, 祖, 父, 親堂叔, 伯叔, 兄弟들이 그 내외 조부의 직함을 적어서 이조에 천거케 하였다. 이조에서는 경서 하나를 시험하여 합격자를 가렸고, 합격한 이들에게는 이조에서 司醞副直長同正 8 품에 임명하였다.

기왕의 연구에 의하면 문음 입사로 인하여 이후 관직의 진출에 별다른

---

37) 『성종실록』 권4, 성종 1년 3월 계미.

제한을 받지 않았고, 다시 과거에 응시하여 급제하는 경우 문음으로 지낸 관품이 인정되어서 높은 관직에 임명되는 혜택을 받을 수 있었다.

다음으로 거론될 수 있는 현관의 신분적 특권은 그 아들이 충순위에 입속할 수 있는 특권이다. 세종 27년의 의정부의 다음 언급에 의하면 충순위는 문음이 부여된 관직의 자제들을 위하여 만들어졌다.

> 엎드려 교지를 받자옵고, 2품 이상의 자, 손, 서, 제, 질과 京官의 실행 3품과 外官의 3품 수령의 자손과 일찍이 臺省 政曹를 지낸 자의 아들에 대한 사환의 길을 상고하고 마련하여 아래에 기록합니다.[38]

이에 의하면 2품 대신의 자손, 3품 실직자와 수령의 자손과 대성 정조의 아들을 위하여 충순위는 마련되었다. 충순위는 정원을 6백으로, 4번으로 나누어 매 번마다 1백 50인씩 윤번으로 대궐 안에 사흘씩 입직하는 임무를 하였다. 충순위는 기왕의 연구에서도 잘 밝혀져 있듯이 갑사, 별시위, 내금위 등 부류와는 달리 족친위, 충의위 등과 같이 묶어서 논의되었고, 그 성격의 차이 때문에 논자에 따라서는 전자는 양반 직업군으로 후자는 귀족 숙위군으로 나누어 호칭하기도 하였다.[39] 이러한 분류를 하는 것은 중요한 이유가 있었다. 양반 직업군의 경우에는 대우가 좋은 군역이기는 하였지만, 무관이 될 수밖에 없는 직역이었고 상대적으로 그 구성원의 경계도 분명치 않았다. 그러나 족친위, 충의위와 함께 충순위는 그 직책이 무반을 지향하기보다는 문반의 진출을 지향하여 직무를 통하여 얻는 雜加를 문관직으로 진출하는 기반으로 사용하고 있었다.

특히 현관의 자제들은 충순위에 속하면서도 비번 시에 성균관의 원점을 얻어 과거에 응시할 수 있는 권리가 부여되어 있었다. 이는 세종 27년 권계손의 다음과 같은 상소를 통해서 잘 드러난다.

---

38) 『세종실록』권109, 세종 27년 7월 경인.
39) 이성무 앞의 책.

충순위의 설치는 聖上의 뜻에서 나왔사오니, 대개 衣冠子弟의 벼슬
길이 좁아서, 침체한 자가 이것으로 인하여 발달할 수 있을 것을 생각
하신 것이오니, 성은이 두루 흡족합니다. (중략) 충순위가 비록 군사라
고는 하지마는, 把守하고 巡綽하는 괴로움이 없고, 한가하기가 忠義衛
와 같아서, 9일은 집에 있고 3일은 번들뿐이니, (중략) 마땅히 番에서
나오는 날에 모두 전과 같이 학교에 들어가서 글을 읽게 하고, 일찍이
학사에 매어 있지 않은 자도 또한 살고 있는 部에 입학하게 하소서. 예
조에서 엄하게 과정을 세워서 행실과 학예를 빙고하고, 만일 게을러서
학업에 나오지 않고 거듭 교령을 범하는 자가 있으면, 병조에 이문하
여 충순위의 籍에서 삭제하여 그 나머지를 경계하십시오.40)

이에 의하면 충순위는 그 직무가 어렵지 않아서 학업이 가능하였다. 정
부에서는 이에서 한걸음 더 나아가서 이들이 근무를 하지 않을 때에는, 성
균관 등에 나아가 공부하는 것을 규정으로 만들고 권장하였다. 당연히 충
순위를 통해서 확보된 품계는 과거의 합격 시에 반영되어서 상위의 품계
를 얻을 수 있는 조건이 되었다. 충순위의 입속 혜택은 문음과 매우 유사
한 성격을 가진 것이었다. 충순위와 문음과 차이는 문음으로 관직에 나아
가는 경우에 직무에 얽매여 과거의 공부에 집중하기 어려웠음에 비하여
충순위는 관직과 공부를 같이 병행할 수 있는 제도였다. 그러므로 충순위
의 입속은 현관에게 주어진 중요한 신분상 특권이었다.

현관의 자녀들은 성균관 입학에 특혜를 가졌다. 이는 다음의 세종 15년
의 대사성 권채의 상소에 잘 나타나 있다.

문벌 있는 음직의 자제가 입학하는 법이 세워진 뒤로부터는 四祖 중
의 3품 이상과 일찍이 사헌부, 사간원, 의정부, 육조 벼슬을 지낸 자의
아들이면 어떤 아들임을 막론하고 升補法에 따르지 않고 입학하게 합
니다. 음덕을 입어 들어오는 길이 이미 많은지라 장래에는 원 정원인

1백 명안에 모두 음덕 가진 자제만 있어서 승보법은 영영 없어지고 말
것입니다.[41]

이에 의하면 사조 내에 현관이 있는 이들에게 성균관에 입학하는 승보
시험을 면하게 해주고 있음을 알 수 있다. 성균관의 입학에 생원과 진사에
게는 시험을 치지 않았으나, 그 외의 유생에게는 입학시험에 준하는 승보
시를 보게 하였다. 그러나 현관의 자제는 이 시험을 면제해 주었다. 여기
서 주목이 되는 것은 이러한 특권이 자제에게만 한정된 것이 아니라 '四祖'
중에 현관이 있으면 가능한 것으로 그 혜택의 범위가 자, 손, 증손에게까
지 미치고 있다는 점이다.

현관이 가지는 신분상 특권의 범위가 넓은 경우는 이 경우에 한정되지
않았다. 현관의 자, 손, 증손은 재판상으로도 특혜를 받고 있었다. 이는 중
종 20년 정부의 다음과 같은 언급을 통해서 잘 알 수 있다.

어제 성상의 분부에 "士族을 아울러 전 가족을 아주 변방에 이주시
킨다면, 그의 奴僕들이 도망하여 흩어져버려 마침내는 반드시 곤욕을
받게 될 것이다." 하셨는데, 성상의 분부가 지당하시니, 만일 文武科
出身인 사람의 자제 및 內四祖와 外四祖에 모두 顯官이 있는 사람은
全家徙邊 다음 律로 죄준다면, 반드시 많은 사람이 성상의 덕을 입게
될 것입니다.[42]

정부에서는 무단토호를 처벌하기 위해서 향촌에서 무단한 토호들을 전
가사변의 율에 처하도록 결정하고 이를 추진하였다. 그러나 사족을 제외
해야 한다는 반론이 있자, 조정에서 사족은 제외하기로 하였다. 그리고 사
족의 범위를 현관을 기준으로 하여서 四祖 내에 현관이 있는 자로 결정하

41) 『세종실록』 권61, 세종 15년 8월 임인.
42) 『중종실록』 권55, 중종 20년 8월 계묘.
　　『중종실록』 권56, 중종 20년 12월 신미.

였다. 이러한 사례는 현관은 자, 자손, 증손에게 재판상 특혜를 부여하고
있었음을 잘 보여준다.

현관 자손이 받은 재판상 특권은 중종 38년에도 재차 확인된다. 이때에
도 조정에서 향촌에 무단하는 토호를 전가사변에 처벌하는 결정이 있자,
병조에서는 중종 20년에 현관의 자손은 감형한 사례를 거론하면서 재론을
요구하였다. 중종은 대신들에게 논의를 명하였고[43] 정부에서는 "문과 무
과의 출신인 사람과 내외에 다 顯官이 된 사람이 있는 자손과 자신이 생원
진사인 사람은 모두 入居시키지 말고 次律로 죄를 정한다."는 입장으로 감
형할 것을 건의하였다.[44] 이러한 정부의 논의에 따라서 사족들은 감형이
되었다. 이러한 사례는 현관의 재판상의 특권이 자, 손, 증손에게까지 미치
는 것임을 거듭 잘 보여준다.

현관의 자손은 군역의 충정과정에서도 특혜를 받았다. 이는 명종 12년
사간원의 다음과 같은 언급에 잘 드러난다.

　　신이 병조의 事目을 보니, 외방의 교생으로서 考講에 不通 한 자는
　　四祖 중에 顯官이 없으면 수군으로 채워 넣는다고 되어 있는데, 이는
　　실로 수군을 소복시킬 계책이라고 봅니다. 그러나 외방의 교생은 士族
　　이 대부분인데 만일 고강에 불통한 자를 모두 수군으로 정한다면 자손
　　대대로 영원히 賤役을 면치 못할 것이니, 사족들을 일시에 수군으로
　　책정한다는 것은 매우 온당치 않습니다.[45]

정부에서는 수군의 충정을 위해서 교생들에게 시험을 쳐러 낙강한 이들
에게는 수군에 충정할 것을 결의하였으나, 四祖 중에 顯官이 있으면 이를
면해주고 있다. 이러한 사례는 현관의 자손들에게 군역 충정에서 특혜를

43) 『중종실록』 권101, 중종 38년 12월 갑오.
44) 『중종실록』 권101, 중종 38년 12월 병신.
45) 『명종실록』 권23, 명종 12년 10월 경자.

베풀고 있음을 잘 보여준다.

이상으로 현관이 가졌던 신분상 특권을 살펴보았다. 현관의 자손에게 부여되는 특권을 중심으로 살펴보았다. 현관의 자제는 음서와 충순위에 입사하는 특혜를 가지고 있었고, 재판상 감형의 우대를 받고 있었으며, 시험상의 특권으로 자손의 성균관 승보시 면제와 교생으로 낙강시 우대되는 권리 등이 있었다. 현관에게 부여된 이와 같은 신분적 특혜는 2품의 특권 관품의 관원들에게 주어진 것에 비하여 분명히 한계가 있다. 그러나 이러한 특혜는 혈통에 따른 특혜로 분명히 현관의 자손이 다시 현관이 될 수 있는데, 기여하였을 것으로 생각된다. 특히 그 특혜가 세월이 가면서 자제에 한정되지 않고, 四祖의 형식을 통해서 자, 손, 증손에 미치는 경향도 보여주고 있어서, 현관이 가지는 신분적 성격이 더욱 분명해지는 것을 알 수 있었다.

2) 현관의 신분적 영역

현관이 신분적 특혜를 받는 지위를 가지고 신분적 특혜를 그 자손에게 끼치면서, 신분적으로 배타적인 영역을 구축하였다. 즉 일정 부류는 현관이 될 수 없다는 배타적인 영역 규정이 형성되어 갔다. 서얼이 그 대표적인 예이다. 서얼을 현관에서 배제하려는 생각은 이미 태종대부터 나타난다. 이는 태종 15년에 우부대언 서선 등의 다음과 같은 언급에 잘 나타난다.

> 종친과 각 품의 서얼 자손은 현관 직사에 임명하지 말아서 적첩을 분별하소서.[46)](#)

이러한 주장은 서얼의 관직 임명이 결정된 직후에 서얼을 견제하기 위

---

46) 『태종실록』 권29, 태종 15년 6월 경인.

한 방안으로 제안된 것이다. 여기서 서선은 '현관'에 서얼을 임명하지 말자는 제안을 하고 있다. 여기의 현관은 아직 구체적으로 어떠한 관직을 의미하는지 분명치 않았다. 이 시기에는 조선 초기의 신분제는 물론이고, 이에 상응하는 관직체제를 어떻게 만들어 가야 할지 방향이 분명하지 못하였다. 3품 이하의 관원에 대한 문음제가 태종 16년에야 만들어지는 것은 이를 단적으로 보여준다.

이미 천첩소생도 5품까지 승진하는 것이 결정되었고, 아직 양첩소생이 승진할 수 있는 관품의 제한은 만들어지지도 않은 상황이었다. 그러므로 서선이 '현관'이라고 언급한 것은 선언적인 것이었다. 즉 서얼은 임명되는 관품이나 관직은 구분되어야 한다는 것을 선언한 것이었다. 그러나 이러한 서선의 요청을 정부는 받아들였고, 그 다음 해인 태종 16년부터 3품 이하 관원의 문음제를 만드는 작업을 필두로 해서 '현관'을 별도의 영역으로 구축해갔다.

세종말에 서얼이 기술직에 진출하게 되면서 기술직 관원은 현관이 될 수 없게 되었다. 이는 성종 15년 승정원에서 올린 다음과 같은 언급을 통해서 짐작해 볼 수 있다.

　　　의원은 처음부터 잡과를 거쳐서 진출한 자이므로 조종 때부터 사림의 반열에 끼지 못한지 오래되었습니다. 그런데 만약 하루아침에 어떤 족계와 어떤 출신인가를 묻지 않고 예사로 동서의 반열에 두게 된다면 어찌 선비를 격려시키는 도리라고 하겠습니까. (중략) 다만 습독관은 다 사족으로서 유음자제이니 그 직무에 충실하여 뚜렷한 성과가 있는 자는 비록 동반이나 서반의 현직에 서용한다고 하더라도 구애가 되지 않을 듯합니다.[47]

이 내용은 두 가지 면을 주목할 수 있는데, 먼저 의원이 현관에 서용되

---

47) 『성종실록』 권173, 성종 15년 12월 갑술.

지 못한다는 것이다. 기술관의 가장 중요한 관원은 역관과 의관이었으므로, 의관에 대하여 언급한 위의 지적은 모든 기술관에 해당되는 것으로 생각된다. 기술관은 정3품 당하관이 한품이었으나 관품만으로 본다면 현관의 제수가 가능하였다. 그러나 실제에 현관직의 제수는 어려웠다. 물론 '조종 때부터' 라는 위의 기록으로 언제부터 인지 모호하나, 서얼이 기술직에 진출한 세종대부터 그러했을 것으로 짐작된다.

여기서 주목되는 다른 한 가지는 습독관에 대한 언급이다. 같은 기술직이어도 습독관은 현관이 될 수 있다는 기록이 그것이다. 습독관이 현관이 될 수 있는 이유는 '사족'이라고 밝히고 있다. 이들은 특권관품의 자제이거나 적어도 현관의 자제 즉 유음자제였으므로 현관이 될 수 있다고 언급하고 있다. 그러므로 현관이 될 수 있는 여부는 혈통적으로 사족인가의 여부와 관련되었다. 기술직에는 서얼이 진출하고 있었지만, 모두가 서얼은 아니었다. 협의 양인으로 잡과를 통해서 기술직에 진출한 이들도 있었다. 그러나 이들이 역시 혈통적 제한을 받으면서 현관이 될 수 없었다.

習讀官 제도는 세종대부터 漢學習讀官, 醫書習讀官 등 기술직의 중요분야에서 시행되었다. 정부는 해당분야의 중요성에 비추어 볼 때 잡과 출신들에게만 맡겨둘 수 없다는 취지에서, 사족의 자제로 연소하고 총민한 자들을 가려서 해당분야의 습독관을 삼아 맡은 분야를 연구하게 하였다. 당시 사족들이 기술직을 꺼려하였으므로 이들을 유인하기 위하여 대우를 극진하게 하였다. 습독관들에게는 체아직이 주어졌을 뿐 아니라 탁이한 자는 현관에 제수하는 특전이 주어졌다.[48] 또한 생원이나 진사로 습독관이 된 자에게는 습독관이 된 날부터 성균관에 출석한 것으로 계산하여 과거의 응시에 편의를 제공하고 있었다.[49] 이러한 혜택을 주면서 습독관제

---

48) 『세조실록』 30, 세조 9년 5월 경술; 『성종실록』 권16, 성종 3년 3월 경술. 의서습독관으로 탁이한 자를 현관에 제수할 것을 결정하였다.
    『성종실록』 권38, 성종 5년 1월 을사. 한학습독관으로 능통한 자를 현관에 서임하는 것을 결정하였다.

를 운영한 것은 이 분야를 습독관을 중심으로 운영해 나아가려는 정부의
의지를 잘 보여주고 있다. 그러므로 이러한 체제 하에서 잡과를 거쳐서 진
출한 기술직이 현관에 임명된다는 것은 불가능하였다. 그러므로 습독관제
가 정착된 세종대를 전후해서 기술관의 현관직 진출은 서얼은 물론 양인
까지도 봉쇄된 것으로 보아도 무방할 것이다.

  그러나 기술직으로 특별한 공을 세운 자들이 있었고, 그러한 경우 이들
의 현관 진출은 논의의 대상이 될 수 있었다. 그러한 예로 성종 13년 성종
은 이조와 예조에 "이제부터는 한어, 왜어, 여진어, 의술을 업으로 하여 정
통하기가 여러 무리 가운데 뛰어난 자는 동서반에 탁용하여 권장하는 뜻
을 보이라."고 명한 것을 들 수 있다.[50] 여기서 '동서반에 탁용'한다는 지
적을 당시 관원들은 현관의 제수로 해석하였다.[51] 이에 사헌부를 중심으
로 "醫譯으로 하여금 淸流에 섞이지 않게 하소서."라고 관원들은 강하게
반발하였다.[52]

  이 문제는 성종 24년에도 다시 재론되었다. 의원에게 현관을 제수하는
문제가 제기되었을 때, 대간은 의원에게 현관을 제수하는 것은 불가하다
고 상소하였다. 이에 왕은 재상들에게 이 문제를 논의하게 하였다. 다소
번거롭지만 당시의 조정의 분위기를 구체적으로 파악하기 위해서 논의에
참여한 재상들의 입장을 구체적으로 밝히면 다음과 같다.

  ① 의원에게 현관을 제수함은 선왕의 조정에서는 없던 바이니, 입법
    은 불가합니다(이극배).
  ② 의원에게 현관을 제수하는 법은 불가한 일이라는 것을 신 등이
    일찍이 아뢰었습니다. 대간의 말을 따르지 않을 수 없습니다(노
    사신 등).

---

49) 『성종실록』 권53, 성종 6년 3월 경술. 이 규정은 『대전속록』에도 첨가되었다.
50) 『성종실록』 권140, 성종 13년 4월 기유.
51) 『성종실록』 권140, 성종 13년 4월 신해.
52) 상동조.

③ 조종조 이래로 현관에 제수된 자는 문무과 문음 출신자뿐이었지 의
원이 될 수 있었다는 것은 듣지 못하였습니다. 교정청으로 하여금
조종조의 『元六典』, 『續六典』, 『大典』 등을 상세히 상고하여 헤아
려 아뢰게 한 후에 성상께서 재결하소서(정문형).[53]

다소 장황하게 인용하였는데, 이는 당시 논의 참여한 조정의 훈구대신
들의 동향을 구체적으로 보여주기 위한 것이다. 이들은 전원 일치하여 '조
종조 이래로' 없던 일이라고 의관의 현관 제수를 반대하고 있다. 그간의
연구에서 훈구대신은 기술직을 차대하는 것에 반대하고, 사림파는 기술직
에 대하여 경직되게 대처한 것으로 이해되고 있었으나,[54] 이는 바르지 않
은 이해이다. 기술직에게 현관을 줄 수 없다는 인식은 사림의 등장과 같이
시작된 것이 아니었기 때문이다. 물론 이러한 논의 이후에도 의원에게 현
관을 주는 사례가 없지 않았으나, 이는 개별적인 특례에 불과하였고 그나
마도 대간들의 지속적인 탄핵의 대상이 되었다.[55]

서얼과 기술직 관원이 현관이 될 수 없도록 규정되면서 현관의 제수는
혈통적인 문제로 이해되었는데, 두 번이나 세 번 시집간 여인의 자녀들도
혈통적으로 하자가 있는 것으로 인정되어 현관의 제수가 저지되었다. 성
종 8년 이극돈의 언급은 이를 잘 보여준다.

『대전』에, "再嫁한 자는 封爵하지 말고, 三夫를 고쳐 시집간 자는
그 실행함과 한가지로 자손은 顯官의 제수를 허락하지 않고, 또한 赴
擧를 허락하지 않는다."고 하였으니, 대개 情犯의 경중을 살피어서 법
을 베푼 것입니다. 이는 풍속을 경계하고 장려하기에 족합니다.[56]

---

53) 『성종실록』 권282, 성종 24년 8월 경술.
54) 한영우 앞의 책.
55) 『연산군일기』 권5, 연산군 9년 7월 병자.
56) 『성종실록』 권82, 성종 8년 7월 임오.

이에 의하면 거듭 시집을 간 부녀의 자손들은 현관이 될 수 없었다. 이들에 대한 규제는 일찍부터 시행되었다. 특히 세 번 시집간 부녀의 자녀는 태종 6년부터 恣女案에 기록하여서[57] 규제하였고, 이는 『경국대전』에 수록되었다.[58] 성종 8년의 논의는 재혼한 부녀의 자녀까지도 제한하려는 논의였다. 이 문제의 결정을 놓고 조정에서 열띤 논의가 있었으나, 논의의 결과를 바탕으로 성종이 "이제부터는 再嫁한 여자의 자손은 仕版에 나란히 하지 않음으로써 풍속을 바르게 하라."[59]고 명하여 재가한 부녀의 아들은 현직에 제수되지 못하였다.[60]

이상의 논의에서 현관이 될 수 없는 부류를 검토해 보았다. 서얼과 기술관 재가녀의 자손은 현관이 될 수 없음을 확인하였다. 이상과 같은 특정집단이 현관이 될 수 없는 것을 최종 규제하는 장치가 있었는데 이는 서경이었다. 『경국대전』에는 '고신' 규정을 두어 5품 이하 주요 관직의 임명시 內外四祖와 본인의 痕咎 여부를 살피도록 명시하고 있다. 이 규정은 결과적으로 현관이 될 수 있는 부류와 없는 부류를 검색하는 장치였다. 여기서 그 대상으로 구체적으로 명시하고 있는 '의정부, 이조, 병조, 사헌부, 사간원, 장예원, 홍문관, 춘추관, 지제교, 종부시, 시강원, 도사, 수령'과 '도총부 선전관 부장' 등을[61] 거론하고 있다. 이 부서들은 앞에서 검토한 바와 같이 참상관이 임명될 수 있는 가장 핵심부서들로, 현관을 규정하는 가장 기본적인 관직 범주였다. 이러한 관직들에 대하여 서경을 엄격하게 한 것은 현관에 진입이 의미하는 바가 매우 중요하였으며, 그 경계가 매우 견고하였다는 것을 보여준다.

---

57) 『태종실록』 권11, 태종 6년 6월 정묘.
58) 『경국대전』 「형전」 금제.
59) 『성종실록』 권82, 성종 8년 7월 계미.
60) 三嫁女, 再嫁女에 대한 조정의 논의는 장병인의 연구에 자세하게 정리되었다 (『조선 초기 혼인제 연구』 서울대학교 대학원 박사학위논문 1993).
61) 『경국대전』 「이전」 고신.

3. 顯官과 士族

이상의 검토에서 현관은 문음의 특혜 등 다양한 신분적 특혜가 있었음을 논하였다. 이들 집단의 신분적 성격이 구체화되면서 서얼이나 기술관, 재가녀 등의 자손 등 특정집단은 이에 진입할 수 없었다.

이는 현관이 법적 특권을 매개로 그 지위를 세전하는 구조를 갖추어가고 있었음을 의미한다. 즉 현관을 매개로 한 집단이 신분적 성격을 가지게 되었음을 의미하였는데, 그러면 현관을 중심으로 형성된 혈연집단을 부르는 호칭은 무엇이었을까? 그 호칭이 사족이었다.

현관과 사족의 연결을 보여주는 분명한 자료는 조선 중기 중종대에 보인다. 그 사례가 중종 20년 全家徙邊의 논의 중에 언급한 중종의 다음과 같은 발언으로 사족과 현관의 관계를 분명하게 명시하고 있다.

> 전일에 정부의 뜻이, 內四祖와 外四祖에 모두 顯官이 있는 사람은 全家徙邊을 면할 수 있다고 했다. 만일 그렇게 한다면 한 편에 현관이 없는 사람은 면하지 못하게 될 것이다. 한 편에만 현관이 있더라도 역시 사족이니, 양편의 사조 중에 한 편에라도 현관이 있으면 면하도록 하는 것이 어떨지 다시 의논하여 아뢰라.62)

이에 의하면 중종은 '사조 내에 현관이 있으면 사족'이라는 보고 있다. 이러한 언급을 한 배경은 당시 조정에서는 향촌에서 문제를 일으키는 토호들을 모두 전가사변에 처하기로 한 조치에 있었다. 그러나 그 과정에서 사족까지 전가사변하면 안 된다는 논의가 일어나자, 사족을 전가사변에서 빼주기로 결정하였다. 이때에 사족을 어떻게 규정한 것인가의 문제가 조정에서 논란이 되었다. 중종은 사조 내에 현관이 있는 경우는 사족이라고 정의하였다. 사족은 현관을 통해서 특권과 분명하게 연결되는 혈족이었다.

---

62) 『중종실록』 권55, 중종 20년 8월 무신.

이와 같은 사족과 현관의 관계에 대한 이해는 중종 38년에도 보인다. 중종 38년 의정부에서는 양영담의 처벌을 논하면서 다음과 같이 의견을 밝히고 있다.

양영담이 과연 사족의 부녀자를 간음하였다면 법에 따라 죄를 다스려야 하겠으나, 이제 推案을 보면, 玉只라는 여자는 四祖 중에는 顯官이 있어서 사족인 듯하나, 가난하여 스스로 지키지 못하고 몸소 땔나무와 물을 긷는 일을 하였다. 또한 제 몸을 아끼지 않고 네 번 지아비를 갈고 몰래 간통한 자도 얼마나 되는지 모르니, 이는 참으로 음란한 여자입니다. 위의 양영담에게 사족의 부녀자를 간음한 죄로 죄줄 수 없겠습니다.63)

의정부에서는 양영담의 처벌을 논하면서 그가 간음한 옥지의 신분을 거론하고 있다. 이는 옥지의 신분 여하에 따라서 양영담의 형량이 달라지기 때문이었다. 의정부에서는 옥지의 신분을 논하면서 두 가지의 각도에서 검토하고 있다. 즉 옥지가 사족인가, 그리고 사족으로서 처신을 계속하여 사족의 지위를 유지하고 있었는가를 조사하였다. 사족부녀도 수절하지 못하였다면 자녀안에 기록하고 사족으로 대우하지 않는 상황이었으므로 사족으로서 계속 처신하였는가는 중요한 검토대상이 될 수 있었다. 이에 의정부에서는 옥지가 사족인 여하를 사조 내에 현관이 있는가를 가지고 판단하고 있다. 정부에서는 옥지가 사조 내에 현관이 있었으므로 사족으로 인정하였으나, 사족으로 처신하지 못하여 사족으로서 지위를 잃었다고 최종 판단하고 있다. 이와 같은 사례는 사조 내에 현관이 있으면 사족으로 인정되었음을 보여준다. 또한 사족은 그 신분적 지위가 달랐으므로 사족을 범한 것은 가중 처벌될 수 있음을 보여준다.

사조는 증조까지 3대와 외조를 칭하는 것으로 당시의 호적을 통해서 국

---

63) 『중종실록』 권101, 중종 38년 12월 임진.

가가 파악하고 있던 가장 분명한 친척의 경계를 형성하고 있었다. 위의 두 가지 사례를 통해서 볼 때 사족의 여부가 사조 내에 현관이 있는가에 의해서 결정되는 것을 파악할 수 있다. 이 범위는 앞에서 검토한 것처럼 현관의 신분적 특권이 미치는 범위와 동일한 것이었다.

그러나 사족과 현관과의 관계를 명확하게 보여주는 자료는 제한되어 있다. 위의 두 가지의 자료는 모두 중종대의 자료로 이와 같은 상황이 얼마나 앞 시기까지 소급될 수 있는가는 검토가 요구된다. 필자는 현관의 범주가 분명해지고, 그에 따른 특혜도 정비되는 세종 말에서 성종 초까지는 사족과 현관의 관계도 분명하게 정립된다고 가정하고 있다. 그러나 위에 제시한 중종대의 자료만큼 선명하게 관계를 보여주는 자료는 잘 보이지 않고 있다. 중종대의 자료를 통해서 사족과 현관의 관계가 선명하게 드러난 만큼, 이를 바탕으로 이와 유사한 상황을 보여주는 자료를 수습해 가면서 그 성립 시기를 역으로 추적해 올라가 보고자 한다.

우선 성종대의 상황을 살펴보자. 성종대에는 사족과 현관의 관계를 짐작케 하는 자료가 보인다. 성종 22년 김석의 현직 임명을 놓고 벌였던 논의가 그 예이다. 당시 논의의 쟁점은 김석의 아버지 김순성이 후처의 소생이라는 것이었다. 즉 김석의 할머니가 첩이므로 김석에게 현직을 임명할 수 없다는 것이었다. 앞에서 언급한 바와 같이 첩의 자손은 현관이 될 수 없었으므로, 김석의 할머니가 후처로서 첩인가 정처인가의 여부가 조사 대상이 되었다. 처첩의 분변에 있어서 당시 사족 부녀의 경우 정처로 인정되었기 때문에[64] 김석의 할머니가 사족이라면 처로 인정될 수 있었다. 그러므로 이 문제는 김석의 할머니가 사족인가의 여부를 따지는 것으로 번

---

64) 이태진 「서얼차대고」 『역사학보』 27, 1965.
　　장병인 앞의 논문. 장병인은 태종 13년을 전후해서 국가의 입장이 바뀌고 있음을 논증하고 있는데, 13년 이전에 취해진 다처의 경우에는 지위가 상등한 경우 처첩 구분이 없었고, 13년 이후에는 후처가 사족녀라고 하여도 첩으로 논정하는 것이 일반적이라고 파악하고 있다.

져갔다. 이에 사간원에서는 이를 조사하였고, 그 결과를 정언 조형이 다음
과 같이 보고하였다.

> 신 등이 김석의 조부 김췌의 帳籍을 고찰해 보았는데, 신유년의 장
> 적에는 김췌의 전처는 하씨, 후처는 김씨로 되었고, 두 번째 장적인 지
> 난 정유년의 장적에는 전처 하씨, 후처 이씨로 되었으며, 또 그 다음
> 번의 장적인 지난 계묘년의 장적에는 이씨는 기재되지 않고, 다만 버
> 린 아내 하씨와 후처 김씨만 기재되어 있었습니다. 김순성의 外祖는
> 곧 김상도이고, 김상도의 조부는 김원수입니다. 그런데 김원수의 관작
> 이 하나는 봉익대부 別將에 追奉되었는데, 이는 前朝의 관작이고, 하
> 나는 중훈대부 令同正인데, 이는 우리나라의 관작이지만, 모두 顯官이
> 못됩니다.[65]

이에 의하면 사간원에서는 호적상에 기록을 살피고, 김석의 할머니 김
씨의 가계를 검토하였다. 여기서 사간원에서는 김씨의 아버지인 김상도부
터 증조인 김원수까지의 관직을 살피면서, 이들의 관직이 현관이었는가를
검토하고 있다. 그 결과 사조 내에 현관이 없으므로 김석의 할머니는 사족
이 아니었다. 그러므로 김씨를 첩으로 판정하였다. 그러한 검토의 결과 성
종은 장적을 좀 더 검토하도록 하는 한편 김석의 서장관 임명을 철회하였
다.[66] 이러한 자료는 성종대에도 현관과 사족이 분명하게 연결되는 관계
에 있음을 보여준다. 사조 내에 현관이 있어야 사족이었다.

성종대의 사례를 하나만 더 보면, 성종 20년 유학 배맹건은 과거의 시험
응시하면서 고조를 증조로 위조한 것이 발각되어서 과거를 치지 못하는 처
벌을 받았다. 배맹건이 고조를 증조로 고친 이유로 "曾祖 이하에 顯秩이 없
는 것을 부끄러워하여"[67]라고 밝히고 있다. 이는 사조 내에 현관이 있어야

---

65) 『성종실록』 권258, 성종 22년 10월 병오.
66) 상동조.
67) 『성종실록』 권224, 성종 20년 정월 계해.

사족이 될 수 있는 상황에서 현관인 고조를 증조로 속인 것이었다.

이미 성종 16년경에는 사조 내에 현관이 없으면 과거에서도 규제하는 법이 만들어져 있었다. 이는 사간원에서는 언급한 다음의 내용에 잘 나타난다.

> 신 등은 생각하건대, 과거의 법은 오래되었으며, 국가에서 祖宗 때부터 이 법을 첫째로 중하게 여겼습니다. 그 당초 이름을 기록할 때에 四館이 모여 의논해서, 그 四祖를 상고하고 또 내외 족친의 보증을 상고하며 사조 내에 만일 현관이 없으면 또한 本貫을 京在所에 물어서 질정하여 그 중에 만일 작은 瑕疵라도 있으면 내치고 기록하지 않게 하였으니, 과거의 법이 중함이 이러합니다.[68]

이에 의하면 이미 성종 16년 이전에 사조 내에 현관이 없으면, 즉 사족이 아니면 과거를 보는 것을 규제하고 있었다. 사족이 아니면 과거를 볼수 없도록 한 것은 아니었지만, 경재소를 통해서 '작은 하자'라도 가려 엄격히 규제하고 있었다.

경재소를 통해서 과거를 규제한 것은 이미 태종대에서부터 보인다. 태종대에도 '족속'을 분변하고자 하였으나, 사족 여하를 기준으로 하는 것은 아니었다.[69] 그러나 사족을 분명하게 규정할 수 있게 되면서부터 그 규제가 사족의 여부를 가리는 것에 초점을 두게 되었다. 이러한 상황이었으므로 위의 배맹건이 사조를 위조하여 과거에 응하였던 것이다. 이러한 예들

---

68) 『성종실록』 권179, 성종 16년 5월 무인.
69) 『태종실록』 권33, 태종 17년 2월 경진.
   우리나라의 과거법은 한갓 재주만 시험함에 그치는 것이 아니라 또한 族屬을 분변함에서 있으니, 원컨대, 이제부터는 생원시 東堂鄕試에 나오는 자는 각기 그 거주하는 고을의 申明色이 그 족속을 상고하여 赴試할 만한 자를 錄名하여 그 관장에게 올리면, 그 관장이 감사에게 올리고, 감사가 다시 고찰하여 시험에 나오는 것을 허락하게 하소서. 경중의 한성시는 한성부에서 그것을 경재소에 상고하여 三貝文字 및 戶口를 갖추게 하소서.

은 성종대에 사조에 현관이 있어야 사족이라는 규정이 만들어져 운영되고 있었음을 보여준다.

세조대에도 사조를 통해서 사족을 분별하고 있었다. 세조 11년 김형이 첩의 자식인지 아닌지를 둘러싼 논의가 있자, 사헌부에서는 이를 조사하고 다음과 같이 사헌부의 입장을 보고하였다.

> 도씨는 미천하고도 미천한 자입니다. 그 아비를 물으니, 義盈庫直長이라 하고, 그 할아버지를 물으니 郞將이라 하고, 그 증조를 물으니 版圖判書라고 하기에, 그 직임의 허실을 핵실하려고 고신을 독촉하여 들이라고 하니, 곧 말하기를, "하나같이 모두 있지 않습니다."하며, 끝내 들이지를 못합니다. 그렇다면, 도씨는 지극히 미천한 데도 정실이 되려고 거짓 사족인 체하였으니, 虛銜을 冒結하여 조정을 기망한 것이 이보다 심할 수가 없습니다.70)

사헌부에서는 김형의 어머니인 도씨가 첩인가를 검토하고 있다. 도씨가 사족일 경우 첩이 아니라는 관점에서 도씨가 사족인지의 여부를 증조부까지의 관직을 검토하는 방법을 쓰고 있다. 이는 사조 내에 현관이 있는지를 검토하는 것이었는데, 도씨의 증조부까지 관직이 허위인 것으로 드러나서 사헌부에서는 도씨를 거짓 사족이라고 판정하고 있다.71) 이러한 자료는 세조대에도 사족여부를 판단하는데, 사조 내의 현관의 유무를 검토하고 있음을 잘 보여준다.

세종대에는 어떠하였을까? 세종말에 이르러서야 기술직이 잡직으로 정리되었고, 3품 이하의 문음제도 세조대에 선전관이 추가되면서 확정된다

---

70) 『세조실록』 권35, 세조 11년 1월 정축.
71) 이러한 논의의 결과는 다음해에 사헌부에서 도씨를 후처로 인정하자는 주장을 하면서 뒤집힌다. 이러한 변화의 이유를 찾기 힘든데, 장병인은 그 연구에서 김형과 세조 사이에 '특별한 관계'가 있는 것으로 파악하고 있다(장병인 앞의 논문). 필자도 이에 동의한다.

고 볼 때에, 세종대에는 사족과 현관의 관계가 선명하게 정리되지 못한 시기였다. 그러나 일부 자료가 세종대의 상황을 짐작케 해 주고 있다. 그러한 예로서 다음의 세조 14년 박시형의 상소 중에 언급된 다음의 기록을 들 수 있다.

> 신의 아비는 廢然히 이르기를, "너의 말이 그럴 듯하다. 그러나 우리
> 집은 파계가 매우 한미하고, 자산도 자못 고단하다. 너의 증조부는 中
> 郎將을 지내었으니, 이름이 박승봉이고, 조부는 甲士, 司正을 지내었
> 으니 이름이 박영보이다. 나는 또 질병이 있어 벼슬하지 아니하고 學
> 生이 되었으니, 아아! 모두 鄕人을 면하지 못하였다. 내가 곧 개연히
> 생각하고 너에게 학문을 권장하는 것은 입신양명하여 부모를 드러내게
> 함이니, 그 기대하고 바라는 것이 깊지 않겠느냐?"[72]

이는 박시형의 어릴 때의 회상으로 그가 어려서 공부하기를 포기하고 출가하겠다고 아버지에게 말했을 때 그의 아버지가 박시형을 타이르면서 한 훈계의 일부이다. 박시형의 아버지는 가계가 한미하다고 하면서 그 증거로 증조부의 벼슬부터 현재 자신의 지위까지를 거론하고 있다. 그는 선대에서 지낸 중랑장, 갑사, 사정 등의 벼슬을 거론하면서 "모두 향인을 면하지 못하였다."고 탄식하고 있다. 이러한 박시형 아버지의 언급은 관직 중에 현관이 없음으로 사족이 되지 못함을 지적한 것으로 해석할 수 있는데, 이는 이시기에 이미 사족과 현관의 관계가 형성되어 있었다는 것을 자연스럽게 보여준다. 박시형의 아버지가 이러한 인식을 드러낸 것이 언제인지는 분명하지 않다. 다만 박시형이 세조 2년에 문과에 합격한 것을 감안한다면 이러한 인식의 표출은 세종 후반의 것으로 짐작된다. 그러므로 이미 세종 후반에는 현관과 사족의 관계에 대한 인식이 형성되었음을 알수 있다.

---

[72] 『세조실록』 권45, 세조 14년 3월 을유.

이상으로 몇몇 단편적인 자료들을 통해서 현관과 사족이 긴밀한 관계에 있음을 살펴보았다. 즉 사족의 여부를 결정짓는 가장 중요한 기준은 四祖 내에 현관이 있는가의 여부였다. 그러므로 사족은 문음의 신분적 특권을 가지는 현관을 매개로 해서 형성된 혈족을 칭하는 호칭이었다. 그러므로 사족은 법적 특권을 바탕으로 하는 그 경계가 매우 분명한 집단이었다.

맺음말

조선 초기의 지배신분을 검토하기 위해서 현관을 검토하여 보았다. 이상의 논의를 정리해 보면 다음과 같다.

1. 조선 초기 문음은 2품 이상의 특권관품 외에 3품 이하의 몇몇 관직에 주어져 있었다. 3품 실직자를 비롯해서 정조와 대간이 중심이 되었고, 문음의 대상도 자, 손에 한정되었다. 이러한 제도적인 정비는 태종대 중엽에서 시작하여서 성종 초에 완비되었다. 결국 이조, 병조, 도총부, 사헌부, 사간원, 홍문관, 부장, 선전관 등 3품에서 9품의 관직에 문음이 부여되었다.

문음의 특권이 부여되는 관직은 청요직, 청현직, 현관 등으로 불리었다. 현관은 문음이 부여된 관직이 중심이었으나, 당시 관직 운영체계의 특성상 문음이 부여되지 않는 몇몇 관직이 포함되었다. 이조, 병조 외의 육조 낭관이나 수령과 같은 관직이 그 예이다. 그러나 이는 당시 관직 운영체계를 고려하면 이해될 수 있는 것이었다. 즉 이는 문음이 부여된 관직과 순환관계에 있는 관직에 한정된 것으로, 이로서 청요직과 문음직의 상관성이 훼손되지는 않았다.

2. 현관은 신분적 특권을 가지고 있었고, 그 특혜를 자, 손에게 끼치고 있었다. 먼저 입사에 관한 권한을 보면, 현관은 문음과 충순위 입사의 특권을 가졌다. 문음의 경우는 현관의 자, 손 가운데 일정 인원을 위한, 충순

위는 문음 혜택 밖에 있는 나머지 자와 손을 위한 입사의 특혜였다.

현관의 자손은 물론 증손까지도 특혜를 누리고 있었다. 현관의 증손까지 성균관의 승보시를 면제받았고, 또한 교생으로서 落講한 경우에 구제를 받았으며, 全家徙邊 등 형벌에 처해질 때에 감형을 받고 있었다.

3. 현관이 신분 집단적 특성을 가지면서 현관은 신분적 영역을 구축하였다. 서얼, 재가녀의 자손, 기술직 관원들은 현관이 될 수 없었다. 서경은 이러한 자격이 없는 이들이 현관으로 진입하는 과정을 규제하는 기능을 하였다.

현관을 매개로 형성된 친족을 사족이라 호칭하였다. 법제적으로 四祖 내에 현관이 있는 경우 사족으로 불렀고, 그 범위의 구성원에 대하여 법적인 우대도 하였다. 사조는 부, 조, 증조와 외조까지를 칭하는 것으로 당시의 호적을 통해서 가장 간단하고 분명하게 확인할 수 있는 친척의 경계를 형성하고 있었다. 이 경계는 현관의 신분적 우대가 미치는 범위와 동일한 것이었다. 그러므로 사족은 현관을 매개로 국가로부터 사족으로 인정받고, 국가의 특혜를 받고 있었다.

사족이 현관과의 연관성 속에서 지위를 정립한 시기는 분명치 않다. 그러나 세종 말 기술직이 잡직으로 자리를 잡고, 세조대 문음이 부여되는 관직이 완비되면서 늦어도 성종 초에는 이러한 체계가 정비되는 것으로 보인다.

4. 이상의 논의를 종합할 때 사족은 조선 전기의 지배신분으로, 현관을 매개로 해서 문음의 특권을 누리면서 배타적인 지위를 확보해갔다. 이와 같은 결과는 세조 12년 다음의 양성지의 언급과 일치된다.

　　금후에 野人으로서 투화하는 사람은 族屬의 强弱에 따라 3등급으로 나누어서, 1등은 門蔭士大夫 집에, 2등은 雜職士大夫 집에, 3등은 平民 집에 通婚하도록 하소서.[73)

세조 12년에 양성지는 '족속의 강약'으로 세 신분을 구분하고 있다. '문
음사대부', '잡직사대부', '평민'이 그것이다. 여기서 문음사대부는 특권관품
과 현관을 통해서 문음의 특혜를 누리는 사족이었다. 잡직사대부는 관품
이 3품까지 승진이 가능했지만, 잡직으로 불리면서 문음에서 배제되고 있
는 기술직 관원들이었다. 이에 의하면 문음의 여부로 '족속'이 사족과 비사
족으로 갈리고 있었다.

사족의 범주는 조선 중후기로 접어들면서 정치구조의 변화에 따라서 현
관에 대한 해석의 변화[74] 속에서 달라질 수 있었다. 또한 신분의 사회화
속에서[75] 사족의 용례도 다소 변동이 있을 수 있었다. 그러나 현관을 매개
로 사족을 파악하는 기본적인 틀은 조선 후기 서얼과 중인의 通淸운동이
나타나는 시기까지 유지되면서, 사족을 구분하는 핵심요소로 작용하였다
(최이돈 「조선전기 현관과 사족」 『역사학보』 184, 2004).

___

73) 『세조실록』 권40, 세조 12년 11월 경오.
74) 그러한 사례로는 『경국대전주해』에 나타나는 현관에 대한 해석은 현관의 범주에
대한 변화의 일단을 보여준다. 『경국대전주해』에서는 현관을 '동서반 정직'으로
해석하여 현관의 범주를 확대 해석하고 있다. 이러한 해석은 기술직 관원들의 현
관 진입이 분명하게 봉쇄된 상황에서, 일단 동반정직에 임명된 이들이 승진하여
현관으로 진입하는데 별 문제가 없는 상황이 전개되면서 가능해진 해석으로 파악
된다.
75) 법적인 규정과 관계없는 사족의 용례는 신분의 사회화 가운데 얼마든지 나올 수
있었다. 특히 지방 사림을 사족으로 칭하는 경우는 자주 있었다. 이는 법적 사족
이 아니라 사회적 사족의 용례였다. 시간이 흐르면서 법적 신분의 외부에 사회적
으로 인정되는 사회적 신분의 형성은 오히려 자연스러운 것이었다.

제3장 王室 親族의 신분적 성격
- 관직 진출을 중심으로 -

머리말

조선 초기 신분제는 그간 연구를 통해서 상당히 구체적인 모습들이 밝혀졌다. 그러나 왕과 왕실 친족의 신분적 지위는 아직 본격적으로 검토되지 않고 있다. 신분제 사회의 정점에 위치한 왕과 왕실의 친족에 대한 고찰은 신분제 연구에 필수적인 작업이다.

그간 왕실 친족에 대한 연구는 상당히 진행되어 왔다. 그러나 이러한 연구는 관서에 관한 연구였고[1] 신분제와 연관시켜서 검토한 연구는 거의 없었다. 그간 왕실의 친족의 신분에 대한 검토가 본격적으로 되지 못한 것은 크게 두 가지 이유가 있었다. 먼저 지적할 수 있는 것은 왕실친족은 신분집단으로 보기에는 그 집단의 크기가 작다는 점이다. 그러나 왕실 친족의 수가 제한되어도 신분제국가에서 수장이 되는 왕과 왕실 친족들은 자신의 지위에 상응하는 신분적 특혜를 누리고 있었다. 그러므로 이들의 신분적 지위를 검토하면서 이들이 누리는 특혜의 내용이나, 특혜를 부여하는 방식 등을 검토하는 것은 지배집단의 신분적 특성을 이해하는데 도움

---

1) 김성준 「종친부고」 『사학연구』 18, 1964.
　남지대 「조선 초기 예우아문의 성립과 정비」 『동양학』 24, 1994.
　신명호 「조선 초기 왕실 편제에 관한 연구」 한국정신문화연구원 박사학위논문 1999.
　박진 「조선 초기 돈녕부의 성립」 『한국사학보』 18, 2004.

이 될 것이다.

왕실 친족의 신분에 대한 검토가 진행되지 못한 또 다른 이유는 왕실 친족은 특혜를 받았으나 동시에 차대도 받았다는 주장에 연유하였다.[2] 즉 왕실 친족은 '宗親不任以事'라는 규정에 제한을 받아 다른 문무직에는 진출할 수 없는 차대를 받았다는 주장이다. 이로 인해 연구자들은 왕실 친족의 신분적 지위의 검토에 소극적이었다.[3] 그러나 전근대사회에서 신분적 특권은 지위에 상응한 것이 보통이었기 때문에, 이와 같은 견해는 자연스럽지 않다. 종친불임이사론을 신분제와 연결해서 좀 더 검토해 보는 것이 필요하다.

그러므로 이 장에서 왕실 친족의 신분적 성격을 검토해 보고자 한다. 왕실 친족의 신분적 성격은 그들이 받는 특혜를 통해서 구명할 수 있는데, 그들이 받는 가장 중요한 특혜는 관직의 진출이었다. 왕실 친족의 신분을 전면적으로 고찰하는 것은 다음의 과제로 미루고, 우선 왕실 친족의 관직 진출을 중심으로 왕실 친족의 신분적 특성을 검토하고자 한다.

왕실 친족과 관직의 문제를 몇 가지 과제로 나누어 검토하고자 한다. 첫째로 검토할 것은 왕실 친족이 종친불임이사의 규정에 제약을 받고 있었는가의 여부이다. 이를 위해서 우선 종친불임이사론의 근거가 되는『경국대전』를 검토해 보고, 나아가 종친불임이사 규정이 나타난 배경을 조선 건국기의 정치적 동향과 연결해서 검토해보고자 한다. 이를 통해서 왕실 친족이 우대와 차대를 동시에 받는 집단이었는지 여부가 드러날 것이다.

둘째로 왕실 친족의 관직진출을 돈녕부의 설치와 관련해서 검토하고자 한다. 그간의 연구에 의하면 태종 14년 돈녕부의 설치는 왕실 친족의 관직 진출에 있어서 매우 중요한 전기를 마련하였다.[4] 돈녕부의 설치로 왕실 친족의 관직 진출은 제도화되고 활성화될 수 있었다. 그러나 그간 돈녕부

---

2) 유승원『조선 초기 신분제 연구』을유문화사 1986.
3) 김성준 앞의 논문.
4) 남지대 앞의 논문; 박진 앞의 논문.

에 대한 연구는 돈녕부의 설치가 가지는 신분사적인 의미는 검토하지 못하였다. 그러므로 돈녕부의 설치과정과 그 신분사적 의미를 검토하여 왕실친족과 관직의 관계를 좀 더 분명히 해보고자 한다.

셋째로 왕실 친족의 관직 진출이 활성화되는 과정을 검토하고자 한다. 돈녕부의 설치로 왕실 친족들이 관직에 진출하는 것이 원활해졌으나, 이는 몇몇 친족에 한정되어서 혈통에 따라서 일률적으로 부여되는 신분적 특혜로 보기에는 다소 부족한 면이 있었다. 세종대부터 왕실 친족에게 일률적으로 관직을 부여하는 문제가 조정의 문제로 제기되는데, 이를 검토하여 관직이 왕실 친족의 신분적 특혜로 자리잡아가는 과정을 검토하고자 한다.

마지막으로 검토할 것은 특권을 누리는 왕실 친족의 범위와 그 의미이다. 왕실 친족이 관직의 특혜를 누리게 되었으나, 모든 왕실 친족이 이를 누리는 것은 아니었다. 일정한 혈통적 범위 이내에 드는 집단에게만 특혜를 부여하였다. 그리고 親盡이라는 개념을 도입하여 이를 합리화하고 있었다.5)

세종대를 통해서 조정에서는 친족의 법적 범위를 결정하는 논의를 진행하였다. 이를 검토하면서 왕실 친족의 법적 범위가 어떠하였는지, 또한 어떠한 근거를 가지고 그 범위를 결정하였는가를 살펴보고자 한다. 특히 그 논의 과정에서 왕과 관원들은 유교경전과 역사적 사례들을 제시하면서 자신들의 주장을 전개하였는데, 이를 정리해 보면, 조선 초기 신분제의 성격을 이해하는데 많은 시사를 얻을 수 있을 것으로 기대된다.

---

5) 노명호는 일찍이 고려에서 조선 초에 이르기까지 친족을 구성하는 방식이 특이함을 밝혔다. 이 연구에 의하면 친족의 구성은 ego를 중심으로 동심원을 그리면서 형성됨을 보여주고 있다. 그가 연구에서 다루고 있는 자료는 주로 의례와 법 규정에 나타난 것이므로 법적인 친족의 범주를 구명한 것이었다(노명호 「산음장적을 통해 본 17세기 초 촌락의 혈연양상」 『한국사론』 5, 1979).

1. '宗親不任以事'론에 대한 검토

왕실의 친족들,[6] 즉 왕의 동성 종친이나 이성의 외척이나 인척들이 어떠한 지위를 가졌는지는 이들과 관직 진출의 관계를 통해서 검토할 수 있다. 당시 관직은 최고의 직역이었기 때문이다. 그간의 연구에서 왕실의 친족들은 종친부나 돈녕부 등의 관직에 진출하는 특혜를 받고 있었음을 밝히고 있다. 그러나 왕실의 친족들이 진출한 종친부나 돈녕부는 명예직이었고, 이들은 실질적인 정권과 관계있는 문무관직에 진출할 수 없다고 이해하였다. 왕실의 친족들은 우대와 차대를 동시에 받는 것으로 이해되면서 그들의 신분적 지위는 애매하게 처리되었다.

왕실의 친족이 문무관직에 진출할 수 없다는 근거를 제시한 이는 김성준이었다. 그는 연구를 통해서 종친불임이사 규정이 형성되고 전개된 과정을 검토하였다.[7] 그는 종친불임이사 규정이 최종적으로 법제화되어 『경국대전』에 실렸다고 주장하였다. 따라서 『경국대전』의 조항은 종친불임이사론의 가장 중요한 근거가 되었다.

그러므로 본 절에서 종친불임이사론의 가장 중요한 근거가 되는 『경국대전』을 먼저 검토해보고, 나아가 종친불임이사 규정이 만들어진 과정을 조선 초기 정치 상황과 연결해서 살펴보기로 한다. 김성준은 종친불임이사론의 결정적 근거로 『경국대전』 이전 종친부조에 보이는 "親盡, 則依文武官子孫例, 入仕"라는 구절을 들었다. 이 구절에 대하여 한국정신문화연구원에서 나온 『경국대전』 역주본에서는 "제사를 받드는 代數가 다 지나면 文武官의 자손의 예에 따라 벼슬을 할 수 있다."라고 해석하고 있다. 이 역주본은 현재까지 나온 『경국대전』에 대한 역주로서는 가장 신뢰성이 있는데, 이 구절은 이 정도로 해석하면 적당하다고 생각한다. 이 내용 어디

---

6) 당시의 자료에는 친족과 동시에 친속이라는 용어도 혼용되어 나타난다. 그러나 친족이라는 용어를 사용하는 빈도가 높으므로 편의상 친족으로 통일하여 사용한다.
7) 김성준 앞의 논문.

에도 '宗親不任以事'를 설명하는 내용은 없다. 특히 이 구절은 명료함을 생명으로 하는 법조문인 점을 고려한다면, 이 이상으로 확대 해석하는 것도 곤란한 것으로 생각된다. 주지하다시피『경국대전』종친부조의 내용은 왕실의 친족에게 부여하는 특별한 혜택을 규정하는 조목이다. 그 말미에 이 구절을 부연한 것은 친진 이후에는 이러한 특혜를 받을 수 없음을 부연설명한 정도로 보는 것이 적당하다고 생각한다.

사실 이 구절은 종친부조에 실린 본문과 연결시켜볼 때 문맥상 내용이 잘 연결이 안 되는 불완전한 구절이다.『경국대전』종친부의 기록은 왕의 아들에서 현손까지 왕의 직계 4대에게 줄 품계를 나열한 것이다. 그러므로 그러한 조목 뒤에 바로 친진을 언급한 것은 부적절하다. 친진은 보통 6대가 되어야 언급될 수 있는 것인데, 5대에 대한 언급이 없이 바로 6대에 대하여 언급하고 있다. 사실 종친들은 4대를 벗어나 5대가 되어도 여전히 돈녕부의 관직을 받는 특혜를 가지고 있었으므로, '문무관자손의 예'를 논할 상황은 아니었다. 그러므로 이 구절은 불완전한 구절이다. 이 구절을 좀 더 명료하게 이해하기 위해서는 이 법이 만들어진 상황을 고찰해 볼 필요가 있다.

『경국대전』의 이 법은 세종 25년의 세종이 이조에 내린 다음과 같은 명령에 근거한 것이다.

> 왕자 중에 中宮의 아들은 대군을 봉하고, 側室의 아들은 군을 봉하여 모두 정1품으로 하되 資는 없게 하며, 王孫으로 장차 承襲할 자는 종2품, 衆孫은 정4품으로 하고, 증손으로 장차 승습할 자는 정3품, 衆曾孫은 종4품으로 하고, 玄孫으로 장차 승습할 자는 정3품, 衆玄孫은 정5품으로 하라. (중략) 또 예전 列侯 鄕侯의 제도에 의하여 2품 이상은 尹이라 일컫고, 3품은 正이라 일컫게 하며, 4품은 슈이라 일컫고, 5품은 監이라 일컫게 하며, 6품은 長이라 일컬어 部曲 鄕里의 號로 봉하라. 장차 승습할 자는 2품에 이르면 군을 봉하고, 袒免親은 異姓有

服親의 예에 의하여 서용하되, 親이 다하면 仕進은 문무관의 예에 의하여 시행하게 하라.8)

앞뒤의 맥락을 파악하기 위해서 좀 길게 인용하였다. 이 내용에 의하면 종친부조에 나오는 "親盡, 則依文武官子孫例, 入仕"는 그 앞의 부분이 잘린 것이었다. 즉 "袒免親, 依異姓有服親例敍用, 親盡, 則仕進, 依文武官例施行"이 원문인데, 그 중 뒷부분만 잘라서『경국대전』에 실은 것이다. 앞의 부분을 넣고 보면, 단문친 즉 5대에 대한 설명 뒤에 친진의 내용이 거론되고 있어서,『경국대전』에 부연한 부분이 자연스럽게 이해된다. 그러나 이렇게 앞뒤의 내용을 복원해 놓고 보아도『경국대전』종친부조의 부연한 부분은 '종친불임이사'를 설명하는 것과는 거리가 있다.

이상의 검토를 통해서 볼 때,『경국대전』의 종친부조의 내용은 종친불임이사론을 주장할 수 있는 근거가 되기는 힘들다. 그러면 종친불임이사론이 어떻게 제기될 수 있었던가? 이를 조선 초의 정치상황과 연결해서 검토해 보자.

조선의 건국에는 왕실의 종친과 부마 등 친족들이 중요한 역할을 하였다.9) 친족들은 일반 공신과 함께 건국의 두 축이었다. 이 양자는 건국에 협조하였지만, 건국 이후에 미묘한 경쟁의 관계가 형성되었다. 이는 태조 3년의 변중량이 병조 정랑 이회에게 한 다음과 같은 언급에 잘 드러난다.

예로부터 政權과 兵權을 한 사람이 겸임을 못하는 법이라, 병권은 종친에게 있어야 하고 정권은 재상에게 있어야 하는 것이다. 그런데 지금 조준, 정도전, 남은 등이 병권을 장악하고 또 정권을 장악하니 실로 좋지 못하다.10)

---

8)『세종실록』권102, 세종 25년 12월 기축.
9)『태조실록』권1, 태조 1년 7월 정유.
10)『태조실록』권6, 태조 3년 11월 경자.

이에 의하면 조선 건국 이후 왕실의 친족과 일반 공신 사이에 역할의 분담과 상호 견제가 있었음을 짐작케 한다. 왕실의 친족들은 고려 말부터 병권을 주로 담당하고, 일반 공신은 정권을 담당하는 역할 분담이 상정되고 있었다. 그러나 일반 공신인 조준, 정도전 등이 개혁을 주도하면서 병권은 물론 정권까지 주도하는 모습을 보여주자, 왕실의 친족인 변중량은11) 이에 반대하면서 병권은 종친, 정권은 재상이 맡아야 한다는 주장을 표출하였다. 이러한 언급은 왕실 친족과 일반 공신 간에 갈등이 있었음을 보여준다.

왕실 친족은 당연히 태조 7년의 왕자의 난에도 적극 가담하였다. 난으로 주도권을 잡은 이방원은 자신을 지원한 친족들과 공신들에게 公, 侯, 伯 등의 작위를 나누어 주어 포상하였는데, 여기에는 다수의 왕실의 친족들이 참여하였다. 왕자로는 이방의가 익안공으로, 이방간이 회안공으로, 이방원이 정안공으로 봉해졌고, 이복근이 봉녕후로, 이양우가 영안후로, 이화가 의안공으로, 이백경이 상당후로, 심종이 청원후로 봉해졌다.12) 정종과 이방원은 이들을 전적으로 신뢰하였는데, "임금이 종친의 公과 侯를 내전에 불러 들여 밤을 지키게 하였다."는『조선왕조실록』태조 7년 12월의 기록은 이들에 대한 신뢰를 잘 보여준다.13)

왕실의 친족은 병권은 독점하였다고 하여도 과언이 아니었다. 정종 1년 다음의 기록은 이를 잘 보여준다.

종친과 훈신에게 명하여 여러 도의 군사를 나누어 맡게 하였다. 정안공은 강원도와 동북면을, 익안공 이방의는 경기와 충청도를, 회안공 이방간은 풍해도와 서북면을, 상당후 이저는 경상도와 전라도를 맡았다. 참찬문하부사 이거이, 조영무, 참지문하부사 조온, 동지중추원사

---

11) 변중량은 이성계의 형인 이원계의 사위였다.
12)『태조실록』권15, 태조 7년 9월 계유.
13)『태조실록』권15, 태조 7년 12월 경신.

이천우 등도 군사를 맡는 데에 참여하고, 그 나머지 군사를 맡은 자는 모두 혁파하였다.[14)]

이에 의하면 '종친과 훈신'에게 병권을 부여한 것처럼 기록하고 있지만, 병권을 장악한 이들은 조영무를 제외하면 모두 왕실의 친족들이었다. 본문에서 "그 나머지 군사를 맡은 자는 모두 혁파하였다."라고 지적하였듯이 일반 공신들은 병권에서 소외되었다.

특히 일부 왕실의 친족들은 병권 외에 정권에도 깊게 참여하였는데, 이화는 그 대표적인 예였다. 정종 1년 문하부에서 다음과 같은 상소로 이화의 문제를 거론하였다.

> 지금 의안공 이화가 벼슬이 조정에 으뜸이고, 겸하여 병권을 장악하였으니, 이것은 諸父를 신하로 삼지 않는 의리에 혐의스러운 것이 있습니다. 엎드려 바라옵건대, 전하께서는 한결같이 예전 제도에 의하여 의안공을 숙부의 예로 대접하고, 판문하의 직과 그 병권을 파하소서.[15)]

이에 의하면 이화는 병권은 물론 판문하부사로서 정권에도 깊게 참여하고 있었다. 일반 공신 관원들은 이화를 견제하기 위하여 그가 가진 판문하의 직과 병권을 파하도록 요청하고 있다. 주목할 점은 이화를 견제하면서 제시한 "임금은 諸父를 신하로 삼지 않는다."는 논리이다. 이는 이화가 능력이나 인품에서 문제가 있는 것이 아니라 왕실의 친족이므로 관직에 둘수 없다는 논리였다. 논리의 기본구조는 종친불임이사론과 같다. 이러한 상황은 왕실 친족과 일반 공신 관원 간의 주도권 장악의 갈등에서 종친불임이사론이 형성되었음을 짐작케 한다.

왕실 친족이 병권을 장악하였던 상황은 정종 2년 제2차 왕자의 난이 일

---

14)『정종실록』권2, 정종 1년 11월 정묘.
15)『정종실록』권1, 정종 1년 6월 경자.

어나면서 변화가 생긴다. 왕실 친족의 병권이 2차 왕자 난의 원인으로 여겨지면서, 권근을 중심으로 한 일반 공신들은 왕실 친족이 장악한 사병을 혁파하고, 나아가 왕실 친족이 관직에서 퇴진할 것을 주장하였다. 먼저 정종 2년 4월에 삼군부를 만들어,16) 왕실 친족들이 가지고 있는 병력을 수용하였다. 이에 대하여 『정종실록』에는 "병권을 잃은 자들은 모두 怏怏하여, 밤낮으로 같이 모여서 격분하고 원망함이 많았다."고 그즈음의 분위기를 전하고 있는데, 이는 병권을 장악하고 있던 왕실의 친족들이 사병의 혁파로 병권을 잃으면서 불만을 토로하고 있었음을 보여준다.17)

이어서 며칠 뒤에는 일반 공신들은 대사헌 권근을 통해서 왕실 친족의 퇴진을 다음과 같이 주장하였다.

> 종친과 부마는 모두 公과 侯로 私第에 있어 軍國의 직사를 맡지 못하게 하고, 그 支庶의 족속은 혹은 君을 봉하고 혹은 원윤, 정윤을 제수하여 모두 녹을 후하게 해서 부귀에 이르게 하고, 한가롭게 놀면서 길이 존영을 누리게 할 것입니다. 또 고려의 옛 법식을 상고하여 儀衛를 정해서, 출입할 때에는 반드시 의위를 갖추어 행하게 하고, 의위를 갖추지 않고 감히 가볍게 나가는 자가 있거든 헌사에서 규리하소서.18)

이 내용에는 종친과 부마에게 봉군을 하자는 우대 조치와 직사를 맡지 못하게 퇴진시키자는 규제의 조치가 같이 들어있다. 특히 왕실 친족들을 '헌사에서 규리'하자고 언급한 것을 보아서 견제하고자 하는 의도가 더 크게 작용하고 있었다. 이에 대하여 정종은 "耆年大功의 친족들에게 직사를 맡기지 말고 모두 君에 봉하도록 하라."명하고 있다. 그러나 동시에 "나머지는 모두 의논하지 말라."고 하여 헌사의 규리와 같은 규제는 논하지 못

---

16)『정종실록』권4, 정종 2년 4월 신축.
17) 상동조.
18)『정종실록』권4, 정종 2년 4월 계축.

하게 하였다. 이로서 종친불임이사의 규정이 만들어졌다. 그러나 이는 '종친불임이사'라기보다는 '王室親族不任以事'라고 보는 것이 적당하다. 종친은 물론 부마까지 포함하고 있기 때문이다.[19]

이 내용은 그간 규제로만 해석해 왔지만, 우대와 규제가 동시에 들어있음을 주목해야 한다. 이미 왕실의 친족은 公과 侯에 봉해졌지만, 이는 일부 공을 세운 이들에게 주어진 것에 불과하였다. 그런데 이 조치로 기년대공친인 왕실 친족 모두는 일률적으로 군에 봉해지는 특혜를 누리게 되었다. 이는 매우 중요한 특혜였다.[20] 물론 이 내용에는 이들이 병권은 물론 정권에서 물러나야 하는 제한이 포함되어 있다. 그러나 왕실 친족들이 정종과 이방원 정권의 중심축을 형성하는 집단이었음을 고려한다면 이러한 규제가 전면적으로 행해질 수 있다고 보는 것은 무리였다. 이는 정종이 "나머지는 모두 의논하지 말라."라는 언급에도 일부 드러나 있지만, 이러한 조치가 행해진 바로 직후의 인사의 내용을 검토해 보면 명확하게 알 수 있다.

정종 2년 4월 9일에 삼군부가 정비되고, 종친불임이사의 규정이 4월 18일에 만들어졌으므로, 정종과 이방원의 의사는 4월 18일 이후의 인사의 동향을 보면 잘 알 수 있다. 특히 왕실 친족이 장악하던 사병을 혁파하고, 만들어진 삼군부의 인사를 보면, 이는 뚜렷하게 드러난다. 이 무렵 삼군부의 요직에 이천우(지삼군부사, 4월 18일),[21] 이저(판삼군부사 5월 1일)[22] 등 왕실 친족이 여전히 임명되고 있었다. 이천우는 태종의 대공친에 속하였고, 이저는 태조의 사위로 기년대공친은 아니었으나, 일반공신들은 사위

---

19) 관원들은 종친, 부마는 물론 그의 支庶의 族屬을 포괄적으로 종친불임이사에 포함시켰다. 태종은 이를 기년대공친으로 한정하여서 수용하였으나, 부마도 추가로 포함되었다(『정종실록』권4, 정종 2년 5월 을축).
20) 『태종실록』권1, 태종 1년 1월 을유조에 의하면 이후 공, 후, 백으로 봉하였던 이들도 군으로 칭호를 통일하였다.
21) 『정종실록』권4, 정종 2년 4월 계축.
22) 『정종실록』권4, 정종 2년 5월 을축.

의 의미를 확대 해석하면서까지 종친불임이사의 규정에 포함시켜서 실각 시키려고 하였던 인물이었다.[23] 따라서 종친불임이사의 규정은 명이 내려 진 바로 직후부터 지켜지지 않고 있었다. 물론 왕실의 친족들은 삼군부뿐 아니라 정권의 요직에도 진출하고 있었다.[24]

그러므로 군호를 주면서 동시에 종친불임이사의 규정을 만든 정종 2년 4월 9일의 조치는 사실상 왕실 친족을 규제하는데 초점이 있었던 것이 아 니라, 사병의 혁파로 상심한 왕실 친족에게 군호를 주어 위로하기 위한 조 치였다고 보는 것이 타당하다. 군호를 주는 매우 중요한 특혜를 일률적으 로 부여하기 위한 명분으로 종친불임이사의 규제를 태종이 허용하고, 바 로 직 후에 친족들을 관직에 임명하면서 종친불임이사의 규제를 실질적으 로 해소시킨 것으로 볼 수 있다.

특히 태종 2년 11월 조사의가 난을 일으키자, 군권은 완전히 왕실 친족 에게 다시 돌아가 버렸다. 조사의가 난을 일으키자 난의 진압에 이천우,[25] 민무질, 이거이[26] 등 친족을 동원하였고, 난이 정비된 태종 2년 12월에는 왕실의 친족들을 다음과 같이 대거 병권에 기용하였다.

> 우정승 이무, 완산군 이천우, 판승추부사 조영무 등으로 모두 중군 도총제를 겸하게 하고, 의안대군 이화, 영안군 이양우, 의정부 찬성사 이저 등으로 좌군도총제를 겸하게 하고, 영사평부사 이거이, 완천군 이 숙, 사평부좌사 이빈 등으로 우군도총제를 겸하게 하였다.[27]

---

23) 史臣은 이러한 적극적인 상소에 대하여 "疏를 무릇 세 번이나 올리었는데, 이때 에 이저가 태상왕의 부마로서 판삼군부사가 되어 군정을 총괄해서 횡포가 심했기 때문에 대간이 극론한 것이었다."라고 이저의 실각을 목표로 한 것이라고 설명하 고 있다(『정종실록』 권4, 정종 2년 5월 을축).

24) 『태종실록』 권4, 태종 2년 7월 계묘조에 의하면 이저가 의정부 찬성사를 맡고 있 었다.

25) 『태종실록』 권4, 태종 2년 11월 임진.

26) 『태종실록』 권4, 태종 2년 11월 갑진.

27) 『태종실록』 권4, 태종 2년 12월 병자.

이에 의하면 이천우, 이화, 이양우, 이저, 이거이, 이숙 등 왕실 친족들
이 대거 도총부에 임명되었다. 이 중 이천우, 이화, 이양우, 이저, 이숙, 등
은 기년대공친이나 부마에 해당하여 종친불임이사 규정에 대상이 되는 인
물이었다. 이러한 상황은 일반공신 관원들이 추진하던 사병 혁파와 '종친
불임이사'의 규정을 만들어 왕실 친족을 병권과 정권에서 물러나게 하려
던 조치가 무위가 되었음을 보여준다.

이후로도 왕실의 친족들은 군직은 물론 정권의 핵심에서 활동하였는데,
이천우가 의정부찬성사를[28] 이화가 영의정부사를[29] 맡은 것을 그 좋은 예
였다. 이들이 병권과 정권의 핵심직에 임명될 때에, 어느 관원도 '종친불임
이사' 규정을 주장하면서 이를 반대하지 않았다.

결국 종친불임이사의 규정은 없어졌다. 그러나 세종대 이후에도 종친불
임이사라는 주장은 가끔 조정에 등장하여서 왕실 친족을 견제하는 논리로
사용되었다. 이러한 동향의 본질을 잘 이해하는데 도움이 되는 것이 '공신
불임이사' 규정의 치폐 과정이다. 태종 말기에 이르면 '공신불임이사' 규정
이 만들어졌다가 없어진다. 태종 15년 태종은 다음과 같이 공신불임이사
를 명하였다.

> 영의정부사 河崙을 파직시켜 진산부원군으로, 찬성 李叔蕃을 안성부
> 원군으로, 이조판서 韓尙敬을 서원군으로, 병조판서 金承霔를 평양군
> 으로 삼았다. 임금이 이조와 병조에 '功臣不任以事'를 명하였다. (중략)
> 이로 말미암아 하윤 등이 모두 파직되고 다만 封君만 갖게 되었다.[30]

이에 의하면 태종은 하윤, 이숙번, 한상경, 김승주 등을 파직시키면서,
이들의 파직에 그치지 않고 이조와 병조에 '功臣不任以事'를 명하였다. 공

---

28)『태종실록』권16, 태종 8년 12월 무자.
29)『태종실록』권15, 태종 8년 1월 임자.
30)『태종실록』권29, 태종 15년 5월 계축.

신들은 공신의 지위만 누리고 관직을 가지지 말라는 명이었다. 이러한 명령은 하윤 등이 민무구, 민무질 형제의 옥사를 왕실 친족을 견제하는 수단으로 과도하게 이용하자 내려진 것이었다. 공신불임이사의 논리는 종친불임이사의 논리와 같았다. 종친이나 공신은 '封君'만 가지고 정권이나, 병권에 관여하지 말라는 것이었다.

그러나 功臣不任以事의 규정은 다음 달에 공신이 관직에 임명되면서 끝났다. 즉 태종 15년 6월에 인사가 있었는데, 그 말미에 사관은 다음과 같이 공신불임이사 규정이 폐지되었음을 기록하고 있다.

> 柳亮으로 의정부 우의정을 삼고, 朴블으로 이조판서를, 尹向으로 호조판서를, 鄭易으로 형조판서를, 李原으로 예조판서를, 劉敞으로 옥천부원군을, 鄭擢으로 청성부원군을 삼았으니, 전일에 '功臣不任以事'라는 교지가 이로부터 고쳐졌다.[31]

이는 유양, 박은 등 공신이 관직에 임명되었다는 기록에 불과하다. 다만, 그 말미에 史臣은 '공신불임이사'이라는 규정이 해소되었다고 기록하고 있다. 그러나 태종이 공신불임이사 규정을 공식적으로 취소한 것은 아니었다. 태종은 불과 며칠 전에 내린 명이 오류였음을 인정하고 공식적으로 번복하기보다는, 그 명령에 반하는 인사 조치를 통해서 이전의 명령을 실제적으로 번복한 것이었다. 이러한 방식은 왕의 권위에 손상을 주지 않기 위하여, 오류를 인정하기보다는 실질적인 처리를 통해서 오류를 바로잡는 방식이었다. 그러나 이러한 경우에 문제는 남는다. 즉 공신불임이사라는 규정이 아직 공식적으로 소멸된 것은 아니라는 점이다. 즉 정치적 필요에 따라서는 언제든지 공신불임이사라는 규정을 '조정의 성헌'이라고 주장하면서 공신들의 퇴진을 주장해도 문제는 없었다.[32]

---

31) 『태종실록』 권29, 태종 15년 6월 갑신.
32) 한 예로 세조 9년 세조가 공신불임이사 규정을 거론하고 있다(『세조실록』 권30,

이와 같은 맥락에서 본다면 종친불임이사라는 규정은, 이 규정이 만들어진 그 며칠 뒤에 왕실 친족이 관직에 임명되면서, 실질적으로 해소된 것으로 보아야 할 것이다. 그러나 종친불임이사라는 명이 공식적으로 취소된 적은 없었다. 그러므로 일반공신 관원들은 왕실의 종친을 견제하기 위하여 필요에 따라서 종친불임이사 규정을 '조종조의 성헌'으로 언제든지 이용할 수 있었다.

일부의 연구에서는, 태종 12년 이후는 환왕의 서자계열에[33] 대하여 차대하는 현상을 주목하면서, 종친불임이사라는 규정이 환왕의 서자계열을 제외한 태조의 직계에 대한 규제로 변하였다고 주장하고 있다. 그러나 이러한 주장은 그 근거가 부족하다. 일단 법은 그 적용대상이 달라지면 그 의미가 소멸되는 것으로 보아야 한다. 조건이 달라지면 법을 개정하거나 새로운 법을 만드는 것이 일반적이다. 그러나 당시 자료를 검토해 볼 때에 새로운 법이 만들어졌다는 증거는 찾기 힘들다.

또한 이러한 주장은 논리적으로 잘 납득되지 않는다. 종친불임이사는 우대가 아닌 차대임이 분명하고, 환왕서자계열을 차대하여 태조의 직계에서 갈라내는 조치를 주도한 것이 태종이었는데, 태종이 태조의 직계에는 종친불임이사라는 차대를 계속하고, 환왕서자계열은 종친불임이사의 규제를 면해주었다고 보기는 어렵다.

이러한 주장은 환왕서자계열이 문무관직에 흔하게 서용되는 반면, 태조의 직계의 경우 문무관직의 서용이 흔하게 나타나지 않고 있는 것에 기인한 것이었다. 그러나 태조의 직계는 1, 2차 왕자의 난을 통해서 적극 활동할 수 있었던 이들이 대다수 제거되었고, 남은 것은 정종의 직계들과 태종의 직계였다. 정종의 직계들은 서자라는 조건과 정치역학 관계상 활동하기 어려웠고, 태종의 직계는 효령, 충녕 등이 태종 17년에야 대군에 봉해

세조 9년 6월 경진).

33) 『태종실록』 권4, 태종 2년 9월 경신.

지는 형편이어서34) 중요한 역할을 수행하기에 어려웠다. 그 외 태종의 3
촌 조카로는 이복근(이방우의 아들)과 이석근(이방의의 아들)이 활동하는
정도였는데,35) 이석근의 경우에는 세종 3년에 충의위 절제사로 활동한 것
이 확인되고 있어, 태조의 직계에게만 종친불임이사가 적용되었다고 보기
어렵다.36)

　이상으로 종친불임이사론을 주장할 때 근거가 되는『경국대전』의 조항
과 종친불임이사 규정이 만들어지고 폐지되는 조선건국기의 상황을 살펴
보았다.『경국대전』이나 조선건국기의 정치상황을 검토해 볼 때, 왕실친
족이 종친불임이사의 규정으로 차대를 받았다는 것은 입증하기 어렵다.
즉 왕실의 친족이 우대를 받으면서 동시에 차대를 받았다고 보는 것은 적
절하지 못하다.

　왕실 친족이 우대받는 집단으로 볼 때에, 왕실 친족들이 받는 가장 중요
한 신분적 우대는 관직의 부여였다. 왕실 친족이 받는 다양한 특혜는 관직
과 연관되어서 주어지는 것이 많았다. 왕실 친족이 받는 신분적 특혜를 다
다루는 것은 다음의 과제로 미루고, 우선 관직을 중심으로 이들의 신분적
지위를 검토해보고자 한다. 왕실 친족이 관직을 받는 것은 당연하였을 것
같으나, 실상을 검토해보면 그 과정은 간단치 않았다. 왕실 친족의 관직
진출은 태종대에서 세종대에 걸친 30여년의 긴 논의과정을 통해서 가능하
였다. 그 과정을 다음 절에서 살펴보자.

2. 敦寧府의 설치와 왕실 친족의 관직 진출

　왕실 친족이 받는 가장 중요한 신분적 특혜는 관직이었다. 그 외의 다양

---

34)『태종실록』권34, 태종 17년 9월 갑자.
35) 상동조.
36)『태종실록』권12, 세종 3년 5월 을해.

한 특혜는 관직과 연관되어서 자연스럽게 부여되는 것이었다. 그러므로 왕실 친족의 신분적 지위를 밝히기 위해서, 관직을 어떻게 받는가를 검토해보자. 돈녕부는 왕실 친족의 관직 진출에 새로운 전기를 마련한 제도였다.[37] 이 이전의 왕실 친족의 관직 진출은 개별적인 일이었고, 제도적인 일이 아니었다. 돈녕부의 설치에 대하여 태종 14년의 기사에는 다음과 같이 기록하고 있다.

> 처음으로 돈녕부를 설치하였는데, 隷屬도 없고 職事도 없이 종친으로서 태조의 후예가 아니므로 封君을 얻지 못한 자와 外戚, 姻婭와 왕실의 外孫을 두게 하였다.[38]

이를 통해서 돈녕부의 기능, 구성 등을 알 수 있다. 즉 돈녕부는 직사가 없는 1품 예우아문으로 만들어졌으므로, 어느 관청에도 속하지 않았고, 하위에 어느 관청도 가지고 있지 않았다. 또한 돈녕부에는 왕실의 친족 중 태조 직계의 남자를 제외한 모든 이들이 속하였다. 이에 속하는 이들은 宗親으로서 태조의 후예가 아니므로 封君을 얻지 못한 자와, 外戚, 姻婭와 왕실의 外孫 등이 이에 속하였다.

이러한 내용을 바탕으로 돈녕부의 기능 그리고 구성을 살펴보자. 돈녕부의 설치로 왕실의 친족이 쉽게 관직에 접근하게 되었다. 물론 이전에도 왕실의 친족이 병권과 정권에 참여하고 있었지만, 조선의 건국이나 태종 정권의 창출에 기여한 이들을 중심으로 서용되었다. 일률적인 왕실 친족에 대한 예우는 정종 2년에 보이는 기년대공친에 한정해서 군호를 준 것이 유일한 예였으나, 군호의 부여가 바로 관직의 임명을 보장한 것은 아니었다. 그러므로 관직의 진출은 개인적인 것이었다.

그러나 돈녕부의 설치로 돈녕부의 20여개의 관직은[39] 왕실의 친족에게

---

37) 박진 앞의 논문.
38) 『태종실록』 권27, 태종 14년 1월 계묘.

만 열린 공식적인 관직 진출로가 되었다. 왕실 친족들은 15세가 되면 관직
에 진출할 수 있었다. 이는 문음을 통한 관직의 진출이 18세로 나이 제한
을 하였던 것에 비하여 우대조치였다.40)

돈녕부는 예우기관으로 만들어졌으므로, 직사가 없는 무직사 관청이었
으나, 관원들은 직사만 없었을 뿐 다른 문무관과 차이가 없는 대우를 받고
있었고, 일반 문무관이 가지는 관원으로서의 정치적 기능도 하고 있었다.
돈녕부에 소속된 관원에게 일반 문관과 같이 문산계가 부여되었고, 취임
기간에 따라서 승진할 수 있었고, 대가제에 의한 가자도 받았다.41) 녹봉
등에서도 일반관원과 같은 대우를 받았다.42)

돈녕부는 공식기구였고 1품 아문이었으므로, 상참,43) 대열44) 등 국가행
사에 공식적으로 참여하는 기구였다. 관원들이 차지하는 반차도 의정부와
함께 최선두에 위치하였고,45) 처음에는 동반에 위치하였으나, 종친부가
위치한 서반으로 옮겨졌다.46)

특히 돈녕부의 수좌인 영돈녕부사는 중요한 정책을 결정하는 수의에 참
여하여 의견을 개진하였다.47) 돈녕부의 하위 관원들도 왕과 정기적인 면
담의 자리인 윤대에 참여하여48) 자신의 의견을 개진할 수 있었고, 당연히
관원으로서 의견을 모을 때에 참여하여 의견을 제시할 수 있었다.49)

---

39) 상동조.
40) 『태종실록』 권32, 태종 16년 7월 기미.
41) 종친 가자의 한계를 일반 관원에 비하여 한 단계 높여서 정삼품 당상까지 허용하
  려는 논의가 있었다(『세종실록』 권126, 세종 31년 11월 병오).
42) 『태종실록』 권34, 태종 17년 12월 정미.
43) 『세종실록』 권44, 세종 11년 4월 정유.
44) 『세종실록』 권12, 세종 3년 5월 을해.
45) 『세종실록』 권26, 세종 6년 11월 을유.
46) 『세종실록』 권50, 세종 12년 윤 12월 신해.
47) 영돈녕부사 유정현이 수의에 참여한 경우를 보면, 유정현은 영의정 유관과 함께
  논의를 주도하고 있다(『태종실록』 권29, 태종 18년 7월 경술; 『세종실록』 권30,
  세종 7년 11월 정사).
48) 『세종실록』 권29, 세종 7년 7월 신미.

일정한 직사가 없었으므로 돈녕부의 관원은 사신으로서의 파견, 사신의 접대 등 국가의 부정기적인 중요한 일에 차출되었으나,[50] 돈녕부의 체계가 잡히면서 점차 왕실의 친족을 관리하고, 왕실 친족을 관직에 천거하는 일을 주된 업무로 하고 있었다.

가장 중요한 것은 돈녕부의 관원들은 자신이 받은 문산계를 그대로 가지고 별다른 제한이 없이 다른 문무직으로 이동할 수 있었다. 돈녕부를 예우아문으로 그리고 무직사 아문으로 만들 때에, 관원들은 왕실 친족들이 돈녕부에 진출하여 돈녕부 내에만 머물기를 기대하였던 것으로 보인다. 태종이 돈녕부를 만들 때 언급한 다음의 내용은 그것을 추측케 한다.

> 왕의 친척이 진실로 모두 현명하다면 동서반에 임명하는 것이 가하다. 진실로 현명하지도 못한데 이를 임용한다면 혹은 죄의 구렁텅이에 빠지게 되니, 이를 용서한다면 법을 폐하게 되고, 이를 논죄한다면 은의를 상하게 된다. 내가 이 관직을 설치한 것은 친척을 친애하는 도리를 다하여 법을 폐하고 은의를 상하게 하는 실수가 없도록 하고자 함이다.[51]

이는 태종이 돈녕부를 만드는 것을 반대한 관원들을 설득하면서 언급한 것으로, 이에 의하면 돈녕부의 임명은 '동서반'에 임명하는 것과 차이가 있는 것으로 언급하고 있다. 그러나 실제에 있어서는 종친불임이사 규정은 이미 정종대에 폐지되었으므로, 돈녕부 관원들이 다른 부서로 이동하는 것을 막을 논리나 방법이 없었다.

---

49) 동지돈녕부사 김구덕는 관원들과 같이 진언에 참여하고 있다(『태종실록』 권29, 태종 15년 6월 경인).

50) 돈녕부의 관원은 使臣(『태종실록』 권31, 태종 16년 2월 을축; 『세종실록』 권3, 세종 1년 1월 무진), 祭官(『세종실록』 권5, 세종 1년 10월 경진), 官馬色(『세종실록』 권21, 세종 5년 8월 기유) 등으로 활동하고 있다.

51) 『태종실록』 권27, 태종 14년 1월 계묘.

돈녕부 관원들이 자유롭게 다른 문무직으로 옮길 수 있게 된 상황을, 돈
녕부에 임명된 관원들을 검토해보면 바로 확인할 수 있다. 이러한 현상은
돈녕부가 만들어진 초기부터 나타난다. 돈녕부의 초대 영돈녕부사는 이지
였고, 판돈녕부사는 한검이었다.[52] 이 두 사람만 살펴보아도 이들이 돈녕
부의 직과 일반 문관직을 자유스럽게 제한 없이 넘나들고 있음을 알 수
있다.

먼저 이지의 경우를 세종 9년 그의 졸기를 통해서 살펴보자.

> 영돈녕부사로 致仕한 이지가 졸하였는데, 이지는 우리 태조의 종제
> 이다. (중략) 임신년에 태조가 나라를 세우자 원종 녹권을 내리고 상호
> 군에 임명하고, 이조, 호조, 예조 삼조의 전서를 역임하였다. (중략) 태
> 종이 왕위에 오르자, 불러와서 순녕군 영공안돈녕부사로 복직되고, 우
> 의정에 승진되어 치사하였다. 얼마 뒤에 영의정에 임명되어 치사하고,
> 다시 영돈녕이 되어 그대로 치사하게 하였다.[53]

이지는 도조의 손자로 태조의 종제였다. 정종의 기년대공친이 아니었으
므로, 정종 2년의 봉군에는 참여하지 못하였다. 그러나 그는 육조의 중요
관직을 두루 역임하였고, 태종 14년 초대 영돈녕부사가 되었었는데, 이후
그는 우의정, 영의정, 영돈녕부사 등을 넘나들면서 관직을 하였다. 이지가
돈녕부의 관직과 다른 부서의 관직을 넘나들 때에 관원들은 종친불임이사
규정을 들어 이를 문제삼지 않았다.

이러한 사정은 이지와 함께 초대 판돈녕부사에 임명된 한검의 경우를
살펴보아도 같았다. 한검은 태조의 비인 신의왕후의 동생이다. 그는 태종
14년 판돈녕부사에 임명되었으며, 태종 16년에는 우의정을 지냈고,[54] 세

---

52) 상동조.
53) 『세종실록』 권35, 세종 9년 1월 임진.
54) 『태종실록』 권31, 태종 16년 3월 정사.

종 1년에는 다시 돈녕부로 와서 영돈녕부사를[55] 지냈다. 그 역시 돈녕부
와 문관직을 넘나들 때에 종친불임이사의 규제를 받지 않았다. 왕실 친족
들은 돈녕부의 직사를 맡으면서도 문관직을 겸직하는 경우도 있었다. 대
표적인 예로 유정현의 경우를 들 수 있다. 그는 영돈녕부사를 맡고 있으면
서 의금부사,[56] 판호조사[57] 등의 직을 겸직하고 있었다.

그러므로 왕실 친족은 돈녕부를 통해서 얼마든지 다른 관직으로 진출할
수 있었다. 돈녕부가 예우아문이었고, 직사가 없었다는 것은 왕실 친족들
에게 관직을 쉽게 주기 위한 명분에 불과한 것이었다. 돈녕부는 실제적으
로는 왕실 친족에게 관직을 열어주는 공식적인 기구였다.

왕실친족이 다른 직사로 나아간데 제한이 없다는 것은 매우 중요한 의
미를 가진다. 왕실 친족이 돈녕부를 통해서 관직에 진출하고, 나아가 이들
이 다른 부서로 옮겨가고, 비워진 돈녕부의 자리를 다시 다른 왕실의 친족
으로 채운다면, 이론적으로는 왕실 친족은 무제한으로 관직에 진출할 수
있었다.

이러한 상황은 돈녕부를 무직사 기관으로 만들어 왕실친족에게 관직은
주되, 돈녕부라는 제한된 부서에만 묶어 두려는 의도와 다른 것이었다. 이
러한 예상치 못한 상황이 전개되면서 어떤 방식으로든 돈녕부를 규제하는
것은 불가피하였다. 이미 앞에서 살핀 것처럼 돈녕부는 왕실의 친족 중 태
조 직계의 남자를 제외한 모든 이들이 이에 속할 수 있었다. 이는 왕실 친
족이기만 하면 제한 없이 돈녕부에 관직을 가질 수 있었다는 의미였다. 이
렇게 제한을 두지 않은 것은 왕실의 친족이 돈녕부의 직만을 가질 것으로
상정하였기 때문이었다.

그러나 돈녕부가 운영되면서, 왕실 친족들이 돈녕부를 통로로 삼아 제
한 없이 관직으로 진출할 수 있는 상황이 되자, 어떤 식으로든 돈녕부를

55)『세종실록』권3, 세종 1년 3월 기유.
56)『세종실록』권2, 세종 즉위년 11월 신해.
57)『세종실록』권11, 세종 8년 5월 무신.

통해 진출하는 왕실 친족에 대한 규제가 불가피하였다. 그 규제방식은 돈녕부에 진출할 수 있는 왕실 친족의 범위를 규제하는 방식이었다. 이 문제는 돈녕부가 활성화되어가는 세종대에 이르러 제기되어, 조정에서 집중적으로 논의되면서 그 해결방법을 모색해갔다.

3. 왕실 친족의 관직 진출 확대

앞의 검토에서 돈녕부는 왕실 친족의 관직 진출의 진입로라는 점을 밝혔고, 특히 돈녕부의 관리들은 다른 문무관직으로 진출할 수 있었으므로, 이론적으로는 왕실 친족이 제한 없이 관직에 진출할 수 있음을 지적하였다.

이러한 현상은 돈녕부를 무직사의 부서로 만들 때에 가지고 있었던 기준, 즉 돈녕부를 예우직으로 하고, 왕실 친족은 돈녕부에 한정하여서 관직을 준다는 원칙을 넘어서는 것이었다. 이렇게 된 것은 의도와는 달리, 왕실 친족이 다른 관직으로 넘어가는 것을 막을 규정이 없었기 때문이었다.

그러나 왕실 친족이 무제한으로 관직에 진출할 수 있다는 것은 문제가 될 수 있었다. 이에 대해 조정에서 논의가 되었는데, 먼저 돈녕부에 진출할 수 있는 왕실 친족의 범위가 논의되었다. 세종은 그 19년에 다음과 같이 이에 대하여 언급하고 있다.

근래에는 돈녕부에서 천거한 자는 가깝고 먼 것을 헤아리지 아니하고, 이조에서도 역시 멀고 가까운 것을 묻지도 아니하고 단지 그 천거한 것만 따져서 제수하므로, 너무 잡되고 외람된 폐단이 없지 않다. 이 뒤로는 종성은 袒免이상의 친족과 6촌 자매 이상의 지아비로 하고, 이성은 6촌 이상의 친척과 4촌 자매 이상의 지아비로 하며, 왕비는 6촌 이상 친척과 4촌 자매 이상의 지아비로 하고, 이성은 4촌 이상의 친척과 3촌 질녀 이상의 지아비로 하며, 왕세자빈은 친부를 돈녕부의 직사

에 제수하게 하라.58)

세종은 돈녕부에 임명되는 왕실 친족의 실상을 "너무 잡되고 외람된 폐단이 없지 않다."라고 지적하였다. 이는 돈녕부에 임명되는 왕실 친족이 제한 없이 임명되고 있음을 보여준다. 이에 세종은 그에 대한 개선방안으로 '종성은 단문친 이상으로' 제한하는 명을 내리고 있다. 여기서 단문지친은 유복지친을 한 대 넘어서는 5대까지는 포괄하는 범위였다.

왕실 친족에게 관직 진출을 부여하는데, 단순히 왕실의 혈통이라고 무제한으로 특혜를 준 것이 아니라 일정한 범주에 한하여 특혜를 부여하고 있다. 왕을 중심으로 해서 '가깝고 먼 것'을 헤아려서 친족을 제한을 하는 방식을 택한 것이었다. 특혜를 받을 수 있는 친족과 받을 수 없는 친족을 구분하고 있다.

세종은 돈녕부에 진출할 수 있는 왕실친족의 범위를 제한하면서, 동시에 일정 범위의 왕실 친족은 모두 관직에 진출할 수 있어야 한다는 생각을 하게 되었다. 돈녕부의 진출할 수 있는 왕실 친족을 왕과의 친소에 따른 일정한 선으로 제한을 하게 되자, 역으로 제한된 범위 내에서 선별하여 누구에게는 관직을 주고 누구에게는 관직을 주지 않는 일이 곤란해진 것이다.

그러므로 세종은 다음과 같이 일정 범위의 왕실 친족을 일률적으로 관직에 진출시키려고 제안하였다. 세종은 그 15년 의정부 정승들에게 다음과 같은 내용을 密議하도록 명하였다.

> 태조와 태종의 有服之親이 함흥 땅에 많이 사는데, 태조께서 개국하자 변고를 많이 당하여 생각이 여기에 미치지 못하였고, 태종께서도 겸양하시어 벼슬을 주지 아니하였다. 과인에 이르러서도 服을 다한 친족에게 벼슬을 다 주기 어려웠다. (중략) 지금 태조 태종의 유복지친에게도 모두 벼슬을 주고 또 전토를 줌이 어떨까.59)

---

58)『세종실록』권78, 세종 19년 7월 을미.

세종은 그 대상을 '태조, 태종의 유복지친'으로 한정하여, 이들을 모두 관직에 임명시키고자 하였다. 여기서 주목되는 것은 돈녕부의 관직 임명 대상자를 자신을 중심으로 단문지친의 범위를 정리하였던 것과는 달리 태조, 태종을 중심으로 언급하고 있다는 점이다. 이는 세종이 언급하였듯이 태조와 태종이 국초의 혼란 중에서 이러한 조치를 취하지 못하였으므로 태조와 태종과 관계되는 친족까지 소급해서 적용해보고자 하는 의도에 기인한 것이었다.[60]

또한 이들을 일률적으로 서용할 때에, 돈녕부는 그 직소가 부족하므로, 세종은 이들을 "충의위에 붙이고자 하나, 만일 혹 불가하다면, 별도로 붙일 곳을 설립하는 것이 어떨까?"[61]라고 이들을 위하여 돈녕부 외에 별도의 부서를 만드는 것까지 제안하였다.

이에 대하여 대신들은 "충의위는 오로지 공신의 후손을 위하여 설치한 것입니다. 또 별도로 붙일 곳을 설립하면 다른 날에 자손이 많아서 後弊가 생길까 두렵사오니, 그것보다는 예전대로 재능이 있는 이를 골라서 쓰는 것이 가하옵니다."라고[62] 답하였다. 즉 대신들은 일률적으로 왕실 친족을 서용하는 것에 반대하고, 이전처럼 왕실친족 중에서 '선별'하여 돈녕부에 서용할 것을 제안하였다. 대신들이 반대한 핵심적인 이유는 일률적인 서용도 문제였지만, '태조, 태종의 유복지친'을 모두 서용하는 것은 그 범위가 너무 넓다고 보았기 때문이었다.

이후 2달 뒤에 세종은 역시 의정부 재상들을 불러서 "함길도에 사는 태조, 태종의 有服之親이 시골에 묻혀서 마침내 세상에 쓰임을 얻지 못하여 빈곤한 자도 많이 있으니, 내가 下番甲士의 벼슬을 주고자 하는데 어떤가."

---

59) 『세종실록』 권59, 세종 15년 2월 경술.
60) 태조와 태종의 유복지친의 범위는 앞에서 살핀 돈녕부의 입사조건으로 제시된 세종의 단문친의 범위보다 넓다.
61) 상동조.
62) 상동조.

라고 제안하였다. 재상들은 역시 "재주가 있는 자에게는 다른 예에 의하여 벼슬을 주고, 재주가 없는 자는 하번갑사나 토관직을 주게 하소서."[63]라고 역시 선별 임용을 주장하면서, 갑사나 토관의 임용은 수용하였다. 이에 세종은 함길도 관찰사에게 "태조 태종의 유복지친에게 벼슬을 주고자 하니, 서울 및 그 도의 토관 중에서 원하는 것을 물어서 아뢰라."[64]고 명하였다. 또한 조사한 결과에 의하여 세종 15년 8월에는 벼슬을 주고, 사모와 관대도 내려주었다.[65]

그러나 세종은 친족들에게 갑사나 토관을 준 것을 충분하다고 생각하지 않았다. 세종은 친족들에게 문무관직을 주고 싶어 했다. 그러므로 세종은 그 20년에 다음과 같이 이를 다시 의정부에 제안하였다.

> 국가에서 비록 돈녕부를 설치했지만 親疎의 족속이 상당히 많고 보니, 어찌 다 돈녕부에 입속시키겠느냐? (중략) 따로 衛의 명칭을 설치하고 우수한 자를 시험 선발하여 모두 이에 입속을 허용하고, 체아직을 주어 차례로 遷轉하게 하는 것이 어떻겠는가.[66]

이에 의하면 세종은 여전히 일정 범주의 왕실친족에게 문무관직을 주기 위하여 별도의 '위'를 설치하는 것을 제안하고 있다. 이때의 대상범위는 분명하지 않은데, 그는 "태조 이하의 족속은 嫡庶를 막론하고 모두 한 종친이 될 것이나, 환조 이상의 同姓子孫과 현재 이미 관작을 제수한 자의 얼자와 異姓子孫은 모두 관작을 專委하여 베푼 바 없다"라고[67] 언급하고 있는 것을 보아서 그 대상범위를 오히려 확대하고 있었다. 그러나 '우수한 자를 시험 선발하여'라고 언급하고 있어, 일률적인 선발은 아님을 보여주고 있다.

---

63) 『세종실록』 권60, 세종 15년 6월 을미.
64) 『세종실록』 권60, 세종 15년 6월 병신.
65) 『세종실록』 권61, 세종 15년 윤8월 계해.
66) 『세종실록』 권81, 세종 20년 4월 을묘.
67) 상동조.

그러나 이러한 제안은 역시 대신들의 반대로 이루어지지 못하였다.

그러나 이 문제는 계속 논의되었고, 결국 세종 25년경에 '왕실 친족 서용법'이 결정되었다.

> 지난번에 有服之親으로서 벼슬 받기를 원하는 자는 반드시 병조에 내려 조사하게 하였으나, 병조에는 참고할 만한 문적이 없으므로, 이 뒤로는 모두 종부시에 내려서 친척 관계의 가깝고 먼 것과 벼슬 받은 연대와 흥왕하고 쇠잔했던 선후를 상고하여 아뢰면, 곧 병조에 내려서 제수함을 예규로 삼으라.68)

이 기록에 의하면 세종 25년 1월 이전에 왕실 유복지친을 서용하는 규정이 만들어졌음을 알 수 있다. 특이한 것은 관직을 주는 범위는 축소되어 '유복지친'으로 한정되고 있다는 점이다. 이는 이전의 논의에서 쟁점이 관직을 주는 범위였음을 상기한다면, 왕과 대신들 사이에서 유복지친으로 한정한다는 합의가 이루어졌음을 짐작케 한다. 이로서 '벼슬 받기를 원하는 자' 즉 이 범주에 해당하는 모든 친족이 관직을 받게 되었다.

이러한 변화에 따라서 왕실 친족들을 관리하는 부서가 필요하였다. 돈녕부가 왕실 친족의 관직 제수를 주관하는 것은 당연하였다. 이는 세종 25년 세종이 승정원에 명령한 다음의 기사를 통해서 알 수 있다.

> 우리 조정에서는 왕실 족속을 전적으로 맡아서 서용하는 관사가 없는 까닭에, 가까운 친속이나 먼 친속이냐를 논하지 아니하고 모두 관작을 제수하는데 실로 외람된 것이다. (중략) 이제부터는 왕실의 친속을 서용할 때에는 돈녕부에서 주로 맡아서 마련하되, 파계가 진실한가, 거짓인가와 친척으로서 가까운가, 먼가를 종부시에 이문하라. 한산으로 된 지가 오래인가 가까운가와 직함을 받은 연월을 이조와 병조에 이문하여 계문하고서 제수하도록 하라. 돈녕부에는 반드시 有服之親을

---

68) 『세종실록』 권99, 세종 25년 1월 병술.

차임하라.69)

이에 의하면 "왕실의 친속을 서용할 때에는 돈녕부에서 주로 맡아서 마련"하라고 명하였듯이 돈녕부가 왕실 친족의 관직 부여를 관장하는 기구가 되고 있다. 또한 말미에 언급하고 있듯이 유복지친만을 관직에 임명하게 되면서, 돈녕부의 직 역시 '유복지친'에 한정하여서 임명하게 되었다. 이는 이전에 돈녕부에 임명되는 친족의 범위가 단문지친 이상이었던 것에 비하면 그 대상 범위가 축소된 것이다. 이어서 왕실의 유복지친으로 관직에 나아가는 이들의 관품과 가자의 규정도 마련하였다. 초직으로 8품을 제수하였고70) 첩자의 경우는 9품을 주도록 하였다.71) 가자의 조건도 일반 관원들보다 유리한 조건이었다.72)

왕실의 유복지친에게 관직을 부여하는 것은 그간의 조정의 논의의 맥락에서 볼 때, 당연히 돈녕부의 관직에만 제한하지 않았다. 이는 세종 15년 세종이 '충의위'를 거론한 이래로 별도의 '위' 신설이 계속 제기되었던 맥락에서 볼 때 당연하였다. 세종 28년 의정부의 다음과 같은 언급을 보면 이를 분명하게 확인 할 수 있다.

> 有服之親은 돈녕부에서 천거한 바에 따라서 軍職을 임명하지마는, 결원된 자리가 제한이 있어서 제수하기가 어렵사오니, 청하옵건대 5품에서 9품까지는 체아직 열다섯을 주어 정수를 삼게 하소서.73)

이 내용에 의하면 왕실의 유복지친은 돈녕부는 물론, 군직에 임명되고

---

69) 『세종실록』 권100, 세종 25년 5월 무진.
70) 『세종실록』 권100, 세종 25년 5월 무인.
71) 『세종실록』 권102, 세종 25년 12월 을유.
72) 상동조. 왕실 친족의 경우 5품 이하는 450일에 가자되고 있었다. 이는 일반관원의 가자가 7품 이하는 450일, 6품 이상은 900일임을 고려할 때 유리한 조건이었다.
73) 『세종실록』 권111, 세종 28년 2월 경술.

있었다. 그러나 세종 28년 2월 이 논의에서 이들이 어느 군직에 이들을 임명하였는지 분명치 않다. 종성 袒免親, 이성 緦麻親 이상의 친족을 서용하는 족친위가 이들을 수용하기에 적절한 군직이었다. 족친위는 이 무렵 만들어져 왕실 친족을 수용하는 군직으로 기능하였을 것으로 추측되나, 만들어진 시기가 분명하지 않아 단정적으로 논하기에는 주저된다.74)

이상으로 볼 때 왕실 친족은 세종 25년경에 30여 년의 논의 끝에 일률적으로 관직을 받는 지위를 확보하였다. 이로서 왕실 친족의 신분적 지위가 분명하게 정립되었다. 그러나 이와 같은 특권은 왕의 유복지친에 한하여 부여되는 특이한 형태를 가졌다. 이러한 특이한 형태의 특혜 부여 방식은 매우 흥미롭다. 이와 같은 형태를 가지게 된 배경을 당시 조정의 논의를 통해서 좀 더 고찰하고자 한다. 이는 조선 초기 신분제의 성격을 밝히는데 도움이 될 것으로 생각된다.

4. 왕실 친족의 법적 범위와 그 의미

왕실 친족이 관직진출의 특혜를 확보해 가는 과정은 신분제의 관점에서 볼 때에 매우 흥미롭다. 우선 주목되는 것은 지배신분의 정점에 위치한 왕실 친족들이 세종 25년경에 이르러서야 관직을 얻는 법제적인 지위를 확보하였다는 점이다. 이는 조선의 신분제가 이 무렵이 되어서야 그 체제를 완비하였음을 시사한다.

특히 주목되는 것은 왕실 친족에게 신분적 특혜로서 관직을 부여하는 범위를 유복지친으로 한정한 것이다. 이러한 규정은 왕의 직계에도 마찬가지였다. 『경국대전』 종친부조에 의하면 왕의 직계의 남자 자손에게 주

---

74) 족친위가 『조선왕조실록』에 처음 거론된 것은 세조대였다(『세조실록』 권46, 세조 14년 5월 임술).

어지는 관품을 기록하고 있는데, 여기서도 4대 현손까지를 기록하고 있을 뿐이었다.[75] 왕위와 왕족은 千歲에 이어질 영원한 것으로 상정하고 있으면서도, 왕족으로서의 혈통적 특권을 법적으로 규정함에 있어서 4대에 한정하여 그 경계를 분명히 하고 있다.

특히 주목되는 것은 이러한 법적인 한정을 '친진'이라는 용어를 동원에서 설명하고 합리화하고 있다는 점이다. 친진은 나를 중심으로 '親疎'를 가려서 일정 범위를 넘어가면 '친'이 다하였다는 의미였다. 친을 다하였으니 이미 친족이 아니라는 의미였다. 이러한 친족의 의미는 생물학적인 의미가 아니라 법적인 의미의 친족이었다. 신분제가 그 성격상 법적인 집단에 관심을 가질 수밖에 없는데, 당시의 친족은 법적으로 한정된 범위를 가지는 집단이었다. 생물학적으로 연결되는 무한한 집단을 상정하지 않았다.

친족을 한정적으로 인정한다는 것은 신분제 연구에서는 주목하지 않았으나, 그간 친족제의 연구에서는 관심을 가져왔다. 그 대표적인 예로 노명호는 고려에서 조선 초기에 이르는 기간에 친족의 구성에 대하여 밝히면서 ego를 중심으로 친족이 동심원적으로 형성되어 있음을 지적하였다.[76] 사실 제도로서 신분제와 친족제는 국가의 차원에서 통합될 수밖에 없었다.

앞에서 검토한 바와 같이 왕실 친족에게 관직을 주는 범주는 유복지친으로 결정되었다. 유복지친이 왕실 친족의 법적 범위인 것이다. 그러나 유복지친으로 왕실 친족의 범위가 결정되게 된 배경에는 왕과 대신간의 많은 논란이 있었다. 왕은 그 범위를 넓히려 하였고, 대신의 그 범위를 축소하려고 하였다. 왕과 대신은 모두 왕실 친족의 범위를 결정함에 있어서 그 주장의 근거를 유교 경전에서 찾고 있었다.

대신들은 유복지친을 경계로 주장하였는데, 그 근거가 되는 주요 경전은 『서경』, 『맹자』 등이었다. 『서경』이나 『맹자』에는 4대 8촌을 친족의

---

75) 처음으로 제왕의 대업을 세워서 오늘날의 경사에 이르게 하고, 후손에게 계획을 전하여 千歲의 업을 빛나게 열어 주었습니다(『태조실록』 권2, 태조 1년 11월 계미).
76) 노명호 앞의 논문.

경계로 설정하고 있었다. 이는 세종 25년에 세종의 다음과 같은 지적에 잘 나타난다.

『堯典』에 "九族과 친밀해야 한다."라는 말이 있고, 해석하는 자는, '구족'은 고조에서 현손까지를 말하는 것이라 하였다.[77]

이 내용은 고조에서 현손까지 상하 4대를 '친밀'해야 할 집단으로 설정하고 있다. 즉 4대 유복지친까지를 친족의 경계로 설정하고 있음을 보여주고 있다. 이와 유사한 내용으로 『맹자』도 인용되고 있었다. 세종 28년 조정의 논의에서 『맹자』의 "군자의 恩澤도 五世가 되면 끊어진다."는[78] 구절이 인용되고 있는데, 이는 은택이 4대만 유지된다는 의미를 가지는 것으로 해석된다. 그러므로 『서경』이나 『맹자』를 근거로 할 때, 4대 유복지친이 왕실 친족의 경계가 될 수 있었다.

유복지친을 넘어서 왕실 친족의 경계를 설정할 때 인용되는 경전은 『예기』이었다. 세종은 그 25년에 다음과 같이 『예기』를 인용하고 있다.

『예기』에는, "4대가 되어 緦麻服을 입는 것은 복의 마지막이 되며, 5대가 되어 袒免만 하는 것은 같은 성이라도 복이 줄어드는 것인데, 6대가 되면 친속이 끝나게 되니, 親屬이 끝나고 복도 없어진다."하였다. 이것이 예제의 떳떳한 법이다.[79]

이에 의하면 세종은 『예기』의 오복제를 논하는 부분에서 친족 범위의 근거를 찾고 있었다.[80] 이 내용에 의하면, 4대까지를 유복지친으로 6대 이

---

77) 『세종실록』권100, 세종 25년 5월 무진.
78) 『세종실록』권114, 세종 28년 10월 계축.
79) 『세종실록』권100, 세종 25년 5월 무진.
80) 당시 왕은 물론 관원들도 『禮記』의 이 부분을 인용하고 있었다(『세종실록』권 100, 세종 25년 5월 무진).

상을 친진으로 명확하게 정리하고 있으나, 5대는 다소 애매하게 처리되고 있다. 친진이 된 것은 아니었으나, 복을 입는 것도 아닌 모습이다. 즉『예기』는 4대 유복지친 이후에, 5대 단문지친이라는 단계를 친진 이전에 설정하고 있다. 이 부분이 왕실 친족의 법적 범위를 확대하는 근거가 되었고, 왕과 대신 간의 논란의 원인이 될 수 있었다.

세종은 친족의 범위를 논하면서 단지 경전만을 근거로 삼지 않았다. 중국의 역사도 중요한 근거로 삼았다.『漢史』,『唐史』,『宋史』,『大明律』등도 그 근거로 삼아서 논쟁을 전개하였다. 한 예로 세종은 세종 13년 대신들에게 다음과 같이『宋史』의 사례를 인용하고 있다.

> 宋 神宗은 은혜가 단문지친에게 미쳐서 이름을 주고 벼슬을 제수하자, 사람들이 그 아름다움을 일컬었으니, 지금 태조 태종의 유복지친에게도 모두 벼슬을 주고 또 전토를 줌이 어떨까.[81]

여기서 세종은 송 신종이 단문지친을 친족의 범위로 설정한 사례를 들어 태조와 태종의 유복지친까지 벼슬을 주자고 주장하고 있다. 역사적 사례를 근거로 단문지친을 친족 특혜의 범위로 설정하고 있다. 이와 유사하게 세종 25년 종부시에서는『대명률』을 인용하여 "『대명률』의친조에 이르기를, 皇家에는 단문 이상을, 태황태후, 황태후에게는 緦麻 이상을 친속이라 한다."[82]라고 단문지친을 친족의 경계로 인용하였다.[83]

이와 같이 왕과 대신간의 친족 범위를 둘러싼 논의에서 경전과 역사적 사례들이 그 근거가 되었고 따라서 논쟁은 치열할 수 있었다. 이러한 논쟁이 어떻게 결론에 도달할 수 있었을까? 논쟁의 합의과정을 구체적으로 보

---

81)『세종실록』권59, 세종 15년 2월 경술.
82)『세종실록』권100, 세종 25년 5월 무진.
83) 그러나 송나라의 예를 들면서 유복지친을 경계로 논하는 기록도 보인다(『세종실록』권47, 세종 12년 1월 정축).

여주는 자료는 없다. 그러나 주변의 자료를 볼 때 그 과정을 짐작할 수 있다. 그 논의 과정에서 가장 중요한 것은 역사적 경험, 특히 중국 역사의 경험이 중요하였다. 왕실 친족의 특혜를 결정하는 가운데 중국의 역사를 거론하면서 나타나는 단편적인 언급들은 이를 잘 보여준다. 한나라와 당나라가 왕실 친족에게 특혜를 과하게 부과하다가 폐단이 생겼다고 이해하였다.[84] 즉 왕과 관원들이 왕실 친족을 제한하지 않고, 무제한으로 특혜를 부여할 때에 국가 공동체가 감당할 수 없는 폐단이 있음을 충분히 인지하고 있었다.

그 대표적인 것이 세종이 그 25년 종친부의 관품을 정하면서 이조에 명한 다음과 같은 내용이다.

> 唐 太宗이 즉위하자 屬籍을 들어 시신에게 묻기를, "宗子를 천하에 봉하는 것이 편한가." 하니, 封德彝가 대답하기를, "불편합니다. 예전에 封王한 것을 살펴보아도 오늘날이 가장 많습니다. 西漢 東漢이래로 오직 황제의 아들과 친형제만 봉하고, 종실과 소원한 자는 큰 공이 있는 자가 아니면 모두 지나치게 명기를 받지 못하였으므로, 친소를 구별한 것입니다. 선조 때에 九族이 돈목하여 일체로 봉왕하여 작명이 이미 높아지매 많은 역역을 주었으니, 대개 천하를 사사로운 물건으로 삼은 것이오라, 지극히 공정하게 물건을 어거하는 도가 아닙니다." 하매, 태종이 말하기를, "그렇다. 짐이 천하를 다스리는 것은 본래 백성을 위한 것이요, 백성을 수고롭게 하여 자기 친속을 기르고자 하는 것이 아니다."

세종은 당 태종과 봉덕이 사이에 '封王'을 놓고 논한 부분을 상세하게

---

84) "漢나라 高帝는 秦나라가 고립하여 멸망한 것을 징계하여 同姓을 많이 封侯하였다."(『세종실록』 권114, 세종 28년 10월 계축)라는 언급이나, "唐나라 太宗은 同姓들에게 작위를 봉하였으나, 그 뒤에 폐단이 생겼다."(『세종실록』 권51, 세종 13년 1월 정축)는 언급 등이 그것이다.

언급하고 있다. 세종이 봉덕이가 주장한 '친소를 구분'해야 한다는 것이나 천하를 '사사로운 물건'으로 삼은 것을 비판한 내용을 상론한 것은 天下公物論에 입각해서 친소를 구분해서 특혜를 줄 수밖에 없다는 것에 공감하고 있음을 보여준다. 특히 세종은 태종이 말하였다는 "백성을 수고롭게 하여 자기 친속을 기르고자 하는 것이 아니다."[85]라는 내용에 구체적으로 언급하고 있는데, 이는 자신이 친족에게 특혜를 부여함에 있어서 백성의 수고를 고려하고 있음을 보여주고 있다.[86]

즉 세종과 관원들은 혈통에 입각해서 무제한적으로 친족을 설정하고 특혜를 남발할 때에 결국 백성을 수고롭게 하고, 나아가 국가를 유지하는 데에 문제가 있을 것이라는 점에 동의하고 있었다. 결국 왕과 대신들은 이러한 입장에서 유복지친을 왕실의 법적 친족으로 합의하였다.

그러나 '백성의 수고'의 관점에서 유복지친으로 친족의 범위를 결정한 것이었으므로 부담이 적은 경우는 유복지친의 범위를 넘어갈 수도 있었다. 즉 유복지친을 기본적인 경계로 설정하되, 그 특혜의 내용이 중요하지 않은 경우는 특혜를 단문지친까지를 경계로 설정할 수 있었다. 그 한 사례로 세종 23년 예조의 다음과 같은 제안을 들 수 있다.

> 오늘날의 법에 종실의 유복지친과 대신이 죽으면 그 집에서 즉시 본조로 부고하도록 하였사오나, 初喪을 당하여 몹시 군색할 즈음이오라, 즉시 부고하지 아니하여 停朝와 致賻하는 일을 이로 인해 늦추고 어김이 있게 되오니 심히 옳지 못하옵니다. 이제부터는 비록 상가에서 기한에 미쳐 관에 고하지 못하였더라도, 가까운 친족이나 친한 이웃 사람 및 동리 안의 관령이 즉시 달려와서 고하도록 영구히 정식을 삼으

---

85) 상동조.

86) 왕실 친족의 법적 범위가 유복지친으로 정리된 후에도 세종은 유복지친 이상에게도 특혜를 부여하고자 하는 의사를 표현하기도 하였다. 그러나 이는 관원들에 의해서 수용되지도 않았거니와, 세종 자신도 이를 무리하게 고집하지 않았다(『세종실록』권114, 세종 28년 10월 계축).

옵고, 宗戚의 단문지친과 異姓有服之親의 상사에도 이 예에 의하여 시
행하게 하소서.87)

왕실의 유복지친이 죽으면, 대신에 준하여 停朝와 致賻를 하는 특혜를
법으로 규정하고 있었다. 예조에서는 이 규정의 시행방법을 논하면서, 단
문지친도 거론하여 그 특혜에 포함시키고 있다. 즉 정조와 치부를 하는 기
본적인 법적 경계의 선은 유복지친이었으나, 정조와 치부의 특혜가 상대
적으로 가벼운 것으로 인식되었으므로, 예조에서는 이러한 제안을 하였다.
따라서 조정에서도 별다른 논의 없이 이를 수용하였다.

왕실 친족에게 복호를 주는 경우에도 단문지친까지로 하고 있었다. 세
종 25년 왕실 친족에게 관직을 주는 범위가 유복지친으로 결정되면서 종
부시에서는 다음과 같이 복호의 범위를 제안하였다.

> 먼 친속까지도 또한 復戶한다는 것은 예전에 합당하지 못할 뿐 아니
> 라, 요행을 바라는 자가 잇달아서 벌떼같이 일어날 터이니, 폐단을 장
> 차 막기가 어려울 것입니다. 예전 법에 의하여 종성은 단문 이상을 한
> 해서, 외손 및 왕후의 동성지친은 시마 이상을 한해서 復戶하도록 허
> 가해서 항식으로 삼으소서.88)

종부시는 복호의 범위를 단문지친으로 한정하여 제안하였고, 이러한 제
안은 수용되어서, 왕실 친족의 복호 특혜의 범위는 단문지친으로 결정되
었다.89) 이상에서 볼 때에 왕실 친족의 법적 경계는 유복지친이었으나, 사
안에 따라서 단문지친까지 포함하기도 하였다.

이상에서 볼 때, 왕과 대신들은 왕실 친족에게 특혜를 부여할 수 있는

---

87) 『세종실록』 권94, 세종 23년 윤11월 기묘.
88) 『세종실록』 권100, 세종 25년 5월 무진.
89) 단문지친까지 특혜를 부여한 경우로 재판(『세종실록』 권47, 세종 12년 1월 계축),
    장례(『세종실록』 권94, 세종 23년 윤11월 기묘) 등의 경우도 포함된다.

범위를 놓고 오래 논란을 벌였다. 그 결과 '백성의 수고'라는 관점을 감안하여서 유복지친을 기본 범위로, 단문지친을 보조적인 범위로 결정하였다. 이는 오랜 역사적 경험을 바탕으로 왕실의 안정적 운영과 백성의 수고 모두를 고려한 지혜로운 결정이었다. 조선은 오랜 집권제 국가를 운영해온 경험과 이웃 중국 역사의 간접 경험을 바탕으로 하여 적절하다고 판단되는 조선만의 신분제를 만들어가고 있었다.[90]

---

90) 법제적 신분제의 운영은 법제를 만들고 적용할 수 있는 집권국가에만 가능하였다. 신분사 연구에서 활용하는 귀족제는 서구에서 집권체제를 정비한 절대주의 국가 이후에 본격적으로 법제화된 것이다. 그러므로 서구의 귀족제는 그 운영기간이 짧아 통일된 모습을 갖추거나, 문제점을 보완할 시간을 갖지 못한 제도였다. 그러므로 서구 내에서도 귀족제는 통일적 모습을 가지지 못하고 국가마다 상이한 형태를 가졌다.

그간에 진행된 신분제의 논의에서는 이러한 제한적인 성격을 가지는 서구의 '귀족'의 모습이 한국사에서 존재하였는가를 해명하는 형식론적 논의에 치중하는 경향이 있었다. 그러나 국가의 발전 양상이나 정치, 사회, 환경 그리고 역사적 경험이 상이한 조선에서 서구와 같은 귀족의 모습을 찾기는 쉽지 않다. 그러나 서구의 '귀족'과 같은 모습이 보이지 않는다고 하더라고 지배 신분이 없다고 보는 것은 단견이다.

형식론에 치중하지 않고, 신분제의 본질의 문제에 집중한다면 좀 더 폭넓은 논의가 가능할 것이다. 신분제의 문제는 국가권력에 의해 부여된 구성원의 집단적 위계질서를 밝히는 것이므로, 결국 국가권력의 본질을 밝히는 것으로 귀결될 수밖에 없다. 국가 권력의 본질은 왕의 모습에서 잘 드러난다.

그간 연구에서 왕의 신분적 성격에 대하여서는 모호한 모습으로 처리하거나, 개혁적인 모습으로 처리하는 경향이 있었다. 그러나 이 장에 나타난 태종과 세종은 30여년의 논쟁을 통해서 결국 왕실 친족의 신분적 특혜를 확보하는 치열한 모습을 보여주었다. 이러한 모습은 세전된 왕위를 누리면서 신분적 혜택을 친족에게까지 확대하는 지배신분의 정점이 있는 자의 전형적인 모습 그대로였다.

맺음말

1. 조선 초기 왕실 친족의 신분적 성격을 관직 진출을 통해서 검토해 보았다. 왕실 친족의 신분을 검토하기 위하여 먼저 왕실 친족이 우대와 차대를 동시에 받는 지위에 있었는지를 검토하였다. 그간 왕실 친족은 '종친불임이사'의 규정에 제약을 받는 것으로 이해되었다. 이를 검토하기 위하여 먼저 『경국대전』의 관련규정을 검토하였다. 『경국대전』 종친부조의 조문은 종친불임이사설의 근거로 이해되어 왔으나, 그 내용은 "親盡, 則依文武官子孫例, 入仕"라는 짧은 구절이다. 이는 단지 종친에게 주는 특권이 다할 경우에 대한 설명에 불과하였고 종친불임이사를 설명하고 있지 않다. 이 구절은 명료함을 생명으로 하는 법조문이므로, 이 이상으로 확대 해석하는 것은 곤란하다. 그러므로 『경국대전』을 종친불임이사론을 입증하는 자료로 보기 어렵다.

다음으로 종친불임이사 규정이 만들어졌던 상황을 정치변동과 연결해서 검토해 보았다. 종친불임이사 규정이 만들어진 것은 제1차의 왕자의 난 이후 정치상황에 기인하였다. 왕자의 난 이후 왕실의 친족은 병권을 장악하면서 태종 정권의 다른 한 축인 일반공신들과 서로 협조하면서 경쟁하는 관계에 있었다. 그러나 왕실 친족의 병권이 2차 왕자의 난의 원인으로 작용하자, 일반공신들은 이를 빌미로 왕실 친족의 사병을 혁파하였고, 나아가 종친불임이사 규정을 만들어 친족들을 정권에서 몰아내고자 하였다.

정종과 이방원은 자신들의 권력 기반인 왕실 친족을 병권과 정권에서 배제할 의사는 없었다. 다만, 사병의 혁파로 사기가 저하된 왕실 친족들을 封君하여 위로하겠다는 목적으로 왕실의 친족들에 대한 종친불임이사 규정에 동의하였다. 이러한 정종과 이방원의 의도는 이 규정이 만들어진 직후의 인사에 그대로 나타났다. 즉 왕실 친족에게 봉군은 하였으나, 종친불임이사의 규정은 지키지 않았다. 왕실의 친족들은 계속적으로 문무직에

서용되었고, 특히 병권을 장악하였다. 종친불임이사 규정은 만들어짐과 동시에 폐기된 것이다.

2. 이와 같이 『경국대전』이나 조선건국기의 정치상황을 검토해 볼 때, 왕실 친족이 종친불임이사의 규정으로 차대를 받았다는 것은 입증하기 어렵다. 즉 왕실 친족은 우대받는 집단으로 보는 것이 타당하다. 왕실 친족이 우대받는 집단이었다면, 그들이 받는 신분적 특혜는 무엇인가? 이를 왕실 친족이 받는 관직을 중심으로 검토해 보았다. 신분적 특혜의 핵심은 관직이었고, 다른 특혜는 관직과 연관되는 것이 보통이었다. 왕실 친족이 관직을 신분적 특혜로 받는 과정은 단순하지 않고, 태종대에서 세종 후반에 이르는 30여 년의 상당한 시간의 논의를 필요로 하였다.

태종 14년 돈녕부의 설치는 왕실친족의 관직 진출에 있어서 매우 중요한 전기를 제공하였다. 이의 설치로 왕실친족의 관직 진출은 제도화되고 활성화될 수 있었다. 이전에도 왕실의 친족이 병권과 정권에 참여하고 있었지만, 조선의 건국이나 태종 정권의 창출에 기여한 이들을 중심으로 서용되었다. 돈녕부의 설치로 돈녕부의 관직은 왕실의 친족에게만 열린 공식적인 관직 진출로가 되었다.

돈녕부는 예우기관으로 만들어졌으므로 직사가 없는 무직사 관청이었으나, 관원들은 다른 문무관과 차이가 없는 대우를 받고 있었고, 관원으로서의 정치적 기능도 하고 있었다. 특히 주목할 것은 돈녕부의 관원들은 별다른 제한이 없이 다른 문무직으로 이동할 수도 있었다. 돈녕부를 예우 아문으로 그리고 무직사 기관으로 만들 때에, 왕과 관원들은 왕실 친족이 돈녕부에 진출하여 돈녕부 내에만 머물기를 기대하였던 것으로 보인다. 그러나 종친불임이사 규정은 이미 정종대에 폐지되었으므로, 돈녕부 관원들이 다른 부서로 이동하는 것을 막을 논리나 방법이 없었다.

왕실친족이 다른 직사로 나아간데 제한이 없다는 것은 매우 중요한 의미를 가진다. 왕실 친족이 돈녕부를 통해서 관직에 진출하여, 이들이 다른 문무직으로 옮겨가고, 비워진 돈녕부의 자리를 다시 다른 왕실의 친족으로 채운다면, 이론적으로는 왕실 친족은 무제한으로 관직에 진출할 수 있었다.

3. 이러한 예상치 못한 상황이 전개되면서 어떤 방식으로든 돈녕부를 규제하는 것은 불가피하였다. 규제는 결국 돈녕부의 관원이 될 수 있는 자격을 제한하는 것으로 나타났다. 따라서 돈녕부에 진출할 수 있는 왕실 친족의 범위가 논의되었다. 논의의 결과 돈녕부에 임명될 수 있는 관원은 단문지친으로 제한하도록 결정되었다. 여기서 단문지친은 왕을 중심으로 5대까지는 포괄하는 범위였다.

돈녕부에 진출할 수 있는 왕실친족의 범위를 제한하는 논의 이면에서는 제한 범위의 왕실 친족 모두에게 관직을 주어야 한다는 논의도 진행되었다. 돈녕부로 진출할 수 있는 왕실 친족을 왕과의 친소에 따른 일정한 선으로 제한을 하게 되자, 역으로 제한된 범위 내에서 다시 선별하여 일부의 인원에게만 관직을 주는 일이 곤란해진 것이다.

이 문제는 세종 15년에서 25년에 이르는 10년간에 걸쳐서 논의되었다. 세종은 그 15년부터 일정 범위의 왕실 친족들을 모두 관직에 임명시키고자 제안하였고, 이를 위해서 돈녕부 외에 별도의 부서를 만드는 것까지 제안하였다. 이에 대하여 대신들은 왕실 친족을 일률적으로 서용하는 것은 반대하고 '선별' 서용을 주장하였다. 그러나 세종의 집요한 노력으로 세종 25년 '왕실 친족 서용법'이 결정되었다. 이로서 왕의 유복지친의 범위에 있는 모든 친족이 관직을 받을 수 있게 되었다.

왕실의 유복지친에게 관직을 부여하는 것은 그간의 조정의 논의의 맥락에서 볼 때, 당연히 돈녕부의 관직에만 제한하지 않았다. 세종 28년의 기록에 의하면 이들은 군직에도 임명되었다. 그러나 이들이 어떠한 군직에 임명되었는지는 분명하지 않다. 정치적인 상황을 미루어 짐작해본다면, 이 무렵 족친위가 만들어져 왕실 친족을 서용하는 군직으로 기능하였을 것으로 생각된다. 이상과 같이 왕실 친족은 태종대에서 세종 후반에 이르는 긴 논의를 통해서 관직을 특혜로 확보하면서 법적으로 특혜를 받는 신분적 지위를 가지게 되었다.

4. 이상에서 '유복지친'인 왕실 친족들은 관직을 신분적 특혜로 얻게 되었음을 밝혔다. 그 과정에서 홍미로운 점은 왕과 대신들이 단순히 친족의 범위를 한정하였을 뿐 아니라 이를 '親盡'이라는 용어를 동원에서 친족 범위를 한정한 것을 설명하고 합리화하고 있다는 점이다. 친진은 나를 중심으로 '親疎'를 가려서 일정 범위를 넘어가면 '친'이 다하였다는 의미였다. 친을 다하였으니, 이미 친족이 아니라는 의미였다. 이러한 친족의 의미는 혈통적인 의미가 아니라 법적인 친족을 의미하였다. 이와 같은 현상에 대하여 신분제 연구에서는 관심을 가지지 않았지만, 친족제 연구에서는 이미 오래 전에 주목하고 있었다. 사실상 제도로서 신분제와 친족제는 국가의 차원에서 통합 조응될 수밖에 없는 것이었다.

왕실 친족의 법적 범위는 어떻게 결정되었을까? 이를 검토하기 위해서 친족 범위를 결정하는 논의에서 제기된 그 근거들을 살펴보았다. 살핀 결과 친족 범위의 설정은 유교경전과 중국사의 사례를 바탕으로 논의되었는데, 경전과 역사서에 근거하여 왕은 그 범위를 넓히려 하였고, 대신은 그 범위를 좁히려 하였다. 결과적으로 왕과 대신들은 유복지친을 기본적 경계로 설정하고, 단문지친을 보조적으로 그 비중이 적은 특혜의 경우에 적용하였다.

이렇게 왕실 친족의 특혜를 한정한 이유는 무엇이었을까? 왕과 대신들은 그 이유를 역사적 경험에서 찾고 있었다. 즉 무리한 특혜의 남발은 국가 공동체를 운영하는데 무리를 줄 수 있다고 인식하였다. 세종은 왕실 친족의 특혜를 논하면서 "천하를 다스리는 것은 본래 백성을 위한 것이요, 백성을 수고롭게 하여 자기 친속을 기르고자 하는 것이 아니다."라는 언급을 하고 있는데, 이는 세종이 왕실 친족의 특혜 범위를 위해서 '왕실의 안정적 운영'과 '백성의 수고'를 같이 저울질 하고 있음을 보여준다.

조선은 중앙집권국가를 운영한 역사적 경험 위에서 건설되었다. 또한 이웃 중국이 집권국가를 운영한 역사적 경험도 참고하였다. 왕과 관원들은 오랜 집권국가 운영의 경험을 바탕으로 신분적 특혜에 제한이 없을 때, 결국 이는 국가의 안정적 운영을 저해할 수밖에 없다는 것을 인식하고 있었다. 이러한 역사적 경험을 바탕으로 하여 조선은 자신만의 운영방식을 찾기 위해서, 태종 중반에서 세종 후반에 걸친 30여 년의 논의를 통해서 적절한 신분제의 틀을 모색하고 고민하였다. 이는 오랜 중앙집권국가를 운영해 온 국가 수준에 어울리는 신분제를 갖기 위한 노력이었다(최이돈 「조선초기 왕실 친족의 신분적 성격」『진단학보』117, 2013).

제4장 法的 親族의 기능과 그 범위

머리말

조선 초기의 신분제 연구는 양천제론의 제기로 그 연구가 심화되었다. 그러나 아직 논란이 되는 쟁점들이 충분히 정리되지 못하여 좀 더 구명해야 할 문제들이 남아있다. 그 중에 한 문제는 신분의 특권을 부여하는 방식의 문제이다. 문음제는 신분적 특권을 부여하는 제도로 주목되었으나, 그 限代的인 성격으로 인해서 여전히 쟁점으로 남아있다. 그러므로 문음제가 왜 그러한 방식으로 정비되었을까는 좀 더 검토가 필요한 과제이다.

문음제를 좀 더 검토할 때, 주목되는 것은 신분적 특권이 직계에 한정되지 않고, 방계에까지 부여되는 것이다. 문음은 특권을 직계 모두는 물론 동생과 조카에게까지 부여하고 있었다. 이러한 경향은 왕실의 문음제를 보면 더욱 분명하게 나타나고 있다. 조선 초기 왕실의 문음은 왕의 직계에 한정하지 않고, 4대 8촌에 이르는 방대한 범위의 방계에까지 부여되고 있었다.[1]

신분적 특권이 방계에게까지 부여될 때에 관심을 끄는 것은 특권이 주어지는 방계의 범위이다. 특권을 법으로 부여하는 만큼 특권이 부여되는 대상에 대한 명확한 경계가 필요하였다. 흥미로운 것은 왕의 문음제의 경우, 방계 친족의 범위를 친족제에 입각하여 설명하고 있다는 점이다. 왕실의 문음은 오복제에 근거한 '親盡'의 범위 안에 있는 방계친족에게만 부여되었다. 즉 혈족이라 하여도 일정 범위를 넘어서면 親을 다한 것, 즉 친족

---

1) 최이돈 「조선 초기 왕실 친족의 신분적 성격」 『진단학보』 117, 2013.

이 아니라고 보았다. 물론 친진의 범위를 벗어났다고 하더라도 혈족이 아닐 수는 없다. 그러나 친족으로서의 법적 의무와 권리의 밖에 있는 혈족이었다. 따라서 친진 밖의 혈족은 법적 친족이 아니었다. 그러므로 법적 특혜인 문음을 부여하는 대상이 될 수도 없었다. 이와 같은 현상은 조선 초기 신분제가 친족제와 긴밀한 관계에서 운영되고 있었음을 보여준다. 즉 혈통에 입각한 친족제가 신분제와 만나면서 법적 친족과 의례적 친족으로 구분되어 운영되고 있었다. 왕실의 문음제를 통해서 나타나는 이와 같은 현상은 왕실만의 상황은 아니었을 것이다. 관원들의 문음제도 이와 유사하게 법적 친족제를 바탕으로 하여 운영되었다.

이와 같은 상황을 고려할 때에 신분제의 이해를 위해서 친족제에 대한 이해는 불가피한 것으로 이해된다. 친족의 범위에 대한 이해, 특히 법적 친족의 범위에 대한 이해는 신분적 특권을 부여하는 방식을 이해하기 위해서 필요하다.

그간의 친족제를 연구한 많은 학자들은 친족을 정의하고 그 범위를 밝히는 것에 관심을 기울여왔다.[2] 김두헌은 조선에서의 친족을 宗族, 母黨, 妻黨의 一族二黨으로 정의하고, 친족의 범위를 『大明律』의 오복제 관련 규정에 근거하여서 無服親까지로 이해하였다.[3] 최재석은 조선에서의 친족을 父系親, 母系親, 妻系親으로 나누고, 그 범위를 『經國大典』, 『四禮便覽』의 오복제를 근거로 하여 有服親까지로 보았다.[4] 이와 같은 친족제에 대한 초기 연구들은 오복제를 근거로 해서 친족을 정의하고 그 범위를 밝혔다.

노명호는 오복제를 근거로 해서 논하는 친족이 과연 실제의 친족을 반

---

2) 사전에서 친족을 찾아보면, 그 범주가 명백하게 정해져 있는 집단으로 나타난다. 이는 친족이 법적으로 권리와 의무를 공유하는 한정적인 집단이기 때문이다. 이렇게 친족 집단의 범위가 법적으로 명료하게 규정되어 있는 것은 당연히 역사적 퇴적물로, 가깝게는 조선 후기 나아가 그 이전의 역사의 흔적을 반영하는 것이다.
3) 김두헌 『한국가족제도 연구』 서울대학출판부 1969, 140쪽.
4) 최재석 『한국가족연구』 일지사 1982, 479쪽.

영하는 것일까라는 의문을 제기하였다.5) 노명호는 실제적 친족에 관심을
표하였다. 노명호는 고려와 조선 초기의 오복제를 논하면서, "예제적 테두
리 내에서 성립된 고려의 오복제는 실제 친족관계와 크게 상위될 수밖에
없었다."고 보았다.6) 즉 오복제는 법적 규정이기는 하였지만, 儀禮로서 실
제의 친족관계를 그대로 반영하고 있지 못하여 실제적으로 작용하는 법제
로 보기는 어렵다고 본 것이다. 그러므로 그는 법제상에 나타나는 친족조
직 상의 구조를 보기 위해서 상피제를 검토하였다. 그는 상피제는 예제와
는 거리가 먼 고려의 실제 친족관계에 부합되는 것으로 상피제가 실제 친
족관계와 일치되도록 제정되었다고 보았다.

그는 계속해서 "이와 같은 상피친 범위를 설정해야 했던 고려사회에서
정치 세력관계에 작용하고 있었던 친족관계는 어떠한 것이었을까?"라고
중요한 질문을 하고7) 그에 대한 답으로 상피친 범위의 구조는 '양측적 친
속의 유형'이라고 결론을 내고 있다. 친족제의 구조를 양측적인 것으로 본
것에 대해서는 전적으로 동의하지만, 다소 아쉬운 것은 '상피친 범위'를 논
하면서 구조에만 관심을 가지고, 본족, 외족을 막론하고 대략 4촌을 경계
로 형성되는 '범위'가 가지는 의미를 상론하지 않고 있다는 점이다. 상피친
범위가 고려사회 내에서 작용하는 실제적인 친족이었다면, 당연히 그 구
조 뿐 아니라 그 범위도 실제 친족을 반영하는 범위로 보아야 할 것이다.
상피제가 친족의 실제적 영향력을 규제하기 위한 법제였음을 고려한다면,
상피친 범위가 실질적으로 작용하는 친족의 범위였고, 따라서 법적으로
권리와 의무가 따르는 '법적 친족'으로 가정해 볼 수 있다.

최근 활발하게 성과를 내고 있는 이종서는 노명호의 실제적 친족을 구
명하고자 하는 문제의식을 잇고 있다. 그는 박사학위논문을 통해서 친족
의 범위를 밝히면서 4촌을 핵으로 하고 6촌을 외연으로 하는 친족관계를

---

5) 노명호 「고려의 오복친과 친족관계 법제」『한국사연구』 33, 1981.
6) 노명호 위의 논문 13쪽
7) 노명호 위의 논문 21쪽.

언급하고 있고,8) 최근 연구에서도 '4촌 범위의 권리와 의무'9)라는 절을 두
어서 4촌의 권리와 의무에 관심을 표하였다. 이와 같이 이종서가 권리와
의무 관계를 통해서 친족을 범주화해보려는 노력은 매우 소중한 것으로
생각된다. 그러나 그는 실제적 친족을 구명하는 입장의 연장선상에서 '통
념상' 혹은 '관행상'의10) 친족 범위를 구명하는 것에 집중하고 있어, 법적
친족의 범위를 전체적으로 체계화하는 것에는 미치지 못하고 있다.

  사실 그간 친족을 주제로 하지는 않았지만 다양한 연구에서 친족이 법
적으로 특별한 지위를 가지고 있음을 밝혔다. 대표적인 것만 보아도 문음
제,11) 추증제,12) 대가제,13) 상피제,14) 연좌제15) 등에 대한 연구를 거론할
수 있다. 이러한 연구는 제도적인 접근이었지만 친족의 권리를 언급하고
있어 친족을 규명하는데 도움이 된다. 다만, 이러한 제도들은 대부분 특정
지위에 있는 이들을 대상으로, 특별한 경우에 적용되는 것이어서 일반적
인 친족제의 모습을 보여주기 어렵다.

  그러므로 본 장에서는 국가구성원 일반을 대상으로 하는 법규를 중심으

----

 8) 이종서 「14세기-16세기 한국의 친족용어와 일상친족관계」 서울대 박사학위논문
    2003.
 9) 이종서 「조선 전기와 후기의 혈연의식 비교」 『한국문화』 58, 2012.
10) 이종서는 4촌을 '핵심 친족'의 범위로 보고 있으나, 이를 '통념상' 혹은 '관행상'의
    친족을 구명하는 관점에서 보고 있다. 이는 본고에서 '법적 친족'을 구명하는 관
    점과는 다소 거리가 있다(이종서(2003), 256, 258, 260쪽; 이종서(2012), 106쪽).
11) 박홍갑 『조선시대의 문음제도 연구』 탐구당 1994.
    최이돈 「조선 초기 왕실 친족의 신분적 성격」 『진단학보』 117, 2013.
12) 최이돈 「조선 초기 특권 관품의 정비과정」 『조선시대사학보』 67, 2013.
13) 최승희 「조선시대 양반의 대가제」 진단학보 60, 1987.
14) 한상준 「조선조의 상피제에 대하여」 『대구사학』 9, 1975.
    노명호 「고려의 오복친과 친족관계 법제」 『한국사연구』 33, 1981.
    김동수 「고려시대의 상피제」 『역사학보』 102, 1984.
    이기명 『조선시대 관리임용과 상피제』 백산자료원 2007.
    채웅석 『고려사 형법지 역주』 신서원 2009.
    김영석 「고려시대와 조선 초기의 상피친」 『서울대학교 법학』 52권 2호 2011.
15) 장병인 「조선 초기 연좌율」 『한국사론』 17, 1987.

로 친족제의 실상을 살펴보고자 한다. 법적으로 인정되는 친족이 어떠한 기능을 하였으며, 그 범위는 어떠하였는가를 구명하고자 한다. 일반인을 대상으로 하는 친족의 기능과 범위를 정리할 수 있다면, 제한적인 지위와 관련된 규정들에서 보여주는 내용들에 대해서도 좀 더 깊이 있는 이해가 가능할 것이다.

자료를 볼 때 친족의 기능과 범위가 법적으로 언급되는 영역은 다양하게 나타난다. 특히 정치와 관련된 영역에서 많은 자료가 보이지만, 이는 주로 관원을 대상으로 하는 제한된 신분에만 적용되는 규정이므로 이를 일단 제외하고, 본고에서는 경제, 신분, 사법의 영역을 중심으로 친족의 기능과 범위를 살펴보고자 한다.

우선 경제적인 관계에서 친족은 법적으로 어떠한 기능을 하였는지 살피고자 한다. 기존의 연구는 친족은 상속의 권리가 있었음을 보여주고 있다.[16] 이를 중심으로 해서 구체적으로 법적 친족의 경제적 기능을 검토해 보고자 한다. 신분의 영역에서도 친족은 그 기능을 하고 있었다. 잘 알려진 것처럼 양천의 변정에 친족 신분은 매우 중요한 근거가 되고 있었다. 또한 사법의 영역에서도 친족은 기능을 하고 있었다. 연좌제에서[17] 볼 수 있듯이, 친족은 사법적으로도 권리와 의무를 함께하는 집단으로 나타나는데, 이를 중심으로 친족의 사법적 기능도 검토해 보고자 한다.

다음으로 이러한 다양한 기능을 하는 법적 친족 집단의 범위는 어떠하였는가를 살피고자 한다. 친족이 법적인 집단인 만큼 그 경계는 뚜렷할 수밖에 없다. 경제, 신분, 사법적으로 언급된 규정들을 면밀하게 살피면서 당시 친족 범위를 검토하고자 한다. 이러한 연구를 통해서 조선초기 신분제

---

16) 최재석 「조선시대의 상속제에 관한 연구」『역사학보』53·54, 1972.
   김용만 「조선시대 균분상속제에 관한 일 연구」『대구사학』23, 1983.
   이수건 「조선 전기 사회변동과 상속제도」『역사학보』129, 1991.
   권내현 「조선 초기 노비 상속과 균분의 실상」『한국사학보』22, 2006.
17) 장병인 「조선 초기 연좌율」『한국사론』17, 1987.

의 기초가 되는 친족제를 더욱 깊이 이해할 수 있기를 기대한다.

1. 法的 親族의 기능

1) 경제적 기능

친족은 상호간에 어떠한 기능을 하고 있었을까? 이를 일률적으로 구명하는 것은 쉽지 않다. 각 친족이 처한 상황과 형편에 따라서 그 기능이 다를 수밖에 없었기 때문이다. 그러나 당시에 친족 상호간에 최소한의 기능이 어떠하였는가는 구명할 수 있다. 국가는 친족의 최소한의 기능을 법령으로 표현하였기 때문이다. 국가가 규정한 친족의 기능을 분석하면 친족의 법적 기능을 구명할 수 있다.

법으로 규정된 친족의 기능을 먼저 경제적인 면에서부터 살펴보자. 경제적 기능은 권리와 의무의 양면에서 보이는데, 먼저 친족이 가지는 권리의 면에서 살펴보자. 경제적인 기능의 대표적인 경우는 상속에서 잘 나타난다. 친족은 법적으로 상속의 권리를 가지고 있었다. 상속은 직계의 후손에게 주어지는 것이 보통이었으나, 직계의 후손이 없는 경우 친족은 상속의 권리를 가지고 있었다.

먼저 노비 상속의 경우를 보자. 친족이 노비의 상속에 권리를 가지는 것은 태종 5년에 만들어진 '奴婢傳繼族親法'에 잘 나타난다. 이 규정은 태종의 다음과 같은 명에 의해서 확인된다.

> 자식이 없이 文契를 작성하여 놓지 않고 죽은 자의 노비는 奴婢傳繼族親法에 의하여 寸數를 한정하여 분급하라.[18]

---

18) 『태종실록』 권9, 태종 5년 4월 을해.

이에 의하면 노비의 상속 시에 직계의 자손이 없으면, 친족에게도 상속의 권리가 주어지고 있었다. 흥미로운 것은 한정된 촌수의 혈족이 없으면 그 노비는 속공되었다. 국가는 법으로 규정하는 일정범위의 친족에게만 노비상속의 권리를 인정하고 그 외의 혈족에게는 상속의 권리를 인정하지 않았다.19)

노비전계족친법이 만들어지면서 첩자식에 대한 노비의 상속규정도 정비되었다. 이는 태종 5년 의정부에서 다음과 같이 건의하면서 정비되었다.

적실에 자식이 없는 자는 良妾 자식에게 노비를 전부 주고, 양첩도 또한 자식이 없는 자는 賤妾 자식에게 7분의 1을 주고, 양첩이 자식이 있는 자는 천첩 자식에게 10분의 1을 준다. 다만 천첩 자손만이 있어 계산해 준 이외의 노비 및 전연 자식이 없는 자의 노비는 同腹 중에 살고 죽은 것을 물론하고 나누어 주고, 동복이 없으면 使孫 四寸에 한하여 나누어 주라.20)

이에 의하면 천첩의 자식이 가지는 노비 상속의 권리는 친족에 비하여 적었다. 적실의 자식이 없는 경우, 천첩의 자식은 전체 노비 중에서 1/7만을 상속할 수 있었고, 나머지 6/7은 친족들에게 나누어 주었다. 이는 상속에서 친족의 지위가 상당하였음을 보여준다. 자식이 없을 경우에는 양자를 세웠는데, 양자의 경우도 친족들보다 유리한 위치에 있지 않았다.21) 또한 여인이 재혼을 한 경우는 노비 상속의 권리를 상실하였고,22) 출가하여

---

19) 이는 법적 친족이 없는 경우 국가의 관리 하에 두겠다는 의사를 천명한 것이다. 특히 상속이 순조롭지 않는 경우에는 '관이 재주가 되어' 적극적으로 관에서 관리하겠다는 점을 강조하였고, 이를 어기면 노비의 개인 소유를 인정하지 않고 속공하겠다고 천명하였다. 이는 사천까지도 국민이었으므로 국가가 관리하겠다는 입장을 표명한 것이었다(최이돈 「조선 초기 천인천민론의 전개」『조선시대사학보』 57, 2011).
20) 『태종실록』 권10, 태종 5년 9월 무술.
21) 『태종실록』 권13, 태종 7년 5월 을해.

승려가 된 경우도 노비 상속의 권리를 가지지 못하였는데, 이 때 노비는 친족에게 상속되었다.[23)

또한 친족은 서로 노비를 증여할 수 있었다. 일반적으로 노비를 사사롭게 증여하는 것은 법으로 금하고 있었고, 증여하는 경우 이를 뇌물로 보고 처벌하였다. 그러나 친족의 경우는 허용하였다. 이는 다음과 같은 세종 24년 의정부의 제안을 보면 알 수 있다.

> 지금부터는 크고 작은 조관과 양반의 자제 등의, 여러 사람들이 다 아는 수양, 시양자녀와 동성친속, 이성친속, 妻親 등은 모두 사촌을 한 계로 하고, 그 밖에 노비를 주고받는 일은 일절 금지하소서. 만약 위법하는 자가 있으면 준 자와 받은 자를 모두 논죄하여 받은 자는 贓吏로 논죄하고, 그 노비는 관에 몰수하소서.[24)

이에 의하면 국가는 노비를 증여하는 것은 금하였고, 이를 어기면 준 자와 받은 자 모두를 장리로 논하고 그 노비는 속공시키고 있었다. 그러나 일정 범위의 친족에게 노비를 증여하는 것은 허용하였다. 친족은 이미 노비의 상속의 권리가 있었으므로 상속 이전에 노비를 증여받는 것은 문제가 될 수 없다고 본 것이다.

친족은 노비뿐 아니라 家舍의 상속에도 권리를 가졌다. 태종 13년 한성부에서 언급한 다음의 기록이 이를 잘 보여준다.

> 자식이 없는 사람은 가사의 傳係가 없으니, 노비의 예에 의하여 수양, 시양, 사촌에 한하여 결급하게 하소서.[25)

---

22) 『태종실록』 권10, 태종 5년 9월 무술.
23) 상동조.
24) 『세종실록』 권97, 세종 24년 8월 을묘.
25) 『태종실록』 권25, 태종 13년 5월 무자.

친족은 가사의 상속에도 권리를 가지고 있음을 보여준다. 이 조치를 취하는 근거로 '노비의 예'를 언급하고 있음을 보아서 노비전계족친법이 만들어지면서 노비 상속의 예를 가옥의 상속에도 적용하였음을 알 수 있다.

노비나 가옥의 상속의 예를 볼 때, 토지 상속에서도 친족의 권리는 인정되었다고 생각되나, 이를 입증할 수 있는 자료는 『조선왕조실록』에 보이지 않는다. 다만 『경국대전』 「형전」 사천조에 의하면 노비의 상속을 논하는 말미에 '田地同'[26]이라는 구절이 있어서 주목된다. 주지하다시피 『경국대전』 사천조에는 앞에서 살핀 노비 상속에 대한 규정들이 언급되어 있었다. 여기에 '전지동'이라고 언급한 것은 전지 즉 토지의 상속에서 있어서도 이와 같은 규정이 같이 적용된다는 의미로 해석할 수 있다.

친족은 친족의 노비 관리에 주체가 될 수 있었다. 이는 진고제도를 통해서 알 수 있다. 태종 6년 의정부에서는 사재감 수군의 진고 방법을 다음과 같이 제안하였다.

> 양인과 천인임을 분변할 수 없는 자와 비첩의 소생은, 모두 천인을 면하고 양인이 되도록 허락하여 사재감 수군에 붙였었습니다. 그러나 완악한 무리들이 성상의 덕을 몸받지 아니하고, 오히려 부족하게 여겨 도망쳐 숨어서 역을 피하는 자가 매우 많으니 장차 이름을 훔쳐 양반과 섞이는 폐단이 있을 것입니다. 원하건대, 오는 10월 초 1일을 기한으로 하여 그 전에 現身하지 아니하는 자는, 전에 상송하던 자와 본주인의 친족에게 陳告하도록 허락하소서. 아울러 從賤하도록 하되 반은 진고한 자에게 주고 반은 屬公시키소서.[27]

이에 의하면, 정부는 비첩의 소생에게 사재감 수군의 역을 지도록 하였으나, 비첩의 소생들이 역을 지지 않고 도피하는 경우가 있었다. 이에 비

---

26) 『경국대전』 「형전」 사천.
27) 『태종실록』 권11, 태종 6년 6월 갑자.

첩의 소생에게 역을 지우기 위해서 진고제도를 만들었다. 진고를 하는 경우 진고된 이를 노비로 삼아 상으로 주었으므로 진고의 주체를 제한할 수밖에 없었는데, 정부는 진고의 주체에 친족을 포함하고 있다. 이는 친족에 가지고 있는 노비에 대한 상속 권리의 연장선에서 노비의 관리권을 인정한 조치였다.28)

친족은 경제적으로 권리를 가지고 있었던 것과 같이 상응하는 경제적인 의무도 있었다. 그 대표적인 것이 公債 변제와 친족 부양의 의무였다. 공채 변제의 의무는 성종 4년 한성부의 다음과 같은 언급을 통해서 알 수 있다.

> 모든 公債는 사촌까지만 나누어 거두고, 그 중에서 夫妻가 함께 쓴 물건이면 처의 사촌인 친족에게서도 아울러 거두게 하소서.29)

이에 의하면, 공채를 변제하지 못하는 경우 그 상환의 책임을 친족에게 지우고 있다. 소위 族徵이 그것이다. 친족은 경제적 권리를 가진 만큼 의무도 지고 있었다. 특이한 것은 처가 사용한 것은 처족에게까지 상환의 책임을 부과하고 있다.

이와 더불어 친족은 다른 친족의 부양의 의무도 있었다. 일상적인 부양에 대해서는 국가에서 규정하지 않고 있었으나, 특별한 상황에서 친족이 져야하는 부양의 의무를 분명하게 명시하고 있었다. 세종 19년의 기록에 의하면 기근을 당하면 진제의 책임을 친족에게 부담시키고 있다.30) 특히 어린아이의 경우 부모가 부양할 수 없을 때에는 친족이 일차적인 부양의 책임이 있었다. 구체적으로 부모가 죄를 지어 형으로 복역 중에 있거나,31)

---

28) 『세종실록』 권12, 세종 3년 7월 정해.
29) 『성종실록』 권28, 성종 4년 3월 무오.
30) 『세종실록』 권76, 세종 19년 3월 무술.
31) 『세종실록』 권53, 세종 13년 7월 경인.

살해되어 없는 경우에[32) 친족은 어린아이를 보호할 책임이 있었다.

다 자란 아이라도 부모가 없으면 친족이 부양하였다. 이는 부모가 없는 친족의 자녀가 결혼하는 경우 친족이 결혼의 혼수를 책임지도록 한 태종 16년의 다음과 같은 명령에 잘 나타난다.

> 부모가 모두 죽은 여자로서 나이 장년이 되어도 아직 시집가지 못한 자는 백숙 형제와 사촌 이상의 일족으로 하여금 함께 資粧을 갖추어 사람을 선택하여 결혼하게 하고, 위반하는 자는 논죄하도록 하라.[33)

이에 의하면, 정부는 친족이 친족 자녀의 결혼 혼수를 부담하도록 명하고 있다. 이상과 같이 친족은 친족 재산에 대한 상속의 권리와 더불어 부양의 책임을 가지고 있었다. 혈통을 공유하는 친족은 긴밀한 경제공동체가 될 수밖에 없었는데, 정부는 이의 일부를 법으로 규정하여 친족의 권리와 의무를 분명히 하고 있었다.

2) 신분적 기능

친족은 신분적으로도 기능하였다. 신분의 결정에 친족의 신분이 결정적 역할을 하였다. 친족이 신분을 결정하는 기능을 하고 있는 것을 가장 분명하게 보여주는 것은 양천의 변정의 경우였다. 조선 초기 양천 변정의 문제가 제기된 것은 고려 말의 혼란으로 신분을 판정할 근거가 되는 문서가 인멸되었기 때문이었다. 그러므로 양천의 변정은 쉽게 이루어지지 못하고, 태종대까지도 지속적으로 문제가 되었다. 그러한 상황에서 태종대에 이르면 양천변정에 친족의 신분을 이용하는 조치를 취하게 되었다. 이는 태종

---

32) 『세종실록』 권59, 세종 15년 1월 정묘.
33) 『태종실록』 권31, 태종 16년 5월 신해.

14년 의정부에서 다음과 같이 언급한 내용에 잘 드러난다.

> 양천의 相訟에 문서가 비록 발견되지 않더라도 帳簿를 바친 것이
> 명백하고, 3,4촌의 良人 族屬이 현존한 경우는 賤籍이 불명하더라도
> 從良하여 결절하소서. 비록 장부를 바쳤더라도 양인 족속이 나타나지
> 않고 천적 또한 불명한 경우는 사재감에 붙이고, 천적이 명백하고 역
> 사한 지 오래인 경우는 從賤하여 결절함이 어떠합니까.[34]

이 내용은 의정부에서 양천 변정을 원활하게 시행하기 위해서 판결기준
을 정리하여 제시한 것이다. 의정부는 변정을 위해서 천적이 분명한 경우
와 불분명한 경우로 나누었다. 문제가 되는 것은 천적이 불분명한 경우였
는데, 이 경우 다시 양인 친족이 있는가를 검토하도록 제안하고 있다. 양
인의 친족이 있는 경우는 양인으로 판정하였고, 양인친족이 없는 경우는
신량역천으로 규정하여 사재감에 소속시켰다. 친족의 신분이 양천을 변정
하는 중요한 조건이 되고 있다.

친족이 신분의 결정에 기능하는 것은 양천 변정에 그치지 않고, 노비 소
송 및 진고에도 적용되었다. 이는 태종 17년 노비쇄권색이 상소한 다음과
같은 언급으로 알 수 있다.

> 이제 丁酉年案에 붙인 노비를 訴良하거나 相訟하는 것은 따끔하게
> 금지하되 위반자는 치죄하소서. 正案과 逃亡未推案 안에 名字가 뚜렷
> 이 올라 있는 이외의 陳告도 또한 모두 금단하소서. 그러나 위항의 案
> 안에 父母, 同復, 三四寸 등이 뚜렷하게 올라 있는 자는 이 규정을 적
> 용하지 마소서.[35]

이 조항은 양천의 변정으로 노비안을 확정한 이후 이에 불복하여 다시

---

34) 『태종실록』 권27, 태종 14년 4월 을사.
35) 『태종실록』 권33, 태종 17년 윤5월 신유.

소송하는 자들을 금하기 위한 것이었다. 즉 정부는 정유년 노비안에 붙인 이들의 소양 소송 및 진고를 금하였다. 그러나 노비안에 친족이 분명하게 기록되어 있는 경우는 예외로 처리하고 있다. 이 역시 친족이 신분의 변정에 작용하고 있음을 보여준다.

이와 유사한 사례는 도망노비의 추핵에서 잘 나타난다. 태종 17년 사헌부는 도망노비 추핵의 기준을 다음과 같이 제시하고 있다.

> 임신년 이전에 도망한 私賤은 추고를 허락하지 말고, 그 중에서 당시에 사용한 노비 중에 同腹 三四寸이 현재 살아 있는 자와 비록 동복 삼사촌이 없더라도 본인이 현재 살아 있어 役使가 명백한 자는 추고하는 것을 허락하소서.36)

이에 의하면 임신년(1392년) 이전에 도망한 노비는 추쇄의 대상이 아니었다. 즉 조선 건국 이전에 도망친 노비의 경우는 양인으로 인정해 주고 있었다. 그러나 도망한 자의 친족이 여전히 노비인 경우는 추쇄를 허용하고 있다. 친족의 신분이 신분을 결정하는 중요한 요소로 작용하고 있었다.

3) 사법적 기능

친족은 사법적으로도 기능하였다. 친족은 사법적인 면에서 법적 의무와 권리를 같이하는 공동체였다. 친족이 사법적 기능을 한 것은 다양하게 나타난다. 먼저 친족은 친족이 억울한 일을 당한 경우 고소의 주체가 될 수 있었다. 세종 21년에 의정부에서 인급한 다음의 자료는 보면, 친족은 친족이 수령에게 남형을 당하는 경우에는 그 수령을 고소할 수 있었다.

---

36) 『태종실록』 권34, 태종 17년 9월 계축.

「續刑典」에 경중이나 외방의 관리가 법을 어기고 남형하는 자가 있게 되면, 경중에서는 헌부에, 외방에서는 감사에게 죄인의 친속이 고발하는 것을 허락하였으니, 율에 의하여 논죄하게 하소서.[37]

이에 의하면, 친족은 자기 친족이 억울할 일을 당하면 고소할 수 있는 권리가 있음을 보여준다. 특히 위의 내용은 친족이 수령을 고소할 수 있었다는 점에서 매우 특별하다. 주지하다시피 이미 수령의 잘못은 고소하는 것은 '부민고소금지법'으로 금하고 있었다.[38] 이 법이 완화되면서도 본인이 자신의 억울함을 고소하는 '自己冤抑' 외에 타인의 문제로 고소하는 것을 허용하지 않았고, 이를 어기는 경우 법으로 처벌하고 있었다. 그러므로 수령의 불법에 대하여 다른 사람은 고소의 주체가 될 수 없었다. 다만 '자기'의 범주에 자신은 물론 가족이 당한 불이익이 포함되었는데, 친족의 불이익도 가족의 연장선에서 인정되고 있다.[39] 이는 친족이 사법적으로 가족에 준하는 지위를 인정받는 공동체였음을 보여준다.

따라서 친족의 경우에는 범인은닉죄도 적용되지 않았다. 친족은 가족에 준하는 사법적 공동체였으므로 친족의 죄를 숨겨주는 것을 죄로 규정하지 않았다. 친족을 범인은닉죄로 처벌하지 않은 사례가 태종대부터 나타난다. 이는 태종 10년 태종의 다음과 같은 언급으로 알 수 있다.

私意를 끼고 나라에 고하지 않았다면 진실로 그 죄가 있으니, 정부의 청이 마땅하다. 그러나 이 사람들이 죄인에 대하여 먼 일가가 아니

37) 『세종실록』권84, 세종 21년 2월 신해.
38) 이태진 「사림파의 유향소복립운동」『진단학보』34 35, 1972.
   최이돈 「조선 초기 守令 告訴 관행의 형성과정」『한국사연구』82, 1993.
39) 관원의 가혹한 형벌에 대하여 친족의 고소를 허용한 것은 문종대에도 보인다. "금후로는 일체 불법적으로 침해하고 학대하는 사건이 있으면 죄수의 친속으로 하여금 관청에 고발하게 하여 추고하여 논죄하도록 하고, 서울의 사헌부와 지방의 관찰사는 거듭 밝혀 고찰하여 원통하고 억울한 일을 제거하게 하라."(『문종실록』권1, 문종 즉위년 4월 신묘).

고, 친족을 위해서 숨겼기 때문에 내가 용서한 것이지 죄가 없다는 것이 아니다.40)

태종은 조사의의 난에 연루된 손효종을 숨겨준 손윤조를 용서하면서, 손윤조가 숙부를 숨겨준 것은 죄가 되지 않는다고 명하고 있다. 즉 친족의 죄를 숨겨주는 것은 범인은닉죄에 해당하지 않았다.

친족의 범인은닉죄를 인정하지 않는 것을 법으로 구체화한 것은 세종대였다. 세종은 13년에 『대명률』의 '親族相爲容隱法'을 거론하면서 다음과 같이 명하였다.

> 律文의 親屬相爲容隱條에 "무릇 동거하는 大功이상의 친속 및 외조부모, 외손, 처부모, 사위와, 손부, 남편의 형제 및 형제의 아내가 죄가 있을 때 서로 숨겨 주는 것을 용서하라."하였다. (중략) 그러나 경외의 관리들은 서로 위하여 숨겨 줄 수 있는 사람을 증인으로 세울 뿐만 아니라, 고신하며 추국까지 하는 데에 이르니 율문의 본의를 잃었다. 이제부터 일체 율문에 따라 시행하도록 하라.41)

이에 의하면 관원들은 『대명률』의 '친족상위용은법'을 적용하지 않고 있었다. 즉 친족에게도 범죄은닉죄를 묻고 있었다.42) 그러나 세종의 위와 같은 명으로 친족은 죄를 범한 친족을 은닉해주어도 죄를 묻지 않는 법이 시행될 수 있었다.43)

---

40) 『태종실록』 권19, 태종 10년 4월 병진.
41) 『세종실록』 권52, 세종 13년 5월 병인.
42) 성종대의 기록에도 범인은익의 죄를 묻지 않은 규정은 세종대에 만들어진 것으로 인식되고 있다(『성종실록』 권221, 성종 19년 10월 무오). 태종대에는 왕의 명에 의해서 범인은닉죄를 묻지 않는 경우도 있었으나, 이를 법적인 수준에서 규정하고 있지는 않았던 것으로 보인다.
43) 『세종실록』 권125, 세종 31년 8월 을해. 세종 31년에도 사헌부에서는 김승규가 자식과 사위의 죄를 숨긴 것을 탄핵하였으나 세종은 용서하였다.

친족은 사법상 상호 긴밀한 관계이었으므로, 친척을 살상하거나, 욕하거나, 고발하는 등 서로 상해를 끼치는 경우에는 친족의 윤리를 어긴 것으로 보아서 가중 처벌되었다.[44] 세종 6년 다음의 형조의 언급은 이를 잘 보여준다.

> 율을 按察하건대, 주복래와 고읍주의 죄는 總麻服 이상의 친척을 謀殺하였으니 목을 베어야 하고, 주동보승은 따라서 합력하였으니 絞에 해당하고, 중 지현은 요망한 말을 지어낸 죄로 목을 베어야 하겠습니다.[45]

이와 같이 친족은 사법적인 공동체의 관계에 있었으므로 친족의 범죄에 연좌되기도 하였다.[46] 그 대표적인 예로 태종 9년 대간들은 민무질을 처벌하면서 다음과 같이 그 친족을 연좌하여 처벌할 것을 요청하였다.

> 전하께서는 이무의 아들과 윤목 등의 부자, 형제, 숙질 등을 각각 법에 의해 조처하고, 사위와 외척, 인친들로 특별히 恩義가 있는 자들은 파직하여 서용하지 마소서.[47]

대간은 민무질의 사건에 연루된 이무, 윤목 등을 처벌하면서, 그 친족들도 연좌죄로 처벌할 것을 요청하고 있다. 이에 대하여 태종은 "윤목 등 다섯 사람의 부자, 형제, 숙질 등의 직첩을 회수하여 외방에 나누어 두라."고 명하였다. 친족은 친족이 지은 죄에 연좌되어서 처벌되고 있다.[48]

이상에서 볼 때에 친족은 사법적으로 그 책임과 권한을 같이 하는 기능

---

44) 가족 친족의 윤리에 벗어난 범죄, 즉 친척을 살상하거나 욕하거나 고발하는 등의 범죄의 처벌은 『대명률』「형률」人命條 등의 규정을 근거해서 논의되었다.
45) 『세종실록』 권25, 세종 6년 8월 무진.
46) 장병인 앞의 논문.
47) 『태종실록』 권18, 태종 9년 10월 계묘.
48) 『태종실록』 권19, 태종 10년 4월 병진.

을 하였다. 친족은 친족을 위해서 수령을 고소할 수 있는 주체가 될 수 있었고, 친족의 범죄를 은닉해주어도 범인은닉죄에 저촉되지 않았다. 그러나 친족은 친족의 범죄에 같이 연좌되기도 하였고, 친족에게 피해를 입히는 경우에는 가중처벌 되기도 하였다. 그러므로 친족은 사법적으로도 공동체의 기능을 하고 있었다.

2. 法的 親族의 범위

1) 경제적 범위

친족은 그 기능이 경제, 신분, 사법의 면에서 법으로 규정된 기능을 하는 공동체였음을 살펴보았다. 이러한 기능이 법으로 규정된 만큼 이러한 기능을 하는 친족의 범위는 분명하였다. 먼저 경제적인 면에서 친족의 범위는 어떠하였는가? 친족은 경제적 권리와 의무를 같이하였는데, 이러한 법적 규정에 나타난 친족은 어느 정도의 범위까지였을까?

먼저 노비의 상속에서 규정하는 친족의 범위는 어떠하였는가를 살펴보자. 친족의 노비상속의 권리에 대하여 처음 언급한 것은 태종 5년의 '奴婢傳繼族親法'이었다. 그러나 당시에는 상속의 권리를 가지는 친족의 범위가 명료하게 나타나지 않고 있다. 다만, "寸數를 한정하여 분급하라."49)는 정도의 언급이 보일 뿐이다. 그러나 태종 6년의 형조에서 올린 논의에 의하면 친족의 경계는 분명하게 규정되어 있었다.

지난 을유년 9월 判旨 가운데 있는 한 조문에, "자식이 없고 傳繼가 없는 노비는, 4촌에 한하여 나누어 주고, 사촌이 없는 자는 속공한다."

---

49) 『태종실록』 권9, 태종 5년 4월 을해.

고 하였습니다.50)

이에 의하면 태종 5년의 9월의 판지에는 친족의 범위가 명료하게 결정되었음을 알 수 있다. 그 내용에 의하면 친족의 범위가 '4촌'으로 한정되었다. 법적으로 상속의 권리를 가지는 것은 '4촌'이 경계였다. 국가에서는 4촌이 없는 경우는 5촌이 있다고 하더라도 이를 '친족'으로 인정하지 않고 그 노비를 屬公하였다. 이미 5촌은 법적으로 인정받는 친족이 아니었다.

노비전계족친법이 만들어지기 이전에는 친족들이 노비 상속에 권리가 없어 직계의 친족이 없으면 노비는 국가에 귀속되었던 것으로 보인다. 이 규정이 만들어지자, 상속을 받지 못하였던 친족들은 이 규정의 소급 적용을 요청하면서 소송을 제기하였다. 이는 태종 6년 형조에서 올린 다음과 같은 기록을 통해서 알 수 있다.

> 지난 을유년 9월 判旨 가운데 있는 한 조문에, '자식이 없고 傳繼가 없는 노비는, 4촌에 한하여 나누어 주고, 4촌이 없는 자는 속공한다.' 고 하였는데, 지금 판지 전에 속공된 노비를 가지고 관에 소송하는 자가 매우 많습니다. 빌건대, 受判 전에 이미 속공된 것은 거론하지 말고, 수판 이후에 자식이 없어 전계가 없는 것은 비로소 4촌에 한하여 決給하고, 4촌이 없는 경우는 속공하게 하소서.51)

이에 의하면 법이 만들어지자, 이를 근거로 국가에 소송하는 경우가 많았음을 알 수 있다. 이는 '노비전계족친법'이 만들어지기 전에는 4촌 친족에게도 노비의 상속권이 인정되지 않아서 국가가 노비를 속공한 경우가 흔하였던 것을 보여준다.

---

50) 『태종실록』 권11, 태종 6년 2월 무진.
51) 상동조.

이 규정이 만들어지기 전에는 친족에게 노비 상속의 권리가 없었음을 구체적인 사례를 통해서도 알 수 있다. 前少監 남봉생의 경우 후사가 없이 죽은 3촌 숙모의 노비를 상속하지 못하였고, 그 노비는 국가에 속공이 되었다.[52] 직계가 아니면, 3촌 간에도 상속이 인정되지 못하였다. 이러한 상황이었으므로 태종 5년 법이 만들어지자, 많은 이들이 이를 소급적용해 줄 것을 요청하는 것은 당연하였다.

노비전계족친법이 만들어지면서 친족을 '4촌'으로 한정하는 규정은 이후 노비 상속의 다양한 경우에 모두 적용되었다. 태종 5년 9월 천첩자식의 노비 상속에 있어서도 4촌의 친척까지만 상속의 권리를 가졌다. 이는 태종 5년의 다음의 자료로 확인된다.

> 천첩 자손만이 있어 계산해 준 이외의 노비 및 전연 자식이 없는 자의 노비는 同腹 중에 살고 죽은 것을 물론하고 나누어 주고, 동복이 없으면 使孫 四寸에 한하여 나누어 준다.[53]

이에 의하면 천첩의 자식은 노비 일부만을 상속하였고, 나머지 노비는 4촌에 한하여 친족들에게 나누어 주었다. 자식이 없을 경우에는 양자를 세웠는데, 이들의 경우도 친족들보다 유리한 위치에 있지 않았다.[54] 또한 여인이 재혼을 한 경우는 노비 상속의 권리를 상실하였고,[55] 출가하여 승려가 된 경우도 노비 상속의 권리를 가지지 못하였는데, 이 경우 노비는 4촌까지의 친족에게 분급되었다.[56]

家舍의 상속에서도 4촌은 친족으로서의 권리를 인정받았다. 태종 13년 한성부의 다음의 기록은 이를 잘 보여준다.

---

52) 『태종실록』 권23, 태종 12년 6월 무오.
53) 『태종실록』 권10, 태종 5년 9월 무술.
54) 상동조.
55) 상동조.
56) 상동조.

자식이 없는 사람은 가사의 전계가 없으니, 노비의 예에 의하여 수
양, 시양과 4촌에 한하여 결급하게 하소서.[57]

이에 의하면 가사의 상속에도 4촌까지의 친족이 권리가 있음을 보여준
다. 모든 상속에 있어서, 노비전계족친법에서 규정하는 4촌까지를 친족으
로 인정하는 법이 그대로 적용되었다.

친족은 상속의 권리와 더불어 의무도 가졌다. 그 대표적인 것이 公債 변
제의 의무였다. 공채 변제의 의무에서도 사촌까지를 책임지는 친족으로
규정되었다. 이는 성종 4년에 보이는 한성부의 다음과 같은 언급에서 알
수 있다.

모든 公債는 사촌까지만 나누어 거두고, 그 중에서 夫妻가 함께 쓴
물건이면 처의 사촌인 친족에게서도 아울러 거두게 하소서.[58]

이에 의하면, 공채를 변제하지 못하는 경우 그 상환의 책임을 친족에게
지웠는데, 그 책임이 있는 친족의 경계가 4촌으로 한정되고 있다.

이와 더불어 친족은 다른 친족의 부양의 의무도 있었는데, 이 경우 부양
을 지는 친족의 범위는 4촌까지였다. 이는 친족이 부모가 없는 친족의 결
혼의 혼수를 책임지도록 한 태종 16년의 다음과 같은 명령에 잘 나타난다.

부모가 모두 죽은 여자로서 나이 장년이 되어도 아직 시집가지 못한
자는 사촌 이상의 일족으로 하여금 함께 資粧을 갖추어 사람을 선택하
여 결혼하게 하고, 위반하는 자는 논죄하도록 하라.[59]

이에 의하면 부모가 죽은 친족의 결혼에 경제적으로 부담을 지는 친족

---

57) 『태종실록』 권25, 태종 13년 5월 무자.
58) 『성종실록』 권28, 성종 4년 3월 무오.
59) 『태종실록』 권31, 태종 16년 5월 신해.

의 범위는 4촌이었다.

이상에서 볼 때에 친족은 경제적인 권리와 의무를 동시에 가지고 있었
는데, 이와 같은 권리와 의무를 가지는 친족의 경계는 4촌에 한정되었다.
즉 경제 관계에서 볼 때 법적인 친족의 범위는 4촌이었다.

2) 신분적 범위

다음으로 친족이 신분적으로 기능할 때, 그 친족의 범위는 어떠하였는
지 살펴보자. 먼저 양천의 변정의 경우를 살펴보자. 이는 태종 14년 의정
부에서 다음과 같이 언급한 내용에 잘 드러난다.

> 양천의 相訟에 문서가 비록 발견되지 않더라도 帳簿를 바친 것이
> 명백하고 3,4촌의 良人 族屬이 현존한 경우는 賤籍이 불명하더라도
> 從良하여 결절한다.[60]

이 내용에 의하면 양천의 판정에 영향을 미치는 친족의 범위는 3,4촌이
었다. 즉 4촌이 양인이면 문적이 불분명한 이도 양인으로 판정하였다.

4촌까지가 친족으로 인정된 것은 양천변정에 그치지 않고, 노비 소송
및 진고에도 적용되었다. 다음의 태종 17년 노비쇄권색이 상소한 진고의
규정에는 다음과 같이 친족의 범위가 언급되어 있다.

> 正案과 逃亡未推案에 名字가 뚜렷이 올라 있는 이외의 陳告도 또한
> 모두 금단하소서. 그러나 위의 案에 父母, 同復, 三四寸이 뚜렷하게 올
> 라 있는 자는 이 규정을 적용하지 마소서.[61]

---

60) 『태종실록』 권27, 태종 14년 4월 을사.
61) 『태종실록』 권33, 태종 17년 윤5월 신유.

이 내용은 정유년의 양천의 변정 이후, 이에 불복하여 다시 소송과 진고를 하는 것을 금하는 규정이다. 그러나 예외가 되는 것은 4촌 이내의 친족이 노비안에 올라 있는 경우였다. 4촌 친족의 신분이 변정에 영향을 미치고 있었다.

4촌이 사법적 친족 범위인 것은 도망노비의 추핵에도 적용되었다. 이는 태종 17년 사헌부에서 제시한 다음의 언급에 잘 나타난다.

> 임신년 이전에 도망한 私賤은 추고를 허락하지 말고, 그 중에서 당시에 사용한 노비 중에 同腹, 三四寸이 현재 살아 있는 자와 비록 동복, 3,4촌이 없더라도 본인이 현재 살아 있어 役使가 명백한 자는 추고하는 것을 허락하라.62)

정부에서는 도망노비의 추쇄를 제한하고 있었으나, 현재 4촌의 신분이 노비인 경우는 추쇄를 허락하고 있었다.

이상에서 볼 때에 친족의 신분이 양인 신분의 판정에 중요한 근거가 되었고, 천인의 추쇄에도 중요한 근거로 작용하였다. 그러한 경우 친족의 범위는 4촌으로 한정되었다. 친족이 신분적 기능을 하는 경우에 친족의 법적 범위는 4촌에 한하였다.

3) 사법적 범위

마지막으로 친족이 사법적으로 기능을 할 때, 그 친족의 범위는 어떠한지 살펴보자. 먼저 친족에게 범인은닉죄를 적용하지 않을 경우 친족의 범위를 살펴보자. 태종대에는 다음의 태종 10년의 다음과 같은 언급에서 볼 수 있듯이 그 범위가 분명하지 않았다.

---

62) 『태종실록』 권34, 태종 17년 9월 계축.

私意를 끼고 나라에 고하지 않았다면 진실로 그 죄가 있으니, 정부의 청이 마땅하다. 그러나 이 사람들이 죄인에 대하여 먼 일가가 아니고, 친족을 위해서 숨겼기 때문에, 내가 용서한 것이지, 죄가 없다는 것이 아니다.63)

여기서 친족의 경계는 분명하게 드러나지 않는다. 다만 '친족'과 '먼 일가'를 구분하고 있다. 특히 여기서 손윤조가 숙부를 숨겨준 것이 문제가 된 것을 보면, 적어도 3촌은 그 대상이 된 것으로 짐작된다.

그러나 세종 13년에 이르면 친족이 범인은닉죄에 적용되지 않는 범위가 분명해진다. 이는 다음과 같은 언급에 잘 나타난다.

律文의 親屬相爲容隱條에 "무릇 동거하는 大功이상의 친속 및 외조부모, 외손, 처부모, 사위, 손부, 남편의 형제 및 형제의 아내가 죄가 있을 때 서로 숨겨 주는 것을 용서하라."하였다.64)

여기서 '대공이상의 친속'을 그 경계로 삼고 있다. 대공을 기준으로 할 때, 이는 대략 4촌을 경계로 하는 범위였다. 그러므로 앞의 경제나 신분의 경우에서 살펴보았듯이 사법의 경우에도 4촌까지의 친족이 법적 친족이었다.

친족은 사법적 공동체였으므로 친척을 살상하거나 욕하거나 고발하는 등 친족 간에 서로 상해를 끼치는 경우는 가중 처벌하였다. 이 경우에 친족으로 인정되는 범위는 어떠하였는가? 이 경우 상황이 다양하고 그 때마다 적용되는 규정이 달라서 일률적으로 논하기는 쉽지 않다. 다만 기본법이 되는 『대명률』「형률」鬪毆條 등에 의하면 친족의 친소에 따라서 大功, 小功, 緦麻 등의 등급을 나누어 가중 처벌이 다르게 적용되고 있다. 이를 기준으로 한다면 시마복 이상의 친족은 모두 가중처벌 되었으므로 친족의

---

63) 『태종실록』 권19, 태종 10년 4월 병진.
64) 『세종실록』 권50, 세종 13년 5월 병인.

범위는 상당히 넓은 것으로 이해된다. 그러나 『대명률』의 구체적인 적용 범위는 명과 조선의 실제 친족관계가 달랐기 때문에 같지 않았다.[65] 그러므로 형률이 적용에서 나타나는 친족의 범위는 사례를 통해서 확인할 수밖에 없다. 특히 이중 가장 친족의 범위가 넓은 緦麻親으로 가중 처벌되는 사례에 관심이 간다. 시마친으로 가중처벌 되는 사례는 조선왕조실록에 많이 나오지 않는다. 먼저 세종 6년에 보이는 시마친 살해의 경우를 보자.

> 전라도 순천부에 이름이 卄才라고 하는 자가 있어 질녀의 남편인 船軍 朱卜來의 집에 덧붙어 살았는데, 나이가 많고 눈이 멀었고 또 미치기까지 하였다. 복래가 싫어하여 아내 古邑珠와 의논하고 버리려 하는데, 僧 志玄이라는 자가 집에 오니, 속여 말하기를, "우리 아저씨가 늙고 병든 것을 괴롭게 여겨 분신할 것을 원한다." 하였다. 중이 말하기를, "살아서 분신하면 내세에 복을 받는다." 하였다. 복래 내외와 그 아들 朱同甫卄이 함께 나무를 쌓고 승재를 그 위에 올려놓고 지현을 시켜서 불경을 외게 하고 태워버렸습니다.[66]

이에 의하면 주복례와 주동보승은 승재를 죽였고, 이로 인해서 緦麻服 以上親을 살해한 죄로 가중 처벌되었다. 이들의 관계를 보면 피해자 승재는 가해자인 질녀의 남편인 주복래와 3촌간이었고, 질녀의 아들인 주동보승과는 4촌간이었다. 시마친으로 가중 처벌되었으나, 그 실제의 친족의 범위는 4촌을 넘지 않고 있다.

緦麻服以上親을 살해한 죄로 거론된 사례를 하나 더 살펴보자. 세종 13년 형조는 다음과 같이 김무실룡의 처벌을 제안하고 있다.

---

65) 노명호도 고려에서의 형률이 唐宋의 제도를 따른 것이라 해도 적용되는 범위는 唐宋과 다르다고 보았다. 그 이유로 "고려 오복친의 전제적인 범위나 등급별 범위들이 당송제와 달랐기 때문이다."라고 언급하고 있다(노명호 앞의 논문 23쪽). 이와 같은 사정은 고려뿐 아니라 조선초기에도 동일하였다.
66) 『세종실록』 권25, 세종 6년 8월 무진.

강원도 이천의 죄수 김모지리가 그 아우 김복만이 도적질함을 미워
하여, 그 아들 김무실룡과 三寸叔 이천수와 함께 복만을 죽여 물속에
가라앉혔습니다. 청하건대 期親을 고의로 죽인 형률에 의거하여 모지
리와 천수는 장 1백 대에, 유 2천리에 처하고, 緦麻親을 고의로 죽인
것은 絞刑罪인데 1等을 감하여, 무실룡은 장 1백 대에, 유 2천 리에 처
하소서.67)

이에 의하면 김복만을 죽인 죄로 김모지리와 그 아들 김무실룡 그리고
삼촌숙 이천수가 처벌되고 있다. 김모지리와 이천수는 朞服親 殺害罪로
김무실룡은 緦麻服以上親 殺害罪로 처벌되었다. 시마복이상친의 살해죄로
처벌된 김무실룡은 피해자 김복만과 3촌의 관계에 있었다.

이상의 두 사례를 검토해볼 때에, '시마복이상친'으로 가중 처벌되는 경
우에도 그 친족의 범위는 앞에서 살핀 사법적인 친족의 범위와 다르지 않
게 4촌 이내에 한정되고 있다. 조선의 정부는 『대명률』의 조항을 조선의
실정에 맞게 조정해서 적용하고 있었다.

친족은 사법적인 공동체의 관계에 있었으므로 친족의 범죄에 연좌되기
도 하였다. 이러한 경우 그 친족의 범위는 어느 정도일까? 이는 태종 9년
다음의 언급을 통해서 짐작할 수 있다.

전하께서는 이무의 아들과 윤목 등의 부자, 형제, 숙질들을 각각 법
에 의해 조처하고, 사위와 외척, 인친들로 특별히 恩義가 있는 자들은
파직하여 서용하지 마소서.68)

대간은 민무질을 처벌하면서 그 친족들도 연좌죄로 처벌할 것을 요청하
고 있다. 여기서 친족의 범위로 형제, 숙질 등을 구체적으로 거론하고 있
어 3촌을 경계로 하는 듯하나, 이에서 그치지 않고, '특별한 은의'가 있는

---

67) 『세종실록』 권54, 세종 13년 11월 갑자.
68) 『태종실록』 권18, 태종 9년 10월 계묘.

자를 추가하고 있다. 이를 종합한다면 연좌의 범위를 4촌 정도로 가정해
볼 수 있다.

그러나 연좌죄의 경우는 특별하였다. 국가에서 연좌죄를 적용하는 것에
대하여 소극적이었기 때문이다. 정부는 친족이 사법적인 공동체임은 인정
하였지만, 이것을 서로를 보호하는 긍정적인 차원에서 적용하였고, 그 피
해를 주는 부정적인 차원에서 적용하는 것은 소극적이었다.

이러한 생각은 이미 태종대에서부터 나타났다. 먼저 정부는 연좌죄가
되는 죄의 종류를 한정하려고 노력하였다. 태종 14년에 보이는 의정부의
다음과 같은 언급은 연좌죄를 한정적으로 적용하려고 하고 있음을 잘 보
여준다.

> 이제부터 부형이 범죄한 자라도 緣坐律을 범한 경우를 제외하고는
> 子弟가 赴試하고 敍用하는 것을 허락하소서.[69]

이는 생원 임징이 연좌죄에 걸려 과거를 볼 수 없는 상황에서 억울함을
탄원한 것에 대한 답이었다. 이에 의하면, 당시 연좌죄는 일반적으로 적용
되고 있었다. 즉 법률상 '연좌율' 즉 연좌죄가 규정되어 있지 않는 범죄에도
그 자녀가 연좌되고 있었다.[70] 그러므로 정부는 가족이나 친족이 연좌되는
죄를 먼저 분명히 하고, 연좌죄가 명시된 죄에만 연좌죄를 적용하도록 결
정하였다.[71] 연좌죄가 적용되는 죄는 기본적으로 대역죄에 한정하였다.[72]

또한 정부는 연좌죄로 규정되어 있는 경우에도 연좌의 범위를 축소하려
고 노력하였다. 정부는 먼저 출가한 여자의 경우 연좌에서 제외하였다. 태

---

69) 『태종실록』 권27, 태종 14년 2월 정사.
70) 장병인은 위의 논문 232쪽에서 연좌죄로 규정되어 있지 않은 '亂言'에도 연좌죄
　가 부여되고 있었음을 상론하고 있다.
71) 이 규정은 그대로 세종대에 『속육전』에 편입된다(『세종실록』 권92, 세종 23년 1
　월 임인).
72) 『세종실록』 권125, 세종 31년 8월 을해.

종 11년 의정부에서 대명률의 '謀反大逆條'를 검토하면서 연좌하는 규정에
출가한 딸과 출가한 자매의 처벌이 다른 것을 검토하여 여자가 출가한 경
우에 연좌에서 빠지는 것으로 정리하였다.[73]

태종 16년에는 연좌죄에서 친족이 제외되는 사례도 나타났다. 사간원의
다음 상소는 이를 잘 보여준다.

> 요즈음 형조에서 大逆 李之誠과 연좌된 사람들을 율에 의하여 시행
> 하기를 청하였으나, 전하께서 처자만을 그 鄕에다 안치하는 데에 그치
> 고, 기타에 연좌된 사람들은 거론하지 말라고 하였습니다.[74]

당시 사간원에서는 대역죄인 이지성의 죄를 논하면서, 숙부인 강릉부사
인 李義倫이 연좌의 죄를 면하였을 뿐만 아니라, 부사직을 그대로 유지하
는 것을 문제로 삼았다. 그러나 태종은 사간원의 요청을 수용하지 않아서,
친족이 연좌에서 빗어나고 있다.

세종대에 이르면 연좌죄에 대한 조정의 입장이 더욱 완화된다. 세종은
『書傳』을 인용하여 "죄인의 처자식까지 벌하지 않는다."라는 입장을 표명
하였다.[75] 그러므로 세종대에는 연좌죄의 적용이 더욱 완화되었고, 연좌
제를 적용하는 경우에도 가족을 넘지 않았다. 그 한 예로 세종 10년 모반
죄를 지은 장반야를 처벌하면서 연좌를 요청하는 의금부의 요구에 대하여,
세종은 "연좌된 사람의 자손을 제외하고는 형제와 숙질 등은 마땅히 직첩
을 돌려주어야 될 것이다."[76]라고 연좌죄의 적용을 자손에 한정하고 있다.

세종은 심지어 죄인의 자손까지도 연좌죄를 묻지 않은 경우도 있었다.
이는 세종 8년 다음과 같은 언급으로 통해서 알 수 있다.

---

73) 『태종실록』 권22, 태종 11년 11월 계유.
74) 『태종실록』 권31, 태종 16년 2월 무자.
75) 『세종실록』 권28, 세종 7년 6월 을묘.
76) 『세종실록』 권69, 세종 17년 8월 을사.

『춘추』의 법은 "악한 사람을 미워함이 그 자신에게만 그치고, 형벌은 嗣子에게도 미치지 않는다."하였으니, 일족을 멸하는 것이 어찌 『춘추』의 법이겠는가. 지금 놓아 사면하고자 한다.[77]

세종은 이무의 죄에 연좌된 이무의 아들 이탁을 놓아주기를 명하면서 연좌죄가 『춘추』에 위배되는 제도라고 주장하고 있다. 이와 같은 세종의 생각은 일시적인 것이 아니었다. 세종은 세종 21년에도 대역죄에 연좌된 유은지의 고신을 돌려주면서, 이를 반대하는 간원들에게 "연좌하는 법은 예전부터 없는 것"[78]이라고 주장하고 있다. 이러한 상황에서 친족이 연좌죄로 처벌받는 것은 제한될 수밖에 없었다.[79]

이상에서 볼 때에 친족은 사법적으로 상호 지원할 수 있는 공동체였다. 이 경우 법으로 인정되는 친족의 범위는 모두 4촌에 한정되었다. 즉 4촌 이내의 친족은 친족을 대신해서 수령을 고소할 수도 있었고, 친족은 친족이 죄를 범한 경우에 숨겨주어도 처벌을 받지 않았다. 또한 4촌 이내의 친족 상호간에 위해를 가할 때에는 친족 간의 윤리를 어기는 것으로 보아서 가중 처벌하였다. 또한 4촌 이내의 친족은 연좌죄와 같이 친족의 잘못에 연루되는 공동체이기도 하였다.

따라서 사법적으로 인정되는 법적 친족의 범위는 4촌을 경계로 하였음을 알 수 있다. 다만, 연좌죄의 경우에는 당시의 위정자들이 연좌죄를 유교의 경전에 위배되는 것으로 인식하고 있었기 때문에 점차 규정을 약화시켜서 세종대에 이르면 친척은 연좌죄에서 제외되는 추세였다.[80]

---

77) 『세종실록』권32, 세종 8년 6월 갑자.
78) 『세종실록』권85, 세종 21년 4월 신축.
79) 『세종실록』권85, 세종 21년 5월 경술.
80) 장병인은 위의 논문 242쪽에서 연좌죄의 구체적인 사례를 논하면서 연좌죄가 규정과 같이 시행되지 못하고 감형이 되거나 그 대상이 축소되는 경향이 있었다고 보았다.

맺음말

이상과 같이 조선 초기 법적인 친족의 기능과 범위를 검토해 보았다. 친족은 경제, 신분, 사법의 여러 면에서 법적 권리와 의무를 같이하는 공동체였다.

먼저 친족은 경제적으로 상속의 권리가 있었고, 친족의 부채를 책임지거나, 친족의 자녀를 살펴야 할 의무도 있었다. 친족은 신분적으로도 기능하였다. 신분을 밝힐 뚜렷한 자료가 없는 경우 친족의 신분이 신분의 판정을 결정하는 중요한 근거로 작용하였다. 이는 양천의 변정이나 노비의 진고, 추쇄 등에서 잘 드러났다. 친족은 사법적으로 기능하였다. 친족은 친족의 불이익에 대하여 고소의 주체로 나설 수 있었고, 친족은 죄를 지은 친족을 보호하여도 범인은닉죄에 저촉되지 않았다. 특히 친족이 친족에게 해를 끼친 경우에는 친족 간의 윤리를 범한 것으로 간주하여 가중 처벌되기도 하였다. 이러한 지위에 있었기 때문에 친족은 친족이 지은 범죄에 연좌되어 처벌되기도 하였다.

이상과 같이 친족은 경제, 신분, 사법 등의 여러 면에서 법적인 기능을 하였는데, 이러한 법적 기능을 하는 친족의 범위는 어떠하였을까? 국가가 법적으로 인정하는 친족은 4촌이 한계였다. 국가는 4촌에 한하여 법적 친족으로서 권리와 책임을 가지는 것을 인정하였다. 먼저 경제적인 면에서 보면, 국가는 상속의 경우 4촌까지만 상속의 권리를 인정하였다. 4촌 이내의 상속할 친족이 없는 경우 국가는 5촌이 있다고 하더라도 이들에게 상속의 권리를 인정하지 않고, 노비나 가사 등 상속대상물을 국가에 귀속시켰다. 5촌 이상은 국가가 인정할 수 있는 친족이 아니었다. 또한 친족은 친족 부양의 책임도 있었다. 그 경우 역시 4촌까지가 법적 책임의 한계였다.

신분적으로 기능하는 경우에도 사정은 같았다. 신분을 밝힐 뚜렷한 자료가 없는 경우 4촌까지의 친족의 신분을 신분의 판정에 중요한 근거로 인정하였다. 이는 양천의 변정이나 노비의 진고, 추쇄 등에도 잘 드러났다. 친족이 사법적으로 기능하는 경우에도 유사하였다. 4촌 이내의 친족은 가족의 연장선에서 친족의 불이익에 대하여 고소의 주체가 될 수 있었고, 친족의 범행을 감추어 주어도 범인은닉죄에 저촉되지 않았다. 따라서 4촌은 국가가 인정하는 법적 친족의 범주였다.

이와 같이 법적 친족의 범위는 4촌에 한하였다. 그러나 그 4촌의 범위가 본가, 외가, 처가를 모두 망라하는 것이었는지는 분명하지 않다. 상피제의 규정을 참고할 때에 본가와 외가는 구분 없이 동등하게 4촌까지를 법적 친족망에 포함하였던 것으로 생각된다. 오복제에서는 본가의 4촌과 외가의 4촌 사이에 복제에 큰 차이가 있던 것을 고려한다면, 본가와 외가를 거의 구분하지 않고 4촌을 법적 친족망으로 한 것은 조선 초기에 나타나는 실제적인 친족망이 자기를 중심으로 거의 완벽한 대칭적인 구조를 가지는 것이었음을 보여준다.81) 그러나 처가의 경우는 그 차이가 있었던 것으로 생각된다. 이는 상피제의 규정을 보아도 잘 알 수 있다. 그러나 族徵의 경우에는 처가의 4촌까지도 변제의 의무를 부여한 것을 보면, 처가 4촌까지도 제한적이기는 하지만 법적 친족망으로 작용하였다.

이러한 일반적인 친족망을 바탕으로 국가에서는 특정한 관원집단을 대상으로 하여 혈통적 특혜나 제한을 두는 별도의 법제를 운영하였다. 문음제, 추증제, 대가제, 상피제 등이 그것이다. 이 경우에 주어지는 특혜나 제한은 일반적인 친족의 범주인 4촌의 범위를 넘지 않았다. 오히려 그 주어지는 특혜가 비중이 큰 경우에는 '백성의 수고'를 고려하여 그 부여되는 범위를 축소하여 3촌에 한정하기도 하였다.82) 추증제와 문음제 같은 경우

---

81) 노명호는 이를 양측적 친속 유형으로 설명하고 있다(노명호 앞의 논문).
82) 왕실의 경우를 보면, 문음은 4대 8촌을 대상으로 하였던 반면, 왕실 친족의 復戶 등 여타의 법적 특혜는 5대 10촌에 걸쳐서 부여되었다. 이와 같은 조절은 '백성의 수고'를 고려한 것으로 백성에게 부담이 큰 경우는 그 적용 범위를 다소 축소하고 있었다. 이와 같은 원리는 관원들에게도 그대로 적용되었다. 그러므로 관원들

가 그러하였다.[83] 이와 같이 관원에 대한 신분적 특혜의 부여까지도 4촌이내에서 부여되고 있었다는 것은 결국 조선 초기의 신분제가 법적 친족제를 바탕으로 운영되었음을 보여준다(최이돈 「조선초기 법적 친족의 기능과 그 범위」 『진단학보』 121, 2014).

의 경우도 친족의 기본적 범위는 4촌이었으나, 특혜를 주는 문음의 경우는 3촌에 한정되어 운영되었다(최이돈 「조선 초기 왕실 친족의 신분적 성격」 『진단학보』 117, 2013).

83) 대가제의 경우 경우에 따라서 그 대상이 3촌 혹은 4촌을 대상으로 시행되었다.

제2부

特權身分과 정치 경제

제5장 提調制의 시행과정

머리말

관직은 최상위의 직역으로서 신분제를 구명하는데 중요한 요소였다. 그러므로 그간 신분제 연구에서는 관직과 신분의 관계에 주목하였다. 관원을 지배신분으로 본 것은 그 한 예였다.[1] 그러나 관직을 신분과 연결시키지 않고, 직업으로 보면서 신분제의 논쟁은 심화되었다.[2]

저자는 최근 조선 초기의 신분제를 검토하면서 관직과 신분의 관계를 단일하게 보지 않았다. 관직을 단일한 신분의 직역으로 보지 않고, 모든 신분과 대응하는 직역으로 보았다. 천인에서 지배신분인 사족에 이르기까지 모든 국가의 구성원이 관직을 가질 수 있었다. 이러한 구성을 가지기 위해서 관직은 단일한 구조를 가지지 않고, 내부적으로 몇 개의 단절된 영역을 가지고 있는 것으로 이해하였다.[3]

특히 태종 5년 관제개혁에 주목하고, 개혁으로 2품 이상이 고려의 재추에 견줄 수 있는 특권을 누리는 특권관품이 되었다고 주장하였다.[4] 특권관품인 대신[5]은 문음을 통해서 신분을 세전하고, 세록전적 성격을 가진

---

1) 이성무 『조선 초기 양반연구』 일조각 1980.
2) 한영우 『조선시대 신분사 연구』 집문당 1997; 유승원 『조선 초기 신분제 연구』 을유문화사 1986.
3) 최이돈 「조선초기 천인천민론의 전개」 『조선시대사학보』 57, 2011.
4) 최이돈 「조선초기 특권관품의 정비과정」 『조선시대사학보』 67, 2013.
5) 필자는 2품 이상을 대신으로 보고 있다.
　『태종실록』 권10, 태종 5년 12월 계미조; 『세종실록』 권86, 세종 21년 7월 임신조; 『세종실록』 권105, 세종 26년 7월 기미조 등에 보이는 국장의 예장의 규정에

과전을 보유하는 특권신분이었다.[6]

특권관품이 가질 수 있는 관직은 당연히 의정부와 육조의 2품 이상의 당상직이었다. 그러나 그 숫자는 20여 자리에 불과하여 매우 제한적이었다. 그러므로 정부는 대신을 3품 이하의 行職에 임명하기도 하여 가능하면 대신을 관직에 임명하고자 하였다. 그러나 2품 이상의 관원의 수는 상당히 많았다. 그 수가 많은 경우에는 수백을 헤아리는 경우도 있었다.[7] 이는 대신이 관품만을 가지고도 사회경제적으로 지배신분으로서의 지위를 누리고 있었으나, 이와 같은 관직체계 속에서 대부분의 대신들은 관직에서 물러나 정치적으로 소외되고 있었다.

그러므로 조선 초기 대신의 관직 임명을 유심히 살펴보면, 2품 이상의 대신직의 교체가 매우 빈번하였다.[8] 이러한 상황은 제한된 관직 수에 비하여 자격을 가진 관품 소지자가 상대적으로 많았기 때문이었다. 그러므로 태종 5년 관제 개혁이후 2품 이상 대신에게 부여할 관직을 새로 만드

근거한다. 다만, 『태종실록』권24, 태종 12년 8월 경진조에는 국장을 논하면서 정2품까지만을 대신으로 보고 있다. 이는 세종 21년에 보완되어 종2품도 대신에 포함되는 것으로 재정비되었다(『세종실록』권86, 세종 21년 7월 임신조).

6) 최이돈 「조선 초기 관원체계와 과전 운영」 『역사와 현실』 100, 2016.

7) 조선 초기 대신의 수가 얼마나 되었는지 정확하게 파악하기 어렵다. 예종대, 성종대의 자료에 의하면, "통정 이상의 당상관이 360여인인데"(『예종실록』권8, 예종1년 10월 갑인)라는 기록이나, "이제는 당상관이 거의 3백 명에 이른다."(『성종실록』권75, 성종 8년 1월 임자)는 기록 등은 대신의 수가 적지 않았음을 짐작케 한다. 특히 한번 대신이 되면 죽을 때까지 그 지위를 상실하지 않았으므로 대신의 수는 계속 누적되는 것이 보통이었고, 조선초기의 정치적 변동 속에서 공신의 책봉 등이 수시로 시행되면서 대신의 수는 계속 누적되었을 것으로 추측된다.

8) 육조의 판서제가 형성된 이후 육조의 판서들의 재임기간은 1년 미만이었다. 한 예로 『태종실록』에는 태종 5년 이후 태종말까지 18명의 공조판서의 명단이 확보되는데, 이는 공조판서의 임기가 평균 1년이 안됨을 보여준다. 판서직의 임명의 상황은 政目으로 모두 확인되지 않으므로, 실제로 공조판서에 임명된 이가 더 있을 수 있다. 이러한 현상은 공조판서의 경우만이 아니라 육조판서의 경우에 보편적인 현상이었다.

는 것이 과제로 대두되었다.

그러나 이러한 관직은 관료제적인 관점에서는 충당되기 어려운 과제였다. 조선의 건국주체들은 고려 말의 방만했던 관제를 개혁하여, 의정부를 만들고 나아가 육조의 기능을 강화하면서, 의정부-육조-속아문으로 이어지는 합리적인 관료제적 정치체제를 강화하고 있어9) 오히려 대신에게 줄 수 있는 관직은 축소되고 있었다. 그러므로 대신에게 부여할 관직을 만드는 것은 쉽지 않았다.

이러한 상황에서 주목되는 것이 태종대부터 활성화되는 제조제이다. 속아문은 의정부-육조-속아문으로 이어지는 체제의 말단이었으나, 동시에 제조-속아문으로 이어지는 통제도 받았다. 기존의 연구에 의하면 제조는 속아문을 실제적으로 장악하고 있었고,10) 대신으로 육조대신과 동등한 지위를 가지고 있었으므로 육조의 통제 하에 있지 않았다.

그간의 연구에서는 의정부-육조-속아문으로 이어지는 행정체제만 주목하였으나, 이는 병렬적으로 나타나는 제조-속아문으로 연결되는 행정체제가 가지는 의미를 잘 설명할 수 없었기 때문이었다. 당연히 조선의 행정체제는 합리적이고 일사분란하게 운영되는 관료제적인 성격만이 강조되었다.

그러나 조선은 신분제 국가였다. 혈통에 입각한 신분제적 원리는 능력에 입각한 관료제적 원리와 쉽게 통합되기 어려웠다. 그러므로 조선 정부는 합리적인 관료제적인 의정부-육조-속아문의 체제를 운영하면서, 그와는 다른 제조제-속아문의 신분적 정치체제를 공존시키고 있었다고 가정된다. 그러므로 본고에서는 조선초기 제조제가 가지는 의미를 관직의 신분적 운

---

9) 한충희 「조선초기 의정부연구」『한국사연구』 31, 32, 1980, 1981;「조선초기 육조연구」『대구사학』 20 21, 1982;「조선초기 육조연구 첨보」『대구사학』 33, 1987.
  남지대 「조선 초기 중앙정치제도연구」서울대학교 대학원 박사학위논문 1993.
  최승희 『조선 초기 정치사연구』지식산업사 2002.
  한충희 「조선초기 의정부당상관연구」『대구사학』 87, 2007.
10) 이광린 「제조제도 연구」『동방학지』 8, 1976.

영이라는 관점에서 고찰하고자 한다.

조선초기 제조제를 몇 시기로 나누어서 고찰할 수 있다. 먼저 태조대 제조제의 형성과정이다. 제조제는 고려의 유제를 이어서 태조대부터 형성되었다. 태조대 시행된 제조제는 몇몇 부서에 제조를 두는 것이었는데, 제조를 둔 기관을 비상설기구와 상설기구로 나누어 그 기능을 살펴보자.

다음으로 제조제의 확대와 정비과정을 살펴보고자 한다. 제조제는 태종대에 이르러 확대 시행되었다. 몇몇 부서에 설치되던 제조는 태종 5년의 관제 개혁을 계기로 확대 배치되어 거의 전 속아문에 배치되었다. 속아문 전체로 제조가 배치되면서 세종 초에 이르면 제조제의 정비도 진행되었는데 그 과정을 살펴보고자 한다.

마지막으로 제조제가 확대 시행되면서 세종대에는 제조의 기능이 크게 변화되었다. 제조는 속아문을 완전히 장악하게 되고, '提調直啓制'를 시행하여서 제조가 속아문을 대표하는 제조-속아문의 체제가 형성되었다. 그 과정을 검토하면서 제조-속아문의 체제가 가지는 의미가 무엇인지 검토하고자 한다.

본연구를 통해서 조선 초기 특권신분이 가졌던 정치적 특권으로써 제조제가 구명되기를 기대하며, 나아가 신분제와 정치체계 간의 상호 연관성이 좀 더 깊이 있게 이해되기를 기대한다.

1. 提調制의 형성

1) 비상설기구의 제조

제조제는 고려 후기부터 나타났다. 고려는 원의 제도를 모방하여 제조제를 시행하였다.[11] 『고려사』에 보이는 정방제조, 순군제조, 내승제조 등의 관직명은 고려에서 제조제가 구체적으로 시행되었음을 보여준다. 그러나 고려에서 제조제는 매우 제한적으로 시행되었다. 그러므로 고려의 제조제가 어떠한 기능을 하였는지 설명하기 어렵다. 조선 초기 자료에도 고려 말기의 제조제가 시행되었음을 보여주는 자료들이 보인다. 『태조실록』에 동순군제조,[12] 십학도제조,[13] 화약국제조[14] 등 제조의 직이 언급되고 있다. 그러나 이 역시 단편적이어서 고려 말기에 제조제가 가지는 기능이 어떠하였는지 보여주지 못하고 있다.

조선에서는 태조대부터 제조제가 시행되었다. 제조제의 시행과정을 비상설기구와 상설기구로 나누어서 검토해 볼 수 있다. 제조는 주로 비상설기구에 임명되었다. 이는 태조 4년 다음의 내용을 통해서 알 수 있다.

大廟 董役 提調官에게 잔치를 내려 주고, 각각 내구마 1필씩 하사하였다.[15]

태조는 대묘 즉 종묘의 조성에 참여한 제조관들에게 그 조성을 끝내면서 잔치를 베풀고 상을 내리고 있다. 태조는 종묘의 조성에 필요한 기구로 도감을 만들고, 제조를 두어 사무를 관장하게 하였다. 건국이후 필요한 제도 정비를 위해서 비상설기구를 만들고 책임자로 제조를 임명하였다.

정부는 서울을 도성으로 삼으면서 도성에 상응한 시설을 갖추기 위해서 성벽, 성문, 궁궐, 문묘 등의 건축을 하였다. 이러한 일들을 처리하기 위해서 임시기구로 도감을 만들고 책임자로 제조를 임명하였다. 태조 5년 축성도감을 마련하고 판중추원사 이빈을 축성제조로 임명하였고,[16] 성문제조

---

11) 이광린 앞의 논문.
12) 『태조실록』 권1, 태조 총서.
13) 『태조실록』 권14, 태조 7년 8월 기사.
14) 『태조실록』 권7, 태조 4년 4월 임오.
15) 『태조실록』 권8, 태조 4년 윤9월 임술.
16) 『태조실록』 권9, 태조 5년 5월 갑자.

로 최유경을 임명하였다.[17] 태조 6년에는 궁궐을 짓기 위해서 궁궐 감역
제조를 두었으며,[18] 문묘조성을 위한 문묘조성제조를 임명하였다.[19] 또한
종루에 설치할 종을 제조하기 위해서 태조 5년에는 종주조 감역 제조로
권중화, 이염을 임명하였다.[20]

　국가의 격식을 갖추기 위하여 여러 가지 제도를 마련하는 데도 도감을
이용하였다. 태조 4년에는 禮典을 상정하기 위하여 다음과 같이 도감을 마
련하였다.

　　　임금이 종묘의 朔祭의 전물이 박하다는 말을 듣고, 헌사에 명하여
　　그 사실을 조사하게 하니, 헌사에서 상정관제조 삼사우복야 민제, 장무
　　예조정랑 윤사영, 제향사의랑 강천주를 탄핵하고 파직시켰다.[21]

　의례를 상정하기 위하여 상정도감을 만들고, 제조로 민제를 임명하였다.
그러나 상정에 문제가 있자 제조를 비롯하여 낭관들을 파직하였다. 정부
는 제도의 정비를 위해서 제조제를 적극 이용하였다.

　정부는 개혁의 추진에도 도감을 만들고 제조를 임명하였다. 노비상정도
감의 설치가 그 예이다. 이는 태조 7년 태조가 언급한 다음의 내용을 통해
알 수 있다.

　　　제조 남재, 이무, 한상경 등에게 명하였다. "변정도감을 세운 것은
　　명백히 분변하고자 한 것인데, 이와 같이 명백하지 못하니, 이를 폐지
　　하고 그전대로 두는 것이 어떻겠는가."[22]

---

17) 『태조실록』 권10, 태조 5년 8월 임인.
18) 『태조실록』 권11, 태조 6년 4월 계묘.
19) 『태조실록』 권11, 태조 6년 6월 임오.
20) 『태조실록』 권9, 태조 5년 5월 무진.
21) 『태조실록』 권8, 태조 4년 11월 경오.
22) 『태조실록』 권14, 태조 7년 6월 기미.

태조는 노비의 변정을 위해서 변정도감을 두고 여기에 제조를 임명하였다. 그러나 변정도감이 별다른 성과를 내지 못하자, 책임자인 제조들을 불러서 질책하였다.

정부는 이외에 국가에서 부정기적으로 있는 상례나 가례 등의 행사에도 도감을 두고 제조를 임명하였다. 태조 6년 가례도감을 설치한 예를 다음의 자료를 통해서 확인할 수 있다.

> 가례도감을 설치하여 영삼사사 이화, 좌정승 조준, 우정승 김사형, 봉화백 정도전 등으로 제조를 삼았다.[23]

가례와 같이 일시적인 예전을 위해서 국가는 도감을 만들고 제조를 임명하였다. 업무의 성격에 따라서 제조를 복수로 임명하였다. 제조에는 영삼사사, 좌정승, 우정승 등 재추를 임명하였다.

이상에서 볼 때, 정부는 일회적인 업무에 도감을 설치하고 제조를 임명하여서 상설기구의 부담을 덜어주고 있다. 당연히 책임자로 임명된 제조는 일의 성사여부에 책임을 졌다. 제조가 맡은 일로 책임을 지는 사례는 태조 5년 다음과 같은 기록에 잘 나타난다.

> 간관이 판중추원사 이빈을 탄핵하였다. 이빈은 축성제조로 있으면서 여러 차례 私第에 다녀왔다. 역사에 소홀하여 임금이 그 직첩을 거두고 전민을 몰수해 들이고 영해부로 유배를 보냈다.[24]

이빈은 축성제조였으나, 그 직무에 충실하지 못하여 처벌을 받았다. 이는 제조가 맡은 일에 대하여 책임을 지는 위치에 있었음을 잘 보여준다.

당연히 제조는 맡은 일을 잘 하는 경우에 상을 받았다. 이는 태조 7년이

---

23) 『태조실록』 권12, 태조 6년 10월 갑신.
24) 『태조실록』 권9, 태조 5년 5월 갑자.

다음의 기록에 잘 나타난다.

> 종을 주조하라고 명하고 조금 있다가 시가에 누를 짓고 권중화와 이
> 염으로 제조관을 삼았다. (중략) 임금이 오로지 중화에게 맡기니, 중화
> 가 여러 사람의 의논을 널리 청취하고, 또 교묘한 생각을 써서 한 번에
> 주조하여 만드니, 임금이 기뻐하여 상을 주었다.[25]

태조는 종의 주조에 성공한 권중화에게 포상하고 있다. 종 주조의 제조
에는 권중화와 이염이 임명되었는데, 공을 세운 권중화만 포상하고 있다.
제조는 맡은 일에 대하여 책임을 지고, 성과에 대하여 포상을 받았다.

제조의 직책을 맡은 이들은 확인되는 바와 같이 대부분 재추였다. 태조
2년 축성제조 이빈은 판중추원사,[26] 태조 6년 가례도감 제조 이화는 영삼
사사, 조준은 좌정승, 김사형은 우정승이었으며,[27] 태조 7년 도성 도제조
박위는 참찬문하부사로[28] 모두 재추였다. 물론 특별하게 태조 6년 문묘조
성제조로 환관 김사행이 임명되기도 하였다.[29]

2) 상설기구의 제조

제조는 비상설기구에 뿐 아니라 상설기구에도 임명되었다. 상설기구에
제조가 배치된 예는 적으나 그 임명된 부서를 찾아보면, 먼저 교육이 필요
한 기구에 제조가 임명되었다. 태조 3년 사역원에 제조가 임명된 사례를
다음의 언급을 통해서 확인할 수 있다.

---

25) 『태조실록』 권13, 태조 7년 4월 경진.
26) 『태조실록』 권9, 태조 5년 5월 갑자.
27) 『태조실록』 권12, 태조 6년 10월 갑신.
28) 『태조실록』 권13, 태조 7년 2월 계미.
29) 『태조실록』 권11, 태조 6년 6월 임오.

시험에 합격한 사람에게는 각각 홍패 한 장을 주되, 홍패 위에 "사역
원에서 삼가 임금의 분부를 받들어 아무에게 통사 제 몇 째 과 몇 사람
째의 출신을 준다고 쓰고, 연월 위에 본원의 인신을 찍고, 제조 이하
모든 관원이 직함을 갖추어 서명하게 하소서."30)

이 내용은 사역원의 제조 설장수가 제안한 것으로, 설장수는 사역원의
생도를 기르기 위해서 시험을 치루고 그 성적에 의해서 합격자에게 홍패
를 주도록 제안하고 있다. 즉 역과의 설치를 제한하고 있는데, 그 과정에
제조가 참여하도록 하고 있다. 이에 의하면 이미 고위직에 오른 관원의 능
력을 살려서 교육에 참여할 수 있도록 제조의 직을 주고 있다. 여기서 제
조는 사역원의 업무를 담당하기 보다는 사역원의 본 업무에 필요한 인재
를 기르는 역할을 하였다.

이와 같은 교육기능에 도움을 주는 제조를 성균관에도 두었다. 이는 다
음의 태조 7년의 기록을 통해서 확인할 수 있다.

봉화백 정도전과 화산군 권근으로 성균관 제조를 삼아, 현임 한량 4
품 이하의 儒士와 삼관의 유생을 모아 經史를 강습하게 하였다.31)

정부는 성균관에도 제조를 두고 있었다. 정도전과 권근 등 유학에 깊은
공부가 있는 재추를 성균관에 제조로 임명하고, 중하급관원과 유생들을 교
육하게 하였다. 이 역시 교육에 능력이 있는 재추를 교육에 동원한 것이다.

태조 2년 습악제조로 전동지밀직사사 왕강을 임명한 것도 같은 예였다.
왕강은 聲律에 조예가 깊었으므로 제조에 임명하여 음곡을 새롭게 정비하
였다.32) 이 역시 고위직에 있는 관원을 제조로 임명하여 교육을 맡도록 하

---

30) 『태조실록』 권6, 태조 3년 11월 을묘.
31) 『태조실록』 권13, 태조 7년 4월 병신.
32) 『태조실록』 권4, 태조 2년 8월 계미.

여 하위기관의 기능을 활성화하였다.

이와 같이 재추가 하위 기관의 기능에 도움을 주는 것은 교육 뿐 아니라 외교문서의 작성에도 적용되었다. 재추가 외교문서의 작성에 동원된 예는 태조 5년 다음의 기록을 통해서 확인할 수 있다.

> 表文의 초고를 제조관 판삼사사 정도전에게 보내 교정을 청하였더니, 본관이 종묘의 이안하는 제향 등의 일로 인하여 고치거나 교정하지 못하였고, 표문의 초고를 차제조관 지문하부사 정총과 예문관 제학 권근이 교정하였습니다. 공초가 사실이므로 이것을 삼가 기록하여 아룁니다.[33]

이 내용은 중국과의 외교문서인 표문이 문제가 되면서 언급된 것으로, 정도전의 관여 여부가 쟁점이 되었다. 여기서 정도전은 제조관으로 명시되고 있다. 정도전은 제조관, 정총은 차제조관이었다. 이들은 판삼사사와 지문하부사로 이미 재추의 지위에 있었으나, 제조의 직함을 가지고 문서의 작성에 참여하고 있었다. 이 역시 고위의 관원의 재능을 활용하는 방식이었다.

상설기구에 제조를 임명하는 것은 교육이나 외교 등 특정 재능을 가진 재추를 활용하는 방안이었으나, 이와는 성격이 조금 다른 기구에도 제조가 임명되었다. 즉 의성고, 덕천고와 같은 창고의 관리에 제조가 임명되고 있었다. 이는 태조 4년 다음과 같은 정목에 잘 나타난다.

> 이색으로 한산백에 봉하고, 인하여 의성, 덕천고 등의 五庫 都提調를 삼았다.[34]

---

33) 『태조실록』 권10, 태조 5년 7월 갑술.
34) 『태조실록』 권8, 태조 4년 12월 신해.

이색을 한산백으로 삼으면서 오고 도제조로 임명하고 있다. 의성고 등 오고는 왕의 사장고였다. 오고는 상설기구이기는 하였으나 정식의 관서로 보기에는 미흡하였다. 사장고였던 오고는 태종 3년에 이르러서야 덕천고 는 내섬시로, 의성고는 내자시로 편입되면서 일반 관서가 되었다.[35] 그러 므로 태조대의 덕천고는 공식기구는 아니었고 사설기구였다. 여기에 제조 가 임명되었다. 이 경우의 제조는 왕과의 신뢰관계 속에서 왕의 사적인 기 구를 관리하는 역할을 하였다.

이러한 예를 유비고의 경유에서도 찾을 수 있다. 이는 태조 6년 다음의 정목에서 잘 알 수 있다.

유비고를 설치하고 봉화 정도전으로 제조관으로 삼았다.[36]

유비고 역시 태조의 사장고였다. 유비고는 태조 7년에 이르러서야 삼사 의 관리 하에 들어가면서 사장고의 성격을 벗어난다.[37] 그러므로 태조 6 년의 유비고는 사장고였다. 제조는 왕과의 신뢰를 바탕으로 왕의 사장고 를 관리하고 있었다.

태조 7년 이천우가 내갑사제조로 임명된 것도[38] 같은 맥락에서 행해진 것이었다. 내갑사는 왕과 궁전을 시위하는 사병적인 성격이 강한 조직이 었다. 그러므로 내갑사는 그 충성도를 높이기 위해서 태조의 고향인 동북 면 출신들로만 구성하였고, 제조에 태조의 조카인 이천우를 임명하고 있 었다.

내갑사의 이러한 성격은 정종대에도 동일하였다. 정종 2년 내갑사 중에 서 동북면 출신이 아닌 자를 가려내어 내어보내는 조치를 취하였는데, 이

35)『태종실록』권5, 태종 3년 6월 을해.
36)『태조실록』권12, 태조 6년 10월 갑오.
37)『태조실록』권14, 태조 7년 5월 갑자.
38)『태조실록』권14, 태조 7년 8월 임자.

는 내갑사가 아직 사병의 성격을 벗어난 것이 아님을 보여준다.[39] 내갑사가 왕의 사병적인 성격을 탈피하는 것은 태종 2년 삼군도총제를 정비하면서 가능하였다.[40] 그러므로 내갑사에 제조를 둔 것은 덕천고에 제조를 둔 것과 같은 맥락에서 왕의 사적인 기구에 제조를 둔 것이었다.

이상에서 볼 때에 상설기구에도 제조를 두고 있었다. 이미 재추의 지위에 오른 관원을 교육과 외교 등의 일에 지원하도록 하고 있었다. 그러므로 제조는 임명된 부서를 관리하거나 책임지는 역할이 아니라 부서의 기능을 원활히 하는 보조적인 역할을 담당하였다고 보여 진다. 물론 특별하게 왕의 사적인 기구에도 제조가 설치되었으나, 이는 극소수의 비공식적 기구에 설치된 것으로, 제조의 일반적인 성격과 거리가 있었다.

그러므로 제조들은 비상설기구에 임명되는 것이 일반적이었으나, 교육 외교 등 상설기구에도 약간 명 임명되었다. 이들은 비상설기구나 상설기구에 임명되어 상설기구의 부담을 줄여주거나, 그 기능을 원활하게 하는 역할을 하였다. 태조대의 제조제는 결국 상설적 행정기구의 보조적 기능을 수행하였다.

2. 提調制의 확대와 정비

1) 兼判事制의 시행

이상에서 볼 때, 태조대의 제조제는 행정체제를 합리적으로 운영하는데 기여하였다. 그러나 태종대로 들어서면 조금 특이한 제도가 나타난다. 그 것은 태종 초반에서부터 확인되는 겸판사제의 시행이다. 겸판사제는 부서

---

39) 『정종실록』 권4, 정종 2년 5월 임신.
40) 『태종실록』 권3, 태종 2년 6월 계해.

의 책임자인 판사를 겸임의 복수로 두는 제도였다. 겸판사를 복수로 두는
것은 고려에서도 볼 수 없는 특이한 제도였다.[41]

　복수로 책임자를 두어서 그 부서의 일을 더욱 신중하게 관리할 수도 있
었다. 그러나 태종 초에 나타나는 겸판사제는 이와는 다른 제도였다. 이는
태종 3년 사간원의 다음과 같은 언급을 통해서 알 수 있다.

　　　六寺七監의 判事 이하를 品等에 따라 액수를 정하여 직사로 책임을
　　지우고, 또 兼判事를 두어 통솔케 한 것은 본래 상하가 서로 응하고 체
　　통이 서로 유지되어 여러 가지 일을 성취시키고자 한 것입니다. 지금
　　은 한 司에 겸판사가 혹 3,4인에서 5,6인까지 되나, 그 사의 노예만을
　　거느리고 다니고 사의 공무에 이르러서는 전연 무슨 일인지 알지 못합
　　니다. 또 丘史가 많음으로 인하여 시키는 일도 없습니다. 원컨대 이제
　　부터 상항의 寺監에 각각 겸판사 두 사람을 두어 체통을 세우되 영구
　　히 항식으로 삼으소서.[42]

　이 내용에 의하면 육시와 칠감에 겸판사제가 시행되고 있었다. 겸판사
로 배치된 인원이 3,4인에 이르고, 많은 경우 5,6인에 이르고 있었다. 너무
많은 겸판사를 배치하고 있었다. 그러므로 배치된 겸판사가 "司의 공무에
이르러서는 전연 무슨 일인지 알지 못하며"라는 상황이 전개되고 있었다.
즉 겸판사를 배치하였지만, 그 배치의 목적은 그 부서를 관리하고 책임지
는 것과는 거리가 있었다. 그러므로 사간원에서는 그 대안으로 寺監에 겸
판사를 '두 사람'만 두는 겸판사 축소 방안을 제시하였다.

　이와 같이 겸판사를 5, 6명씩이나 두는 것은 합리적인 관료제 운영과는
거리가 있는 조치였다. 이러한 현상은 관직에 비하여 자격을 가진 고위관
원이 갑자기 많아지면서 나타난 대응방식으로 이해된다. 태종은 쿠데타로

---

41) 박재우 「고려전기 6부 판서의 운영과 권력관계」 『사학연구』 87, 2007.
　　권영국 「고려전기 상서 6부의 판사와 지사제」 『역사와 현실』 76, 2010.
42) 『태종실록』 권6, 태종 3년 11월 갑오.

많은 공신을 배출하였으나, 오히려 집권 직후부터 도평의사사를 의정부로
개편하는 등 관서체계의 합리적인 개혁도 추진하면서[43] 고위관원을 배치
할 관직은 축소되고 있었다. 또한 이 시기 관원체계는 관품이 아니라 관직
중심으로 운영되고 있었으므로, 관원들은 관품만을 가지고 있는 경우 국
가가 부여하는 특권은 받을 수 없었다.[44] 고위관원이 관품만을 가지고는
지위에 상응한 과전을 지급받을 수 없는 것이 현실이었다. 그런데 공을 세
운 자에게 그 공에 상응하는 관직을 배정하는 것이 필요하였다. 그러므로
육시와 칠감에 이들을 복수로 배치할 수밖에 없었다.

　5,6인에 이르는 겸판사의 배치는 무리한 것이었으므로 합리적인 관직체
계를 위해서 사간원은 이를 2인으로 줄일 것을 제안하였다. 이와 같은 사
간원의 지적은 합리적인 것이었으므로 왕은 이러한 제안에 동의할 수밖에
없었다. 그러나 급격하게 늘어난 고위관원을 처리할 방법이 없었으므로
이 문제는 쉽게 해결되지 못하였다. 이는 다음의 태종 4년 의정부를 통해
서 제언한 판군자감사 이담의 요청을 보면 짐작할 수 있다.

> 六寺七監에 인원의 액수는 이미 많은데, 또 兼判事를 설치하여 많
> 으면 2,3인에 이릅니다. 그 번거로운 사무는 참여하여 파악하지 않고,
> 다만 구사만 거느립니다. 그러나 그 여러 관사의 노비가 적은 것이 더
> 욱 걱정이 되니, 그 겸판사를 각각 1원 외에 나머지는 모두 혁거하도록
> 하소서.[45]

　이 제안에 의하면 겸판사가 2,3인씩 배치되어 있음 알 수 있다. 이미 지
적되었던 겸판사가 5,6인이 된다는 지적과는 달리 2,3인으로 줄어들어 있
다. 그러나 그들은 여전히 '사무는 참여하여 파악하지 않고' 있는 상황이었

---

43) 한충희 「조선초기 의정부연구」 『한국사연구』 31,32, 1980,1981.
44) 남지대 「조선 초기 중앙정치제도연구」 서울대학교 대학원 박사학위논문 1993.
45) 『태종실록』 권8, 태종 4년 9월 정사.

다. 즉 여전히 합리적인 관료제와는 관계가 없는 겸판사가 배치되고 있었
다. 판군자감사 이담은 합리적인 관료제 운영을 위해서 겸판사를 1인으로
축소해줄 것을 제안하고 있으나, 이는 수용되지 못하였다. 겸판사의 배치
자체가 고위관원을 우대하기 위한 제도로 고안된 것이었으므로 관료제의
합리적인 운영과는 그 목적이 달랐기 때문이었다.

위의 언급에 의하면 남아도는 고위 관원의 배치는 육시칠감에 한정되고
있었다. 육시칠감의 판사는 재추 이외에 가장 높은 고위직이었기 때문이
었다. 정3품 아문인 육시칠감과 동격의 관서로는 육조가 있었다. 육조의
전서는 판사와 동급의 관직이었으나, 태종은 육조를 중심으로 행정을 관
리할 계획을 모색하고 있었으므로 겸직으로 고위관원을 배치하는 것은 육
시와 칠감에 한정하였다. 물론 태종은 태종 5년 관제개혁이후 육조의 판서
를 2품으로 관품을 올리고, 이조, 병조, 호조를 중심으로 겸판서제를 시행
하였다. 그러나 이는 의정부대신들을 판서로 겸임시키는, 권력구조의 관점
에서 시행된 것으로 겸판사제의 시행과는 의도가 다른 것이었다.[46]

겸판사제의 시행은 늘어나는 고위관원의 관직 임명을 위한 대안으로 운
영되었으나, 이미 태종초반에 그 문제점이 지적되었다. 이러한 상황에서
태종은 그 5년에 관제를 관직 중심의 운영체제에서 관품 중심의 운영체제
로 전환시켰다. 고위관원에게 관직을 줄 수 없자, 관품만을 가지고 사회경
제적 지위를 유지할 수 있도록 관제를 개혁한 것이다. 이로써 고위관원의
수와 관직의 수 사이의 긴장관계를 어느 정도 해소하였다. 물론 이러한 변
화로 2품 이상의 고위관원은 분명하게 특권관원으로 편성되면서 특권신분
적 지위를 확고히 할 수 있었다.[47]

그러나 이와 같은 변화에도 불구하고, 대다수의 대신은 관품만을 가질

---

46) 이와 같은 겸판서제는 고려의 판사제와 유사한 면이 있었다. (박재우「고려전기
　　6부 판서의 운영과 권력관계」,『사학연구』87, 2007; 권영국「고려전기 상서 6부
　　의 판사와 지사제」,『역사와 현실』76, 2010).
47) 최이돈「조선초기 특권관품의 정비과정」,『조선시대사학보』67, 2013.

뿐, 관직에서 배제되는 것은 여전히 문제로 남을 수밖에 없었다. 즉 품관의 지위만으로도 사회경제적 지위를 유지할 수 있었으나, 관직을 가지지 못하는 경우 현실적으로 정치권에서 소외되기 쉬웠다.

그러므로 조선왕조실록을 조사해보면 겸판사제는 태종 5년 관제개혁이후 더욱 활성화된다. 겸판사가 임명된 부서는 앞에서 언급된 것과 같이 주로 군기감, 군자감, 예빈시, 사복시, 선공감 등 육시칠감이 주된 대상이었다. 물론 의흥순금사, 삼군진무소, 통례문 등에도 임명되었는데, 이들은 공히 육시칠감에 준하는 관청이었다. 판사는 정3품 아문의 책임자이었으므로 일단 정3품에 준하는 아문에만 배치되었다.

〈표 1〉 태종대 겸판사 설치 상황

시기	부서	겸판사
태종 6년	군기감	김승주[48]
태종 6년	군자감	민무휼, 심구령[49]
태종 6년	예빈시	박은[50]
태종 7년	의용순금사	이숙번[51]
태종 9년	삼군진무소[52]	
태종 10년	통례문	윤하[53]
태종 11년	선공감	박자청[54]
태종 12년	사복시	남문수[55]
태종 12년	사복시	권희달[56]
태종 15년	선공감	박자청[57]

48) 『태종실록』 권11, 태종 6년 5월 계사.
49) 『태종실록』 권11, 태종 6년 5월 갑인.
50) 『태종실록』 권12, 태종 6년 11월 기사.
51) 『태종실록』 권14, 태종 7년 12월 갑신.
52) 『태종실록』 권18, 태종 9년 8월 정묘.
53) 『태종실록』 권20, 태종 10년 11월 신묘.

그러나 이미 겸판사제를 계속 운영하는 것은 문제로 제기되었기 때문에 조금 다른 방식의 제도 도입이 필요하였다. 즉 겸판사제를 지속적으로 운영하되 그 불합리성을 최소화하기 위해서 겸판사에 임명하는 인원을 최소화하고, 그 외의 인원을 다른 방식으로 관직에 배치할 필요가 있었다. 이는 육사칠감 외의 하위 부서에도 대신을 임명할 수 있는 제도가 필요함을 의미하였다. 그 대안으로 제시된 것이 육사칠감 이하의 부서에 제조를 두는 것이었다. 그러므로 태조대와는 다른 성격의 제조제가 태종 초반부터 나타날 수 있었다.

2) 제조제의 확대

태종대의 제조제는 태조대 제조제의 기능을 그대로 가지고 있었다. 즉 제조제는 상시적인 행정기구를 보조하는 역할을 수행하고 있었다. 태종대에도 부정기적이나 일시적으로 일어나는 일을 처리하기 위해서 임시기구로 도감을 만들고 제조를 임명하였다. 정종 2년에는 존호봉숭도감을 설치하고, 정승 성석린, 민제, 판삼군부사 하윤을 제조로 임명하였고,[58] 태종 1년에는 관마색 제조로 판삼군 조영무, 총제 유용생을 임명하였다.[59] 태종 2년에는 가례색제조로 영사평부사 하윤, 정승 김사형, 이무 등을 임명하였다.[60] 태종 4년에는 이궁조성도감을 설치하고 선산군 이직, 취산군 신극례 등을 제조로 임명하였다.[61]

---

54)『태종실록』권22, 태종 11년 10월 임진.
55)『태종실록』권23, 태종 12년 2월 신유.
56)『태종실록』권23, 태종 12년 3월 정유.
57)『태종실록』권29, 태종 15년 1월 정묘.
58)『정종실록』권4, 정종 2년 6월 기유.
59)『태종실록』권2, 태종 1년 12월 을축.
60)『태종실록』권3, 태종 2년 1월 경자.
61)『태종실록』권8, 태종 4년 9월 기해.

태종대에도 여전히 교육, 외교기관에 제조를 두었다. 정종 1년에 집현전을 만들고 좌정승 조준, 예천백 권중화, 대사헌 조박, 중추 권근, 이첨 등을 제조에 임명하였다. 태종 6년에는 십학을 설치하고 각각 제조를 두었고[62] 태종 7년에는 유학제조로 권근을 임명하였다.[63] 태종 9년에는 전유후 유관, 전형조판서 이행, 전공안부윤 정이오를 병서습독제조로 임명하였고,[64] 하윤, 조영무를 훈련관 도제조로 임명하였다.[65] 이는 모두 교육 훈련의 과정에서 제조를 둔 것이었다. 외교와 관련하여 제조를 두는 것도 지속되었다. 태종 11년에 승문원에 제조를 둔 것은[66] 같은 맥락에서 취해진 것이었다.

그러나 이와 같은 기존의 제조제와는 다른 성격의 제조가 태종 초부터 나타났다. 제조제의 변화는 왕의 사적 기구 즉 왕의 사장고인 창고와 궁사에서부터 나타났다. 이미 창고와 궁사의 일부는 태조의 즉위와 함께 삼사의 관리로 넘어가면서 일반관서가 되었으나,[67] 상당수는 여전히 사장고로 남아 있었다. 五庫는 그 대표적인 예였는데 태조대에 오고의 관리는 제조가 맡고 있었다. 그러므로 태종 1년에도 倉庫, 宮司 등에 제조가 배치되고 있었다.[68]

그러나 태종 초반부터 왕의 사장고가 점차 공식적 기구로 정비되기 시작하였다. 태종 2년에 태종은 상정도감의 제조인 하윤 등에게 이 문제를 다음과 같이 지시하였다.

> 여러 창고의 전곡의 출납은 제조가 관장하게 하고, 그 회계는 사평

---

62) 『태종실록』 권12, 태종 6년 11월 신미.
63) 『태종실록』 권13, 태종 7년 3월 무인.
64) 『태종실록』 권17, 태종 9년 3월 을축.
65) 『태종실록』 권17, 태종 9년 3월 무진.
66) 『태종실록』 권22, 태종 11년 8월 무술.
67) 『태조실록』 권1, 태조 1년 7월 정미.
68) 『태조실록』 권1, 태종 1년 1월 갑술.

부에 보고하고, 그 문자를 서로 통하는 격식을 상정하여 시행하라.69)

태종은 사장고 성격을 가졌던 창고의 회계를 사평부에 보고하도록 명하고 있다. 사평부는 삼사를 대신하여 전곡을 관리하는 부서로 태종 1년에 만들어져70) 공식적으로 재정을 관리하고 있었다. 그러므로 태종이 창고의 회계를 사평부에 보고하도록 한 것은 사장고 성격의 창고를 공식기구화한 것이었다. 이러한 변화는 태종 3년 덕천고 등 五庫를 내섬시 등으로 전환하여 공식 기구화한 것으로 연결되었다.71)

그러나 태종은 창고의 관리를 여전히 제조에게 맡기고 있다. 이와 같이 왕과 연관된 기구가 공식부서화하면서도 여전히 제조를 유지하는 것은 제조제에 있어서 기존의 방식을 바꾸는 중요한 변화였다. 기존의 관행에 의하면 사장고가 공식기구로 되면 제조를 폐하는 것이 당연하였다. 그러나 당시의 상황은 과다하게 배출된 고위관원들을 임명할 관직이 없어서 이들을 겸판사로 육시칠감에 5,6명씩 임명하고 있었다. 물론 이러한 조치도 이미 합리적인 관료제의 운영원칙과 충돌하면서 배치 인원에 제한을 받고 있었다. 그러므로 태종을 사장고를 공식기구화하면서도 이 부서에 여전히 제조를 두어, 대신들을 임용하는 기관으로 활용하였다. 이러한 변화는 육시칠감에 미치지 못하는 하위 상설아문에도 제조를 두는 결과를 가져오게 되었다.

분명하게 확인되지 않지만, 덕천고를 파하면서 만들어진 내섬시에도 제조를 두었을 것으로 짐작된다. 자료로 확인되는 것은 침장고의 경우이다. 태종 4년 사헌부의 다음의 기록에 의하면 침장고에 제조가 임명되어 있었다.

침장고의 提擧, 別坐, 向上別監 등은 맡은 바 임무가 실로 번극하므로, 매양 歲末을 당할 때마다 모조리 거관시켜 그 노고에 대해 상을 주

---

69) 『태종실록』 권3, 태종 2년 1월 기해.
70) 『태종실록』 권2, 태종 1년 7월 경자.
71) 『태종실록』 권5, 태종 3년 6월 을해.

니, 진실로 선비를 권장하는 아름다운 뜻입니다. (중략) 제조로 하여금 때때로 고찰하여 그 태만한 것을 징치하게 할 것입니다.[72)

침장고는 왕실의 잡일을 맡은 사적 기구에서 출발하여, 태종 초에 김장을 담그는 정식의 부서로 정비되어 제거, 별좌 등 관원을 두고 공식기구로 되었으나 여전히 제조를 두고 부서를 관리하였다.

이러한 상황이 전개되면서 하위 상설아문에 제조를 임명하기 시작하였다. 제조의 배치가 가장 쉬운 것은 신설되는 아문이었다. 신설 아문은 아직 확실하지 않은 정책을 시험하기 위해서 신설되는 것인 만큼 설치의 초기에는 임시적인 성격을 가지고 있었다. 그러므로 제조제가 가지는 임시적 성격과 잘 연결될 수 있었다. 태종 1년 저화의 유통을 모색하면서 사섬서를 설치하고[73) 제조를 둔 것이나,[74) 태종 3년 주자소를 설치하면서 예문관 대제학 이직, 총제 민무질, 지신사 박석명, 우대언 이응 등을 제조로 임명한 것이 그 예였다. 사섬서의 시작은 저화정책을 시험하는 성격이 강하였고, 주자소 역시 활자의 제작을 시험하는 것인 만큼 상시적으로 설치할 필요가 아직 강하지 않아, 시작은 시험적인 성격이 강하였다. 그래서 사섬서는 저화 유통이 쉽지 않자 태종 3년 혁파되었고,[75) 주자소는 시험을 거치면서 태종 10년에 이르러 상설관서로 정비되었다.[76)

이와 같은 사례가 나오면서 이후 하위 부서에 제조가 설치되는 경우가 속출하였다. 태종 6년 별와요를 처음으로 설치하고 여기에 참지의정부사 이응을 제조로, 전전서 이사영과 김광보를 부제조로 임명하였다.[77) 태종 8년에는 소격전의 제조로 검교한성윤 공부를 두었고,[78) 태종 10년에는 사

---

72) 『태종실록』 권8, 태종 4년 8월 기축.
73) 『태종실록』 권1, 태종 1년 4월 갑자.
74) 『태종실록』 권5, 태종 3년 2월 무오.
75) 『태종실록』 권6, 태종 3년 9월 을유.
76) 『태종실록』 권19, 태종 10년 2월 갑진.
77) 『태종실록』 권11, 태종 6년 1월 기미.

섬고에 제조를 두었으며,[79] 내시위제조에 총제 강우를 임명하였고,[80] 태종 18년에는 제생원 제조로 신효창을 임명하였다.[81]

이와 같은 변화로 육시칠감에 겸판사를 두고, 육시칠감의 하위 부서에는 제조를 두어 대신들에게 관직을 주었다. 그러나 시간이 가면서 육시칠감에도 제조를 두는 현상들이 나타났다. 태종 6년에 군자감에 제조로 민무휼과 심귀령을 임명하였고,[82] 태종 9년에 전의감에 제조를 두었으며,[83] 태종 12년에 사복시 제조로 전총제 권희달을 임명하였다.[84] 결국 군자감, 전의감, 사복시 등 육시칠감에도 겸판사와 더불어 제조를 두었다.

육시칠감에 겸판사를 두고 있었는데, 다시 제조를 두고 있다는 점에 대하여 당시의 관원들은 어떻게 인식하고 있었을까? 당시의 기록에 의하면 겸판사와 제조를 동일시하고 있었다. 이는 태종 6년 다음의 기록을 보면 짐작할 수 있다.

> 군자감 제조를 불러 군량의 수량을 물었다. 임금이 겸판군자감사 민무휼과 심귀령을 불러 묻기를, "지금 군자감의 양식이 저축된 것이 얼마인가?" 하니, 모두 말하기를, "신 등은 알지 못합니다."하였다. 임금이 웃으며 말하기를, (중략) "어찌하여 그것을 알지 못하느냐?"하고, 드디어 군자감의 회계를 가져다가 보고 말하였다.[85]

이 내용에 의하면 태종이 민무휼, 심귀령에게 군자감의 일을 묻고 있다. 여기서 흥미로운 것은 민무휼과 심귀령의 직책이다. 이 기록에 의하면 이

---

78) 『태종실록』 권16, 태종 8년 10월 경진.
79) 『태종실록』 권20, 태종 10년 7월 병인.
80) 『태종실록』 권19, 태종 10년 3월 기묘.
81) 『태종실록』 권35, 태종 18년 3월 갑술.
82) 『태종실록』 권11, 태종 6년 5월 갑인.
83) 『태종실록』 권17, 태종 9년 2월 경진.
84) 『태종실록』 권23, 태종 12년 4월 병자.
85) 『태종실록』 권11, 태종 6년 5월 갑인.

들을 군자감 제조, 겸판군자감사라는 칭호를 동시에 사용하고 있다. 이 두 가지 호칭을 같이 사용하였다는 것은 당시의 관원들이 이 두 가지의 관직을 동일한 것으로 이해하고 있었기 때문이었다.[86]

물론 민무휼과 심귀령을 겸판사로 칭하나, 제조로 칭하나, 이들은 실제로 군자감의 업무에 관여하지 않았다. 그러므로 태종이 이들에게 군자감의 일을 물었지만 이들은 이에 대하여 대답하지 못하였다. 태종도 이에 대하여 질책하지 않았다. 이는 태조대의 제조가 그 맡은 일을 책임졌던 것과 달리, 제조제가 확대되면서 실시된 태종대의 제조는 행정에 책임지지 않았기 때문이었다.

그러나 결국 겸판사와 제조는 그 기능이 하나였으므로 하나로 통일될 수밖에 없었다. 태종 후반에는 이 두 명칭이 혼용되다가, 세종대에 이르러 정3품 아문에만 사용될 수 있는 겸판사라는 명칭은 소멸되고 모두 제조로 통일되었다.

제조는 하위의 아문에까지 배치되었지만, 관서에 비하여 대신의 수가 많았으므로 이들을 복수로 배치할 수밖에 없었다. 세종 초반에 나타나는 기록에 의하면 제조가 많이 배치된 부서에는 4,5명의 제조가 배치되고 있었다. 세종 5년의 예를 든다면, 먼저 육시칠감에 해당하는 봉상시 4명, 예빈시 5명, 내자시 5명, 내섬시 5명, 사재감 5명, 군자감 3명, 군기감 4명, 훈련관 8명 등으로 제조들이 다수 배치되고 있었다. 하위의 부서에도 상당수의 제조가 배치되고 있었는데, 혜민국 5명, 서활인원 4명, 제생원 3명, 소격전 3명, 사옹원 18명[87] 등으로 적지 않은 제조들이 배치되고 있었다.[88]

---

86) 제조와 겸판사를 혼칭한 사례는 권희달의 경우에도 확인이 된다. 태종 12년 3월의 기사에는 권희달이 겸판사복으로 칭하고 있으나(『태종실록』 권23, 태종 12년 3월 정유) 다음달 4월에는 사복제조로(『태종실록』 권23, 태종 12년 4월 병자) 칭하고 있다. 이와 같은 기록상의 차이는 겸판사복사였던 권희달이 사복시제조가 되었다고도 해석할 수도 있으나, 위에서 검토한 민무휼의 경우와 연결시켜보면 같은 지위를 다르게 표현한 것으로 이해된다.

87) 사옹원의 제조수는 확인되지 않는다. 다만, 우일번 4명, 우이번 5명이므로 이를

이상에서 볼 때, 제조제는 태종 초부터 변화하기 시작하였다. 먼저 왕의 사장고의 성격이었던 창고들이 공식기구화하면서 제조를 여전히 배치하여, 하위기구에 제조들이 배치되기 시작하였고, 나아가 육시칠감에까지 배치되었다. 이와 같은 제조의 확대배치는 관료제의 합리적인 운영과는 거리가 먼 것이었다. 즉 대신들에게 관직을 주기 위한 조치였다. 이와 같은 제조의 배치는 특권신분에 관직을 주기 위한 조치로 관직의 신분제적 성격을 강화한 조치였다.

3) 제조제의 정비

제조제가 확대 시행되면서 제조제 전반을 정비할 필요가 제기되었다. 그간 체계적으로 제조제를 시행한 것이 아니어서 제조의 배치 부서나 인원에 대한 규정도 없었다. 오히려 관직을 주어야 할 대신의 수에 따라서 그 배치인원이 결정되어 왔다. 그러나 제조제가 행정체제 내에 정식으로 편성되기 위해서는 제조를 두어야 할 부서를 정하고, 부서에 배정할 제조의 수를 규정하는 것이 불가피하였다.

제조제를 정비하기 위해서 우선 필요한 것은 제조제와 겸판사제의 혼란을 정리하는 것이었다. 세종은 겸판사제를 폐지하고 제조제로 일원화하였다. 조선왕조실록에서 겸판사제를 폐지한 기록은 찾을 수 없다. 그러나 겸판사에 대한 언급은 세종 3년 이후 찾기 힘들다.[89] 물론 이후에도 자료에 '겸판'이라는 언급이 보이나, 이는 육조의 판서를 겸하는 '판서제'였고,[90] 육시칠감의 판사를 겸하는 '판사제'는 아니었다.

겸판사제를 폐지하고 제조제로 일원화하면서, 제조를 배치할 부서와 적

추정하여 사옹원의 총 제조수를 18명으로 파악함.
88)『세종실록』권19, 세종 5년 2월 경신.
89)『세종실록』권12, 세종 3년 7월 을축.
90)『세종실록』권25, 세종 6년 11월 경자;『세종실록』권30, 세종 7년 10월 병술.

정 제조 수를 정하는 제조제의 정비가 필요하였다. 그러므로 세종 5년에
이조는 다음과 같이 각 부서의 제조를 정비하자는 제안을 하였다.

> 官司의 提調, 提擧, 別坐 등은 사무의 번간함을 분간하여 인원을 가
> 감하여야 할 것입니다. (중략) 아뢴 대로 시행하도록 명하고, 內官 등의
> 별좌는 모두 없애게 하였다.[91]

이조는 관제정비를 시행하면서 그 일환으로 제조제의 정비를 추진하였
다. 이조의 제안에 의해서 정비된 부서와 제조 수를 정리해보면 다음의
<표 2>와 같다.

〈표 2〉 세종 5년 제조 증감표

부서	기존인원	증감원	남은 인원	기타
봉상시	4	-1	3	
훈련관	8	-2	6	
전농시	3	-1	2	
내자시	5	-2	3	
내섬시	5	-2	3	
예빈시	5	-2	3	
선공감	2	+1	3	
사재감	5	-2	3	
군자감	3	-1	2	
제용감	1	+1	2	
군기감	4	-1	3	
사역원	1	-1	0	부제조 감원
사섬서	1	-1	0	부제조 감원

91) 『세종실록』 권19, 세종 5년 2월 경신.

풍저창	1	0	1	부제조를 제조로
광흥창	1	-1	0	
전구서	2	-1	1	
혜민국	5	-3	2	부제조 1인 감원
서활인원	4	-1	3	
제생원	4	-2	2	부제조 1인 감원
소격전	3	-1	2	
상의원	1	-1	0	부제조 감원
충호위	3	+1	4	
사옹좌이번	1	-1	0	부제조 감원
사옹우일번	4	-1	3	
사옹우이번	5	-2	3	
사온서	0	1	1	

<표 2>은 정비가 필요한 부서만을 언급한 것으로 당시 제조가 배치된 모든 부서를 망라한 것은 아니었다. 위의 <표 2>에 의하면 먼저 육시칠 감과 그 하위 부서 제조들이 골고루 임명되고 있음을 알 수 있다. 또한 많은 부서에 제조를 복수로 배치하고 있었다. 제조가 많이 배치된 부서는 5~8명까지 제조를 배치하였다. 그러므로 이조에서는 제조가 과다하게 많이 배치된 부서에는 제조수를 좀 줄이고, 적은 부서에는 제조를 추가하는 조정을 하였다. 또한 가급적 부제조의 수는 줄이고 있었다.[92]

이러한 제조 수의 조정을 바탕으로, 그 다음 달인 세종 5년 3월에 제조제를 전면적으로 정비하였다. 이때에 제조제의 전제적인 상황을 『세종실

---

[92] 부제조는 정3품 당상관으로 임명되고 있었다. 정3품 당상관을 준특권관품으로 정비하는 과정은 최이돈 「조선 초기 특권관품의 정비과정」(『조선시대사학보』 67, 2013)을 참조.

록』에 기록하였는데, 제조가 설치된 부서와 배치된 제조의 수를 정리하면
다음 <표 3>와 같다.[93]

〈표 3〉 세종 5년 제조가 배치된 부서와 제조의 수

관서	실안 도제조	도제조	실안 제조	제조	실안 부제조	부제조	합계
종묘서	영의정			1			2
문소전	좌의정			1			2
광효전	우의정			1			2
인수부	좌의정		이조판서		우대언		3
인순부			차참찬 대사헌		좌부대언		3
봉상시	영의정		예조참판	1			3
종부시				1			1
승문원	좌의정 우의정		예조판서	4	지신사		8
훈련관			병조판서 대사헌	4	지신사		7
사복시		1		1			2
전농시		1		1			2
내자시		1	호조판서	1	지신사		4
내섬시		1	참찬	1	좌대언		4
예빈시			찬성 예조참판	1	우부대언		4
선공감		1	공조판서	1			3
사재감	좌의정		공조참판	1			3
군자감	우의정		이조참판				2
제용감				2			2
군기감		1		2			3
사역원				3			3
전의감				2			2
형조도관			형조판서				1

---

93) 『세종실록』 권19, 세종 5년 3월 을사.

사선서					지신사		1
사온서				1			1
사섬서				2			2
도관서				1			1
의영고				1			1
장흥고				1			1
풍저창			호조참판				1
광흥창			형조참판				1
전구서				1			1
경복궁			병조참판	1	우부대언		3
혜민국				2			2
서활인원			대사헌	1	지신사		3
제생원				2			2
동활인원			대사헌	2	지신사		4
소격전				2	이조참의 지신사		4
동요				1			1
서요				1			1
의금부		1		3			4
의례상정소		1		2			3
제학		1	(율학) 형조판서	이학2 유학2 무학3 역학2 자학2 의학2 풍수학2 악학2 산학2 율학2			23
상의원				2			2
관습도감			병조판서 대사헌	3	지신사		6
성문도감	우의정		병조참판 공조참판 한성부윤 중군두총제				5

위의색			공조판서 병조참판	1			3
상림원				2	지신사		3
도화원	좌의정 우의정				지신사		3
사련소				1		1	2
복흥고				1	동부대언		2
습산국				1			1
충호위		1		3			4
다방	좌번				2		1	3
	우번				2		1	3
사 옹	좌일번	1			2			3
	좌이번				3			3
	우일번				3			3
	우이번				3			3
귀후소				2			2
55	12	11	29	105	17	3	177

위의 <표 3>에 의하면 우선 제조는 55개의 부서, 177개의 자리에 배치
되었다. 55개의 부서는 거의 모든 속아문을 망라하는 숫자였다. 배치된 제
조의 자리는 177직이었다. 이는 의정부와 육조에 대신이 배치될 수 있는
관직이 20여 개였던 것에 비하면, 엄청난 수의 관직이었다.

당시 제조가 배치된 관서는 거의 모든 속아문을 망라하는 것이었다. 이
는 세종 6년 다음의 이조의 계를 통해서 알 수 있다.

사온서에는 본래 제조가 없었는데, 계묘년부터 그 司 관리의 褒貶을
시행하기 위하여 새로 제조를 두었던 것입니다. 그러나 지금 제조가
없는 각사의 포폄은 (그 사가) 속한 六曹의 장관이 하도록 하였습니다.
이 署에는 노비가 매우 적어서 (제조에게) 丘史를 供하기가 어려우니
제조를 없애도록 청합니다.94)

이에 의하면 사온서는 세종 5년 제조제의 정비와 더불어 제조를 두었다. 제조를 두는 명분은 부서의 '포폄'을 담당하기 위해서 제조가 필요하다는 것이었다. 그래서 사온서는 부서가 영세하여 제조에게 '丘史'를 제공하기가 어려운 부서였으나 무리해서 제조 1인을 두었다. 이것은 거의 모든 속아문에 제조를 임명하였음을 보여준다.

다만 위의 언급에서도 알 수 있듯이 포폄의 규정이 바뀌면서 부서가 영세하여 제조에게 '丘史'를 제공할 수 없는 부서는 제조를 두지 않을 수 있게 되었다. 그러므로 재정적으로 영세하여 제조를 둘 수 없는 부서를 제외하고는 모든 부서에 제조를 두었다고 볼 수 있다. 복수로 제조를 두는 상황에서 재정적으로 여유가 있는 부서에 제조를 임명하지 않을 수 없었다.

177직이라는 제조의 수는 한 부서에 제조를 복수로 배치하면서 가능한 숫자였다. 이는 당시 2품 이상 관품에 있는 모든 인원을 포괄할 수 있는 숫자로 추측된다. 즉 부서에 배치되는 제조의 수는 일차적으로 그 부서에서 제조를 담당할 수 있는 경제적 여유를 고려한 것으로 추측되나, 기본적으로 모든 대신에게 관직을 주겠다는 의도 하에 부서별로 제조의 수를 분배한 것이었으므로, 관직의 총수는 당시 대신의 총수와 관계가 있었을 것으로 추측된다. 결국 세종대 제조제의 정비로 대신에게 관직을 부여하는 신분제적 관직제가 제조제를 통해서 관철되었다.

3. 提調制의 기능변화

1) 實案提調制의 시행

제조가 행정적 기능을 위해서 배치된 것은 아니었으나, 제조가 거의 전

---

94) 『세종실록』 권24, 세종 6년 5월 을해.

부서에 배치되자 불가피하게 이에 대한 체계적인 운영이 필요하게 되었다. 제조를 전부서에 배치한 것은 일차적으로 제조에게 관직을 부여하기 위한 것이었으나, 결국 대신들의 행정 참여는 불가피하였다. 정부는 제조를 전부서에 배치하면서 이들의 기능을 논의할 수밖에 없게 되었다.

제조의 기능에 대한 논의는 제조가 일찍이 설치된 부서에서 먼저 거론되었다. 특히 일찍부터 제조가 임명된 교육과 외교의 영역에서부터 제조의 역할에 대한 논의가 제기되고 있었다. 설치된 제조의 기능을 활성화하고자 하였던 것이다.[95] 교육과 외교부서에서 제조의 기능을 태종대부터 본격적으로 논하였다. 대표적인 사례가 문서응봉사의 경우였다. 태종 8년 의정부에서 다음과 같이 문서응봉사 제조 역할을 강화하고자 제안하였다.

제조관이 매일 坐起하여 가르쳐서 知事 이하의 吏文習讀의 다소와 이문 제작의 좋고 나쁜 것을 상고하여 등용에 빙거하고, (중략) 제조관 이하의 근만을 고찰하는 것은 사헌부에서 매일 조사하게 하소서.[96]

의정부는 제조의 적극적인 역할을 강조하고 있다. 제조는 아문에 매일 출근하여 지사 이하의 이문 습독을 감독하고 나아가 평가하여 등용의 빙거로 삼도록 하고 있다. 즉 제조는 겸임관이었으나, 매일 문서응봉사에 나아가 지사 이하의 관원들의 이문습득을 지도하도록 하였다. 그러나 이와 같은 제조의 역할은 제조가 해당부서를 관리하는 것과는 거리가 있었다. 제조는 이문의 습독이라는 제한된 영역에서 해당부서의 기능을 활성화할 수 있도록 돕는 것이었다.

그러나 제조제가 확대되어 거의 전부서에 배치되면서 제조의 역할에 대한 새로운 요청이 제기되었다. 이는 다음 태종 13년 의정부에 의해서 제기되었다.

---

95)『태조실록』권6, 태조 3년 11월 을묘.
96)『태종실록』권16, 태종 8년 12월 갑술.

　　각사의 제조 및 겸판사 가운데 實案을 겸하여 맡은 자는 祿官이 坐
起하는 날 외에도 항상 앉아서 일을 다스리고 그 관원의 근만을 고찰
하여, 매년 겨울에 포폄하고 계문하게 하소서.97)

　의정부는 각사의 제조가 맡은 부서에 항시 나아가 관원의 '근만'을 고찰
하게 하고, '포폄'하게 하자고 제안하였다. 제조에게 포폄을 허락하는 것은
실제적으로 부서를 관리하는 지위를 부여하는 것이었다. 이는 제조를 각
부서의 실제적인 책임자로 삼고자 하는 제안이었다.

　위의 언급에서 한 가지 더 주목이 되는 것은 '실안제조'에 대한 언급이
다. 제조를 부서의 실제적인 책임자로 삼고자 할 때에 문제가 되는 것은
다수의 대신들이 제조로 임명되고 있다는 점이었다. 제조들은 같은 관품
을 가져 동등한 지위에 있었으므로 같이 의논하면서 부서를 관리할 수밖
에 없었다. 이점을 고려하여서 의정부에서 '實案'을 책임자로 명기하고 있
다. 즉 책임자로 '實案提調'를 지목한 것이다.

　'실안'이라는 용어는 조선왕조실록에 여기에 처음 나오는 것으로, 이 무
렵 실안제조제가 시행되었음을 보여준다. 실안제조제는 의정부나 육조의
대신을 당연직으로 제조에 임명하는 제도였다. 예컨대 봉상시에는 제조가
3명 배치되어 있었는데, 실안도제조로 영의정, 실안제조로 예조참판이 배
치되어 있었고, 그 외에 제조가 한 명 더 배치되어 있었다.98) 그러므로 이
러한 조치는 제조제를 실안제조를 중심으로 정비하고자 한 것이었다. 즉
모든 제조에게 포폄권을 준 것이 아니라 실안제조에게 포폄권을 주어 실
안제조가 제조들의 중심이 되어 속아문을 관리하도록 하였다.

　실안제조를 중심으로 제조제를 정비하고자 하는 것은 다음의 세종 1년
의 이조에서 올린 계에 의해서도 확인된다.

---

97) 『태종실록』 권26, 태종 13년 7월 무술.
98) 『세종실록』 권19, 세종 5년 3월 을사.

東西活人院에 祿官을 두되, 동활인원은 제생원, 서활인원은 혜민국
의 救療하는 일을 갈라 맡게 하소서. (중략) 제조 이하의 성적 여하는
양원의 실안제조인 대사헌이 검거하게 하여 주시옵소서.99)

이조에서는 동서활인원을 설치할 것을 제안하면서 제조이하의 성적 즉
환자를 치료하면서 '죽은 자 및 나은 자, 낫지 못한 자의 수효' 등의 성과를
제생원과 혜민국의 실안제조인 대사헌이 검거하도록 제안하고 있다. 세종 5
년의 기록에 의하면 동활인원과 서활인원에는 제조가 각각 3명, 4명으로 총
7명의 제조가 임명되어 있었고, 대사헌은 동활인원과 서활인원 두 부서의
실안제조로 임명되고 있었다.100) 즉 이조는 동서활인원을 실안제조인 대사
헌을 중심으로 관리하고자 한 것이었다.

실안제조가 배치된 상황을 구체적으로 세종 5년에 기록에 의하여 살펴
보면, 의정부의 의정 찬성 참찬, 육조의 판서 참판 참의, 대사헌, 승정원
승지 등이 실안제조를 맡고 있었다.101) 즉 실안제조의 중심은 의정부와 육
조, 승정원의 당상관이었다.

제조가 배치된 부서가 55개였는데, 그 중 실안제조제는 29개 부서, 59
직에 임명되었다. 이는 중요한 속아문에는 실안제조가 임명되어 있었음을
보여준다. 실제로 의정부와 육조의 대신은 그 수가 20 여명에 불과하여 59
직의 실안제조의 자리를 모두 다른 사람으로 채우지 못하였다. 그러므로
한 사람이 여러 부서의 실안제조가 되었다. 승정원의 지신사는 10개부서
의 실안부제조였고, 좌의정과 우의정은 각각 5개부서의 실안도제조였다.
그러므로 실제로 동원되는 인원은 승지를 포함해서 총 27명이 실안제조로
임명되었다.

조금 구체적으로 살피면, 의정부의 모든 당상은 실안도제도와 실안제조

---

99)『세종실록』권3, 세종 1년 2월 기축.
100)『세종실록』권19, 세종 5년 3월 을사.
101) 상동조.

에 임명되었다. 실안도제조에는 삼의정, 실안제조에는 찬성과 참찬이 임명
되었다. 영의정 2개 곳, 좌의정과 우의정 각각 5개 곳, 찬성, 참찬과 차참
찬 등이 각각 1개 곳의 제조로 임명되었다. 의정부는 15개부서의 실안제
조를 맡으면서 제조제를 관리하고 있었다.

육조의 모든 대신과 일부 당상관이 실안제조에 임명되고 있었다. 세종
5년의 예에 의하여 이를 정리해보면 다음의 <표 4>와 같다.[102]

<표 4> 육조당상관의 실안제조 임명

	이조	병조	예조	호조	형조	공조
판서	1	2	1	1	2	2
참판	1	2	2	1	1	2
참의	1	0	0	0	0	0

육조의 당상관들은 19개의 제조직에 제조로 임명되고 있었다. 육조의
판서들과 참판 등은 한두 부서의 실안제조로 임명되고 있었고, 이조참의
만 실안부제조로 임명되고 있었다. 육조의 당상관들은 실안제조의 직을
맡으면서 제조제를 관리하고 있었다.

또한 승정원의 승지들도 실안부제조를 맡고 있었다. 지신사가 10개소,
우부대언이 3개소, 좌부대언이 2개소, 동부대언이 1개소 등의 부제조로 임
명되고 있었다. 16개소의 실안부제조에 승정원의 승지가 임명되고 있다.
승정원의 승지는 왕의 비서기관이라는 점에서 볼 때에 왕은 승지를 통해
서 제조제의 운영에 관여하고 있었다.

제조제를 실안제조를 중심으로 정비하여 왕, 의정부, 육조가 각기 주요
관서의 제조직에 실안제조를 배치하고 있었다. 그러나 왕, 의정부, 육조 등
의 정치적 이해관계가 서로 다를 수 있었으므로 실안제조의 배치가 일원
적으로 되지는 않았다. 이는 상당수의 부서에 실안제조가 복수로 배치된

---

102) 상동조.

것을 보아 알 수 있다. 즉 한 부서에 실안도제조, 실안제조, 실안부제조가
같이 배치되는 경우도 있었다. 승문원과 같은 경우 4명의 실안제조가 배치
되고 있었는데, 실안도제조로 좌의정, 우의정이 배치되고 있었으며, 실안
제조로 예조판서, 실안부제조로 지신사가 배치되고 있었다.[103]

한 부서에 복수의 실안제조가 배치된 것은 업무의 협조를 위해서 배치
한 것일 수도 있었으나, 배치된 부서가 육조의 속아문이었으므로 사실상
제조의 복수 배치가 없어도 업무의 협조는 가능하였다. 그런데 실안제조
를 복수로 배치한 것은 주요부서에 대한 이해관계를 왕, 의정부, 육조에서
직접적으로 실현하기 위한 수단으로 이해할 수 있다. 그러므로 실안제조
제의 시행은 왕, 의정부, 육조가 직접적 관계를 가지고서 제조제를 관리하
고자 하는 의도가 있었음을 보여준다.

그러므로 실안제조가 배치된 부서를 보면 왕, 의정부, 육조의 이해관계
에 따라 미묘하게 배치된 것으로 볼 수 있다. 이는 왕, 의정부, 육조가 직
접 관리하고 싶은 부서가 서로 달랐기 때문이었다. 세종 5년의 자료를 가
지고 실안제조가 설치된 부서를 정리한 내용이 다음의 <표 5>이다.

실안제조가 배치된 부서를 보면, 실안 도제조의 경우는 정치적인 통솔
과 책임이 필요한 부서, 실안제조의 경우는 포폄을 중심으로 한 관리부서,
실안 부제조의 경우는 왕 또는 왕실과 관련한 실무 부서에 배치되는 경향
을 보이고 있다.[104]

〈표 5〉 표 실안제조의 배치 부서

부서	실안도제조	실안제조	실안부제조
종묘서	영의정		
문소전	좌의정		

---

103) 승문원의 경우 외교관계에 대한 정치적 책임과 그 의례상 중요성으로 인해서,
　　복수로 실안제조를 배치한 것으로 이해할 수도 있다.
104) 남지대교수의 조언이 있었다.

광효전	우의정		
인수부	좌의정	이조판서	우대언
인순부		차참찬 대사헌	좌부대언
봉상시	영의정	예조참판	
승문원	좌의정 우의정	예조판서	지신사
훈련관		병조판서 대사헌	지신사
내자시		호조판서	지신사
내섬시		참찬	좌대언
예빈시		찬성 예조참판	우부대언
선공감		공조판서	
사재감	좌의정	공조참판	
군자감	우의정	이조참판	
형조도관		형조판서	
사선서			지신사
풍저창		호조참판	
광흥창		형조참판	
경복궁		병조참판	우부대언
서활인원		대사헌	지신사
동활인원		대사헌	지신사
소격전			이조참의 지신사
제학(율학)		형조판서	
관습도감		병조판서 대사헌	지신사
성문도감	우의정	병조참판 공조참판 한성부윤 중군두총제	

위의색		공조판서 병조참판	
상림원			지신사
도화원	좌의정 우의정		지신사
복흥고			동부대언
합계	12	29	17

　　제조제를 정비하기 위해서 실안제조를 중심으로 제조를 관리하고자 하였지만, 실안제조가 속아문의 관리를 일방적으로 주도하기는 힘들었을 것으로 추정된다. 실안제조가 포폄권을 가지면서 속아문을 관리하는데 유리하였으나, 속아문에 속한 제조 상호간에 품계에 상하가 있는 것도 아니어서 타제조를 지시할 수 있는 위치에 있지 않았다. 또한 실안제조들의 경우 그 교체가 빈번한 반면 일반제조들은 실안제조에 비하여 한 부서를 오래 맡는 것이 일반적이었으므로, 실안제조에 비하여 부서의 업무에 정통하였다. 그러므로 실안제조가 업무의 중심이 되기 어려웠을 것으로 추정된다. 따라서 실안제조의 실제적인 기능은 제조들 간의 의견을 조율하는 역할에 한정되었을 것으로 추측된다.

　　결국 실안제조제가 시행되면서 제조의 기능이 달라졌다. 실안제조는 포폄권을 가지고 속아문을 장악하고 관리하였다. 이러한 변화는 일단 실안제조에게만 나타났으나, 이 변화를 단초로 이후 제조의 지위는 변화할 수 있었다.

2) 제조의 屬衙門 장악

(1) 제조의 인사 관여

실안제조를 통해서 제조제를 운영하게 되면서 실안제조가 설치되지 않는 부서에도 변화가 나타났다. 제조가 임명된 부서 중에 절반 정도의 부서에는 실안제조가 임명되지 않았다. 세종 5년의 기록에 의하면 제조가 설치된 55개의 부서 중에서 절반에 해당하는 26개의 부서에는 실안제조가 설치되지 않았다. 다음 <표 6>는 세종 5년에 보이는 자료에서 실안제조가 배치되지 않은 부서를 정리해 본 것이다.[105]

〈표 6〉 일반제조만 배치된 부서

부서	도제조	제조	부제조	합계
종부시		1		1
사복시	1	1		2
전농시	1	1		2
제용감		2		2
군기감	1	2		3
사역원		3		3
전의감		2		2
사온서		1		1
사섬서		2		2
도관서		1		1
의영고		1		1
장흥고		1		1
전구서		1		1
혜민국		2		2
제생원		2		2
동요		1		1
서요		1		1
의금부	1	3		4
의례상정소	1	2		3

---

105) 상동조.

상의원			2		2
사련소			1	1	2
습산국			1		1
충호위		1	3		4
다방	좌번		2	1	3
	우번		2	1	3
사옹	좌일번	1	2		3
	좌이번		3		3
	우일번		3		3
	우이번		3		3
귀후소			2		2
합계		7	54	3	64

　　실안제조가 배치되지 않은 부서가 많았으므로 제조제의 정비는 실안제조가 설치된 부서에 한정될 수는 없었다. 그러므로 실안제조의 기능이 달라지면서, 실안제조가 배치되지 않은 부서의 경우에는 제조에게 실안제조의 역할을 맡길 수밖에 없었다. 즉 실안제조가 설치되지 않은 부서에서의 제조도 포폄을 담당하면서 부서를 실제적으로 관리하게 되었다. 이는 다음의 세종 2년 사헌부의 계에 잘 나타난다.

　　　무릇 각사의 제조, 겸판사를 둔 것은 관리를 검찰하여 관리가 그 직책을 다하게 하려는 것인데, 지금은 이것이 무시되어 다만 根隨만을 거느리고 있어, 혹 그 司의 대문이 어디 있는지 알지 못하는 자가 있습니다. 바라건대, 이제부터는 부지런하고 민첩하여 공사를 맡길만한 자를 택해서 임명하되, 그 사에 앉아서 부지런하고 게으른 자를 가려내어, 冬夏의 계절을 당할 때 포폄한 것을 아뢰도록 명령하소서.106)

　　이 내용에 의하면 사헌부는 제조의 역할을 "관리를 검찰하여 관리가 그 직책을 다하게" 하는 것으로 규정하고, 이를 위해서는 제조가 해야 할 일

---

106) 『세종실록』 권7, 세종 2년 1월 정묘.

을 그 사에 앉아서 부지런하고 게으른 자를 가려내어, 동하의 계절을 당할 때 '포폄'하는 것으로 정리하였다. 이는 실안제조는 물론 모든 제조에게 포폄의 권한을 주어 실질적으로 부서의 책임자가 되게 하자는 제안이었다. 이미 실안제조가 부서를 책임지는 상황에서 이와 같은 제안은 수용될 수밖에 없었다. 따라서 모든 속아문에서 제조는 실제적으로 최고의 책임자가 되었다.

실안제조가 없는 부서에 복수의 제조를 두는 경우 내부적으로 선임제조가 있었던 것으로 보인다. 이는 세종 8년의 이조에서 제안한 다음의 기록을 보면 짐작할 수 있다.

> 금화도감을 설치하여 提調 7명, 使 5명, 副使와 判官 6명을 두소서. 제조 7명 중에 병조판서, 의금부도제조, 삼군의 頭都鎭撫, 군기감의 頭提調, 판한성부사가 實案이 되고, 그 밖의 2명은 때에 따라 임명소서.[107]

이 내용은 금화도감을 만들고 제조 임명을 논의한 것이다. 여기서 제조 7명을 두고 있는데 그중에 5명을 실안제조로 임명하고 있다. 그 실안제조 중에 한 명이 군기감의 頭提調였다. 두제조라는 용어는 조선왕조실록 중 여기에서 처음 나오는 용어로 군기감의 제조 중 선임자를 의미하는 것으로 보인다. 그러므로 실안제조가 설치되지 않은 부서에서는 두제조를 중심으로 의견을 조율하였을 것으로 짐작된다.[108]

---

107) 『세종실록』 권31, 세종 8년 2월 경인.
108) 頭提調라는 용어가 정립되면서 제조 간에 서열이 있다는 점이 공식화되었지만, 그 이전에도 제조 간에 서열은 있었을 것으로 추측된다. 한 예로 태조 5년이 기록에 의하면 정도전과 정총이 외교문서를 작성하는 제조였는데, 정도전을 提調官으로 정총을 次提調官으로 호칭하고 있다(『태조실록』 권10, 태조 5년 7월 갑술). 태종 5년 관제개혁으로 관품을 중심한 체제가 정비되면서 당상관의 서열을 기록한 座目이 등장한다. 좌목에는 資品에 승진한 순서대로 이름을 기록하였을 것으로 짐작되는데, 제조 역시 당상관이었으므로 그 서열은 좌목에 따랐을 것으로 짐작된다.

제조는 속아문의 인사고과를 담당하였을 뿐 아니라, 평가에 근거해서 포상을 추천하기도 하였다. 이는 세종 15년의 다음의 언급을 통해서 확인할 수 있다.

> 이제 加資하는 법을 세웠는데, 관작은 지극히 중한 것이니, 만약 監役官이 되어서 관청을 지은 자가 加資를 희망하고, 제조된 자가 이를 예사로 생각하고 추천한다면, 관작이 도리어 턱없이 남발하게 될 것이니, 아울러 이 뜻을 가지고 대신들에게 의논하라.[109]

이는 세종이 우대언 권맹손에게 명한 내용이다. 이 내용에 의하면 제조는 자신이 관리하는 부서 관원을 加資의 대상으로 추천할 수 있었다. 관원의 가자는 특별 포상이었는데, 제조가 추천권을 가진다는 것은 속아문을 장악하고 관리하는데 매우 중요한 요소였다.

특히 제조의 추천은 추천에 그치지 않고 많은 경우 실제적인 가자로 이어졌기 때문에 중요하였다. 이는 다음 세조 25년 다음 사헌부의 언급을 통해서 짐작할 수 있다.

> 순천부사 이근전이 저번에 點船別監이 되어 공이 있으므로, 제조가 加資할 것을 청하여 이미 작년 8월에 병조가 재가하였습니다.[110]

순천부사 이근전이 제조의 가자 추천을 받았고, 병조의 재가를 받았음을 알 수 있다. 이는 제조의 추천이 추천에 그치지 않고 그대로 수용되었음을 잘 보여준다.

제조는 한걸음 더 나아가서 해당부서의 인사도 좌우하였다. 이는 다음 세종 13년 대신들의 논의를 통해서 알 수 있다.

---

109) 『세종실록』 권61, 세종 15년 윤8월 갑자.
110) 『세종실록』 권99, 세종 25년 2월 갑진.

參外는 본원의 천망에 따라 천전함이 이미 규례가 되어 있는데, 그
判事 이하 副校理 이상을 이조로 하여금 銓注하도록 하여, 더러 吏文
을 모르는 자로 임용하면 아주 편치 않을 것입니다. 이제부터 제조관
의 천망에 따라 서용하소서.111)

대신들은 승문원의 판사 이하의 인사를 이조에서 선발하지 않고, 승문
원의 제조의 천망에 의해서 인사하도록 논의하고 있다. 이는 해당부서의
인원의 선발을 제조가 주도하고 있음을 보여준다. 물론 승문원은 吏文에
대한 능력을 중요시하였으므로 제조의 선별이 중요한 상황이었으므로 취
한 조치였다.

그런데 제조가 해당부서의 인사에 관여하는 것은 승문원에 한정되지 않
았다. 다음의 세종 27년의 의정부의 언급에 의하면 모든 부서에서 제조는
해당부서 관원의 인사에 적극 관여하고 있었다.

'禁自占官爵之法'이 지극하온데, 근래에 각사의 제조 당상관이 가끔
傳旨의 事意를 살피지 못하고, 아무 사람은 아무 일을 맡길 만하다하
여 번거롭게 啓達합니다.112)

이에 의하면 제조들이 해당부서 관원의 인사에 적극 개입하여서, 관작
을 自占하지 못하게 하는 법을 어기고 있었다. 즉 제조가 자기부서의 인원
을 선발하는 것에 관여하는 경우 '禁自占官爵之法'에 위배되었으나, 당시
제조들은 이를 어기고 적극 관여하고 있었다.

(2) 제조의 久任

제조가 속아문을 장악하고 관리하는 데는 제조의 인사권이 중요한 요인

---

111)『세종실록』권51, 세종 13년 1월 병자.
112)『세종실록』권110, 세종 27년 12월 을사.

이었으나, 한편으로 제조가 한 부서의 제조직을 久任하였기 때문이었다. 제조는 오히려 아문에 배치된 일반관원들 보다도 오랜 기간 한 부서에 배치되는 경우가 많았다. 제조직은 의정부나 육조의 대신직과는 달리 대신들에게 관직을 주기 위해서 설치되었으므로 그 직수가 거의 200직에[113] 달하였으므로 빈번하게 교체되지 않았다. 특히 특정한 재능을 가진 경우는 그 직을 오래 가지고 있을 수밖에 없었다. 대표적인 예는 전의감 제조인 황자후였다. 이는 세종 22년 황자후의 다음의 졸기를 통해서 확인할 수 있다.

> 임자년 가을에 자헌대부로 승진, 중추원 부사가 되었다. 정사년 여름에 건의하여 針灸를 전문으로 하는 科目을 창설하였고, 가을에 중추원사로 승진하였다. 자후는 의약에 밝아 항상 전의감 제조로 있었다. 무신년 여름에 노병으로 인하여 벼슬에서 물러나기를 청하였는데, 이때에 이르러 죽으니 78세이었다.[114]

이에 의하면 황자후는 의약에 밝아 '항상' 전의감 제조로 있었다고 언급되어 있어서 전의감 제조를 오래한 것으로 보인다. 실제로 조선왕조실록에 의하면 황자후는 태종 16년부터 전의감 제조였는데[115] 세종 20년에도 전의감 제조였던 것이 확인된다.[116] 그러므로 황자후는 20년 이상 전의감 제조를 맡은 것으로 추측된다.

이와 유사한 예를 유사눌의 경우에서 찾을 수 있다. 유사눌은 음악에 밝아 오랫동안 관습도감 제조에 있었다. 유사눌도 황자후와 같은 예였다.

---

113) 제조직은 177직으로, 의정부 육조에서 겸하는 실안과 부제조를 빼면 120직 정도였다.
114) 『세종실록』 권90, 세종 22년 8월 경인.
115) 『태종실록』 권31, 태종 16년 3월 경자.
116) 『세종실록』 권81, 세종 20년 5월 갑진.

정유년 가을에 동지총제가 되고, 함길, 강원, 경기 3도의 관찰사를
거치어 판한성부사, 예문관대제학에 이르고, 항상 관습도감의 제조로
있었다. 이때에 이르러 죽으니 나이 66이었다.[117]

유사눌의 경우에도 음악에 밝아서 '항상' 관습도감 제조였다고 언급하고
있다. 조선왕조실록에 의하면 유사눌은 세종 14년에 처음으로 관습도감
제조에 임명된 것이 확인되는데,[118] 그는 죽을 때인 세종 22년까지 관습
도감의 제조였다고 추정된다.

이와 같은 특정한 재능이 아니어도, 일단 제조에 임명되면 상당한 기간
그 자리를 유지하는 사례를 여러 자료를 통해서 확인할 수 있다. 한 예로
정연의 경우 사복시의 제조를 오래 유지하였다. 이는 세종 26년 다음과 같
은 정연의 졸기를 통해서 확인할 수 있다.

지중추원사 鄭淵이 卒하였다. (중략) 기유년 가을에는 형조참판에
임명되고, 이조참판과 병조참판을 거쳐서 병진년에는 형조판서에 승진
하였으며 두 번 병조판서로 전임하였다. 항상 사복시 제조가 되어 오
랫동안 馬政을 맡았는데, 조치하는 것이 세밀하고 충실하였다.[119]

이 내용에 의하면 정연은 '항상' 사복시 제조에 있었는데, 실록에 의하
면 정연이 사복시 제조였음을 확인할 수 있는 기록이 세종 13년에서 세종
18년까지 여러 차례 나타난다.[120]

위와 같이 제조에 임명되면 상당기간 제조직을 유지했던 것으로 보인

---

117)『세종실록』권89, 세종 22년 6월 경인.
118)『세종실록』권58, 세종 14년 10월 기유.
119)『세종실록』권105, 세종 26년 7월 갑인.
120)『세종실록』권51, 세종 13년 1월 기축;『세종실록』권55, 세종 14년 2월 갑인;
  『세종실록』권64, 세종 16년 6월 정사;『세종실록』권67, 세종 17년 3월 갑신;
  『세종실록』권74, 세종 18년 7월 을묘.

다. 자료를 일일이 거론하기 어렵지만, 단편적인 기록은 간단없이 나온다. 세종 13년에 보이는 "이천과 최해산이 오랫동안 군기감제조가 되어"[121]라는 기록이나, 판중추원사 안순의 졸기에 "의금부 제조로 전후하여 8년이나 있었다."[122]는 내용도 그러한 예이다.

이렇게 제조가 한 부서에서 오래 근무하였다는 것은, 제조가 제조직 외에 다른 직으로 이동하거나, 그 직에서 해직이 되는 경우도 제조직을 유지하였기 때문에 가능하였다. 대신은 언제든지 의정부나 육조 등의 당상직이나 이에 상응하는 관직을 맡거나 해직될 수 있었다. 제조는 다른 관직을 맡거나 해직당하여도 맡고 있던 제조직은 그대로 유지하는 것이 일반적이었다. 그러한 상황을 단종 1년 의정부의 다음의 언급을 통해서 확인할 수 있다.

> 전동지중추원사 김하는 일찍이 사역원의 제조로 오로지 그 일을 관장하였습니다. 이제 비록 散官에 두었지만, 청컨대 그 임직에 돌려보내소서. 또 김하는 일찍이 도화원, 동서요의 제조였으니, 또한 그대로 겸직하도록 하소서.[123]

이는 의정부에서 요청한 것으로, 김하가 동지중추원사의 직에서 물러났지만, 사역원, 도화원, 동서요의 제조를 그대로 유지하도록 제안하고 있다. 이에 단종은 김하에게 제조의 직을 계속 유지하도록 명하였다.

그러므로 대신이 죄를 지어 고신을 잃었다가 사면을 받아 관품을 회복하는 경우에도 가장 먼저 주어지는 것이 제조직이었다. 이는 세종 23년 다음의 유계문의 예를 통해서 알 수 있다.

---

121) 『세종실록』 권54, 세종 13년 10월 갑진.
122) 『세종실록』 권91, 세종 22년 11월 정묘.
123) 『단종실록』 권5, 단종 1년 3월 병자.

명하여 유계문의 고신을 돌려주게 하고, 인하여 승문원제조를 삼았다.124)

유계문은 경주부윤에 임명되었으나, 임소에 부임하지 않아 세종 22년에 파직 되었다.125) 다음해인 세종 23년 유계문은 사면을 받고 고신을 돌려 받았는데, 그 직후에 먼저 승문원제조로 복직되었고, 이후 인수부윤으로 제수되었다.126)

제조는 한 부서를 오래도록 맡고 있었으므로, 속아문을 철저하게 장악 하고 있었다. 다음의 세종 22년 군기감의 예는 이를 잘 보여준다.

> 군기감의 병기를 提調庫라 일컬으면서 그 관사의 관리가 서로 주고 받지 않은 까닭으로 전연 마음을 써서 修葺하지 아니하여 쓸모없는 물 건을 만들었습니다. 원컨대, 다른 관사의 예에 의거하여 병기를 나누어 맡게 하고, 체대할 때에는 解由하여 교부하게 하되, 만약 파손된 것이 있으면 뒤따라 즉시 수즙하게 하되, 그 출납은 그전대로 제조가 이를 주관하게 하소서.127)

군기감의 병기고를 '제조고'로 이름하고 부서의 관리들이 관리하고 있지 않았다. 심지어 병기에 문제가 있어도 관리들이 손을 보지 않는 사태까지 야기되고 있었다. 그러므로 병조에서는 병기고의 병기들을 부서의 관리들 이 관리하도록 제안하였다. 물론 이러한 경우에도 그 '출납'은 제조가 주관 하는 범위 하에서의 관리였다. 이와 같은 사태는 제조가 오래도록 그 부서 를 맡고 있는 한편, 관리들은 빈번하게 교체되면서 제조가 속아문을 완전 히 장악하고 있었기 때문이었다.

제조가 속아문의 실제적인 책임자가 되면서 비리도 나타났다. 세종 11

---

124) 『세종실록』 권92, 세종 23년 2월 무진.
125) 『세종실록』 권88, 세종 22년 1월 정사.
126) 『세종실록』 권92, 세종 23년 3월 갑자.
127) 『세종실록』 권88, 세종 22년 1월 정사.

년에 상림원이나,[128] 세종 23년에 사재감에서[129] 관원들이 뇌물을 제조에
게 준 것은 그 좋은 예였다. 또한 제조들이 소속 아문의 인원이나 물품을
사적으로 사용하는 비리도 있었다. 세종 27년 군기감의 제조 최윤덕이 別
軍을 사역시키거나,[130] 세종 31년 군기감 제조 이순몽이 군기감의 물품을
사용한 것[131] 등이 그 좋은 예였다.

(3) 정부의 제조에 대한 견제

제조가 속아문 관리를 장악하면서 부작용이 나타나자, 정부는 문제를
해결하고자 제조를 견제하는 동향도 나타났다. 즉 제조의 부작용을 제거
하는 것이 현안으로 제기되었다. 세종 3년 이조에서는 다음과 같은 계를
올려 제조의 통제를 요청하였다.

> 금후부터 여러 관사의 제조 겸판사가 坐起하고 아니하는 것을 본조
> 에서 오로지 맡아 고찰하여, 매 월말을 당하면 그 관사에 좌기한 일수
> 를 써서 계하게 하는 것을 항례의 법식으로 하소서.[132]

이조에서는 제조의 관리를 위해서 '坐起하고 아니하는 것' 즉 그 출근의
실태를 조사하겠다고 제안하였다. 물론 제조와 이조의 대신들의 품계가
같았고 상하관계도 아니었으므로 이조가 제조를 관리할 수 있는 지위에
있지 않았다. 그러나 이조는 인사를 담당하는 부서였으므로, 제조의 출근
을 관리함으로써 제조들을 관리하겠다는 의사를 표현하였다.

---

128) 『세종실록』권46, 세종 11년 10월 갑신. 상림원 제거인 김간이 제조 안수산에게
　　뇌물을 건네서 국문을 당함.
129) 『세종실록』권93, 세종 23년 6월 갑술. 사재감 정 김전이 제조 이순몽에게 뇌물
　　을 주어 사헌부의 탄핵을 받음.
130) 『세종실록』권110, 세종 27년 12월 갑진.
131) 『세종실록』권125, 세종 31년 8월 정묘.
132) 『세종실록』권12, 세종 3년 7월 을축.

제조의 단독 포폄에 대해서도 규제하기 시작하였다. 즉 속아문의 인사를 제조 단독 포폄으로 처리하지 않고, 속아문의 관리를 맡고 있는 육조에서도 포폄권을 주고자 하였다. 이는 세종 6년 다음 이조의 계를 통해서 확인할 수 있다.

> 육조가 소속된 各司의 소임을 잘하고 못함을 평상시에는 고찰하나, 포폄할 때는 참여하지 못하니 옳지 못합니다. 이후로는 각사의 관원을 포폄할 때에는 該曹의 堂上官이 그 司의 提調와 같이 의논해서 계문하고, 제조가 없는 곳은 해조의 당상관으로 하여금 포폄을 하여 계문하도록 하소서.[133]

이조에서는 속아문의 포폄을 제조의 단독으로 하는 것을 비판하고, 속아문을 관리하는 해조의 당상관이 제조와 같이 포폄할 것을 제안하고 있다. 당연히 제조가 없는 속아문의 경우 해당 육조의 당상관이 포폄하도록 제안하고 있다. 이러한 동향은 속아문의 관리를 제조에게만 맡겨놓지 않고 육조가 공동으로 관리함으로서 제조가 단독관리하면서 나타나는 문제를 차단하겠다는 의도가 있었다.

그러나 제조와 육조가 포폄을 같이 하는 것은 상호 다른 견해로 충돌이 있을 수 있었다. 그러므로 세종 12년에는 집현전에서 이를 나누는 방법을 다음과 같이 제안하였다.

> 우리 왕조에서는 중앙 관리의 성적을 평정하는 법을 모두 仰曹와 提調官이 맡게 하였습니다. 그러나 감독하는 조와 제조관은 대개 다른 관원이므로 항상 접견할 수가 없습니다. (중략) 바라옵건대, 옛 제도에 의하여 각 관청의 장에게 부하 관원의 성적을 고과하는 법을 맡기어, 6품 이상의 관청은 장관이 이를 책임지고, 7품 이하의 관청은 감독하

---

133) 『세종실록』 권24, 세종 6년 4월 병인.

는 조에서 이를 맡도록 하소서.134)

집현전에서는 제조와 육조의 장관이 같이 속아문의 포폄을 할 때 나타
나는 문제점을 해결하기 위해서 6품 이상의 관청은 제조가, 7품 이하의 관
청은 육조에서 포폄하는 방법을 제시하였다. 그러나 이 방법은 대부분의
제조가 6품 이상의 아문에 배치되었으므로 실제적으로 제조에게 주도권을
주는 방안이었다. 그러므로 이러한 제안은 수용되지 않았다. 이에 대한 결
정 여부는 실록에 확인되지 않으나, 세종 26년의 기록에 여전히 육조의 당
상관과 제조가 공동으로 포폄하는 것으로 언급되고 있는 것을 보아 속아
문의 포폄은 제조와 육조가 공동으로 맡은 것으로 보인다.135)
제조를 견제하기 위해서 제조가 속아문 관원의 선임에 관여하는 것도
제한을 가하기 시작하였다. 이는 다음의 세종 26년의 세종의 명에 의해서
확인된다.

  각사 제조의 천장을 啓下하면 이조 병조에서 受職의 가부를 다시
  마감하지 않고 서용하니 편치 않다. 이후로는 각사의 천장을 啓下한
  뒤에 수직의 가부를 맡은 조에서 마땅히 곧 마감하여 계문하여 서용함
  을 항식으로 삼는다.136)

세종은 제조가 추천한 장계가 결정되면 그대로 이조와 병조에서 인사하
는 것을 문제로 지적하고 있다. 그간 제조가 속아문의 인사에서 관원을 추
천을 하여 왕의 재가를 받으면 이조와 병조에서는 그에 따라서 인사를 하
는 것이 관행이었다. 그러나 제조의 권한을 견제하기 위하여 왕이 제조의
천장을 계하하면 이조와 병조에서 그대로 서용하던 인사방식을 바꾸어서,

---

134) 『세종실록』 권50, 세종 12년 12월 을미.
135) 『세종실록』 권106, 세종 26년 10월 을축. 京中各司則 仰曹堂上及提調當褒貶.
136) 『세종실록』 권106 세종 26년 11월 임진.

이조와 병조에서 다시 심사하여 왕에게 보고 결정해서 임용할 것을 명하고 있다. 그러나 이러한 문제점은 쉽게 해소되지 않았다. 그러므로 세종 27년 의정부에서 제조가 '禁自占官爵之法'을 지켜지지 않는다고 지적하면서 제조의 속아문 인사 관여를 지속적으로 견제하였다.[137]

이상에서 볼 때에 제조의 기능이 변화하면서 제조는 속아문을 완전히 장악하고 있었다. 특히 제조는 한 부서에 오래도록 제조로 있으면서 그 장악도가 심하여 비리까지 저지르는 사례가 보이고 있다. 이러한 문제를 개선하기 위해서 제조의 포폄이나 인사 관여를 육조를 통해서 제한하는 방안들이 제시되었으나, 육조의 대신들 역시 실안제조로 속아문을 관리하고 있었으므로, 여전히 제조가 속아문을 장악하는 것은 막기 어려웠다.

사실 제조제 문제의 원인을 찾아가보면, 근본적으로 제조제는 시행에서부터 문제가 있었다. 즉 제조제는 관료제의 관점에서 보면 전혀 불필요한 제도였다. 제조는 관직을 특권신분에게 주기 위한 만든 특권관직이었기 때문이다. 또한 선별이 아닌 거의 모든 대신에게 제조직을 임명하였으므로 제조는 교체보다는 지속적으로 한 부서에 자리할 수밖에 없었다. 그러므로 구조적으로 제조제의 문제를 개선하기 어려웠다. 정부에서는 일단 육조를 통해 속아문을 통제하는 미봉적인 방법으로 제조제의 문제점을 완화시킬 수밖에 없었다. 그러므로 제조제에 대한 본격적인 문제의 제기와 개선은 새로운 정치세력인 사림의 등장을 기다릴 수밖에 없었다. 사림이 정치세력으로 등장하면서 제조 久任의 문제를 제기하고,[138] 제조제 폐지를[139] 논의할 수 있었다.

---

137) 『세종실록』 권110, 세종 27년 12월 을사.
138) 최이돈 『조선중기 사림정치구조연구』 일조각 1994.
　　제조의 久任에 대한 비판은 성종 22년 장령 이거의 지적이 대표적이다(성종실록 권256, 성종 22년 8월 기사).
139) 제조제의 폐지를 논한 것은 연산군 시기 다음의 김일손 제안이 대표적인 예이다. "제조를 혁파하여 都堂에 통솔되도록 할 것입니다. 삼공이 육경을 통솔하고, 육경이 모든 관리를 통솔하여야, 체통이 서로 유지되고 정사가 한 곳에서 나올 것

3) 提調直啓制의 시행

실안제조제가 시행되고 제조에게 인사권이 부여되면서 제조는 속아문을 확실하게 장악할 수 있었다. 이러한 제조가 속아문을 장악하는 부서 내적인 기능을 확보하면서 부서 외적으로 정치력을 행사하게 되었다. 제조의 외적인 정치력을 대표하는 것은 '제조직계제'의 시행이었다. 제조는 대신이었으므로 속아문을 장악하자 속아문을 대표해서 속아문의 정책을 왕에게 직계할 수 있었다.

태종 5년 관제 개혁으로 육조는 기능이 강화되면서 속아문을 관리하게 되었다. 이는 관제 개혁 바로 직후 태종 5년 3월에 예조가 제시한 '六曹의 직무 분담과 소속을 詳定'하자는 계에 잘 나타났다.[140] 예조는 육조의 기능을 강화하여 속아문을 육조에 소속시키고자 하였다. 이 직무분담의 내용을 정리하면 다음과 같다.

〈표 7〉 육조 소속 속아문

이조	병조	호조	형조	예조		공조
승녕부	중군	전농시	분도관	예문관	아악서	선공감
공안부	좌군	내자시	전옥서	춘추관	전악서	사재감
종부시	우군	내섬시	율학	경연	사련소	공조서

인데, 요즘에는 삼공이 하는 일 없이 도당에 앉아 있어 산관과 같은 인상을 주고 있으며, 관청마다 각기 제조를 두고 저마다 따로 법을 만들어 정사가 여러 곳에서 나오기 때문에 통섭할 도리가 없습니다. (중략) 신은 원하건대, 제조를 태거하여 각 관직을 육조에 붙이고, 大除拜, 大政令이 있을 때에는 육조에서 도당의 명령을 들어서 시행하여야, 조정의 체제가 대강 설 것이니 이것이 조종의 법입니다."(『연산군일기』 권5, 연산군 1년 5월 경술).
세종대에도 제조제에 대한 비판이 있었으나, 이는 제조가 거느리는 根隨의 문제를 제기한 것으로 사림이 제기한 문제의식과는 차이가 있었다(『세종실록』 권32, 세종 8년 5월 갑인).
140) 『태종실록』 권9, 태종 5년 3월 병신.

인녕부	심사	군자감		서연	선관서	도염서
상서사	훈련관	풍저창		성균관	도류방	침장고
사선서	사복시	광흥창		통례문	복흥고	별안색
내시부	군기감	공정고		봉상시	동서대비원	상의원
공신도감	의용순금	제용고		예빈시	빙고	상림원
내시원	사	경시서		전의감	종약색	동·서요
다방	충순호위	의영고		사역원	대청관	
사옹방	사	장흥고		서운관	소격전	
	별시위	양현고		교서관	도화원	
	응양위			문서응봉사	가각고	
	인가방			종묘서	전구서	
				사온서	사직단	
				제생원	관습도감	
				혜민국	승록사	
11	12	12	3	35		9

 태종 5년 이전의 행정체제는 도평의사사 아래에 육조와 육시칠감 등이 병렬적으로 배치되어 있었다. 그러나 태종은 권력을 잡으면서 도평의사사의 기능을 나누고 의정부를 만들어 행정을 총괄하게 하였다. 의정부가 만들어지면서 모든 부서는 의정부의 산하에 편제되어야 하였다. 그러나 태종은 육조의 기능을 활성화하고 육조의 판서와 참판을 대신의 지위에 올리면서, 육조를 의정부의 통제 하에서 벗어나게 하였다. 오히려 육조와 대등한 기구로 존속하던 육시칠감 등의 기구를 육조의 산하에 편제시켰다. 태종 5년 3월의 이와 같은 조치로 사실상 육조-속아문의 체계가 형성되었다.

 그러나 이러한 육조-속아문의 체계는 표면적인 것이고, 앞에서 살핀 것과 같이 이미 태종 초반부터 육시와 칠감에 겸판사가 설치되기 시작하였다. 속아문에 임명된 겸판사는 육조의 당상과 같은 대신이었다. 그러므로 육조-속아문 체제는 흔들릴 수 있었다. 그러나 겸판사는 속아문을 책임지는 위치에 있지 않았으므로 당분간 육조-속아문 체제는 유지되었다.

 그러나 겸판사가 폐지되고 모든 속아문에 제조가 설치되었고, 나아가 제조가 속아문의 관리를 책임지게 되면서 상황은 달라질 수밖에 없었다.

속아문은 육조의 관리 하에 있었으나, 속아문의 제조는 육조의 대신과 동급이거나, 육조의 대신보다 상위의 직급이었으므로 육조가 통제하기 어려웠다.

특히 주요 속아문은 실안제조제를 통해서 왕, 의정부, 육조와 직접적으로 연결되고 있었다. 즉 핵심되는 속아문을 의정부나 육조의 대신이 직접 실안제조로 관리하고 있었고, 왕 역시 승지를 통해서 속아문을 관리하고 있었다. 이러한 상황에서 속아문은 이미 육조의 통제 하에 있기 어려웠다.

이러한 상황은 태종 5년 관제개혁으로 육조에 대신이 판서로 임명되면서 나타나는 현상과 유사하였다. 육조에 대신들이 장관으로 임명되면서 육조는 의정부의 통제에서 벗어났다. 즉 육조의 장관들은 주요 사안을 왕에게 직계할 수 있었다. '육조직계제'는 육조의 지위를 상징하는 제도였다.

그러므로 대신인 제조가 속아문을 장악하게 되면서 육조와 속아문 간에 어떠한 변화가 생겼는지 검토하는 것은 매우 중요하다. 육조와 제조제의 관계를 고찰할 때에 가장 중요한 사항은 제조가 관리하는 속아문의 사안을 육조를 통하지 않고 왕에게 直啓할 수 있는가의 문제였다.

결론부터 이야기 하면 속아문의 제조는 아문의 사안을 왕에게 직계할 수 있었다. 즉 '제조직계제'가 시행되었다. 속아문의 제조가 해당부서의 정책을 바로 직계한 예는 세종 6년 사복시 제조의 다음 계를 통해서 확인할 수 있다.

> 전번에 함길도에서 좋은 말이 많이 생산된 것은, 開原과 길이 통해 있었으므로 韃靼의 말과 교접하여 번식하였기 때문이었습니다. 이제 개원과 통하지 않은 지가 이미 50년이 되었으므로 달단의 말이 絶種하였습니다. 또 제주는 비록 말을 생산하는 곳이지만 몸의 크고 성질이 순한 것이 생산되지 아니하여 장래가 염려되옵니다. 원컨대 경원, 경성에 사는 사람을 시켜서 童孟哥帖木兒 등 여러 곳에서 그들이 구하는 물건으로 몸이 큰 암수 種馬와 교역하여 번식시키면 편리할 것입니다.[141]

이 내용은 좋은 말을 얻기 위한 방안을 제안한 것이다. 사복시 제조는 함길도의 좋은 말을 얻기 위해서 몽골의 말을 얻어 교접시키는 방안을 제시하고 있다. 이러한 사복시의 요청은 세종에 의해서 받아들여져, 세종은 함길도 도절제사에게 품질 좋은 달단의 암수 種馬를 사들이도록 명하고 있다.

제조가 부서의 사안을 직계한 사례를 하나 더 들면, 세종 25년 사역원 제조가 올린 다음의 계를 들 수 있다.

유독 본원에는 褒貶과 陞黜의 법이 없는 고로, 관리들이 병을 칭탁하고 仕進하지 않는 날이 자못 많사오니, 이제부터는 前銜과 權知로서 1년 내에 병가가 만 40일이 된 자는 비록 취재에서 上等에 있었다 하더라도 올려 주지 못하게 하고 다음 차례에 있는 자를 올리게 하소서. 녹관은 병가가 만 30일이 된 자는 곧 파직하여 권계가 되게 하소서.[142]

제조는 사역원에 관원들에 대한 포폄과 승출의 법이 미진함을 개선하기 위해서 그 방법을 제안하고 있다. 이 제안은 세종의 허락을 얻어서 시행되었다.

제조가 직계한 내용은 단순히 해당 부서 내의 일에 한정되지 않았다. 당연히 다른 부서의 지원을 받아야 할 내용도 포함되어 있었다. 세종 12년 서활인원 제조는 다음과 같은 다른 부서와 연관되는 사안을 직계하였다.

院 안에 病人이 많아도 20명에 불과하온데, 그 공급하는 쌀은 모두 묵은 쌀을 주어서 오래 병든 사람이 달게 먹지 못하여 날로 더욱 여위어 갑니다. 1년의 소비를 계산하면 6,70석에 불과하오니, 청컨대 햇곡식과 반씩 섞어 주옵고, 또 汗蒸에 소용되는 땔나무를 수송하기 어렵사오니, 청하건대 사재감의 배를 본원에 붙여서 운수하게 하여 질병을

---

141) 『세종실록』 권25, 세종 6년 8월 무신.
142) 『세종실록』 권101, 세종 25년 7월 갑인.

구호하게 하옵소서.143)

서활인원의 제조는 병자의 건강을 위해서 햇곡식을 배정해 주고, 땔감을 수송하기 위해서 사재감의 배를 서활인원에 지급해 줄 것을 요청하고 있다. 이에 대하여 세종은 호조에 병자들의 식료로 햇곡식을 지급할 것을 명하고, 공조에 운수에 필요한 배를 주도록 명하고 있다. 이러한 사례들은 속아문의 제조들은 자신의 부서의 문제를 왕에게 직계하여 해결할 수 있었고, 나아가 다른 부서에서 지원 받아야 할 사안도 왕에게 직계하여 해결할 수 있었음을 보여준다.

왕은 제조가 각 부서를 대표에서 올린 직계에 대하여 단독으로 결정하기도 하였지만, 경우에 따라서는 단독으로 처리하지 않고, 육조 중 해당되는 부서에 안건을 검토하도록 하여 처리하였다. 그러한 예를 세종 14년 다음의 제생원에서 올린 상언의 처리과정을 통해서 확인할 수 있다.

> 지방 각 고을에는 다 의원이 있고 생도가 있고 약 캐는 사람이 있습니다. 제 때에 약을 캐는 것은 본래 어려울 것이 없습니다. 또 우리나라에는 약재가 없는 것이 없습니다. 그것을 헛되게 수풀 속에 버려두는 것과, 채취하여 사람을 구제하는 것과 어느 것이 더 낫겠습니까. 바라옵건대 담당 유사로 하여금 본원의 원래 정한 貢案대로 시행하게 하소서.144)

제생원의 제조는 공물로 올라오던 약재를 줄이는 것은 반대하고, 약제의 양을 공안에 규정된 바와 같은 양으로 거두도록 요청하고 있다. 이러한 제생원의 직계에 대하여 세종은 단독으로 처리하지 않고, 이를 예조에 내려서 결정하게 하였다. 제생원은 예조의 속아문으로 이 업무가 예조에 속하

---

143) 『세종실록』 권48, 세종 12년 5월 무오.
144) 『세종실록』 권45, 세종 11년 7월 을묘.

였기 때문이었다. 이에 예조에서는 제생원의 안을 존중하여 공안에 따라서 더 많은 약재를 공물로 받을 것을 제안하였고, 세종은 이를 승낙하였다.

이와 같이 제조가 올린 제안을 왕이 단독으로 결정하지 않고, 해당되는 육조에 내려서 논의하게 한 사례는 많은데, 한 예만 더 들면, 세종 11년 훈련관 제조가 올린 다음과 같은 상서를 들 수 있다.

> 바라옵건대, 해마다 춘추로 문신들의 仲月賦詩하는 예에 따라 騎射 와 步射도 겸하여 시험하게 하소서. 그것을 권장하는 방법도 또한 武 學取才로 서용하는 예에 의하여, 1등은 발탁 등용하고, 2,3등은 여러 아문에 到宿한 사람에게는 到를 준다면, 장차 무과 출신자가 활 쏘고 말 달리는 일을 폐지하지 아니하고 더욱 공부를 하여, 전문적인 재예 를 가진 자가 많이 나오게 될 것입니다.[145]

훈련관 제조는 무신의 지속적인 훈련을 위해서 훈련을 시키고 평가하는 방법을 제안하고 있다. 이에 세종은 이 안을 병조에 내려서 논의할 것을 명하였다. 훈련원은 병조의 속아문이어서 병조에 내려 논의하게 한 것이다. 병조에서는 이를 검토하여 훈련원의 제안을 따를 것을 제시하였고, 세종은 이를 수용하여 이 제안을 원안과 같이 결정하였다.

이와 같은 사례들은 속아문 제조의 직계를 인정하면서도 관련된 육조의 논의를 거치게 하여 행정의 통일성을 유지하려는 동향을 보여준다. 이러한 상황이었으므로 속아문의 제조들은 필요한 경우 부서의 사안을 육조를 거쳐서 왕에게 올리기도 하였다. 그러한 예를 다음 세종 12년 예조에서 올린 다음의 내용을 통해서 볼 수 있다.

> 예조에서 전의감제조의 상언에 의거하여 아뢰기를, "醫科出身者로 벼슬을 받은 뒤에 모두 시골에 돌아가서 한가하게 놀고 있으니, 이제

---

145) 『세종실록』 권45, 세종 11년 7월 을묘.

부터 제 마음대로 지방으로 돌아가는 자는 本監에서 곧 本曹에 보고하
여 논죄하소서."146)

예조에서는 전의감 제조의 상언에 근거해서 의과출신자들의 관리방안
을 제시하고 있다. 이와 같은 사례는 물론 속아문이 육조를 통해서 왕에게
정책을 제안할 수도 있었음을 보여준다.

그러나 육조와 제조의 관계는 앞에서 언급한 바와 같이 상하의 관계는
아니었다. 그러므로 위의 예와는 반대로 육조에서 올린 정책을 왕이 속아
문의 제조에게 검토하도록 한 사례도 보인다. 세종 16년 병조에서 다음과
같은 사안을 제안하였다.

> 밤마다 목장 안을 巡行토록 하여 잡인을 검찰하오나, 그 마소의 도
> 둑을 붙잡기란 용이하지 못하옵니다. 혹은 3일, 혹은 5일이나 10일 만
> 에 나타나 그 시기가 일정하지 않으므로 여러 인원을 더 보내어, 그 관
> 원으로 하여금 인솔하게 하여 두모포, 마전포, 광나루와 아차산, 중랑
> 포, 답십 등 처에 뜻밖에 나타나 밤마다 순행하면서 붙잡게 하소서.147)

병조에서 목장의 도적을 잡기 위한 방안을 제안하고 있다. 목장의 도적
이 많았기 때문이었다. 이러한 제안을 세종은 바로 수용하지 않고, 사복시
제조들에게 문의하였다. 제조들이 병조의 방안에 동의하자 왕은 이 방법
의 시행을 허락하였다.

이러한 주요 사안에 대하여, 육조와 제조의 의견을 참고하여 결정하는
상황이 일반적이었으므로, 속아문의 제조와 육조의 당상이 같이 의논해서
계를 올리는 경우도 있었다. 다음 세종 13년의 병조와 군기감제조가 같이
의논하여 올린 다음의 계가 그것이다.

---

146) 『세종실록』 권48, 세종 12년 6월 무자.
147) 『세종실록』 권64, 세종 16년 4월 신미.

別軍 1천 명은 각각 복무한 햇수의 많고 적은 것을 통산하여 전례에 따라 16패에 소속시키고, 4번으로 나누어 번갈아 가며 사역하게 하고, 都目 때에 이르러서 실제 근무한 햇수가 많은 사람으로서 6명을 거관하도록 허락하소서.[148]

이 내용은 별군의 관리를 위한 개선책이었다. 이 계는 '兵曹與軍器監提調等 議啓'라고 그 계의 주체를 밝히고 있다. 이는 두 부서가 같이 공동명의로 계를 올린 것으로, 육조와 제조 간에 동등한 지위를 가지고 관련되는 사안을 다루고 있음을 보여준다.

이와 같이 같은 업무를 다루는 육조와 제조의 관계는 동등한 관계였고, 상호 논의해야 하는 관계였으므로, 외부에서 두 부서에 관련되는 정책을 제안할 때에도 육조와 제조가 같이 논의하여 결정하는 것이 일반적이었다. 이는 세종 17년 다음의 병조와 군기감의 논의를 통해서 알 수 있다.

병조에서 군기감제조와 함께 柳漢이 상언한 조건을 의논하여 아뢰기를, "合藥匠을 단지 1,2인만 정하게 되니, 만일에 사고가 있게 되면 충당해 정하기가 어려울 것입니다. 또 去官한 藥匠 내에 나이 젊은 사람은 달마다 점열하고, 66세 이상인 자는 사맹삭에 점열하는 일은 이미 법을 만들었는데, 지금도 나이 70에 이르러 강제로 도로 벼슬하게 한다면 생계가 고생이 될 것입니다. 다만 合藥을 저울로 다는 일은 당해 관원이 정교한 약장을 거느리고 비밀히 할 것입니다."[149]

유한이 합약장 및 화포 관리에 대한 방안을 제안하자, 세종은 이를 병조와 군기감에서 같이 의논하도록 명하였다. 이에 병조와 군기감제조는 유한의 제안을 검토하여 위와 같은 방안을 제시하였다. 세종은 이 결정을 인정하면서 정책이 결정되었다.

---

148) 『세종실록』 권 52, 세종 13년 4월 계묘.
149) 『세종실록』 권70, 세종 17년 11월 정유.

기본적으로 외부에서 제안하는 속아문과 육조에 관련되는 업무는 속아
문의 제조와 육조가 같이 논의하였으나, 실무가 중요시되는 경우 종종 속
아문의 제조가 우선적인 논의 대상이 되기도 하였다. 이는 세종 18년 다음
과 같은 사헌부의 제안을 논의하는 과정을 통해서 알 수 있다.

> 朝臣이 각도에 사자로 갈 적에는 비록 풍년이라도 역시 폐단이 있을
> 것인데 하물며 흉년이겠습니까. 馬政은 곧 軍國의 중대한 일이므로 말
> 을 점검하는 것은 진실로 폐지할 수 없습니다. 그러나 금년은 旱災가 너
> 무 심하고 충청도, 경상도, 전라도가 더욱 심하오니, 비옵건대, 임시로
> 아직은 點檢員 보내는 것을 정지하고 감사로 하여금 점고하게 하시오
> 면, 백성들은 폐해를 받지 않고 마정은 제대로 잘 될 것입니다. 하물며
> 말은 점검하는 무리들은 대개가 나이 젊은 사람들이므로 한갓 폐단만
> 있을 뿐이오니, 어찌 감사가 임금의 근심을 나누는 것과 같겠습니까.[150]

이는 사헌부 장령 남간이 지적한 것으로, 한재로 인해서 지방에 馬政의
점검을 위한 점검원을 내려 보내지 말고, 감사로 하여금 점검하게 하자는
제안이었다. 이에 대해서 세종은 "말하는 것이 진실로 내 마음에 적합하
나, 큰일이니 나 혼자 결단할 수 없다. 모름지기 사복 제조와 함께 의논한
후에 이를 시행하겠다."라고[151] 답하였다. 세종은 실무를 중시하여서 사복
제조 정연 등을 불러서 논의하여 결정하였다.

이러한 예를 하나 더 들면, 세종 19년 공법의 시행과 관련한 다음의 논
의를 들 수 있다.

> 지금의 공법은 여러 고전에서 상고하고 시대의 사정에 맞는 것으로
> 참작하여, 대신에게 의논하여 이를 만들었으니 진실로 법령이 되옵니
> 다. 단지 금년만은 각도가 비록 약간의 풍년이 들었다 하나, 실농한 곳

---

150) 『세종실록』 권74 세종 18년 7월 을묘.
151) 상동조.

이 많아서 매년 흉년으로 백성이 저축해 둔 것이 없는데, 갑자기 공법을 한결같이 행하게 되면 민간에서 곤란하고 고생되는 것을 염려하지 않을 수 없습니다.152)

위의 내용은 도승지 신인손에 의해서 언급된 것으로 그는 공법의 시행을 흉년으로 인해서 미룰 것을 제안하고 있다. 이에 대하여 세종은 "대신들과 더불어 물어서 정한 일이라, 나 혼자 마음대로 할 수 없으니, 공법제조들에게 의논하여 아뢰라."라고 명하였다. 이는 실무가 중요한 경우 일차적인 논의대상이 제조였음을 보여준다. 그러나 제조들 간에 이 사안에 대한 의견의 일치를 보기 힘들었다. 이에 세종은 "제조들의 의논이 같지 않으니 정부와 육조가 함께 의논하여 아뢰라." 라고 추가로 명하였다. 이러한 논의 과정이 보여주는 것은 육조와 제조의 관계가 상하 관계에 있지 않고 상호 논의하는 관계였으며, 오히려 실무에서는 제조의 의견을 우선시하였음을 보여주었다.

이상의 검토에서 볼 때, 제조의 기능이 확대되면서 '제조직계제'가 시행되고 있었다. 이는 제조가 속아문을 실제적으로 관리하면서 나타나는 가장 중요한 변화였다. 이러한 현상은 제조-속아문 체제가 분명하게 형성되었음을 보여준다.

육조와 속아문은 관계되는 사안을 제안하고 논의하는 과정에서 동등한 지위를 인정받았다. 속아문이 제안하는 경우 육조의 심의를 받았고, 육조가 제안하는 경우에 실무에 대해서 속아문의 검토를 거치는 것이 대부분이었다. 그러므로 제조-속아문의 체제가 육조-속아문 체제와 완전히 독립된 체제는 아니었다. 육조-속아문의 체제 역시 가동되고 있었다. 이러한 현상은 조선의 정치체제가 육조-속아문으로 이어지는 관료제적인 행정체제와 제조-속아문으로 이어지는 신분제적 행정체제를 같이 운영하는 독특

---

152) 『세종실록』 권78, 세종 19년 8월 갑신.

한 체제였음을 잘 보여준다.

맺음말

이상으로 조선초기 제조제의 형성과 정비 과정을 검토하였다. 이를 정리해 보면 다음과 같다.

1. 조선에서는 고려의 제도를 이어 태조대부터 제조제가 시행되었다. 태조대의 제조는 주로 비상설기구에 임명되었다. 건국이후 필요한 제도 정비를 위해서 비상설기구인 도감을 만들고, 책임자로 제조를 임명하였다. 당연히 책임자로 임명된 제조는 부서업무를 책임을 졌다.

제조는 비상설기구에 뿐 아니라 몇몇 상설기구에도 임명되었다. 성균관 등 교육부서와 승문원 등 외교 관련부서였다. 제조들은 교육기관에 임명되어 학생들의 교육을 맡거나, 외교기관에 배치되어 외교문서의 작성에 참여하였다. 이미 재추의 지위에 있는 고위의 관원을 제조로 임명하여 그 재능을 활용하였다.

그 외에 왕의 사장고인 五庫나, 왕의 사병적 성격이 강한 內甲士 등에도 제조가 임명되었다. 이 경우 제조는 왕의 신뢰를 바탕으로 왕의 사적기구를 관리하였다. 그러나 이는 극소수의 비공식적 기구에 설치된 것으로, 제조의 일반적인 성격과 거리가 있었다.

결국 태조대 제조는 비상설기구나 상설기구에 임명되어 상설적 기구의 부담을 줄여주거나, 그 기능을 원활하게 하는 역할을 하였다. 태조대의 제조제는 결국 상설적 행정기구의 보조적 기능을 수행하였다.

2. 태종대로 들어서면 조금 특이한 제도가 나타났다. 그것은 태종 초반에서부터 확인되는 겸판사제의 시행이다. 겸판사제는 정3품 아문인 육시칠감의 책임자인 판사를 겸직으로, 많은 경우 5,6명씩 복수로 두는 제도로

겸판사는 행정을 담당하지 않았다. 이러한 현상은 관직에 비하여 자격을 가진 고위관원이 많아지면서 나타난 대응방식이었다.

그러므로 겸판사제는 시행초기부터 합리적 행정과 관계가 없었으므로 문제로 지적되었다. 정부는 불합리성을 최소화하기 위해서 겸판사에 임명하는 인원을 최소화하고, 고위관원을 배치할 다른 관직을 만들 필요가 있었다. 이는 육시칠감 외의 하위 부서에도 대신을 임명할 수 있는 제도가 필요함을 의미하였다. 그 대안으로 제시된 것이 육시칠감 이하의 부서에 제조를 두는 것이었다. 그러므로 태조대와 다른 성격의 제조제가 태종 초반부터 나타날 수 있었다.

3. 태종대부터 제조제가 확대되었다. 물론 태조대부터 시행되던 기존의 제조제는 그대로 유지되었다. 도감 등 비상설적기구의 제조는 물론 교육과 외교에 관여하던 제조제는 그대로 유지되었다. 그 위에 새로이 하위 부서에 제조가 임명되면서 제조제가 확대되었다.

그 변화는 왕의 사장고인 오고 등에서 시작되었다. 태조대부터 사장고에는 제조가 임명되었는데, 태종초 사장고가 공식기구에 편제되면서도 여전히 제조를 배치하였다. 이는 제조제에 있어서 기존의 방식을 바꾸는 중요한 변화였다. 사장고 등이 공식기구가 되면서 제조를 폐지하는 것이 적절했지만, 대신을 임명할 관직이 부족하였으므로 태종은 사장고를 공식기구화하면서도 이 부서에 제조직을 두어 대신들을 임용하였다. 이러한 변화로 육시칠감에 미치지 못하는 하위 상설아문에도 제조를 두는 결과를 가져오게 되었다.

이와 같은 사례가 나오면서 이후 4품 이하의 관서에 제조를 설치하는 경우가 속출하였다. 나아가 세월이 가면서 육시칠감에도 제조를 두는 현상들이 나타났다. 그러나 제조제나 겸판사제는 같은 기능을 하였으므로 이를 일원화하는 것이 필요하였다. 판사는 정3품 아문의 장을 칭하는 명칭이었으므로 하위부서까지 포괄할 수 있는 제조라는 명칭이 선호되었다.

그러므로 태종 후반에는 이 두 명칭이 혼용되다가, 세종대에 이르러 겸판사라는 명칭은 소멸되고 모두 제조로 통일되었다.

4. 제조제를 확대 시행하면서 세종대에는 제조제를 정비하였다. 그간 일률적으로 제조제를 시행한 것이 아니어서 제조를 두어야 할 부서도 정하지 못하였고, 각 부서에 배정할 제조의 수도 정하지 못했다.

세종 5년에는 제조를 배치할 부서와 배치할 제조의 수를 정비하였다. 정비의 결과 제조를 55개의 부서, 177개의 자리에 배치하였다. 55개의 부서는 거의 모든 속아문을 망라하는 숫자였다. 몇몇 부서는 제조를 임명하지 않았다. 이는 재정적으로 영세하여 제조를 공궤할 수 없는 부서였다. 이들을 제외하고는 모든 부서에 제조를 두었다. 한 부서에 3,4명의 제조를 복수로 두는 상황에서 재정적으로 여유가 있는 부서에 제조를 임명하지 않을 수 없었다. 제조가 배치되는 177개의 자리는 의정부와 육조에 대신이 배치될 수 있는 관직이 20여개이었던 것에 비하면 엄청난 수였다.

177직이라는 제조의 수는 당시 대신의 지위에 있는 모든 인원을 포괄할 수 있는 숫자로 추측된다. 기본적으로 모든 대신에게 관직을 주겠다는 의도 하에 부서별로 제조의 수를 분배한 것이었으므로, 관직의 총수는 당시 대신의 총수와 관계가 있었을 것으로 추측된다. 결국 세종대 제조제의 정비로 대신에게 관직을 부여하는 관직의 신분제적 성격이 제조제를 통해서 보다 확대되었다.

5. 제조가 행정적 기능을 위해서 배치된 것은 아니었으나, 제조가 거의 전 부서에 배치되자 불가피하게 이에 대한 체계적인 관리가 필요하게 되었다. 처음에 제조를 전부서에 배치한 일차적 목적은 제조에게 관직을 부여하는 것이었으므로, 이들은 부서의 업무에 관여하지 않았다. 그러나 제조를 전부서에 확대 배치하면서 이들의 기능을 검토할 수밖에 없었다.

제조의 관리를 위해서 먼저 추진한 것은 實案提調制의 시행이었다. 실안제조제는 의정부나 육조의 대신을 당연직으로 제조에 임명하는 제도로,

이들에게 포폄권을 주어 속아문 관리의 책임을 부여하였다. 제조가 배치된 부서가 55개였는데, 그 중 실안제조제는 29개부서, 59직에 임명되었다. 중요한 속아문에는 실안제조가 임명되었다.

실안제조제의 시행은 의정부와 육조를 중심으로 제조제를 정비하고자 하는 것이었으나, 이미 육조가 의정부의 통제를 벗어나면서, 제조제의 일원적 통제는 추진되기 어려웠다. 그러므로 실안제조를 부서의 중요도에 따라서 체계적으로 배치하려고 노력하였으나, 의정부와 육조는 각기 부서의 이해관계를 반영하였고, 왕도 비서기관인 승정원을 통해서 주요 제조직에 관여하였다.

국가는 실안제조를 통해서 속아문을 통제하고자 하였으나, 제조가 복수로 배치된 구조 속에서 실안제조가 속아문의 관리를 일방적으로 주도하기는 힘들었다. 실안제조가 포폄권을 가지고 속아문을 관리할 수 있었지만, 속아문에 속한 제조들 상호 간은 상하관계가 아니었다. 또한 실안제조들의 경우 그 교체가 빈번한 반면, 일반제조들은 실안제조에 비하여 한 부서를 오래 맡는 것이 일반적이었으므로, 실안제조가 업무의 중심이 되기 어려웠다. 따라서 실안제조의 실제적인 기능은 제조들 간의 의견을 조율하는 역할에 한정되었을 것으로 추측된다.

6. 실안제조가 속아문을 관리하게 되면서 일반제조들의 지위도 변화하였다. 제조가 배치된 부서 중 절반 정도에는 실안제조가 배치되지 않았는데, 이 경우는 일반제조들이 속아문 관원의 포폄을 맡게 되었다. 일반제조들이 포폄권을 맡게 되면서 실안제조가 설치된 아문에서 일반제조의 지위도 상승할 수밖에 없었다.

제조들은 포폄권을 장악하면서, 그 영향력을 확대하여 '관원포상추천권'과 '관원인사추천권' 등을 확보해갔다. 속아문에 필요한 관원을 제조가 천거하면 이병조에서 그대로 임명하는 것이 관행이었다. 제조가 인사권을 장악하면서 제조는 속아문을 완전히 장악할 수 있었다.

제조제가 인사권을 바탕으로 속아문을 장악하면서 정부에서 대신들에게 관직을 주겠다는 일차적인 목표는 달성하였다. 그러므로 제조제는 신분을 지원하기 위해서 관직을 부여하기 위한 제도로 의정부-육조-속아문으로 이어지는 합리적인 관료체제와는 그 성격이 다른 제도였다.

7. 제조가 속아문을 장악하는 데는 제조가 속아문에 오래도록 임명되는 '久任'도 크게 작용하였다. 제조는 임기가 길었다. 의정부나 육조의 대신직이 빈번하게 갈리는 것과는 대조적으로 제조직은 대신들에게 관직을 주기 위해서 만들었고, 겸직인 실안제조와 부제조를 제외해도 거의 120직에 달하는 다수의 자리였으므로 구조적으로 교체를 자주 할 수 없었다. 한번 제조에 임명되면 오래 그 자리에 있었고, 드물게는 20년 이상 한 부서를 담당하는 경우도 있었다. 제조가 속아문을 강하게 장악하면서 비리도 나타났다. 뇌물의 수수는 물론 소속아문의 물품이나 인원을 사적으로 사용하는 경우도 흔하였다.

8. 제조에게 전권을 부여한 것이 문제가 되자 제조를 견제하는 동향도 나타났다. 그 방법은 육조가 해당 속아문의 관리를 강화해서 제조를 견제하는 방식이었다. 즉 육조가 해당 속아문 관리의 포폄에 참여하거나, 제조가 천거한 소속관원의 인사를 이병조가 관여하는 등의 방법으로 제조를 견제였다. 이는 결국 육조를 통해서 제조들을 견제하려는 것이었는데, 사실상 육조의 대신들 역시 속아문의 제조였으므로, 제조가 속아문을 장악하는 것을 구조적으로 막기 어려웠다.

사실 제조제 문제의 원인을 찾아가보면, 제조제는 그 시행에서부터 문제가 있었다. 즉 제조제는 관료제의 관점에서 보면 전혀 불필요한 제도였다. 그러므로 제조제에 대한 본격적인 문제의 제기와 개선은 새로운 정치세력인 사림의 등장을 기다릴 수밖에 없었다. 사림이 정치세력으로 등장하면서 제조가 한 부서에 久任하는 것을 문제로 삼았고, 제조제 폐지까지 제안하였다.

9. 제조가 내적으로 속아문을 확실하게 장악하게 되면서 제조는 외적으로도 정치력을 행사할 수 있게 되었다. 즉 제조는 대신의 지위에 있었으므로 속아문의 정책을 왕에게 바로 직계할 수 있는 제조직계제를 확보하였다. 왕은 제조가 각 부서를 대표에서 올린 직계에 대하여 단독으로 결정하기도 하였으나, 상당한 경우 단독으로 처리하지 않고, 육조 중 해당되는 부서에 이 안건을 검토시켜 처리하였다. 이와 같은 동향은 제조의 직계를 인정하면서도 관련된 육조의 논의를 거치게 하여 행정의 통일성을 유지하려는 동향이었다.

그러나 육조와 제조의 관계는 상하의 관계가 아니었다. 그러므로 위의 예와는 반대로 육조에서 올린 정책을 왕이 속아문의 제조에게 검토하도록 하였다. 즉 육조와 속아문은 부서의 업무와 관계되는 사안을 제안하고 결정하는 과정에서 동등한 지위를 인정받았다. 속아문이 제안한 정책은 육조의 심의를 받았고, 육조가 제안한 정책은 속아문의 실무적 검토를 거치는 것이 대부분이었다.

10. 제조직계제가 시행되면서 '의정부-육조-속아문 체제'와는 별도의 '제조-속아문 체제'를 형성하였다. 물론 이는 완전히 독립된 체제는 아니었고 의정부-육조-속아문 체제와 같이 작동되고 있었다.

그런데 당시 의정부-육조-속아문 체제 내에서 의정부와 육조의 관계는 육조직계제가 시행되면서 상하관계가 아니라 협의 관계를 유지하고 있었다. 그러므로 이러한 상황에 제조직계제로 제조가 발언권을 행사하면서 주요 행정 사안은 의정부, 육조의 대신과 제조의 합의에 의해서 이루어질 수밖에 없었다. 즉 대신들이 합의에 의한 收議制가 당시 국정운영의 기본 방식이었다. 대신은 특권관품으로 조선의 최상위 신분이었으므로 이들의 합의에 의해서 국정을 결정하는 것은 오히려 당연한 것이었다.

11. 이와 같은 현상은 정부가 제조제를 만든 초기의 목적을 넘어서는 것이었다. 정부가 제조제를 만든 초기의 목적은 단순히 대신들이 정치에

서 소외되는 것을 막기 위해서 대신에게 관직을 부여하는 것이었다. 그러나 의정부-육조-속아문으로 이어지는 합리적인 관료체제와 실제적으로 맞설 수 있는 제조-속아문 체제를 구축하면서, 제조직은 국정의 운영을 주도하는 명실상부한 특권관직이 되었다. 이는 특권신분인 대신에게 상응한 정치적 지위를 부여하고자 하는 지배신분 스스로의 모색이었으므로, 오히려 당연한 귀결이었다(최이돈 「조선초기 提調制의 시행과정」『규장각』 48, 2016).

제6장 관원체계와 科田의 운영

머리말

조선의 토지분급제인 과전법은 조선의 경제적 성격을 잘 보여주는 제도였기 때문에 그간 많은 연구자들이 관심을 기울였다.[1] 과전법은 지배신분에게 수조권을 부여하고, 사실상 수조권적 지배까지 부여하는 제도로 이해되면서, 조선의 중세적 특징을 잘 보여주는 제도로 이해되었다.[2]

과전법을 포함한 조선 초기 경제의 성격을 중세적인 것으로 이해하는 연구가 주류였지만, 다른 견해도 제기되었다. 한영우는 조선의 경제를 근세적인 것으로 주장하였다.[3] 그의 경제에 대한 이해는 그의 신분연구와 긴밀하게 연결되어 있다. 그는 조선초기의 신분제를 '양천제'라고 주장하

---

1) 한영우「태종 세종조의 대사전시책」『한국사연구』3, 1969.
   이성무「고려 조선초기의 토지소유권에 대한 제설의 검토」『성곡논총』9, 1978.
   이성무「공전 사전 민전의 개념」『한우근박사 정년기념사학논총』1980.
   이성무『조선초기 양반연구』일조각 1980.
   김태영『조선전기 토지제도사연구』지식산업사 1983.
   이경식『조선전기 토지제도연구』일조각 1986.
   김용섭「토지제도의 사적 추이」『한국중세농업사연구』지식산업사 2000.
   조선 초기 경제사 연구를 보는 기본적 시각에 대한 이해는 이경식(이경식「조선 건국의 성격문제」『중세 사회의 변화와 조선건국』혜안 2005)의 논고에 잘 정리되어 있다.
2) 이성무『조선초기 양반연구』일조각 1980.
   김태영『조선전기 토지제도사연구』지식산업사 1983.
   이경식『조선전기 토지제도연구』일조각 1986.
3) 한영우「태종 세종조의 대사전시책」『한국사연구』3, 1969.

고 있다. 즉 그는 지배신분을 인정하지 않았고 관직을 직업 중 하나로 보았으므로, 과전을 단순히 수조권만을 부여하는 제도로 이해하였다.[4]

전근대 사회 연구에서 신분과 경제는 중요한 두 축이였으므로 이 두 영역을 같이 고려하는 것은 당연하다. 경제 연구는 그 시대의 신분을 어떻게 이해하는가에 따라서 전혀 다른 결론에 도달할 수밖에 없다. 그러므로 한영우가 신분연구를 바탕으로 해서 경제에 접근한 것은 바른 접근법으로 이해된다. 한영우의 양천제론은 보완해야 할 부분이 있지만, 경제와 신분연구의 긴밀성을 강조한 것으로 큰 기여를 하였다.

조선 초기 경제를 중세적인 것으로 보는 연구는 신분의 이해를 '통설'에서 구하고 있다. 이는 과전법 연구를 선도하는 이경식의 경우를 보아 잘 알 수 있다. 그는 '귀족, 양반, 토호 등 지배신분계급'[5]이라는 표현을 사용하고 있다. 이는 그의 신분이해가 통설에 기반한 것임을 알 수 있는데, 그는 이러한 기준에 의해서 조선 초기 경제를 분석하고 있다.

그간 '통설'은 신분제 논쟁을 통해서 많은 문제점을 노출하였다. 그러므로 '귀족, 양반, 토호'를 지배신분으로 이해하는 것은 그간의 신분제 논쟁에 비추어 볼 때 공감하기 어렵다. 귀족, 양반, 토호 등이 법적으로 집단적 경계를 분명히 할 수 있는 집단인지, 그리고 이 집단들이 지배신분이라 할 만한 법적 특권을 가지고 있는지 등 논증해야 할 부분들이 남아있다. 특히 토호의 경우는 '통설'에서도 크게 주목하지 않고 있어 좀 더 엄밀한 검토가 필요하다. 그러므로 조선 초기 중세설은 신분제 연구의 '통설'과 같이 더 다듬어야 할 형편에 처해 있다.

저자는 최근 조선 초기 신분제를 정리하면서 새로운 제안을 하였다. 즉 조선의 신분제는 태종 세종대를 거쳐 정비되었고, 중세적 '혈통'과 근대적 '능력'의 양면성을 공히 인정하는 독특한 것으로 주장하였다.[6] 특히 조선

---

4) 한영우『조선시대 신분사 연구』집문당 1997.
5) 이경식「조선 건국의 성격문제」『중세 사회의 변화와 조선건국』혜안 2005, 30쪽.
6) 최이돈「조선 초기 향리의 지위와 신분」『진단학보』110, 2010, 10쪽.

에서의 관원은 모두가 신분적 특권을 부여받은 것은 아니었고, 그 중 일부인 2품 이상의 대신만이 특권신분이었다고 논증하였다.[7] 따라서 3품 이하 관원의 신분적 지위는 협의양인과 크게 다르지 않았다고 보았다.

이러한 관점에 선다면 조선 초기 경제, 특히 과전법은 달리 해석할 여지가 있다. 본고는 이러한 새로운 신분연구의 관점에서 과전법을 검토하려는 것이다. 그간의 과전법의 연구는 통설의 입장에서 모든 관원을 지배신분으로 인식하고, 당연히 이들에게 부여되는 과전을 신분에 따른 경제적 특권으로 이해하여 세전되는 世祿田으로 설명하고 있다.[8]

그러나 새로운 관점에서 보면, 관원의 일부만 지배신분이므로, 관원들에게 주어지는 과전의 성격 역시 단일한 것이 아니라고 볼 수 있다. 즉 2품 이상의 대신들에게 주어지는 과전이 신분적 지위를 유지하기 위한 세록전적인 성격을 가진 토지라면, 3품 이하의 과전은 직역에 대한 보상으로 주어지는 職田的 성격의 토지로 가정할 수도 있다.

그러므로 본고는 조선 초기 관원체제의 변화와 연결시켜 과전의 성격을 구명하고자 한다. 먼저 고려 말 과전법의 시행과정에서 논의된 과전의 분급과 관직의 관계를 검토해 보고자 한다. 다음으로 관원체계에 큰 변화가 나타난 태종대를 중심으로 관원체계의 변화와 이로 인해서 나타나는 과전 운영의 변화를 검토하고자 한다. 이러한 검토를 통해서 과전법의 성격이 분명해지고, 나아가 과전법과 특권신분과의 관계가 보다 분명해지기를 기대한다.

---

7) 최이돈 「조선 초기 특권 관품의 정비 과정」『조선시대사학보』67, 2013.
8) 이성무『조선초기 양반연구』일조각 1980.
   김태영『조선전기 토지제도사 연구』지식산업사 1988.
   이경식『조선전기 토지제도 연구』일조각 1990.

1. 고려 말 科田法과 관원체계

고려말 사전개혁의 논의과정에서부터 개혁파는 관직에 따른 과전의 분급을 어떻게 규정할 것인지를 주요과제로 인식하였다. 개혁파가 과전을 어떻게 분급하려 했는지는 창왕 원년의 상소에 잘 나타난다. 창왕 원년 7월에 조준은 다음과 같이 관직과 과전의 관계를 설명하였다.

> 첫째 祿科田柴입니다. 侍中으로부터 일반 평민에 이르기까지 현직 관으로 있는 자에게는 각각 그 품계에 따라 토지의 양을 계산하여 떼어주되 그 토지는 아문에 소속시켜 해당 현직관원만이 그 전조를 받아 먹게 하소서. 둘째 口分田입니다. 在內諸君 및 1품부터 9품까지의 관원은 현직 산직을 물론하고 품계에 따라서 구분전을 주고 첨설직을 받은 자에게는 그 實職을 조사해서 주되 모두 그가 죽을 때까지 주소서. 그 처가 절개를 지키면 역시 그 생전에는 주는 것을 허락하소서. 현직을 가진 자 이외의 전함과 첨설직을 가진 자들로서 토지를 받은 자들은 모두 五軍에 예속시키소서.9)

이 내용에 의하면, 관직에 따라서 두 가지 토지를 주고 있다. 먼저 녹과전시를 현직 관원에게 주어 職田으로 운영하고자 하였다. 개혁파는 토지를 개인이 아닌 소속 관청에 부여하여 현직에 있는 경우에만 수조하도록 하였다.10) 이러한 견해는 사전의 문제가 수조권의 세전에서 기인하였음을 깊이 인식한 결과였다. 다른 하나는 현직과 전직을 구분하지 않고, 품계에 따라서 모든 관원에게 口分田을 부여하려고 하였다. 이 구분전은 관원이 죽을 때까지 소지할 수 있고, 이를 처에게까지 양도할 수 있는 토지였다. 그러므로 구분전은 관원의 신분을 보장하는 토지였다.11)

---

9) 『고려사』 권78, 식화1, 녹과전.
10) 김태영은 아문에 소속시키고 한 제안을 '직전의 사전화를 방지하기 위한 철저한 조처'로 이해하였다(김태영 앞의 책 45쪽).

따라서 개혁파의 토지개혁안은 직전의 성격을 가진 녹과전시와 세록전적인 성격을 가진 구분전을 같이 운영하는 것이었다. 이와 같은 생각은 직전으로 운영하던 고려말 녹과전의 운영방식을 그대로 가져오고, 여기에 전시과의 구분전을 첨부한 것이었다.12) '녹과전시'를 과목으로 설정한 것은 이를 잘 보여준다.

그러나 여기서 특이한 것은 구분전과 군역을 연결시키고 있다는 점이다. 즉 구분전을 받고 있는 산직의 관원들을 五軍에 예속하여 군역을 담당하게 하고 있다. 구분전을 군역과 연결시켜 군전에 준해서 운영하고자 하였다. 이렇게 구분전과 군전을 연계시키면 군역의 수행을 전제로 하여 운영되므로 구분전은 역전의 성격을 가질 수밖에 없다. 또한 구분전은 그 지급양이 足丁 또는 半丁의 규모로 그 양이 적어 신분을 세전하도록 지원하는 성격을 가졌다고 보기도 미흡하다.

그러므로 창왕 원년에 개혁파가 가진 사전개혁의 방안은 아직 분명하지는 않았으나, 단순히 관원들에게 세전적 토지를 주겠다는 생각은 아니었다. 아직 세부적인 것은 드러나지 않았지만, 전체적인 성격은 관직과 군직에 대한 보상을 기본으로 하는 직전적 토지운영을 구상하고 있었던 것으로 이해된다. 이는 전시과와는 다른 토지분급 방식으로 매우 혁신적인 구상이었는데 당시 개혁파가 수조권의 세전에서 기인한 사전의 문제를 매우 심각하게 인식하였음을 보여준다.

그러나 정작 과전법에 토지분급방식은 위와 다른 형태로 정리되었다. 다음의 과전법 규정은 이를 잘 보여준다.

---

11) 김태영은 구분전에 대하여 "고려의 후기구분전의 토지 유형에서 그 세전적인 성격을 제거시킨 유형"으로 이해하고 있다. 그러나 관인에게 주어진 구분전에 대해서는 "고려 후기의 녹과전계열과 연결되는 토지 종목이었다."고 다른 견해를 제시하고 있다(김태영 앞의 책).

12) 이성무는 "녹과전계열의 토지와 전시과계열의 후기구분전을 그대도 묶어 놓은 것이기 때문에 개혁안으로서는 미흡하였다."고 보고 있다(이성무 앞의 책 296쪽).

무릇 경성에 살면서 왕실을 보위하는 자는 時散을 물론하고 저마다 과에 따라 토지를 받는다. 제1과 재내 大君으로부터 문하시중에 이르기까지 150결, 제2과 재내 부원군으로부터 檢校侍中에 이르기까지 130결, (중략) 제14과 6조 좌랑으로부터 낭장에 이르기까지 35결, 제15과 동서 7품 25결, 제16과 동서 8품 20결, 제17과 동서 9품 15결, 제18과 권무 散職 10결.[13]

여기서 가장 중요한 구절은 "時散을 물론하고 저마다 科에 따라 토지를 받는다."이다. 시직은 물론 산직에게도 토지를 지급하겠다는 생각이다. 이는 창왕 원년의 논의에서 직전제를 과전 분급 방식으로 고려하였던 입장에서 많이 후퇴한 모습이다.

여기서 궁금한 것은 산직의 경우 어떻게 토지를 분급할 것인지의 내용이다. '과에 따라'라는 표현은 여러 해석이 가능한데, 시직과 산직을 구분 없이 과에 따라서 같은 양의 토지를 준다고 해석할 수 있고, 시직과 산직 간에 일정한 차이를 두고 과에 따라서 토지를 분급한다고도 해석할 수도 있다. 그런데 이러한 해석을 일률적으로 적용하기에는 제1과에서 제18과의 내용을 보면 어려움이 있다. 제1과에서 제14과의 경우는 관직명을, 제15과에서 제18과에는 산계를 기록하고 있기 때문이다. 분명하지는 않지만, 이러한 구분을 둔 것은 제1과에서 제14과의 경우와 나머지 제15과 이하의 운영에 차이를 두고 있었음을 보여주는 것으로 이해된다.

이 양 집단 간에 운영상 어떠한 차이가 있었을까? 이에 대한 실마리는 인용문에 제2과의 '검교시중'과 제18과의 '산직'이 언급된 것에서 찾을 수 있다. 당시 검교직은 실직이 없는 허직으로 산직과 같이 운영되고 있었다. 그러므로 '검교시중'이나 '산직'이라는 표현은 모든 관직이 일률적으로 시산을 구분하지 않고 과에 따라 토지를 준 것이 아니었음을 보여준다. 이는 '검교시중'과 같이 검교직을 활용한 방식과 '산직'과 같이 관품에 따른 일

---

13) 『고려사』 권78, 식화1, 녹과전조.

률적으로 처리하는 방식을 같이 고려하였음을 보여준다.

이는 제1과에서 제14과까지는 관직명이, 제15과에서 제18과까지는 관품명이 기록되고 있는 것과 관련되는 것으로 보인다. 시산을 구분하지 않을 경우 관직명은 필요 없다. 모든 관직이 관품으로 치환이 될 수 있기 때문이다. 그렇다면, 위와 같은 표기방식은 분급방식의 이원화를 함축하고 있다고 이해된다. 즉 관직으로 표기되어 있는 14과까지 영역의 관원들은 산관이 되는 경우 '검교시중'이라고 표기된 방식에 따라서 검교직 등 별도의 산직체계를 통해서 과전을 부여하였을 것으로 짐작된다. 제15과 이하의 관품만 기록된 관원들은 산직이 되는 경우 제18과에 기록된 '산직'의 규정에 따라서 과전을 부여받았을 것으로 추측된다.14)

관직과 산계를 나누어 운영하는 것은 관직의 수에 비하여 실제로 직무를 수행할 수 있는 자격을 가진 후보군이 많은 경우에 불가피한 선택이었다. 기본적으로 산계를 운영하는 경우에 관직을 가진 이와 산계를 가진 이를 다르게 대우할 수밖에 없는 것이 현실이었다. 고려의 경우 관직 중심의 관원체계를 유지하였으므로, 검교직이나 동정직을 운영하여서 산계만을 가

---

14) 제18과에 보이는 산직을 이성무는 '流外散職'으로 해석하고 있고, 검교직 등 流內散職의 경우 검교시중을 제외하고는 과전을 지급하지 않았다고 보고 있다. 그는 유내산직으로 동정직, 검교직, 첨설직 등을 거론하고 있다. 제18과의 산직을 해명하기 위해서 산직을 유내와 유외로 나누어서 설명을 실마리를 모색한 것은 경청할 만한 견해이다(이성무 앞의 책 311쪽).
그러나 그는 "전직관료의 경우는 그가 현직에 있을 때 받은 과전을 그의 생전까지 가지고 있는 것에 불과하였다."(위의 책 311쪽)고 언급하고 있어 전직관료가 현직을 떠나 산직만을 가져도 과전을 보유한 것으로 주장하고 있다. 이렇게 이해하는 경우에 전직관료가 가지는 산직과 앞에서 설명한 유내산직, 유외산직의 관계에 대한 설명이 필요한데 이 부분이 분명치 않다. 그러므로 제18과를 '유외산직'에 한정하여 해석하거나, 유내산직 내에서는 검교시중만이 과전을 받았다는 주장은 수용하기 어렵다.
이에 비하여 김태영은 제18과의 산직을 천관우(「조선토기제도사」 하, 『한국문화사대계』 2, 1965)의 견해를 수용하여 '流外雜職'으로 해석하고 있다. 이러한 이해는 이성무가 산직을 유외산직으로 해석한 것과 다르지 않다(김태영 앞의 책 70쪽).

질 때에 받을 수 있는 불이익을 배제하고자 하였다. 그러한 방식이 과전법에도 수용되어 '검교시중'으로 표현되었다. 구체적으로 모든 검교직이나 동정직을 나열하지 않았지만 제14과 이상을 관직으로 표기하고 있는 것은 고려적 방식을 그대로 적용하고 있음을 보여주는 것으로 그에 대응한 검교직 등의 체계가 운용되었을 것으로 추측된다.15)

　이에 비하여 제15과 이하를 관품으로 표기한 것은 새로운 방식이었다. 고려말에 와서는 고려 초기보다 관료제가 더욱 발전하였다. 이는 관원후보자가 더욱 양산될 수밖에 없었고, 이에 따라 산계만을 가지는 관원에 대한 대우를 제한할 수밖에 없었다. 그러므로 개혁파는 과전법을 만들면서 상위의 관원들에게는 고려와 같이 관직 중심의 운영방식을 적용하면서, 하위품계에게는 관품 중심의 새로운 운영방식을 적용해 본 것으로 추측된다. 따라서 제15과 이하의 관원은 산직이 되면 제18과 10결의 토지를 받았을 것으로 추정된다.

　과전법에서 산직의 경우 직무가 없는 것이 아니었다. 과전분급의 대전제가 '경성에 살면서 왕실을 보위하는 자'를 조건으로 하고 있었으므로 이들은 당연히 군직에 편제될 수밖에 없었다.16) 이러한 경우 산직이 받는 토지 10결은 군역의 대가로 받는 군전 10결과 연관되는 토지였다. 이들이 받는 토지는 군역이 부여되었다. 군전은 그 지급양도 적었고, 군역과 연계되면서 신분을 보전하는 '세록전'의 성격을 가진 토지와는 거리가 있었다.

　고려말 개혁파는 외형적으로는 고려의 태조가 행한 전시과를 다시 복행한다는 것을 명분으로 표방하고 있었지만, 이미 상황과 과제가 달라지고 있었음을 깊이 인식하였다. 결국 개혁파는 산직의 관리에서 상위직에는 고려와 유사한 방법을 사용하면서, 하위직에는 '산직'을 표기하는 별도의 관리 방식을 도입하였다.

15) 한우근 「훈관 검교고」 『진단학보』 29 30, 1966.
16) 『고려사』 권78, 식화1, 녹과전.

그러나 조선이 건국되면서 관원의 토지분급 방식에 대한 개혁이 일시적
으로 후퇴되는 양상을 보여준다. 이는 『용비어천가』에 나타나는 다음의
기록을 통해서 알 수 있다.

> 경기에 과전을 두고 시산을 막론하고 각기 科를 주었다. 添職은 모
> 두 實職에 따랐다. 제1과는 정1품으로 150결, 제2과는 종1품으로 125
> 결, (중략) 제15과는 정종 8품으로 20결 제 16과는 정종 9품으로 15결,
> 제17과는 正雜權務로 10결, 제18과는 令同正學生으로 5결이다.17)

이 내용은 태조 3년경의 기록으로 추측되는데 매우 특이하다. 여기서는
제1과에서 제18과에 이르기까지 관품 기준에 의해서 일률적으로 토지를
부여하고 있다. 이는 과전법에서 관직과 관품을 나누어 이원적으로 운영
한 것과는 다르다. 이는 "시산을 막론하고 각기 과를 주었다."는 지적과 연
결된다. 시산을 구분하지 않는 때 관직과 관품을 구분하는 것은 의미가 없
었고, 결국 1품에서 9품이 이르기까지 관품에 입각해서 운영할 수밖에 없
었다.

이와 같은 토지의 분급제는 토지 분급량이 크게 늘어 국가에 부담을 주
는 것이었다. 당시의 관직제도는 정비되지 않아 검교직, 동정직, 첨설직 등
다양한 관직이 섞여 있었고, 여기의 "첨직은 모두 실직에 따랐다."는 내용
으로 보아서 여타의 산직도 토지를 분급하였을 것으로 보인다. 이러한 상
황에서 이 제도는 국가의 부담을 크게 주어 지속적으로 운영하기 어려웠
고, 바로 소멸된 것으로 추정된다. 이 내용이 『용비어천가』에만 기록되고,
조선왕조실록에서 찾을 수 없는 것은 이러한 상황에 기인한 것이었다.

이와 같이 건국 직후 개혁에서 후퇴하는 모습은 단지 과전법에서만 나
타나는 것은 아니었다. 새 왕조인 조선은 그 지지기반을 확충하기 위해서
여러 분야에서 고려 말에 추진한 개혁을 후퇴시키는 모습을 보여주고 있

---

17) 『용비어천가』 73장 주.

었다. 한 예로 개혁파는 고려 말 도평의사사의 방만한 구성원을 개혁하여 그 인원을 대폭 감소시켰는데, 건국 초에 이르면 도평의사사의 구성원을 다시 대폭 늘리고 있다.[18] 이러한 모습은 개국 직후 왕조의 안정을 위해서 유화적인 모습을 보여 주는 것이었다. 그러나 유화적인 국정의 운영은 정부가 감당할 수 없는 방만한 것이었으므로 시간이 흐르면서 결국 다시 개혁의 방향을 따라서 과전의 분배를 정비할 수밖에 없었다.

결국 과전법에서 퇴직 관원의 과전을 이원적으로 운영하였다. 제14과 이상의 관원들의 과전은 고려의 전시과와 유사하게 운영하여, 관원들이 시직을 벗어나도 과전을 계속 보유할 수 있었다. 그러나 제15과 참하관 이하 관원들은 10결의 토지를 받았는데, 이는 군전과 연관되어 운영되었다. 이들이 퇴직 후 받는 군전은 거경숙위의 의무와 연계되어 운영되면서 世祿田的 성격을 가지기 어려웠다.

2. 3품 이하 관원의 科田 운영

태종대부터 조선의 관원체계는 정비된다. 관원체계 정비의 핵심은 관품체계와 관직체계로 구성되어 있는 관원체계를 신분과 일치시키는 것이었다. 조선의 정부는 관직을 한 신분에 대응하는 직역으로 인식하지 않았다. 관원들은 관직을 모든 신분이 국정운영에 기여한 대가로 받을 수 있는 종합적 직역으로 만들고자 하였다. 그러므로 관직을 신분제와 연동시키기 위해서는 하나의 관직 내에 각 신분과 대응할 수 있는 별도의 구역을 나누는 정비가 필요하였다. 이는 태종대에 시작하여서 세종대까지 지속적인 논의를 통해서 이루어졌다.[19] 과전과 연관해서 진행된 가장 중요한 관원

---

18) 박재우 「고려 공양왕대 관제개혁과 권력구조」, 『진단학보』 81, 1996.
19) 최이돈 「조선 전기 현관과 사족」, 『역사학보』 184, 2004.
   최이돈 「조선 초기 잡직의 형성과 그 변화」, 『역사와 현실』 58, 2005.

체계의 변화는 태종대에 나타난 특권관품의 정비였다. 2품 이상 대신을 특권을 가진 관품으로 정비하는 과정이었다.[20]

조선을 건국한 신진사대부들은 조선의 운영 주체를 왕이 아니라 재상으로 보고 있었고, 이를 위해 정치, 군사체계의 개혁을 추진하였다. 도평의사사를 개혁하고, 의흥삼군부 하에 사병의 통합을 추진하였다. 그러나 정도전 등을 제거하고 집권한 태종의 생각은 달랐다. 태종도 집권하면서 중앙집권제를 확립하기 위해서 의정부를 만들고, 의흥삼군부 하에 사병을 통합하는 작업을 추진하였으나, 국정 운영의 주체를 재상이 아닌 왕으로 바꾸기 위해서 권력구조의 개편도 단행하였다. 태종은 의정부와 이를 주재하는 재상에게 모든 권력을 주지 않고, 육조를 강화하여 권력을 분산시켜 의정부와 육조가 상호 견제하는 체제를 만들고, 왕이 의정부와 육조를 통합하는 역할을 하면서 정치적 주도권을 가질 수 있게 조정하였다.[21]

태종은 육조의 지위를 높이기 위해서 육조의 장관들의 관품을 높였으나, 당시의 관직체계는 고려의 유제를 이어받아 관직을 중시하는 체계였으므로, 단순히 관품을 올려준다고 육조의 지위가 올라갈 수 없었다. 여전히 재상은 특정부서의 몇몇 관직으로 한정되고 있었다. 그러므로 태종은 관직 중심의 체계를 관품 중심의 체계로 전환시켰다.[22] 특정 부서의 몇몇 관직만 재상이 되는 체제에서 일정 품계에 오르면 대신으로 인정되는 체

　　최이돈 「조선 초기 서얼의 차대와 신분」 『역사학보』 204, 2009.
　　최이돈 「조선 초기 왕실 친족의 신분적 성격」 『진단학보』 117, 2013.
20) 최이돈 「조선 초기 특권 관품의 정비 과정」 『조선시대사학보』 67, 2013.
　　이태진도 거족을 분석하면서 이와 유사한 기준을 적용하였다. 그러나 그는 분석 대상을 정3품 당상관까지로 하여 검토하고 있어 저자와 견해가 다르다. 3품 당상관은 준특권관품의 지위를 가졌으나 특권신분은 아니었다. 또한 이태진은 친족의 범위를 넓게 잡고 있으나, 저자는 법적 친족의 범위를 4촌으로 파악하고 있다(이태진 「15세기 후반기의 「거족」과 명족의식」 『한국사론』 3, 1976; 최이돈 「조선 초기 법적 친족의 기능과 그 범위」 『진단학보』 121, 2014).
21) 최승희 『조선 초기 정치사연구』 지식산업사 2002.
22) 남지대 「조선 초기 중앙정치제도연구」 서울대학교 대학원 박사학위논문 1993.

계로 이전한 것이다. 그 과정에서 2품 이상을 특권관품으로 하는 '대신제'
가 형성되었다. 이러한 변화로 3품 이하의 관원들은 특권을 가지지 못하는
관품으로 정리되었다. 이는 과전의 운영에 영향을 줄 수밖에 없었다.[23]

　관원체계가 바뀌면서 과전의 운영에 어떠한 변화가 있었을까? 먼저 3품
이하 관원의 과전 운영방식을 살펴보자. 대신과 3품 이하의 관원 간에는
과전 운영상에 큰 차이가 있었다. 이 양자 간에는 관직을 보유하고 있을
때보다는 관직을 보유하지 않는 산직이 되었을 때에 차이가 컸다. 관직을
가지는 현직일 때에는 이들 간에 차이는 관품에 따라서 상응하는 결수의
차이만 있었다. 그러나 관직을 물러나 산관이 되는 경우에는 대신과 3품
이하 관원 간에 차이가 컸다.

　3품 이하 관원들은 산관이 되면 군직에 편입되었다. 受田品官이 그것이
다. 전함 3품 이하의 관원들이 군직에 편입되어 수전품관으로 구성되는 것
은 태종 6년 사헌부 대사헌 허응의 다음과 같은 지적을 통해서 확인할 수
있다.

　　　전함 3품 이하 가운데 수전한 인원은 모두 서울에 살면서 시위하도
　　록 하였습니다. 그러나 兩府 이상은 아울러 거론하지 않았기 때문에,
　　왕실을 호위하지 아니하고 농장에 물러가 있으면서 관부에 드나들며
　　수령을 능욕하고, 시골사람을 주구하여, 백성들에게 해를 끼치는 자가
　　간혹 있습니다. 원하건대 모두 규리하여 서울로 오게 하소서.[24]

　이 내용은 사헌부에서 언급한 것으로, 주목되는 것은 양부와 3품 이하

---

23) 김태영은 관품에 따라서 과전을 지급한 것을 세종 13년경의 변화로 이해하고 있
　　다(김태영 앞의 책 69쪽). 이경식도 역시 세종 12년경의 변화로 이해하고 있다(이
　　경식 앞의 책 235쪽). 그러나 이는 이 시기에 비로소 관품 기준으로 과전이 분급
　　된 것을 언급한 것은 아니었고 행수직을 시행하면서 생긴 문제점을 분명히 정하
　　기 위해서 언급한 것에 불과하였다.
24) 『태종실록』 권11, 태종 6년 6월 정묘.

를 구분하여 "전함 3품 이하 가운데 수전한 인원은 모두 서울에 살면서 시위하도록 하였습니다."라는 구절이다. 여기서 수전한 이들은 수전패에 속하는 이들이었는데, 이들은 양부를 제외한 '전함 3품 이하' 관원으로 구성되었다.

3품 이하의 관원이 퇴직하여 수전품관으로 편성되었다면 2품 이상의 대신은 어떠하였을까? 관직체제의 변화 이후 산관을 구분하는 기준은 태종 9년 취각령의 시행과정에 보이는 다음과 같은 언급에 잘 나타난다.

> 기를 세우고 角을 불면 갑사와 시직 산직의 대소 신료가 서둘러서 빨리 대궐에 나오는 것이 마땅합니다. (중략) 대소 시직, 산직의 인원이 부득이하여 문밖에 출입하는 연고가 있으면, 아무 날에 나갔다가 아무 날 돌아오는 사유를 갖추어 전함재추는 본부에, 동반은 각각 그 仰屬에, 서반 및 當番受田牌, 의흥부, 성중애마는 각각 소속에 告狀한 뒤에 출입하도록 하소서. 만일 기한이 지나도 이르지 않는 자가 있으면 동반은 정직하고, 서반 4품 이하, 전함재추, 당번수전패 등은 외방에 부처하고, 서반 5품 이하는 수군에 편입하소서.[25]

이는 취각령에 대한 것으로, 일단 취각령이 내려지면 서울에 거주하는 현직과 산직 관원은 모두 동원되었다. 의정부는 취각령을 원활하게 운용하기 위해서 시직과 산직 관원들의 지방 출입을 관리하고, 지방에 나가는 경우에는 해당부서에 보고하고, 일정기한 내에 돌아오게 하였다.

여기서 주목되는 것은 관원을 분류하는 방식이다. 정부는 관직을 먼저 현직과 산직을 나누고 있다. 현직의 관원들을 동반, 서반 4품 이상, 서반 5품 이하로 나누고 있다. 반면 산관은 前銜宰樞만을 거론하고 있다. 전함재추는 2품 이상의 대신을 칭한 것이다. 3품 이하의 산관은 거론하지 않고 있는데, 3품 이하의 산관은 수전패에 속하였기 때문이었다. '당번수전패'의

---

25) 『태종실록』 권22, 태종 11년 12월 신축.

언급이 그것이다. 수전패는 산직 3품 이하의 관원이 속하였다. 2품 대신은 지방의 거주를 불허하였으나, 3품 이하의 산관은 지방의 거주가 가능하였다. 3품 이하 관원은 지방의 거주가 가능하였으나 군역을 담당하는 기간에는 서울에 머물러야 하였다. 여기서 '당번'을 거론한 것은 역을 위해 서울에 머물러야 하는 산관을 칭하는 것이었다. 그러므로 정부는 산관을 2품 이상은 전함재추로, 3품 이하의 관원은 수전패로 분류하였다.

3품 이하 관원이 현직을 떠나 산관이 되어 수전패가 되는 경우 이미 받았던 과전은 어떻게 되었을까? 이는 태종이 그 6년 지신사 황희를 시켜서 언급한 다음의 내용에 의해서 확인할 수 있다.

> 受田人을 궐문밖에 모이게 하니, 온 사람이 5백여 인이나 되었다. 지신사 황희를 시켜 전지하여 말하기를, "田制에 '경성에 살면서 왕실을 지킨다.'고 분명히 말한 것이 오늘부터가 아닌데, 너희들은 무슨 까닭으로 자신만이 편하고자 하는가? 너희 여러 사람들 중에는 어찌 의리를 깨달은 자가 없느냐? 마땅히 군신의 의리를 생각하여 분분하지 말도록 하라. 만일 5결, 10결의 전토로써 서울에 머물기 어려운 자는 너희들 마음대로 자손이나 사위 조카에게 물려주어, 각각 자기의 마음을 바로 하여 나를 원망함이 없도록 하라."하니, 모두 머리를 조아려 말하기를, "감히 그럴 리가 있겠습니까?"하고 물러갔다. 이때에 여러 번 익명서로써 조정을 비방하고 하윤을 헐뜯었는데, 말한 사람은 모두 受田品官의 소위라고 한 까닭으로 불러서 그들을 책망한 것이다.[26]

태종은 500여 명의 수전품관들에게 5결, 10결의 토지로 '서울에 머물기 어려운 자'는 토지를 내어 놓고 지방에 물러가도 좋다고 말하고 있다. 이 내용에 의하면 3품 이하의 관원은 현직을 그만두면서, 기존의 과전을 반납하고, 5결 내지 10결의 토지를 군전으로 지급받고 있었다. 3품 이하의 관원이 산관이 되어서도 본인의 과전을 그대로 가지고 있었다면, "만일 5결,

---

26) 『태종실록』 권12, 태종 6년 윤7월 계해.

10결의 전토로써 서울에 머물기 어려운 자"라는 표현을 사용할 수 없었다. 그러므로 3품 이하의 관원들은 과전을 내어놓고 대신 5결, 10결의 토지만 군전으로 지급받고 있었다.

관원이 관직을 그만 두면 정부는 과전을 환수하고 군전만을 지급한 것은 다음의 의정부의 요청을 보아도 거듭 확인할 수 있다.

> 과전을 받고 외방에 나가서 살기를 자원하는 자는 외방 軍田의 예에 의하여 절급하고, 그 나머지 전토는 경중에 恒居하는 각 품 관리로서 전지를 받지 못한 자에게 지급하도록 하소서.[27]

이 내용에 의하면 과전을 받았으나 관직을 그만두고 지방에 나가 살기를 원하는 경우에 군전에 해당하는 양의 토지만을 남기고 과전을 환수하고 있다. 여기서 지방에 내려갈 수 있는 관리는 3품 이하의 관리였다. 2품 이상의 관리는 지방의 거주가 허용되지 않았기 때문이다. 또한 군전도 숙위를 하면서 군직을 수행하는 경우에 한하여서 주어지는 것이었으므로, 숙위마저 포기하는 경우에는 이 군전마저도 반환하여야 하였다.[28]

앞에서 과전법 규정을 검토하면서 제15과 이하인 7품 이하의 관원이 산직이 되면 10결의 군전을 받았을 것으로 추정하였는데, 위의 내용에 의하면 3품 이하의 모든 관원에게 10결 이하의 군전이 주어지고 있었다. 이와 같은 3품 이하 관원이 군전을 받는 지위로 하락한 것은 언제부터였을까? 이는 태종 5년의 관제 개혁에 기인한 것으로 보인다.[29]

---

27) 『태종실록』 권9, 태종 5년 4월 갑술.
28) 『태종실록』 권12, 태종 6년 9월 정유조에 사간원이 언급한 다음 기사를 보아도 수전패는 적은 토지만을 받고 있음을 확인할 수 있다. "前銜으로 受田한 자를 번갈아 숙직하게 함은 왕실을 호위하는 소이이오나, 磽薄한 과전을 받은 자야 어찌 경성에 恒居하면서 그 식량을 잇댈 수 있겠습니까? 바라건대, 금년의 秋冬까지 권도로서 숙직을 그만두게 함으로써 사람들의 마음을 기쁘게 하소서."
29) 최이돈 「조선 초기 특권 관품의 정비 과정」 『조선시대사학보』 67, 2013.

이는 앞의 인용한 내용 중 '하윤을 헐뜯었는데'라는 구절을 통해서 그 변화의 일단을 파악할 수 있다. 수전품관들은 익명서를 통해서 하윤을 비방하고 있었다. 당시 하윤은 좌의정으로 의정부를 대표하였다.[30] 결국 수전품관들이 의정부를 비방하고 있었다. 이러한 동향의 이유는 이러한 비방이 있기 바로 전인 태종 6년 5월 의정부의 다음과 같은 정책을 통해 짐작할 수 있다.

> 受田品官은 전적으로 서울에만 거주하게 하여 왕실을 호위하게 하는 것은 『六典』에 실려 있는데, 무식한 무리들이 법을 세운 뜻을 돌아보지 아니하고, 여러 해 외방에 있어서 시위가 허술한 데 이르게 합니다. (중략) 외방에 살기를 원하는 자는 모조리 군역에 정하고, 늙거나 병든 자는 아들, 사위, 동생, 조카로 하여금 대신 立役하도록 허락하소서.[31]

이 내용에 의하면 수전품관들이 군전을 받으면서도 서울시위를 하지 않고 있었다. 이를 금하였으나 잘 시행되지 않자, 의정부에서는 다시 "외방에 살기를 원하는 자는 모조리 군역에 정하고"라는 강력한 대책을 세워 이들을 압박하였다. 여기서 '군역'은 군전을 받으면서 편입되는 거경숙위가 아니고, 양인이 지는 일반 군역이었다.

이와 같이 수전품관을 압박하는 상황은 태종 5년에 시행한 관제개혁과 연관이 된다. 수전품관의 거경시위는 국초부터 시행되었으나, 아직 신분제가 잘 정비되지 않으면서 그 대상의 범위가 뚜렷하지 않았다. 관제개혁 이전의 군전 지급은 앞에서 살핀 것처럼 과전법 규정에서 보이는 7품 이하 참하관을 그 대상으로 하였던 것으로 추측된다. 그러나 태종 5년 관제개혁으로 특권을 부여하는 관품을 2품 이상으로 분명하게 정리하면서 특권관

---

30) 하윤은 5년 1월에 좌의정에 임명되었고, 당시 영의정 조준, 좌정승 하윤, 우정승 조영무였다(『태종실록』 권9, 태종 5년 1월 임자). 5년 6월 조준이 죽자 하윤은 좌의정으로 의정부의 수반이 되었다(『태종실록』 권9, 태종 5년 6월 신묘).
31) 『태종실록』 권11, 태종 6년 5월 임진.

품이 아닌 3품 이하의 관원들은 군전을 받고 거경숙위를 하는 대상으로
정리되었다. 그러므로 의정부는 태종 5년 이후 3품 이하 관원의 거경숙위
를 압박할 수 있었다. 이러한 상황에서 가장 불만을 가질 수 있는 품관은
3,4품 등 상위 품관들이었다. 이들은 특권관품에서 탈락하였을 뿐 아니라
거경시위도 해야 하였다. 이에 이들이 의정부를 비난한 것이다. 하윤은 태
종 5년 1월부터 좌의정이 되어,32) 영의정 조준과 더불어 관제 개혁을 주
도하였고, 조준이 태종 5년 6월 죽으면서33) 의정부를 주도하면서 수전패
를 관리하였다. 그러므로 수전품관의 불만은 하윤에게 집중되었다.34)

위와 같은 조치가 강행되면서 3품 이하의 관원들은 군전을 받고 거경숙
위를 하거나, 지방으로 내려가 지방의 일반 군역을 져야 하였다. 3품 이하
관원은 퇴직한 후 지방에 머물면서 군전을 받지 않고 거경숙위를 하지 않
는 부류도 있었다. 이는 세종 11년 병조에서 언급한 다음 한수의 예에서
볼 수 있다.

> 한수라는 자가 숙직하기를 꺼려하여, 그가 받은 과전을 納公하려고
> 병조참의 민의생에게 부탁하여 진고하였다.35)

이 내용에 의하면 한수는 '숙직'을 꺼려서 '과전'을 반납하고 있다. 여기
서 한수가 꺼려한 숙직은 시위패가 담당하는 숙위로, 반납한 과전은 군전
을 의미하는 것으로 보인다.36) 그러한 사례에서 볼 때, 군전을 받지 않고,

---

32) 『태종실록』 권9, 태종 5년 1월 임자.
33) 『태종실록』 권9, 태종 5년 6월 신묘.
34) 『태종실록』 권11, 태종 6년 6월 정묘.
35) 『세종실록』 권46, 세종 11년 10월 병자.
36) 『태종실록』 권24, 태종 12년 9월 정유. 시위패의 숙위를 숙직으로도 표현하였다.
   물론 현직에 있는 관원이 숙직을 꺼려서 과전을 반납하고 관직을 그만둘 수도 있
   다. 그러나 관원의 숙직은 당연한 것이었으므로 관원이 된 자가 숙직을 이유로
   과전을 반납하였다고 보기는 힘들다.

지방에 거하는 품관들이 상당수 있었을 것으로 추측된다.

3품 이하의 관원이 수전패에 들지 않고, 지방에 거주하면 지방의 일반 군역에 편제되었다. 이는 여러 자료에 나타난다. 세종 21년 의정부의 다음과 같은 언급은 3품 이하의 품관이 지방에서 군역의 대상이었음을 잘 보여준다.

> 각도의 侍衛牌와 營屬, 鎭屬에는 전민의 수가 적고, 똑똑하지 못한 자로 정하였기 때문에, 군역을 감내하지 못하여 방어가 허술하게 되었다. 청하옵건대 각 고을의 3품 이하 6품 이상으로 수령들을 이미 지낸 품관, 성중관의 去官人, 갑사 별시위에 속하였던 散人, 이전의 거관인 등을 남김없이 수색하여 충당하게 하소서.37)

이는 의정부에서 각 고을의 방어를 위한 방안을 올린 것으로, 이에 의하면 지방군에 3품 이하 퇴직 관원을 차정하고 있다. 숙위를 하지 않는 3품 이하의 퇴직 관원의 지위는 군역에서 벗어날 수 있는 특권적 지위와는 거리가 있었다.

3품 이하 산관이 군역에 충원되었던 것은 세조 3년 중추원 부사 유강수의 다음과 같은 제안으로도 거듭 확인된다.

> 한량 통정대부로 60세가 되지 않은 사람 이하와 하번의 갑사, 별시위, 총통위, 방패의 60세와 自募한 학생인 등으로써 재주를 시험하되 도절제사영 및 삼척, 간성, 옥원 등의 여러 진에 분속시키게 하소서.38)

이는 부사 유수강이 영동 방어를 위하여 제안한 방어책이었다. 그는 통정대부 즉 3품의 품관까지를 군역의 대상으로 하여 방어 계획을 짜고 있

---

37)『세종실록』 권87, 세종 21년 12월 무인.
38)『세조실록』 권7, 세조 3년 4월 기유.

다. 이는 3품 이하 관원이 관직에서 물러나면 일반군역을 지는 지위에 있
었음을 보여준다. 이러한 상황은 계속 유지되었으므로 성종 2년 병조에서
는 "동반 서반의 前衙 3품 이하는 모두 正兵에 소속시켜서 귀천의 구분이
없는 듯하다."고 언급할 수 있었다.[39]

3품 이하 퇴직 관원의 지위는 양인을 크게 벗어나지 못하였다. 3품 이
하의 관원은 퇴직 후 양인에 준하는 지위에 있었으므로 관복을 입을 수도
없었다. 이들은 퇴직 후에는 관원으로서 가졌던 그들의 지위를 유지하지
못하였기 때문이었다. 이와 같은 지위는 아래의 세종 10년 공복착용 논의
에 잘 드러난다.

> 임금이 말하기를, "前衙도 역시 公服을 착용할 수 있는가."하였다.
> 판부사 변계량이 아뢰기를, "2품 이상은 비록 전함이더라도 예궐할 때
> 에는 금대와 사모를 착용하기 때문에, 제사를 행할 때에도 사모와 금
> 대를 착용할 수 있습니다. 3품 이하의 전함은 사모와 은각대를 착용할
> 수 없으니, 제사 때에 착용한다는 것은 불가할 것입니다. 만약 착용하
> 게 하려면 2품 이상과 더불어 일례가 될 것이니, 아마도 '존비의 분별'
> 이 없게 되지 않을까 하옵니다."[40]

이는 의례상정소에서 전직 3품 이하의 관원이 개인적으로 時祭를 행할
때에는 관복을 착용할 있도록 허용해 달라고 제안한 것에 따른 논의였다.
이 논의에 의하면 3품 이하는 관복을 착용할 수 없었다. 즉 2품 이상은 실
직을 벗어난 이 후에도 여전히 특권관원으로서의 지위를 유지하여 관복을
착용할 수 있었으나, 3품 이하는 현직을 떠나면 관복을 입을 수 없는 지위
에 있었다. 그러므로 이 논의에 참여한 변계량은 2품 이상과 3품 이하 사
이에 '존비의 분별'이 있다고 지적하고 있다. 이와 같은 상황이었으므로 3

---

39) 『성종실록』 권11, 성종 2년 7월 계사.
40) 『세종실록』 권41, 세종 10년 11월 기유.

품 이하가 관직을 떠나서 지방에 거주할 때에는 앞에서 보았던 것처럼 양
인과 같이 군역에 차정될 수 있었다.

3품 이하의 관원은 자손에게 문음의 혜택을 부여할 수 없었으므로, 그
자손 역시 양인의 지위에 있었다.[41] 세종 10년에 병조에서 올린 계에 의
하면 평안도의 경우 3품 이하 관원의 자손을 역리의 역할을 하는 館軍으
로 차출하고 있었다.

> 그 거주하는 고을에 소속된 관사에는 원래 정해진 역리가 없기 때문에,
> 비록 3,4품의 아들, 사위, 아우, 조카 및 자신이 7품을 지낸 자들도 모두
> 돌려가면서 館軍이 되어 역자로서의 부역에 이바지하고 있습니다.[42]

이 내용에 의하면 3품 이하 관원의 아들을 고역에 하나인 역리로 차출
하고 있었다. 이러한 내용은 퇴직한 3품 이하 관원이 그 아들이나 사위에
게 특혜를 부여할 수 있는 지위에 있지 않았음을 잘 보여준다.

이와 같은 참상관이 퇴직한 후의 지위는 구체적인 사례를 보아도 확인
된다. 이는 아래의 태종 17년 김하의 다음과 같은 상서에 잘 나타난다.

> 신이 나이 어렸을 때부터 처부 장합과 함께 살아 왔는데, 아비의 과
> 전을 휼양전으로 먹었습니다. 신의 나이 이미 18세가 되어 상은을 입
> 어 8품직을 받았는데, 호조에서 직에 준하여 과전을 주고 남은 전지를
> 다른 사람에게 허락하려 하니 걱정이 심합니다. 신의 나이 20세가 되
> 지 못하였으니, 빌건대 주어서 휼양하게 하소서. 만일 휼양하는 것이
> 公事에 해가 된다면 처부는 다만 과전 5결을 받았으니, 빌건대 처부의
> 과전에 옮겨 주소서.[43]

---

41) 현관의 경우는 예외였다(최이돈 「조선초기 현관과 사족」 『역사학보』 184, 2004).
42) 『세종실록』 권41, 세종 10년 7월 신해.
43) 『태종실록』 권34, 태종 17년 8월 을미.

이에 의하면 김하는 대신인 아버지의 덕에 휼양전을 보유하고 있었다.[44] 김하가 18세가 되면서 문음으로 8품의 관직에 오르게 되면서, 국가에서는 8품에 해당하는 과전만을 남기고[45] 휼양전을 환수하려고 하였다. 이에 김하는 자신이 관직은 받았지만 아직 18세에 불과함을 내세워, 성년이 되지 못하였으므로 휼양전을 유지할 수 있도록 요청하고 있다. 또한 휼양전의 유지가 어렵다면, 환수할 과전의 일부를 장인에게 줄 것을 청하고 있다. 김하의 장인인 장합은 판관직을 지내고 퇴직을 하였으므로, 5품 정도의 품관이었는데,[46] 군전으로 추정되는 불과 5결의 토지만 지급받고 있었다. 여기서 김하가 장합에게 토지를 더 주고자 하였던 것은 장합이 받을 수 있는 군전은 5결 내지 10결이었으므로, 5결의 토지를 더 받을 수 있었기 때문이었다. 이러한 장합의 예는 3품 이하의 관원이 현직을 벗어난 후 5결의 군전만을 받고 있음을 구체적으로 보여준다.

이상에서 볼 때 3품 이하 관원에게 주어지는 과전은 직전으로 현직에 있을 때에만 지급되었다. 당시 관원들은 관직의 전출이 빈번하였고, 그 사이에 지속적으로 관직을 맡지 못하는 경우도 있었다. 관직을 맡지 못하고 관품만을 가지고 있을 때의 관원의 처지는 퇴직관원의 처지와 다를 것이 없었다. 3품 이하의 관원들은 현직에 있지 않으면 과전의 분급 자체가 되지 않았다. 이는 태종 10년 다음의 태종의 언급을 통해서 짐작할 수 있다.

죽은 사람의 전지 또한 3년 뒤에 체수하게 한다면, 진고한 지 3년이 되도록 항상 현임에 있는 자는 적을 것이다. 지금 만일 死年에 遞受하게 한다면, 가끔 죽지도 않았을 때 고하는 자가 있을 것이니, 풍속이 아름답지 못하여 이것도 또한 불가하다. 만일 翼年에 다른 사람이 체

---

44) 『태종실록』 권10, 태종 5년 10월 정해. 김하의 아버지인 김빈길은 수군도절제사, 도총제를 역임하였고, '양혜'라는 시호를 받은 것으로 보아 2품 이상 대신이었다.
45) 과전법의 규정에 의하면 8품은 20결의 토지를 받았다.
46) 『태종실록』 권31, 태종 16년 5월 정유.

수하는 것을 허락한다면 두 가지 폐단이 없을 것이다.[47]

이 내용은 의정부에서 과전의 진고체수법을 개정하고자 요청한 것에 대한 태종의 답이다. 의정부는 죽은 관원의 과전에 대한 진고 체수를 죽은 당해 년에 허용하면 문제가 있음을 지적하면서, 관원이 죽은 후 3년이 지난 다음에 체수를 허용하자고 요청하였다. 이에 대하여 태종은 "진고한 지 3년이 되도록 항상 현임에 있는 자는 적을 것이다."라고 현직관원이 3년이 지나면 현직에 있지 않을 가능성을 지적하였다.

당시 관원은 규정에서 정한 과전을 다 못 받는 경우가 많았다. 특히 규정의 과전을 다 받지 못한 관원은 대신이 아니라 3품 이하의 관원이 대부분이었다. 그들이 받지 못한 과전을 채워 받는 방법이 진고제였다. 3품 이하의 관원의 경우 과전을 직전제로 운영되고 있었으므로, 진고로 과전을 보충 받을 수 있는 것은 현직에 있을 때뿐이었다. 그러나 태종의 지적과 같이 진고하고 3년이 지난 후 과전을 지급한다면, 그 사이에 현직에 있지 못하는 관원도 생길 가능성이 높았다. 그 경우 이미 현직에 있지 않은 관원은 진고한 과전을 받을 수 없었다. 그러므로 위와 같은 태종의 지적으로 진고한 과전은 진고한 익년에 받는 것으로 결정하였다. 이와 같은 논의는 3품 이하 관원의 과전이 현직을 기준으로 직전으로 운영되고 있음을 잘 보여준다.

3품 이하 관원은 퇴직 후 과전을 환수당하였으나, 수전패에 속하여 군전을 받을 수 있었다. 군전은 체수 규정을 가지고 가족에게 체전될 수 있는 토지였다. 그러므로 3품 이하 관원이 가지는 과전법 상의 지위를 잘 이해하기 위해서는 군전에 대한 검토도 필요하다.

기왕의 연구에서 지적된 바와 같이 군전은 군전을 받은 품관이 군직을 수행할 수 없는 경우, 자손이나 사위 조카에게 물러줄 수 있었다. 이는 태

---

47) 『태종실록』 권19, 태종 10년 4월 기유.

종 6년 다음과 같은 태종의 명에 잘 나타난다.

> 마땅히 군신의 의리를 생각하여 분분하지 말도록 하라. 만일 5결,
> 10결의 전토로써 서울에 머물기 어려운 자는 너희들 마음대로 자손이
> 나 사위, 조카에게 물려주고, 각각 자기의 마음을 바로 하여 나를 원망
> 함이 없도록 하라.48)

이 내용에 의하면 퇴직 관원이 군역을 담당할 수 없을 때에, 군전을 자
손이나 사위 조카 등에게 체전할 수 있었다. 군전은 세전적 성격이 있었
다. 그러나 군전은 가족이면 조건 없이 누구나 물러 받을 수 있는 토지가
아니었다. 군전은 기본적으로 '과전'이었다. 관품을 기반으로 주어지는 토
지였다. 군전은 과전이었으므로 군전의 체수는 기본적으로 관품을 가진
자만 물러 받을 수 있는 토지였다. 관품을 가지지 못한 자손, 사위, 조카가
받을 수 있는 토지가 아니었다. 그러나 3품 이하 관원들에게는 기본적으로
문음이 부여되지 않았다. 3품 이하의 경우 문음은 顯官에 한해서 제한적으
로 부여되고 있었다.49) 그러므로 군전은 제도적으로 세전되기 어려웠다.

앞에서 살핀 바와 같이 세종 10년에 병조에서 "역리가 없기 때문에, 비
록 3,4품의 아들, 사위, 아우, 조카 및 자신이 7품을 지낸 자들도 모두 돌
려가면서 館軍이 되어 역자로서의 부역에 이바지하고 있습니다."50)라고
언급한 것은 3품 이하 관원의 자손도 관품이 없으면 군전의 체전은 고사
하고 역리에 차정되고 있음을 잘 보여준다.

군전의 세전은 쉽지 않았으므로 세종 11년 병조참판 조종생이 다음에서
지적한 것처럼 수전패가 80세가 넘어도 군역을 지는 사례가 나올 수 있었다.

---

48) 『태종실록』 권12, 태종 6년 윤7월 계해.
49) 최이돈 「조선 전기 현관과 사족」 『역사학보』 184, 2004.
50) 『세종실록』 권41, 세종 10년 7월 신해.

신이 어제 受田牌의 군기를 점고하였는데, 경기 양성에 거주하는 檢
參議로서 나이 82세 된 자도 또한 참가한 일이 있습니다. 이는 늙은이를
편안하게 하는 도리가 아닌 듯합니다. 원컨대 점고하지 말게 하소서.51)

이 내용에 의하면 전직 3품인 검참의가 82세에도 불구하고 수전패의 군
기 점고에 참여하고 있었다. 일반군역을 60세까지 담당시켰음을 감안한다
면, 특별할 사례라 볼 수 있다. 그 나이면 체전의 규정에 따라서 가족에게
체전을 할 수 있었는데, 그는 82세까지 자신이 받는 군전을 체전하지 못하
고 있었다. 이는 체전할 가족이 없기 때문으로 보이나, 단순히 체전할 가
족이 없다기보다는, 자손, 조카, 사위 중에 품관으로 체전의 자격을 갖춘
자가 없었던 것으로 이해하는 것이 자연스럽다.

이와 같은 상황이었으므로 태종 9년 의정부는 다음과 같이 군전의 폐지
를 요청하였다.

군전을 절수한 자는 모두 늙어서 소용이 없고, 군인으로 종사하는
자는 모두 전지를 받지 못하였으니, 원컨대 각도의 군전을 모두 군자
에 붙이고 나라에서 그 조를 거두어 수군에게 주소서.52)

이 내용에 의하면, 의정부는 군전의 폐지를 주장하면서, 군전을 받은 이
들이 '모두 늙어서'라고 군전 폐지의 이유를 언급하고 있다. 이러한 지적은
군전의 체수가 제도적으로 어려운 상황에서, 군전을 받는 이들이 거경숙
위를 수행하기 어려운 늙은이가 되었음을 보여준다.

이상에서 볼 때, 조선초기의 3품 이하 관원의 과전은 職田으로 운영되
고 있었다. 퇴직 후 3품 이하는 과전을 반납하고, 거경숙위의 대가로 군전
을 지급받고 있었다. 군전은 가족의 체전규정이 있었으나 제도상 체전은

---

51) 『세종실록』 권45, 세종 11년 9월 신유.
52) 『태종실록』 권18, 태종 9년 7월 기축.

쉽지 않았고, 지급된 토지의 양도 적었으며, 군역이 수반되어 役田的 성격이 강하였다. 그러므로 3품 이하의 관원이 받는 과전 및 군전의 성격은 世傳되는 世祿田과는 거리가 먼 토지였다. 그러므로 3품 이하의 과전은 귀족제적인 성격보다는 관료제적인 성격이 강한 토지였다.

3. 2품 대신의 科田 운영

3품 이하 관원의 경우 과전이 職田으로 운영되고 있었음을 논증하였는데, 2품 이상의 대신의 경우는 어떠하였을까? 대신들은 현직을 벗어나도 군전을 지급받지 않았다. 군전의 지급대상은 앞에서 살핀 바와 같이 3품 이하의 관원들이었다. 대신들이 현직에서 물러나면 두 가지의 경우에 처하였다. 하나는 검교직을 가지는 것이고, 다른 하나는 산직으로 품관에 머무는 것이었다. 대신은 현직에서 물러나 검교직을 가지거나, 산직만을 가지거나 어느 경우이든지 과전을 상실하지 않았다.

대신이 과전을 상실하는 경우는 죽거나, 과전을 상실할 만한 죄를 범하는 경우였다. 대신이 현직을 물러나 검교직이나 산직을 가지고도 과전을 유지한 것은 태종 12년 사헌부에서 올린 다음과 같은 상소를 통해서 확인할 수 있다.

"전 도절제사 조익수, 전 부윤 강후, 이은, 검교 한성 조윤, 이흥림, 김회련 등은 관직이 2품인데, 과전을 받고도 경성에 살지 않고 물러가 외방에 거처하니, 청컨대, 죄를 가하게 하소서." 단지 과전만 거두게 하였다.[53]

사헌부에서는 지방에 거처하는 대신들을 처벌할 것을 요청하고 있다.

---

53) 『태종실록』 권24, 태종 12년 12월 신유.

이들이 지방에 거하는 만큼 현직의 대신은 아니었다. 현직을 면한 산관이거나 검교직 대신들이었다. 이들은 모두 과전을 가지고 있었으나, 서울에 거주하지 않은 죄로 과전을 환수당하고 있다.

대신들은 관품만을 가져도 과전을 보유할 수 있었으나 죄를 지으면 그 과전을 상실하였다. 여기서 거론되는 죄명은 특이한 것이다. 대신이 서울에 거주하지 않은 죄였다. 서울에 거주하지 않은 죄는 대신만이 받는 것이었다. 앞에서 보았듯이 3품 이하의 관원은 지방의 거주가 허용되었다. 이들은 군전을 받고 거경숙위를 하는 경우에도 당번을 서는 시기에만 서울에 올라오면 되었다. 그러나 대신의 경우에는 현직이나 산직을 막론하고 서울의 거주를 의무화하고 있었다. 대신은 산직인 경우에도 여전히 특권이 부여된 신분이었다. 이들이 지방에 거주하는 경우 지방관도 이들을 통제할 수 없었으므로 이들의 거주를 서울로 제한하였다. 결국 대신들은 범죄로 처벌되지 않는 경우에는 자신의 과전을 죽을 때까지 보유할 수 있었다. 이것이 대신과 3품 이하 관원 사이의 중요한 차이였다.

대신뿐 아니라 모든 관원은 죄를 범하면 관원의 지위를 상실하였다. 관원이 죄를 범하여 관직을 상실하거나, 복권되어 관직을 회복하는 과정은 두 단계로 이루어졌다. 즉 관직의 상실과 회복, 관품의 상실과 회복의 두 단계였다.

처벌과 복권되는 과정에서 대신과 3품 이하 관원의 경우에 차이가 있었다. 대신의 경우에는 관품만 가져도 특권을 유지할 수 있었던 반면, 3품 이하 관원은 관품만을 가지는 것은 크게 의미를 가지지 못하였다. 그러므로 대신의 경우 처벌과 복권의 과정이 두 단계로 나누어져 진행되는 것을 확인할 수 있으나, 3품 이하의 관원의 경우에는 두 단계가 거의 한 단계로 나타나는 경향을 보인다. 3품 이하 관원은 관품만의 상실과 회복은 의미가 적었기 때문이었다.

대신의 경우를 살펴보면, 관직을 파하는 단계와 관품을 파하는 즉 관품

고신을 빼앗은 단계가 잘 구분되어 나타난다. 죄가 크지 않으면 관직을 파하는 단계에서 처벌이 그쳤으나, 죄가 크면 고신을 삭탈하여 관품을 유지하지 못하였다. 당연히 관품의 상실과 과전의 상실은 같이 진행되었다. 이와는 반대로 죄를 용서받고 지위를 회복하는 단계도 두 가지로 나타난다. 먼저 관품을 회복하는 단계로 이 단계에서 고신과 과전이 같이 회복되었고, 다음으로 관직을 회복하는 단계로 진행되었다.

대부분 고신을 삭탈하거나 돌려주는 단계는 관품에 대한 조치를 의미하였다. 고신은 관품고신은 물론 관직고신도 있으므로, 고신을 준다는 것은 꼭 관품만을 준다는 뜻은 아니었다. 그러나 고신을 '돌려'준다라고 표현하는 경우는 분명하게 관품만을 회복시켜 주는 것을 의미하였다. 관직은 그때그때 임명되는 것에 비하여 관품은 지속적 보유가 일반적이었으므로, 관품고신을 빼앗는 경우 '회수'한다는 표현이, 회복시키는 경우 '돌려'준다는 표현이 적절했기 때문이다.

그러한 한 예를 태종대 병조판서인 윤향의 경우를 통해서 살펴보자. 그는 태종 17년 병조판서로 노비 소송의 오결에 연관되어 파직되면서 병조판서 직을 상실하였다.[54] 그러나 파직되고 며칠 뒤 사헌부는 관직만을 파한 것은 경한 처벌이라고 다음과 같이 윤향에 대한 무거운 처벌을 요청하였다.

　　전 이조판서 박신, 병조판서 윤향, 호조판서 정역 등은 몸이 재상이 되어 직책이 보필에 있습니다. (중략) 모두 마땅히 법대로 처치하여야 하겠는데, 전하께서 특별히 너그러운 법전을 내리어 다만 그 직책만 파면하고 죄는 주지 않았으니, 신 등은 생각건대 법이라는 것은 천하 만세의 공공한 것이고, 전하가 사사로이 할 수 있는 것이 아닙니다.[55]

---

54) 『태종실록』 권33, 태종 17년 6월 병신.
55) 『태종실록』 권34, 태종 17년 7월 갑자.

사헌부는 윤향의 '직책만 파면'한 것을 "죄를 주지 않았다."고 해석하고 더 큰 벌을 내릴 것을 요청하였다. 이에 태종은 대간의 요청을 수용하여 '직첩을 수탈'하라고 명하였다. 이러한 조치를 史官들은 "직첩을 회수하였다."다고 '회수'로 표현하였다. 여기의 직첩은 관품고신이었다. 이와 같이 대신의 처벌 시에 관직의 파면 과정과 관품의 삭탈 과정이 분명하게 구분되어 나타난다.

그러나 윤향의 죄는 중한 것이 아니었으므로, 태종은 윤향을 용서하였다. 즉 그 해 9월 태종은 윤향에게 '고신과 과전'을 돌려줄 것을 명하였다.56) 여기서의 '돌려'준 고신은 관품고신이었다. 즉 윤향은 이 조치를 통해서 관품을 회복하였고, 동시에 과전도 돌려받았다. 대신은 산직만 가져도 과전을 가질 수 있었으므로 과전의 회복도 같이 진행되었다. 그러나 윤향은 아직 관직을 회복하지는 못하였다. 윤향은 그해 12월 판한성부사에 임명되면서 관직을 회복할 수 있었다.57) 이와 같이 대신의 경우 관품만을 유지하여도 과전을 보유할 수 있었다.

대신의 경우 고신을 거두면서 과전을 회수한 것은 여러 가지 사례를 통해서 확인할 수 있다. 한 예만 더 보면, 다음의 세조 9년 김구의 경우를 살필 수 있다.

왕이 명하여 졸한 판중추원사 김구의 과전을 돌려주게 하였다. 처음에 김구는 좌죄되어 고신을 거두고 아울러 그 전지를 거두었는데, 이에 이르러 그 처의 상언으로 인하여 돌려주게 하였다.58)

이에 의하면 판중추원사 김구는 죄로 인하여 고신과 더불어 과전을 '거두'는 조치를 당하였다. 그러나 김구 처의 요청이 있자 왕은 과전을 '돌려'

56)『태종실록』권34, 태종 17년 9월 무인.
57)『태종실록』권34, 태종 17년 12월 갑신.
58)『세조실록』권30, 세조 9년 4월 신유.

주게 하였다. 이 사례는 고신과 과전의 상실과 회복이 같이 진행됨을 보여준다.

3품 이하의 관원을 처벌을 하거나, 관직을 회복시키는 절차도 기본적으로는 대신과 동일하게 두 단계로 나타난다. 다만, 3품 이하의 관원이 관품고신을 상실하거나 회복한다는 것의 의미는 대신의 경우와 달랐다. 3품 이하 관원은 현직과 더불어 과전을 상실하였으므로, 관품만 가지는 것은 의미가 적었기 때문에, 관품만을 상실하거나 회복하는 과정이 분명하게 나누어지지 않았다.

그러므로 조선왕조실록에서 3품 이하의 관원의 처벌이나 복권과정에서 분명하게 두 단계를 나누어서 처리된 경우를 찾기가 힘들다. 그러나 가끔 3품 이하의 관원이 복권되는 경우에 고신과 과전을 같이 주는 예도 볼 수 있다. 다음의 태종 13년 최맹온의 경우가 그것이다.

> 조진, 송극첨, 김이도 등을 용서하여 京外從便하고, 최맹온의 고신과 과전을 주게 하였다.59)

이 내용에 의하면 태종은 최맹온에게 고신과 과전을 주고 있다. 최맹온은 태종 11년의 기록에 의하면 개성부 유후사 낭리였으므로60) 3품 이하의 관원이었는데, 이 기록에 의하면 지위를 회복하면서 고신과 과전을 같이 받고 있다. 그러므로 이 내용을 3품 이하의 관원도 관품을 회복하면서 과전도 회복한 것으로 해석할 수도 있다. 그런데 여기서 고신과 과전을 '주게'라는 표현으로 보아서 이 고신은 관품고신이 아니라 관직고신으로 이해된다. 관품고신을 주는 경우에는 '돌려준다'라는 표현을 사용하는 것이 일반적이기 때문이다.61) 즉 최맹온이 관직고신과 함께 과전을 받았다.

---

59) 『태종실록』 권25, 태종 13년 5월 무자.
60) 『태종실록』 권22, 태종 11년 윤12월 경오.
61) 태종께서 임금에게 말하기를, "민생이 자신의 일은 말하지 아니하고 그 형을 구제

대신들은 현직을 물러나도 과전을 유지하는 특혜를 받았기 때문에 동시에 제한도 받았다. 정부는 대신의 거주를 서울로 한정하고 있었다. 대신들의 지방거주를 허용하지 않았다. 대신의 지방거주 제한은 태조가 그 6년에 내린 다음과 같은 명령과 연결되는 것으로 보인다.

　　　兩府 이하의 전함 품관으로 하여금 항상 서울에 있어 왕실을 호위하게 하되, 양부는 6월 초1일에 한정하고 가선은 8월 초1일에 한정하였다.[62]

　태조가 양부대신과 가선대부에게 관직을 그만두어도 서울에 거주하도록 명하였다. 이에 의하면 태조대부터 2품 이상 관원의 거주를 규제하였다. 그러나 앞에서 살핀 것처럼 태조대에는 고려의 제도를 따라 관직 중심으로 운영하였으므로 관품은 의미를 가지지 못하였고 관직이 중요하였다. 그러므로 가선대부는 고위의 관품이었으나, 특권을 가지는 관원으로 보기 어려웠다.[63] 그러므로 태조대에 양부대신을 제외하고 2품 이상 관원의 지방 거주를 규제하는 것은 의미를 가지기 어려웠다. 2품 이상 관원의 지방 거주를 규제하는 규정은 있었으나 시행되지 않았다고 보는 것이 타당하다.

　그러나 태종 10년 다음과 같은 사헌부의 탄핵은 사문화되었던 2품 관원의 지방거주 규제를 되살리는 계기가 되었다.

　　　"한답이 김제군에 살고 있는데, 그 고을 백성이 군수의 불법한 일을 말하는 자가 있으므로, 한답이 향인을 데리고 가서 그 집을 헐었으니, 죄가 마땅히 장 1백 대에 해당합니다." 임금이 말하였다. "2품 이상이 외방에 사는 것을 일찍이 금한 슈이 있었다. 헌사에서 만일 이것으로 논한다면 가하지만, 사유 전의 일을 가지고 죄를 줄 수는 없다."[64]

하고자 하니, 그 뜻은 칭찬할 만하다." 하고 순에게 고신과 과전을 돌려주고 이내 典農少尹에 임명하였다(『세종실록』 권69, 세종 17년 7월 기해).

62) 『태조실록』 권11, 태조 6년 4월 을사.

63) 최이돈 「조선 초기 특권 관품의 정비 과정」 『조선시대사학보』 67, 2013.

대신 한답이 지방에서 문제를 일으키자 사헌부에서 이를 처벌할 것을 요청하였다. 이에 대하여 태종은 "2품 이상이 외방에 사는 것을 일찍이 금한 슈이 있었다."라고 그 처리 방안을 제시하였다. 사헌부가 이 규정을 언급하지 않은 것은 당시까지 이 규정이 사문화되어 있었음을 보여주는 것이었는데, 태종의 이와 같은 지적으로 이 규정은 다시 의미를 가지게 되었다.

태종 5년 개혁으로 관원체계가 관직 중심에서 관품 중심으로 바뀌면서 2품 가선대부 이상은 특권 관품이 되었고, 이들의 지방거주도 활성화될 수 있었다. 즉 관직 중심 체제에서 지방으로의 이주는 관직을 그만두는 것으로, 대신들이 권력을 버리는 지방 이주를 택할 가능성은 거의 없었다. 그러나 관품 중심의 체제에서는 관품만 가지면 현직을 맡지 않아도 문음과 과전의 특권을 가질 수 있었으므로, 대신들의 지방 이주 가능성은 높았고, 실제로 이주의 사례들도 나타났다.[65]

특권을 가진 대신들의 지방 거주는 지방사회에 부담을 줄 수 있었다. 대신들의 지방 거주로 인한 문제가 제기되자, 이에 대한 규제는 불가피한 것이었고, 이미 태종 10년경에 이르면 이에 대한 규제가 본격 논의되기 시작하였다. 태종 12년에 이르면 구체적으로 대신의 지방거주를 제한하였다. 사헌부에서는 다음과 같이 지방에 거주한 2품 관원의 처벌을 요청하였다.

> 전 도절제사 조익수, 전 부윤 강후, 이은, 검교 한성 조윤, 이홍림, 김회련 등은 관직이 2품인데, 과전을 받고도 경성에 살지 않고 물러가 외방에 거처하니, 청컨대, 죄를 가하게 하소서.[66]

사헌부는 조익수를 비롯한 2품 이상 관원이 지방에 거주하는 것을 탄핵하였다. 사헌부는 '과전을 받고도'라고 이들이 과전을 계속해서 받고 있음

---

64) 『태종실록』 권20, 태종 10년 11월 계유.
65) 『태종실록』 권11, 태종 6년 6월 정묘.
66) 『태종실록』 권24, 태종 12년 12월 신유.

을 강조하고, '외방에 거처'하는 이들에게 벌줄 것을 요청하였다. 태종은 이들의 과전을 거두는 처벌을 가하였다. 즉 산관이나 검교직의 대신이 가졌던 과전을 지방에 거주하였다는 이유로 환수한 것이다.[67]

이와 같이 대신들의 지방거주를 금지하였다. 그러나 대신들이 여러 가지 연고로 지방에 출입하는 것은 불가피하였다. 그러므로 정부에서는 지방에 출타하는 대신에게 의정부에 그 연고를 고하고 돌아올 기간을 정하여 돌아오도록 하는 규정을 만들고 시행하였다.[68] 이러한 규제는 태종 13년 이후 나타나는 8도제와 군현제의 정비 등 지방제도 개혁이[69] 시행되면서 더욱 강조될 수밖에 없었다.[70]

정부는 대신의 지방거주를 죄로 규정하고 지방거주 자체를 제한하였으나, 70세 致仕制가 정비되면서 대신이 치사 이후 지방에 거주하는 것을 일부 허용하였다. 물론 그러한 경우에 과전의 환수는 당연한 것이었다. 그러한 동향을 태종 15년 다음 의정부의 논의를 통해서 알 수 있다.

> 나이 70세 이상인 전지를 받지 아니한 전함 검교한성윤에게 자원에 의하여 京外에 거주하게 하라.[71]

이 내용에 의하면 70세 치사한 대신의 지방 거주를 허용하고 있다. 물론 이 경우도 '전지를 받지 아니한' 즉 과전을 환수한 경우로 한정하고 있었다.

---

67) 대신이 지방에 거주하여 처벌되는 사례는 종종 보인다(『태종실록』권26, 태종 13년 7월 기축).
68) 『태종실록』권35, 태종 18년 2월 신축.
69) 이수건 『조선시대 지방행정사』 민음사 1989.
70) 『세종실록』권1, 세종 즉위년 9월 임술.
    선지를 내려, 전직 2품 이상의 사람이 문 밖에 출입할 때에는 전에 승정원에 올리던 예에 따라, 어느 날 나갔다가 어느 날 돌아왔다는 사연을 기록한 緣故單子를 병조에 올리도록 하였다.
71) 『태종실록』권29, 태종 15년 6월 계유.

대신이 지방에 거주하는 것을 금하는 조치는 대신의 지방거주가 지방사회에 부담을 주는 것이었으므로 원활한 지방통치를 위해서 불가피한 조치였다. 이는 과전을 경기에 한하여 지급하는 원칙과 일맥상통한 조치로, 정부는 대신에게 특권을 부여하되 특권의 부여가 통치에 부담이 되지 않도록 관리하고 있었다. 이와 같은 대신의 지방거주 제한은 성종대에도 지속적으로 추진되었다.[72] 그러므로 2품 이상 대신은 과전을 유지하는 특권을 가지는 대신에, 서울에 거주하는 규제를 받고 있었다. 이는 3품 이하의 관원에게 소량의 군전을 주는 대신에, 지방의 거주를 허용한 것과는 대비되는 조치였다.

이상에서 볼 때 대신은 받는 과전을 죽을 때까지 보유할 수 있었고, 이를 문음을 통해서 관직에 진출한 자손에게 세전할 수 있었다. 그러므로 이들이 가진 과전은 3품 이하 관원들이 가졌던 과전과는 다른 성격을 가졌다. 즉 3품 이하의 관원들이 가졌던 과전의 성격은 직무에 대한 보상의 의미를 가진 직전으로 관료제적인 성격이 강하였던 반면, 대신이 가진 과전의 성격은 그 신분을 유지하도록 하는 세록전으로 신분제적인 성격이 강한 토지였다. 그러므로 조선의 과전법은 한 제도 내에 관료제적인 성격과 신분제적인 성격을 공히 가지고 있었다.

맺음말

1. 이상으로 과전법과 관원체계의 관계를 최근의 신분제 연구성과에 기초해서 정리해 보았다. 전근대 사회에서 신분제와 토지분급제는 그 시대

---

72) 『성종실록』 권14, 성종 3년 1월 정미.
　　"이보다 앞서 2품 이상의 관원은 편의한 대로 외방에 거처할 수 없게 하였는데, 근래에는 혹 退去한 자가 있으니, 이 법을 申明하여 檢職 외에는 외방에 거처하지 말게 하라."

를 지탱하는 두 기둥으로 기본구조는 동일할 수밖에 없었다. 기존의 과전법을 보는 입장은 신분제 연구의 통설을 근거로 하여 정리되었으나, 최근 신분제 연구는 이와 다른 입장을 제시하고 있다. 즉 기존의 통설과는 달리 최근 연구는 조선 초기의 특권신분을 2품 이상의 대신으로 한정하고 있다. 그러므로 본고는 이러한 주장을 수용하여 과전법과 관원의 관계를 재검토한 것이다.

2. 이를 살피기 위해서 먼저 고려 말 사전 개혁 논의에 나타나는 과전과 관원의 관계를 살펴보았다. 창왕 원년의 상소에 의하면 개혁파는 녹과전시와 구분전을 관원에게 주고자 하였다. 녹과전시는 직전제로 그리고 구분전은 세전하는 토지로 운영하고자 하였다. 그러나 개혁파는 구분전을 받고 있는 산관을 5군에 예속하여 군역을 담당시키려 하였다. 결국 구분전은 군전과 구별되지 않는 토지가 되었다. 그러므로 구분전도 세록전적인 성격이 많이 희석되고 역전적 성격을 가지게 되었다.

따라서 개혁파가 구상한 사전개혁의 기본 방향은 관원들에게 전시과와 같은 세록전적 토지를 주겠다는 생각은 아니었다. 개혁파는 관원들에게 관직과 군직의 직무에 대한 보상으로 직전인 녹과전시와 역전인 군전을 지급하는 것을 기본 구상으로 하고 있었다.

3. 그러나 과전법의 토지분급방식은 위와는 다른 형태로 정리되었다. 과전법에 나타난 토지 분급방식의 특징은 산직에 대한 토지 분급방식에서 잘 나타나 있다. 과전법에서 산직에 대한 토지분급은 이원적으로 정리되었다. 제1과에서 제14과까지의 관원은 검교직 등의 산직체계를 통해서, 제15과 이하의 관원들은 제18과에 기록된 '산직'의 규정에 따라서 토지를 분급하였을 것으로 추측된다.

특히 주목되는 것은 제15과 이하 산직관원의 과전을 군전과 연계지어 운영하였다. 과전분급의 대전제가 '경성에 살면서 왕실을 보위하는 자'를 조건으로 하고 있었으므로 관원은 산직이 되면 군직에 편제될 수밖에 없었다.

이들이 받는 과전 10결은 쉽게 군전 10결과 연결되었다. 그러므로 제15과 이하의 산직이 받는 토지는 세록전적 토지와는 다른 성격을 가졌다.

고려 말 개혁파는 외형적으로는 고려의 태조가 행한 전시과를 다시 복행한다는 것을 명분으로 표방하고 있었지만, 변화한 상황에 맞는 제도를 모색하였다. 그 결과 과전법은 산직의 관리에서 상위직은 고려와 유사한 방법을 사용하였으나, 하위직은 군전과 연결하는 별도의 방식을 도입하였다. 결국 제14과 이상의 관원들은 현직을 벗어나도 검교직등을 통해서 世祿田的 성격을 가진 과전을 계속 보유할 수 있었으나, 제15과 이하의 관원들은 현직을 벗어나면 과전 대신 군전을 받았다. 군전은 거경숙위의 의무와 연계되어, 세록전적 성격보다는 役田的 성격을 가졌다.

4. 다음으로 태종대의 관직체제의 변화에 따른 과전의 운영방식을 3품 이하 관원의 경우와 2품 이상 대신의 경우로 나누어 검토해 보았다. 태종대부터 조선의 관원체계가 정비되었다. 정비의 핵심은 신분의 기준을 관직에서 관품으로 바꾸고 2품 이상을 특권관품으로 삼는 것이었다.

조선의 정부는 관직을 한 신분에 대응하는 직역으로 인식하지 않았고, 국정운영에 기여한 대가로 받을 수 있는, 모든 신분에 대응하는 직역으로 만들고자 하였다. 그러므로 관직을 신분제와 연동시키기 위해서는 하나의 관직체계 안에 각 신분에 대응할 수 있는 구역을 나누는 정비가 필요하였다. 이는 태종대에 시작하여서 세종대까지 지속적인 논의를 통해서 이루어졌다. 과전과 연관해서 진행된 가장 중요한 관원체계의 변화는 태종대에 나타난 특권관품의 정비였다. 특권관품의 정비는 2품 이상을 특권신분에 대응하는 관품으로 정비하는 과정이었다.

5. 관원체계가 바뀌면서 대신과 3품 이하의 관원 간에는 과전 운영상에 큰 차이가 생겼다. 이 차이는 관원이 산직이 되었을 때에 분명하게 나타났다. 먼저 3품 이하 관원들은 산관이 되면 과전을 반납하였다. 대신 5결이나 10결의 토지를 군전으로 지급받아 受田品官이 될 수 있었다. 물론 군전

도 서울에 거주하면서 군직을 수행하는 경우에 한하여서 주어지는 것이었으므로, 숙위를 포기하고 지방으로 돌아가는 경우 이를 반납하여야 하였다. 이 경우 3품 이하의 관원은 양인과 같이 일반 군역을 져야 하였다.

그러므로 3품 이하 관원에게 주어지는 과전은 직전이었다. 당시 관원들은 관직의 전출이 빈번하였고, 그 사이 지속적으로 관직을 맡지 못하는 경우도 자주 있었다. 관직을 맡지 못하고 관품만을 가지고 있을 때 관원의 처지는 퇴직관원의 처지와 다를 것이 없었다.

물론 3품 이하 관원이 받는 군전은 가족에게 체전될 수 있었다. 퇴직 관원이 군역을 담당할 수 없을 때에, 군전을 자손이나 사위, 조카 등에게 체전할 수 있었다. 그러므로 군전은 세전적 성격이 있었다. 그런데 군전은 가족이면 곧 물려받을 수 있는 토지가 아니었다. 군전은 기본적으로 '과전'이었다. 관품을 기반으로 주어지는 토지였으므로 군전의 체수는 품관만이 물려받을 수 있는 토지였다. 그러나 3품 이하 관원들에게는 기본적으로 문음이 부여되지 않았으므로 자녀가 군전을 이어받는 것은 제도적으로 어려웠다.

이상에서 볼 때, 조선초기의 3품 이하 관원이 받는 과전 및 군전은 직전 내지 역전이었으므로 世傳되는 世祿田과는 거리가 먼 관료제적인 토지였다.

6. 이에 비해서 대신들의 과전은 세록전의 성격을 가졌다. 대신은 현직을 벗어나도 과전을 유지하였다. 대신은 검교직을 가지거나, 산직만을 가지거나 어느 경우이든지 과전을 상실하지 않았다. 대신이 과전을 상실하는 경우는 죽거나, 관품을 상실할 만한 죄를 범하는 경우였다. 대신은 죄를 지어 파직을 당하여도 관품만 가지고 있으면 과전을 유지할 수 있었다.

대신들은 특혜를 받으면서 동시에 제한도 받았다. 정부는 대신의 거주를 서울로 한정하고 있었다. 특권을 가진 대신들의 지방 거주는 지방사회에 부담을 줄 수 있었기 때문이다. 퇴직 대신에게 과전을 유지하도록 하면서 서울에 거주하는 규제를 두는 것은 3품 이하의 관원에게 소량의 군전을 주는 대신에, 지방의 거주를 허용한 것과는 대비되는 조치였다.

따라서 대신에게 주는 과전은 특권신분을 유지할 수 있도록 경제적인 특권을 부여하는 것으로, 세전되는 성격을 가진 귀족제적인 성격의 토지였다.

7. 과전의 운영에서 볼 때, 조선에서의 과전 관리는 이중적인 모습을 보여주고 있다. 한편에서 3품 이하의 관원에게는 관직을 수행하는 것에 대한 보상인 직전으로 과전을 부여하여 관료제적으로 운영하였고, 한편으로 대신들에게 준 과전에 세록전적인 성격을 부여하여 귀족제적으로 운영하였다. 그러므로 이와 같은 과전의 운영방식을 볼 때, 조선에서는 특권신분인 대신들에게만 세록전인 과전을 지급하여 경제적 지위를 보장하였음을 알 수 있다.

그러므로 이와 같은 과전의 운영방식을 볼 때, 특권신분인 대신들에게 세전되는 과전은 지배신분에 상응한 경제적 지위를 보장하는 경제적 특권이었다(최이돈 「조선초기 관원체계와 과전 운영」 『역사와 현실』 100, 2016).

제7장 세조대 直田制의 시행

머리말

조선의 토지분급제인 과전법은 조선의 경제적 성격을 잘 보여주는 제도였다.[1] 많은 연구자들은 과전을 지배신분인 모든 관원의 신분을 유지하기 위한 세전되는 世祿田으로 이해하고, 부여된 수조권은 사실상 수조권적 지배까지 허용하는 중세적 성격의 제도로 이해하였다.[2]

이와는 다르게 한영우는 과전법을 신분제와 연결시켜서 이해하면서 근세적인 것으로 보았다. 즉 관직을 직업 중 하나로 보았으므로, 과전을 단순히 수조권만을 부여하는 제도로 이해하였다.[3] 한영우가 과전법을 신분

---

1) 한영우「태종 세종조의 대사전시책」『한국사연구』3, 1969
  이성무「고려 조선초기의 토지소유권에 대한 제설의 검토」『성곡논총』9, 1978.
  이성무「공전 사전 민전의 개념」『한우근박사 정년기념사학논총』1980.
  이성무『조선초기 양반연구』일조각 1980.
  김태영『조선전기 토지제도사연구』지식산업사 1983.
  이경식『조선전기 토지제도연구』일조각 1986.
  김용섭「토지제도의 사적 추이」『한국중세농업사연구』지식산업사 2000.
  이민우「고려 말 사전 혁파와 과전법에 대한 재검토」『규장각』47, 2015.
  최이돈「조선 초기 관원체계와 과전 운영」『역사와 현실』100, 2016.
  최이돈「태종대 과전국가관리체제의 형성」『조선시대사학보』76, 2016.
  조선 초기 경제사 연구를 보는 기본적 시각에 대한 이해는 이경식의「조선 건국의 성격문제」『중세 사회의 변화와 조선건국』혜안 2005에 잘 정리되어 있다.
2) 이성무『조선초기 양반연구』일조각 1980
  김태영『조선전기 토지제도사연구』지식산업사 1988.
  이경식『조선전기 토지제도 연구』일조각 1990.
3) 한영우「태종 세종조의 대사전시책」『한국사연구』3, 1969;『조선시대 신분사 연

제와 연결시켜서 설명한 것은 의미있는 접근으로 이해된다.

　필자는 최근 조선 초기 신분제를 정리하면서 조선에서의 관원은 모두가 지배신분이 아니었고, 그 중 일부인 2품 이상의 대신만이 특권신분이었다고 논증하였다.[4] 따라서 3품 이하 관원의 신분적 지위는 협의의 양인과 크게 다르지 않았다고 보았다. 이러한 관점에 본다면 과전법을 달리 해석할 여지가 있다. 관원의 일부만 지배신분이었으므로, 관원들에게 주어지는 과전의 성격 역시 단일한 것이 아니라고 볼 수 있다. 그러므로 필자는 최근 2품 이상의 대신들에게 주어지는 과전은 신분적 지위를 유지하기 위한 세록전의 성격을 가진 토지이고, 3품 이하의 과전은 직역에 대한 보상으로 주어지는 職田의 성격을 가진 토지라고 주장하였다.[5]

　이러한 주장을 할 때에 제기될 수 있는 문제는 세조대 시행된 직전제를 어떻게 이해할 것인가이다. 기왕의 연구에서는 직전제의 시행으로 과전이 세록전의 성격을 벗어나 직전의 성격을 가지는 것으로 바뀌었다고 주장하고 있기 때문이다. 이성무는 "직전법이 실시됨에 따라 과전의 세전적 성격 때문에 부수되는 제모순은 일시에 제거될 수 있었다."고[6] 주장하였다. 김태영은 "철저하게 현직자 관인 위주의 원칙을 세웠던 것이다."라고[7] 직전제의 내용을 설명하고 있다. 이경식은 "직전의 설치는 과전 및 수신전, 휼양전을 몰수하여 현직관원들에게 새로운 기준 즉 재직 중에만 소지할 수 있게 한다는 원칙 하에서 재분배함으로써 탄생되었다. 과전의 폐지는 실질적으로 세업 즉 그 세전성을 부정한 처사였다."[8]라고 직전제의 변화를 설명하였다.

　이와 같은 기존의 주장들과 달리, 과전의 운영이 관품에 따라서 달라지

　구』 집문당 1997.

4) 최이돈 「조선 초기 특권 관품의 정비 과정」 『조선시대사학보』 67, 2013.

5) 최이돈 「조선 초기 관원체계와 과전 운영」 『역사와 현실』 100, 2016.

6) 이성무 앞의 책 310쪽.

7) 김태영 앞의 책 140쪽.

8) 이경식 앞의 책 294쪽.

는 것으로 이해한다면, 세조대 나타나는 직전제의 변화는 무엇이었을까?
이미 3품 이하 과전의 운영은 직전의 형태로 운영되고 있었으므로, 세조대
직전제의 시행은 당연히 2품 이상 대신의 과전에 대한 변화로 추정된다.

그러나 직전제의 실상이 무엇이었는지는 분명하지 않다. 세조대의 직전
제는 이를 시행하면서 구체적으로 어떠한 변화였는지 관원들 간의 일체의
논의 없이 시행되었기 때문이다. 그간 연구에서 직전제 시행의 중요성을
강조하였던 것을 고려할 때에 시행과정이 너무 조용하여 오히려 당혹스러
울 정도이다.

그러므로 먼저 구명할 것은 직전제의 실상이 무엇이었는지를 밝히는 것
이다. 직전제가 시행되면서 그 내용이 드러나지 않았으나, 시행 이후 관원
들은 이에 대한 문제점을 지적하였다. 그러므로 이러한 논의를 검토해보
면 직전제 시행의 실상이 무엇이었는지 파악할 수 있다.

직전제에 대한 비판은 직전제의 시행 직후부터 나타났고, 세조가 죽으
면서 본격화되어 직전제를 폐지하고 과전제를 복원하자는 논의까지 진행
되었다. 그런데 흥미로운 것은 이 논의 중 퇴직 관원의 과전을 복원하자는
제안은 없었다. 이는 기왕의 연구에서 주장하는 것과 같이 퇴직관원에게
과전을 회수하는 것이 직전제 시행의 본질이 아니었음을 보여준다. 오히
려 당시 관원들은 직전제의 시행을 치사관원에게 부여하였던 과전의 회수,
그리고 수신전과 휼양전의 폐지로 이해하였다. 그러므로 먼저 관원들의
논의과정을 검토하면서 직전제 시행의 내용이 무엇이었는지 고찰하고자
한다.

다음으로 직전제의 시행이 가지는 의미를 분명히 정리하기 위해서 직전
제의 시행으로 폐지된 수신전과 휼양전의 성격과 치사제의 운영의 실상을
검토하고자 한다. 먼저 수신전과 휼양전의 성격을 밝히고자 한다. 기왕의
연구에서는 수신전과 휼양전을 모든 관원에게 지급하는 세록전적 토지로
이해하였다. 그러나 3품 이하 관원의 과전이 이미 직전으로 운영되고 있었

다면, 3품 이하의 관원들이 세전하는 토지인 수신전과 휼양전을 받는 것은 일견 모순될 수 있다. 그러므로 수신전과 휼양전은 모든 관원에게 지급된 것이 아니고, 세록전을 받고 있었던 2품 이상의 대신들에게 지급되었을 것으로 가정된다. 그러므로 수신전과 휼양전이 누구에게 지급되었는지를 밝히는 것은 이를 폐지한 직전제의 의미를 이해하는데 도움이 될 것이다.

마지막으로 직전제의 성격을 분명히 정리하기 위해서 '치사제'를 검토하였다. 직전제의 시행으로 치사한 관원의 과전이 회수되었기 때문이다. 치사한 관원은 퇴직 관원의 한 부분이었다. 그러나 조선왕조실록에 치사라는 용어는 대부분 한정적으로 사용되었다. 즉 70세가 되는 관원을 퇴직시키는 치사제에 의해서 퇴직한 관원의 경우에 대해서 치사라는 용어를 사용하였다. 특히 70세까지 관직을 계속하는 경우는 거의 대신에 한정되고 있었으므로, 치사한 관원의 과전은 결국 대신의 과전이었다. 그러므로 조선 초기 치사제의 운영을 선명하게 정리하는 것은 직전제의 의미를 밝히는데 기여할 것으로 보인다.

그러므로 본고는 먼저 직전제의 내용을 정리하고, 나아가 직전제의 시행의 의미를 밝히기 위해서 수신전과 휼양전, 그리고 치사제에 대해 고찰할 것이다. 이 작업을 통해서 직전제 시행의 의미가 선명해질 수 있기를 기대한다. 또한 직전제 시행의 의미가 분명해지면서 조선 초기 토지 분급제와 그에 기초한 조선 초기 국가의 성격이 보다 선명해질 것을 기대한다.

1. 直田制 시행의 내용

세조 12년에 직전제가 실시된다. 기존의 연구에서 직전제의 시행으로 퇴직관원에게 주던 과전을 환수하고, 현직관원에게만 직전을 주게 되었다고 해석하였다. 그러므로 직전제의 시행을 과전의 세록전적 성격이 변화되는 중요한 변화로 이해하였다.

그러나 정작 직전제는 그 내용이 무엇이었는지 별다른 언급이 없이 시행되었다. 『세조실록』 세조 12년 8월 갑자조에 "科田을 혁파하고 職田을 설치하였다."라고 간단하게 기록한 것이 전부이다.[9] 과전을 대신해서 직전이 시행되었음을 언급하고 있을 뿐, 직전제가 왜 그리고 어떻게 시행되었는지 잘 알 수 없다.

연구자들이 그 의미를 크게 부여하는 직전제의 시행이 왜 이렇게 조용하게 진행되었을까? 기존의 연구에서 직전제의 시행에 대하여 큰 의미를 부여하고 있지만, 정작 직전제의 시행을 전후해서 조정에서 큰 논의도 없었고, 시행된 법에 대한 설명도 없는 것은 그 이유가 무엇일까?

먼저 주목되는 것은 이 정책이 세조의 명에 의해서 시행되고 있었다는 점이다. 세조 후반기에 들어서면 세조는 보법을 비롯해서 개혁적인 정책을 추진하였는데 큰 논쟁이 없이 추진되었다. 개혁을 세조가 직접 주도한 것이다. 직전제 역시 세조의 주장에 의해서 추진된 정책으로 이해된다. 그러므로 조정에서 큰 논의가 없이 진행되었던 것으로 짐작된다.

다른 이유의 하나는 당시 관원들이 직전제의 변화에 대하여 크게 의미를 두지 않았기 때문이었다. 필자가 주장한 바와 같이 조선초기부터 3품 이하 관원들의 과전은 직전제로 운영되고 있었다.[10] 그러므로 직전제로의 변화에 관원들은 큰 의미를 부여하지 않았다고 짐작된다.

이미 3품 이하 관원의 과전이 직전제로 운영되고 있었다면, 세조대에 시행된 직전제의 내용이 무엇이었을까? 이를 분명히 정리하는 것이 필요하다. 이는 이미 직전제로 시행되었던 3품 이하 관원의 과전을 제외한 2품 이상 대신이 받는 과전의 운영에 영향을 주는 조치였다고 짐작된다.

직전제의 내용은 직전제 시행 이후 관원들이 직전제에 대하여 비판한

---

9) 『세조실록』 권39, 세조 12년 8월 갑자.
10) 최이돈 「조선 초기 관원체계와 과전 운영」 『역사와 현실』 100, 2016.

내용을 통해서 부분적으로 나타난다. 직전제는 시행 직후부터 관원들에 의해서 문제점이 지적되었다. 직전제가 관원들과 깊은 논의 없이 세조의 명에 의해서 시행되었기 때문이었다.

직전제에 대한 문제점을 가장 먼저 제기한 이는 양성지였다. 그는 직전제 시행 직후인 세조 12년 11월 다음과 같이 직전제의 문제점을 지적하였다.

> 科田은 사대부를 기르는 것입니다. 신이 듣건대 장차 職田을 두려고 합니다. 하지만, 朝士는 이미 그 俸祿을 먹고서 또 직전을 먹게 되는데, 致仕한 신하와 무릇 公卿大夫의 子孫들은 장차 1결의 전지도 먹을 수 없게 되니, 이른바 '世祿'의 뜻에 어긋나는 듯합니다.[11]

이 주장은 직전제의 시행이 결정된 직후에 제시된 것으로, 여기서 "장차 직전을 두려고 합니다."라는 표현을 보아서, 당시 직전제는 결정되었으나 아직 집행은 되지 않고 있었다. 양성지는 세조대 정책의 골격을 만들었다고 할 만큼 핵심적인 역할을 한 관원이었다.[12] 그러므로 양성지가 직전제를 비판하고 있다는 것은 직전제의 시행과정에서 그마저도 소외되었음을 보여준다.

양성지는 직전의 시행을 반대하면서 직전제의 시행으로 과전의 '世祿'의 뜻이 손상되었다고 주장하고 있다. 여기서 세록의 의미는 분명히 과전을 대대로 유지한다는 의미였다. 양성지는 직전제의 시행으로 피해를 입는 이들을 구체적으로 '치사한 신하' '공경 대부의 자손' 등으로 거론하고 있다.

여기서 우선 주목되는 것은 양성지는 직전제로 과전을 받지 못하게 된 부류로 퇴직관원을 거론하고 있지 않다는 점이다. 그는 단지 '치사'한 신하를 거론하고 있다. 치사한 신하는 당연히 퇴직한 관원이었다. 그러나 치사한 관원은 일반적으로 퇴직한 관원 중 특정한 부류였다. 충분한 검토가 필

---

11) 『세조실록』 권40, 세조 12년 11월 경오.
12) 한영우 『양성지』 지식산업사 2008.

요한 것이지만, 당시의 용례에 의하면 치사라는 용어는 치사제에 근거한 용어였다. 일반적으로 관원이 현직에서 물러날 때, '퇴직'이라는[13] 용어를 사용하였다. 즉 '치사'라는 용어는 관원의 나이가 70세가 넘어 치사제에 근거해서 관직을 물러나는 경우에 한정해서 사용하였다.

치사의 대상은 당연히 퇴직관원 중의 극히 일부였다. 70세가 되도록 관직을 유지하고 있던 관원은 대부분 대신들이었다. 양성지는 직전제 시행 이전에는 70세로 치사한 대신들도 과전을 가지고 있었으나, 직전제의 시행으로 과전을 내어놓게 되었음을 지적하고 있다. 이러한 양성지의 주장은 기존의 연구에서 퇴직관원이 과전을 내어 놓게 되었다는 주장과 차이가 있다. 즉 직전제로 인해서 과전을 내어 놓게 된 것은 퇴직 관원이 아니라 치사한 대신의 경우에 한정되었다. 70세까지 관직을 보유하는 경우가 드문 3품 이하의 퇴직 관원들은 직전제와 관계가 없었다.

또한 양성지는 치사한 신하 외에 '공경대부의 자손'이 직전제로 과전을 유지하지 못하게 되었다고 주장하고 있다. 이는 관원의 유족이 받고 있던 휼양전과 수신전을 지적하는 것으로 추측된다. 즉 직전제의 시행으로 수신전과 휼양전이 폐지된 변화를 이렇게 표현한 것으로 짐작된다. 유의해야 할 것은 기존의 연구에서는 수신전과 휼양전을 모든 관원의 처와 자손이 받는 것으로 이해하고 있는 것에 비해, 그는 휼양전을 공경대부 즉 대신의 자손으로 한정해서 표현하고 있다는 점이다.

양성지는 결국 직전제가 대신의 과전에 대한 규제라고 주장하고 있다. 그는 직전제의 시행을 대신이 치사한 이후에도 계속 보유하던 과전을 회수하고, 대신의 자손에게 부여하던 휼양전과 수신전을 제한한 조치라고 주장하고 있다. 즉 직전제의 시행을 대신에 대한 규제였다고 주장하고 있다. 이러한 상황이었으므로 세조는 세조의 최측근이었던 양성지의 의견도 수용하지 않고 단독으로 직전제를 시행한 것으로 보인다.

---

13) 『세종실록』 권7, 세종 2년 3월 을해.

세조대에 양성지와 더불어 직전제의 문제점을 지적한 이는 진사 송희헌
이었다. 그는 직전제의 문제점을 다음과 같이 지적하였다.

> 수신전 휼양전이 다 職田이 되었으니, 그 옛 것을 보건대 반드시 鰥
> 寡의 仁을 먼저 하고, 유학을 숭상하는 도를 중히 여기는 의리에 진실
> 로 혐의할 만합니다.[14]

송희헌은 단지 수신전과 휼양전이 직전이 되었음을 지적하고 있다. 송
희헌이 仁政의 관점에서 직전의 문제점을 지적하였으므로 수신전과 휼양
전의 폐지가 직전제의 전모인지는 분명치 않다. 다만, 이 내용으로 앞에서
양성지가 언급한 '공경대부의 자손'에게 주던 과전이 수신전과 휼양전이었
음이 분명해졌다.

세조가 죽자 관원들은 직전제의 폐단을 본격적으로 제기하였다. 직전제
의 문제점을 지적하는데 그치지 않고 직전제의 폐지까지 제기하였다. 이
는 예종 1년 부사맹 민권 등의 다음 언급을 통해서 알 수 있다.

> 수신전은 과부를 위한 것이고, 휼양전은 고아를 위한 것입니다. 지
> 금 직전을 설치하니, 관리의 포학한 종들이 遞遷될 것을 심히 두려워
> 하여, 날로 더욱 징납할 것을 독촉합니다. 신 등은 생각건대 조사는 위
> 로 중한 祿을 받고 아래로는 丘史를 거느리고 있으니, 우로의 은택을
> 편벽되게 입었습니다. 원컨대 직전을 혁파하여 義倉에 붙이면, 비록
> 堯, 湯 임금의 水旱이 있다 해도 가히 굶주림을 진휼할 것이니, 백성들
> 은 菜色이 없을 것입니다.[15]

민권은 수조가 과다해졌다는 이유를 들어서 직전제의 폐지를 주장하였
다. 그러나 그는 과전제의 복구를 주장하지 않고, 직전을 혁파하여 의창에

---

14) 『세조실록』 권46, 세조 14년 6월 임인.
15) 『예종실록』 권3, 예종 1년 2월 갑인.

붙이자는 특이한 주장을 하고 있다. 과전제의 복원을 주장하는 것이 아니었으므로 그의 주장을 통해서 직전제 시행의 변화가 무엇이었는지 전모를 파악하기 힘들다. 다만, 문맥상 직전제의 시행으로 수신전과 휼양전이 폐지되었음을 짐작케 한다.

이와 같이 관원들의 직전제 폐지 요청이 계속 제기되자, 성종은 그 1년에 직전제를 혁파하고 과전제로 돌아가는 방안을 대신들에게 검토하도록 명하였다. 이에 대신들은 다음과 같이 답하였다.

> 과전을 회복하는 것은 朝官에게 매우 유익합니다. 그러나 만일 전일에 수신전, 휼양전을 빼앗긴 자를 상고하여 다시 준다면, 반드시 일을 맡은 사람의 전지를 빼앗아 직책 없는 사람에게 주어야 하니 행하기 어려울 듯합니다.16)

성종이 과전의 회복을 검토하라는 명에 대하여 대신들은 과전의 회복이 어려움을 논하였다. 즉 직전제의 시행으로 수신전과 휼양전을 관원에게 분배하였으므로, 과전을 회복하기 위해 이미 관원에게 분배한 토지를 환수하는 것이 어렵다고 논하였다.

여기서 주목되는 것은 과전법의 회복을 논하면서 퇴직관원에게 과전을 돌려주는 문제가 논의의 초점이 되지 못하고 있다는 점이다. 이 논의는 과전의 전면 회복을 거론하는 것이었으므로 직전제로 변화한 것을 모두 거론하는 상황이었는데, 다만 수신전과 휼양전의 회복만 쟁점이 되고 있다. 이는 관원들이 과전의 회복을 수신전과 휼양전의 복구로 이해하였음을 보여준다. 즉 당시 관원들은 과전법의 폐지를 수신전 휼양전의 폐지로 이해하였다.

또한 이미 양성지가 주장한 '치사'한 관원에 대한 언급이 보이지 않는 것도 궁금하다. 치사한 관원의 과전 문제는 당시 관원들의 생물학적 건강

---

16) 『성종실록』 권4, 성종 1년 4월 신미.

상태를 볼 때에, 70세를 넘어서 치사하는 관원의 수가 적어 쟁점이 되지 않은 것으로 짐작된다.

이와 같이 과전의 회복을 수신전과 휼양전의 회복으로 보는 것이 당시 관원들의 일반적인 견해였다. 성종 4년 예문관 부제학 이극기 역시 과전법의 회복을 주장하면서 다음과 같이 유사한 견해를 제시하고 있다.

> 科田을 회복하자는 것입니다. 과전은 한 가지 일이나 두 가지로 좋은 점을 겸하고 있으니, 대개 벼슬을 하는 자가 살아서 봉양을 받으면 科田이 되고, 죽어서 그것이 처자에게 미치면 수신전 휼양전이 됩니다. (중략) 지난번에 국가에서 과전을 혁파하여 職田으로 삼았는데, 이것도 또한 선비를 권장하는 좋은 법이기는 하나, 신 등이 생각하건대, 이것은 사람이 살았을 때는 특별히 후하지만 사람이 죽었을 때는 박한 것이요, 녹을 중하게 하여 선비를 기르는 도리는 얻었다고 하나 백성들을 교화하여 풍속을 이루는 근본은 잃었다고 하겠습니다.[17]

이극기는 과전의 회복을 주장하면서 수신전과 휼양전의 복원을 제안하고 있다. 특이한 것은 이극기가 과전과 직전의 특징을 설명하면서 관원이 '살아서'와 '죽어서'로 대비하고 있다는 점이다. 이극기는 직전제의 하에 관원의 지위를 설명하면서 현직과 퇴직을 구분하지 않고, 살았을 때와 죽었을 때로 나누어 설명하고 있다. 그는 현직과 퇴직을 모두 살았을 때로 묶어서 '후하지만'이라고 설명하고 있다. 이러한 이해는 실제로 현직과 퇴직 간의 차이가 없다는 지적이 아니라, 직전제의 시행으로 나타나는 변화는 현직과 퇴직 관원을 구분하는 조치가 아니었음을 분명하게 보여준다.

이와 같이 과전법의 회복을 주장하면서 현직과 퇴직으로 구분하지 않고, '살아서'와 '죽어서'로 대비하여 주장하는 것은 성종 18년 유학 유승탄의 다음의 언급을 통해서도 거듭 확인할 수 있다.

---

17) 『성종실록』 권32, 성종 4년 7월 기미.

科田은 바로 上古의 世祿의 남은 제도인데, 덕을 높이고 공을 갚으
며 상을 대대로 파급되게 한다는 뜻입니다. (중략) 지금은 과전을 없애
고 職田으로 만들었으니, 벼슬하는 이는 이미 常祿이 있어 그 농사에
대신하는데 또 직전이 있어 그 부를 이으니 그 살아서는 은혜와 행복
이 비할 데 없어 이처럼 지극합니다. 그러나 죽고 나면 아들과 아내가
춥고 굶주려 사방에 다니면서 호구하느라 고생이 더할 수 없으니 견마
를 기르는 것에 가깝습니다. 그러니 두루 끝까지 한다는 뜻에 결함이
있는 것이 아니겠습니까? 엎드려 바라건대 성상께서 재량하소서.18)

유승탄은 과전이 세록의 제도임을 강조하면서 과전의 회복을 요청하고
있다. 그 역시 과전과 직전을 비교하면서 그 차이를 '살아서는'과 '죽고 나
면'으로 비교하고 있다. 이는 당시 관원들이 직전제를 현직과 퇴직 관원에
대한 차이로 이해하지 않았음을 보여준다. 이는 직전법의 시행을 단지 관
원이 죽은 후에 받는 '수신전'과 '휼양전'의 폐지로 이해하였기 때문이었다.
물론 직전제의 폐지를 주장하면서 현직과 퇴직 관원의 차이를 구분하여
언급한 주장도 있다. 성종 12년 군자감 첨정 이안은 다음과 같이 현직과
퇴직 관원을 구분하여 논하고 있다.

守信田, 恤養田은 그 유래가 오래 되었는데, 이제 이것을 고쳐서 職
田으로 하였으니, 벼슬하는 사람을 대우하는 도리가 후하다 하겠으나,
아주 후하지는 못합니다. 벼슬살이하는 자는 녹으로 넉넉히 그 처자를
보호할 수 있으나, 閑散이 되면 위로 부모를 섬기고 아래로 처자를 양
육할 자산이 없어집니다. 또 처자로서는 한 번 지아비나 아비를 잃으
면 가업이 零落하여 아침에 그 날 저녁거리를 마련할 수 없는 자가 대
개 많습니다. 선왕이 과전을 둔 것은 이 때문이니, 직전을 폐지하고 수
신전, 휼양전을 다시 설립하여 선왕의 제도를 지키소서.19)

---

18) 『성종실록』 권203, 성종 18년 5월 기유.
19) 『성종실록』 권130, 성종 12년 6월 임자.

이안은 과전의 회복을 주장하면서 수신전과 휼양전의 복원을 요청하였다. 그러나 여기에 다른 관원들의 주장과 다른 부분이 언급되고 있다. 즉 "閑散이 되면 위로 부모를 섬기고 아래로 처자를 양육할 자산이 없어집니다."라고 퇴직 후의 관원의 처지를 설명하고 있다. 이는 기존 연구에서 주장한 것과 같이 직전제 시행으로 현직과 퇴직의 처지에 변화가 있었음을 설명하는 것으로 이해될 수도 있다. 그러나 이안의 주장은 일관되게 '수신전과 휼양전을 다시 설립'하자는 것이었다. '現職'과 '閑職' 간에는 그 처지의 차이가 있었으나, 이안은 퇴직관원에게 과전을 지급하자는 주장으로 나아가지 못하였다. 그 이유는 퇴직 관원에게 과전을 지급하는 문제는 직전제의 시행과 관련이 없기 때문이었다. 따라서 이안은 퇴직관원의 상황을 제시하였지만, 이를 쟁점으로 부각시키지 못하고, 결국 수신전 휼양전의 복원을 주장하는데 그치고 있다.

그러므로 관원들은 직전제의 시행을 수신전과 휼양전의 폐지와 연결시키는 것이 일반적이었다. 성종 23년 동지사 이극돈은 관원들의 이와 같은 인식의 원인을 다음과 같이 좀 더 구체적으로 설명하고 있다.

> 만약 그 자신이 죽고 그 아내에게 미치게 되면 守信田이라 일컬었고, 夫妻가 다 죽고 그 아들에게 미치게 되면 恤養田이라 일컬었으며, 만약 그 아들이 관직에 제수되더라도 그대로 그 전지를 주고는, 역시 과전이라 일컬습니다. 국가에서 수신전과 휼양전을 일없이 먹는다 하여 受田牌를 주고, 다만 里門 등을 경계해 지키도록 하였습니다. 그런데 世祖께서 이 제도를 없애고, 從仕하는 인원에게 주고 職田이라 일컬었던 것입니다.[20]

이 내용에 의하면 수신전 휼양전의 폐지와 직전제의 시행이 동시에 일어나지 않았음을 알 수 있다. 이 주장에 의하면 관원이 죽으면 지급되는

---

20) 『성종실록』 권261, 성종 23년 1월 계사.

수신전과 휼양전을 '일없이 먹는다'는 이유로 먼저 폐지하였고 이 토지를 수전패에게 주었다. 이후 수전패에게 주었던 토지를 현직 관원에게 주면서 직전제가 시행되었다고 주장하고 있다. 이러한 이극돈의 주장은 매우 구체적이나 다른 자료를 통해서는 확인되지 않아 신뢰성에 문제가 있다. 그러나 이극돈이 세조 3년 과거 급제한 이후, 청요직을 계속 거치면서 세조대의 주요 정책에 지속적으로 관여하였음을 고려한다면, 이와 같은 구체적인 주장은 근거가 있을 것으로 생각된다. 또한 당시 논의에 참여하였던 대신들도 이와 같은 이극돈의 주장에 이의를 제기하지 않는 것을 보면 이극돈의 주장은 근거가 있는 것으로 인정할 수 있다.

특히 이러한 해석이 '직전'이라는 용어와도 상응하여 주목된다. 즉 수신전과 휼양전을 폐지하고 수전패에게 군전으로 지급한 것은 결국 현직이 아닌 퇴직 관원에게 토지를 지급한 것이었는데, 이를 폐지하고 현직 관원에게 과전을 지급한 것을 직전이라는 용어로 표현한 것이 자연스럽다. 이 내용이 바르다면 직전제의 시행은 수신전과 휼양전을 폐지하고 이 토지를 수전패에게 주었다가 다시 현직 관원에게 지급한 것으로 이해할 수밖에 없다. 그러므로 관원들은 과전의 회복을 수신전과 휼양전의 회복으로 인식하고 있었다.

이상에서 볼 때, 당시의 관원들은 직전제의 시행을 수신전과 휼양전의 폐지와 치사한 관원에게 과전을 환수하는 것으로 이해하고 있었다. 이러한 견해는 기존의 연구에서 직전제를 퇴직관원의 과전을 환수하는 것으로 이해하는 입장과 다르다. 기존의 연구에서 제시한 견해는 '職田'이라는 용어에서 오는 선입견을 강하게 반영한 결과였다.

2. 修身田과 恤養田의 운영과 직전

당시 많은 관원들은 직전제의 시행을 수신전과 휼양전의 폐지로 이해하였다. 그러므로 직전제 시행의 의미를 알기 위해서는 수진전과 휼양전의 성격을 분명히 알아야 한다. 그간의 연구에서는 수신전과 휼양전을 관원 사후에 유족의 신분적 지위를 유지할 수 있도록 지원하는 세록전으로 보았다.[21)]

그러나 앞에서 검토한 바에 의하면 양성지는 휼양전을 공경대부의 자손에게만 주는 토지로 이해하고 있다. 이와 같이 수신전과 휼양전의 지급대상을 달리 파악하면 이를 폐지한 직전제의 의미도 다르게 이해할 수 있다. 그러므로 논의의 초점은 수신전과 휼양전의 지급대상을 분명하게 밝히는 것이다.

필자는 이미 과전의 성격이 이중적이라고 보고 있다. 즉 대신의 과전은 대신의 지위를 죽을 때까지 유지하고 세전할 수 있는 세록전의 성격을 가진 반면, 3품 이하 관원의 과전은 현직에 있는 동안만 유지되는 직전의 성격을 가지고 있었다고 보았다. 이는 대신의 신분적 지위와 3품 이하의 관원의 신분적 지위의 차이에 상응한 것이었다. 그러므로 세록전 성격의 토지인 수신전과 휼양전을 모든 관원에게 일률적으로 주기 어려웠을 것으로 짐작된다. 과연 세록전의 성격을 가진 수신전과 휼양전을 3품 이하의 관원에게도 부여하였을까? 이 부분이 분명해야 직전제를 시행하면서 수신전과 휼양전을 폐지한 의미를 잘 이해할 수 있다.

3품 이하의 관원에게 수신전과 휼양전이 지급되었는가의 문제를 검토하기 위해서, 먼저 확인할 것이 수신전과 휼양전은 죽은 관원이 보유한 과

---

21) 이성무 『조선초기 양반연구』 일조각 1980.
　　김태영 『조선전기 토지제도사 연구』 지식산업사 1988.
　　이경식 『조선전기 토지제도 연구』 일조각 1990.

전을 기반으로 지급되었다는 사실이다. 이는 관원이 죽은 이후 그 과전 처리 방법을 논한 태종 14년 다음의 기록에 잘 나타나고 있다.

> 자식이 있는 처의 수신전은 3분의 2를 지급하고 그 나머지 전지를 임시로 군자에 붙이고, 그 자손이 나이가 장성하기를 기다려 科에 의하여 절급하되 위의 항목의 예와 같이 합니다. 부모가 함께 죽었을 때 유약한 자손에게 邮養田을 각각 5결을 주고, 자식이 없는 처에게는 3분의 1을 주고, 그 나머지는 상장이 끝난 뒤에 다른 사람이 陳告하여 절급하기를 허락하소서.[22]

이는 호조에서 언급한 것으로, 이에 의하면 수신전과 휼양전을 관원이 보유하였던 과전을 기반으로 지급하고 있다. 또한 지급하고 남은 과전은 군자로 보관하거나 진고한 다른 관원에게 분급하고 있다. 따라서 죽은 관원이 과전을 가지고 있지 않으면 유족에게 수신전과 휼양전을 줄 수 없었다.

그러나 대신과는 달리 3품 이하의 관원들의 과전이 직전으로 운영되었으므로 관원이 퇴직할 경우에 과전을 상실하였다. 그러므로 3품 이하의 관원이 퇴직을 하고 죽는 경우 수신전이나 휼양전으로 물려줄 과전이 없었다. 단지 퇴직관원으로 받을 수 있는 군전을 보유할 수 있었다. 구체적으로 『태종실록』에 보이는 전판관 장합의 사례를 보면 그는 퇴직 후 군전 5결만을 지급받고 있었다.[23]

그러나 군전은 군역을 매개로 체전되는 토지였으므로 이 토지는 군역을 질 수 없는 부녀나 어린 자녀에게 수신전과 휼양전의 명목으로 지급해 줄 수 없었다.[24] 그러므로 3품 이하 퇴직 관원은 유족에게 수신전과 휼양전

---

22) 『태종실록』 권28, 태종 14년 8월 신유.
23) 『태종실록』 권34, 태종 17년 8월 을미.
24) 태종대의 군량을 모으는 다음과 같은 언급에 의하면 수신전을 받은 과부의 토지는 5~10결을 넘어서 기본적으로 수십 결에 이르는 것으로 보인다.
   "각 품에게 차등 있게 쌀을 내도록 명하였으니, 군량을 보충하기 위함이었다. 時

을 남길 수 없었다.

3품 이하의 관원이 현직 수행 중에 죽는 경우, 즉 과전을 가지고 있는 상황에서 죽는 경우도 상정할 수 있는데, 이 경우는 과전을 어떻게 처리하였을까? 그가 가지고 있던 과전이 수신전이나 휼양전으로 지급되었을까? 이러한 의문을 해결할 수 있는 자료를 조선왕조실록에서 찾기 힘들다. 그러나 이 경우에도 죽은 관원이 가졌던 과전은 수신전이나 휼양전으로 지급되지 않았을 것으로 추측된다.

그 이유는 3품 이하 관원이 현직을 가지고 죽는 경우에 수신전과 휼양전이 지급된다면, 이는 관원이 퇴직하고 나서 죽는 경우와 비교할 때, 유족이 받는 대우에서 너무 큰 차이가 나기 때문이다. 3품 관원의 경우 과전법의 규정에 의하면 제8과에 해당하여 81결의 과전을 받고 있었는데, 수신전을 최대로 받는 경우, 관원이 보유하였던 토지 전액을 받을 수 있었으므로 유족은 81결까지 토지를 받을 수 있었다. 그러므로 현직에서 죽는 경우에만 수신전과 휼양전이 지급된다면, 퇴직관원의 유족이 받는 대우와 크게 차이가 날 수 있었다.

이와 같이 유족이 받는 대우에 차이가 큰 경우 관원들은 수신전이나 휼양전을 가족이 받을 수 있도록, 다양한 불법적인 수단을 동원하는 것이 오히려 당연하였다. 그러나 조선왕조실록에는 그러한 사례를 전하고 있지 않다. 이는 3품 이하의 관원이 현직에서 죽는 경우도 퇴직 처리 과정을 통해서 국가는 과전을 환수하고, 수신전과 휼양전을 지급하지 않았기 때문이었다.

그와 같은 관점에서 보면 태종 13년 의정부에서 제시한 다음의 자료는

行 1품은 쌀 10석, 2품은 9석, 공신은 3분의 1을 더하고, 정3품은 7석, 종3품은 6석, 4품은 4석, 5품은 3석, 6품은 2석, 7품은 1석, 8품은 10두, 9품 권무는 5두이고, 前銜 1품은 5석, 2품은 4석, 3품은 3석, 4품은 2석, 5품은 20두, 6품은 1석, 7품은 10두, 8품은 5두, 9품 권무는 3두이고, 受田寡婦는 매 10결에 1석이다." (『태종실록』 권18, 태종 9년 12월 계묘).

3품 이하의 관원이 현직에서 죽는 경우의 처리과정을 보여주는 것으로 이
해할 수 있다.

> 文王이 정사를 발하고 인을 베푸는 데 반드시 환과고독을 먼저 하였
> 는데, 급전사에서 진고를 먼저 한 자에게 절급하니, 요행을 바라는 무
> 리가 남의 과실을 구하고 남의 사망을 다행으로 여겨 오로지 자기의
> 이익에만 힘써 조금도 남을 용서하지 아니합니다. 비록 忠賢이라 불리
> 는 자들도 몸이 죽은 지 10일도 경과하지 못하여 公文 바치기를 독촉
> 하는 자가 이미 그 집에 와 있게 되니, 고아와 과부로서 衰絰하고 우는
> 사람이 과전을 잃는 탄식이 있음을 면하지 못합니다.25)

이 내용은 의정부에서 과전의 진고체수법을 개선하자고 요청하는 제안
의 일부이다. 의정부는 관원이 죽고 상을 치루는 과정에서 진고에 근거하
여 과전을 회수하고 있었으므로, 유족인 고아와 과부가 과전을 상실하여
'탄식'하고 있음을 언급하고 있다. 장례 중에 유족이 슬퍼하고 있었음에도
불구하고, 과전을 회수하는 절차가 진행되고 있었다.

대신이 죽었을 때는 이와는 사정이 달랐다. 특별한 경우가 아니면 대신
이 죽은 경우, 이는 바로 국가에 보고되어 국가가 진행하는 예장절차를 거
쳤으므로 별도의 진고절차가 꼭 필요하지 않았다.26) 또한 대신이 가진 과
전은 대부분 자손에게 체전되었고, 자녀가 어린 경우에도 수신전이나 휼
양전의 명분으로 자녀에게 주어졌으므로27) 위에서 지적한 바와 같이 '과

---

25) 『태종실록』 권25, 태종 13년 4월 임신.
26) 진고의 절차를 둔 것은 관원의 사후에도 이를 숨기고 계속 전지를 보유하는 것을
막고자 하는 의도가 강하였다. 대신의 경우는 국가에서 집행하는 예장이 진행되
었으므로 죽음을 숨길 수 없었다. 물론 대신이 죽은 경우 진고가 완전히 없었다고
보기는 어렵다. 대신의 전지 중 자손에게 체전하고 남는 부분이 있을 수도 있었
기 때문이다. 이 경우에 남은 전지는 진고자에게 돌아갈 수 있었다(『태종실록』
권28, 태종 14년 8월 신유).
27) 『태종실록』 권28, 태종 14년 8월 신유.

전을 잃는 탄식'은 거의 없었다고 볼 수 있다.

그러므로 수신전과 휼양전은 3품 이하 관원의 유족에게 주어지지 않았다. 이는 수신전의 규정을 유심히 보아도 알 수 있다. 수신전의 규정에는 "그 자손이 나이가 장성하기를 기다려 科에 의하여 折給한다."는 내용이 있다. 이 규정에 의하면 수신전은 자손이 문음으로 관직에 입사하여 수신전을 과전으로 이어 받을 것을 전제로 지급되고 있었다. 즉 수신전과 휼양전은 기본적으로 아직 어려 문음의 특혜를 받을 수 없는 자손이 성장하여 과전을 이어받을 때까지 경제적 지원을 유지하는 제도였다. 이는 문음이 어린 자손이 성장하는 동안 그 시행을 유보하였다가, 자손이 성장하면 부여되었던 것과 같은 원리였다. 문음은 기본적으로 2품 이상 대신들에게만 주어졌다. 그러므로 수신전의 규정은 3품 이하의 관원을 그 대상으로 삼고 있지 않았다.

그간의 연구에서 지적하였듯이 수신전과 휼양전은 신분을 세전할 수 있도록 경제적으로 지원하는 토지였다. 대신들은 세전할 특권적 지위에 있었으나 3품 이하의 관원들은 세전할 특권적 신분을 가지고 있지 않았다. 그러므로 세전할 신분을 가지고 있지 않는 3품 이하 관원에게, 세전적 성격을 가진 수신전과 휼양전을 부여한다는 것은 오히려 적절하지 않았다.

그러므로 조선왕조실록에 나타나는 수신전과 휼양전의 사례를 보아도, 수신전과 휼양전의 특혜는 대신들의 유족에게 한정되는 것을 확인할 수 있다. 먼저 수신전의 예를 보면, 세종 13년 세종은 호조에 다음과 같이 공순군 이방번과 소도군 이방석의 아내에게 수신전을 더하라고 명하고 있다.

> 恭順君의 아내인 三韓國大夫人 왕씨에게는 전에 받은 수신전에다가 1백결을 더 주고, 昭悼君의 아내인 삼한 국대부인 심씨에게도 수신전 1백결을 더 주어라.[28]

---

28) 『세종실록』 권53, 세종 13년 7월 임진.

여기에 보이는 삼한국대부인의 호칭은 정일품 종친의 아내에게 주는 것
이었으므로, 이 사례는 수신전이 대신의 유족에게 주어졌음을 보여준다.

다른 사례로 세종 16년에는 윤달성의 부인에게 수신전을 부여한 예를 들
수 있다. 세종은 그 16년에 영의정 황희 등을 불러 다음과 같이 명하였다.

> 윤달성이 죄를 범하고 죽으매, 전에 받았던 과전을 이미 관부에 붙
> 였는데, 그의 아들 윤연명이 왕실과 연혼하여 친척이 된 까닭으로, 직
> 첩을 도로 내려 주고 봉작을 추증하였으므로, 전에 받았던 과전을 도
> 로 그 처에게 돌려주어 수신전으로 하고자 하는데 어떻겠느냐.29)

이는 좀 특이한 사례였다. 윤달성은 양성현감으로 재직 중에 죄를 범하
여 사헌부의 국문을 받고 파직되었다.30) 현감이었으므로 관품이 3품 이하
였고 죄로 과전을 삭탈 당하였으므로 부인에게 수신전으로 줄 과전을 가
지고 있지 않았다. 그러나 윤달성의 아들 윤연명이 태종의 딸인 소숙옹주
에게 장가들면서 상황이 변하였다.31) 윤연명은 부마가 되면서 해평위로 2
품 대신의 지위에 오르게 되었고, 아버지 윤달성도 용서를 받고 직첩을 돌
려받았다. 윤달성은 직첩을 돌려받았다고 해도 3품 이하 관원이었으므로,
아내에게 수신전을 줄 수 있는 상황이 아니었다. 그러나 아들이 2품이 되
었으므로 윤달성도 2품으로 '추증'되면서 상황이 바뀌었다. 세종은 윤달성
이 2품에 추증되었음을 근거로 윤달성의 부인에게 수신전을 부여하였
다.32) 이 사례 역시 수신전이 대신의 유족에게 주어졌음을 보여준다.

휼양전의 사례를 보아도 그 대상은 2품 대신의 자녀였다. 태종 17년 김
하의 사례가 대표적인 예이다. 그 내용은 김하의 다음과 같은 상서에 잘
나타난다.

---

29) 『세종실록』 권64, 세종 16년 5월 갑신.
30) 『세종실록』 권13, 세종 3년 8월 병신.
31) 『세조실록』 권5, 세조 2년 11월 무자.
32) 『세종실록』 권64, 세종 16년 5월 갑신.

신이 나이 어렸을 때부터 처부 장합과 함께 살아 왔는데, 아비의 과
전을 휼양전으로 먹었습니다. 신의 나이 이미 18세가 되어 上恩을 입
어 8품직을 받았는데, 호조에서 직에 준하여 과전을 주고 남은 전지를
다른 사람에게 허락하려 하니, 걱정이 심합니다.33)

이에 의하면 김하는 휼양전을 보유하고 있었고, 그가 18세가 되면서 '上
恩'으로 즉 문음으로 8품의 관직에 오르게 되었다. 당연히 김하의 아버지
는 대신이었다.34) 그러므로 이 사례 역시 휼양전을 보유한 경우는 2품 이
상 대신의 자녀였음을 잘 보여준다.

이와 같이 대신들은 3품 이하의 관원과는 달리 과전을 죽을 때까지 보
유하였다. 이를 수신전과 휼양전으로 세전하였다. 수신전과 휼양전은 특권
신분의 유지를 보장하는 경제적 특권이었다.

이상에서 볼 때, 수신전과 휼양전은 대신의 유족에게만 주어지는 특권
이었다. 앞에서 양성지가 직전제로 '공경대부의 자손'에게 과전을 주지 않
았다는 표현은 이러한 상황과 연결되었다. 그러므로 직전제의 시행으로
수신전과 휼양전을 폐지한 것은 대신에 주어진 과전의 권리를 제한한 것
이었다. 즉 직전제는 모든 관원의 과전에 대한 변화가 아니라 대신의 과전
에 대한 규제였다.

3. 致仕制의 운영과 직전

양성지는 직전제의 시행으로 '치사'한 신하가 과전을 받지 못하게 되었
다고 주장하였다. 퇴직한 신하가 아니라 치사한 신하라는 표현이 주목된

---

33) 『태종실록』 권34, 태종 17년 8월 을미.
34) 『태종실록』 권10, 태종 5년 10월 정해. 김하의 아버지 김빈길은 수군도절제사, 도
   총제를 역임하고 '양혜'라는 시호를 받았다.

다. 치사한 관원도 퇴직 관원의 일부였으나, 당시 치사라는 용어는 제한적으로 사용되어 퇴직과는 의미가 달랐다. 그러므로 양성지가 지적한 치사한 신하라고 표현한 것을 분명하게 이해하기 위해서, 조선 초기 치사제의 운영에 대하여 이해할 필요가 있다.

조선에 들어서 치사라는 용어가 처음 보이는 것은 태조 6년이다. 이는 다음의 인사 기록에서 볼 수 있다.

> 참찬문하부사로 致仕한 나세로 경기, 풍해도, 서북면 등의 都追捕使를 삼았다.[35]

나세를 도추포사로 임명된 기록이다. 나세는 이미 치사한 관원이었다. 물론 나세는 조선의 치사제도에 의해서 치사되었던 것은 아니었다. 나세는 조선이 건국하기 전에 이미 70세를 넘겼기 때문이다.[36] 나세는 고려조에 치사를 하였지만 조선의 건국에 참여하면서 70세가 넘어서도 관원으로 활동하였다. 그는 태조 2년에 병선조전절제사에 임명되었고,[37] 태조 6년에는 도추포사로 활동하였다. 그러므로 이 자료를 통해서 조선에서 치사제가 시행되었다고 보기는 어렵다.

조선에서 '치사'에 대한 언급은 검교직의 개선논의와 같이 제기되었다. 검교직의 정비는 지급되는 녹봉을 줄이기 위한 것이었으므로, 검교직을 정비하는 과정에서 치사제를 같이 언급하였다.[38] 그 한 예로 태조 7년 대사헌 이직은 다음과 같이 검교직 정비를 요청하면서 치사제를 거론하였다.

> 신 등은 생각하옵건대, 設官分職은 장차 임무를 주고 공효를 이루게

---

35) 『태조실록』 권12, 태조 6년 7월 임자.
36) 『태조실록』 권12, 태조 6년 9월 병인.
37) 『태조실록』 권3, 태조 2년 4월 을미.
38) 한우근 「훈관검교고」 『진단학보』 29·30, 1966.

하자는 것인데, 지금 개국 초를 당하여 검교직을 예전대로 둘 것이 아니옵니다. 원하옵건대, 이제부터 潛邸 때의 動舊 耆老와 書雲 典醫로 반드시 겸임할 사람을 제외한 검교는 치사하게 하여 일체 태거하소서.[39]

대사헌은 검교제도를 정비하기 위해서 검교직 관원의 일부를 치사시킬 것을 요청하고 있다. 이러한 요청으로 검교직의 일부가 치사되면서 정리되었다. 이를 통해서 조선에서도 치사제가 시행되었음을 짐작할 수 있다. 그러나 이 내용이 검교직의 정비를 위한 논의였음을 고려한다면, 이 내용의 '치사'를 70세 이상의 관원이 관직을 그만두는 치사제로 해석하는 것은 조금 조심스럽다. 당시의 검교는 70세 이하인 경우도 많았기 때문이다. 다만, 이 자료는 일단 검교직의 정비와 치사제가 연관을 가지고 운영되었음을 보여준다.

70세가 된 관원을 퇴직시키는 제도로서 치사제를 분명하게 거론한 것은 정종 1년 다음의 기록이 처음이다. 문하부는 아래와 같이 70세 관원에 대한 치사제의 시행을 요청하였다.

예전에 聖王이 官制와 祿을 제정하여 각각 그 직책이 있어서, 직책이 없이 녹을 먹는 자는 없었습니다. 지금은 늙고 병들어 직사에 마땅하지 않은 자를 모두 검교를 주어서, 직책을 맡지 않고도 앉아서 天祿을 소모하니, 자못 선왕의 관제를 설치하고 녹을 제정한 뜻이 아닙니다. 이제부터 대소 신료 가운데 나이가 70세인 자는 치사하도록 허락하여 각각 사제로 나가게 하고, 비록 칠순이 되지 않았더라도 직사에 마땅하지 않은 자는 또한 검교의 직책을 허락하지 말 것입니다.[40]

문하부는 검교직의 정비의 방안으로 '이제부터'라는 표현을 사용하면서 70세 이상의 관원을 퇴직시키는 치사제를 제안하고 있다. 70세 이상의 관

39) 『태조실록』 권13, 태조 7년 2월 을미.
40) 『정종실록』 권1, 정종 1년 5월 경오.

원에게 검교직을 주지 말고 치사시키도록 요청하고 있다.[41] 그러나 검교직의 혁파는 쉽게 해결되지 못하였다. 건국 초의 상황에서 건국에 협조하는 관원들을 나이를 이유로 퇴거시키는 것이 쉽지 않기 때문이었다.

정종 2년에도 문하부에서 이 문제는 다시 거론하였다.[42] 그러나 정종은 "兩府 百司의 인원수를 줄이는 일은 지금 草創의 시기를 당하여 갑자기 시행할 수 없다."라고 아직 안정이 안 된 상황에서 개혁을 시행하기 어려움을 토로하고 있다.

이와 같은 사정은 태종 초반까지 거의 동일 하였다. 태종 초반에도 검교직을 혁파하기 위한 논의가 계속되었으나, 태종 역시 쿠데타로 즉위한 초기에는 정권이 안정되지 않아 검교직의 문제를 해결하는 것이 쉽지 않았다.[43] 이와 같은 상황은 검교직을 정비하고 치사제를 시행하기 위해서는 정권의 안정이 선결과제임을 보여준다. 물론 치사제의 전면시행은 어려웠지만, 고려의 유제를 따라 일부의 관원을 치사시키는 부분적인 치사제는 시행되고 있었다. 정종 2년 재상 권중화,[44] 태종 6년 영의정부사 이서 등이 치사되었다.[45]

치사제가 전면적으로 시행된 것은 정권이 안정된 태종 16년부터였다. 좌의정 하윤은 치사제의 전면시행을 제안하였고, 나아가 자신의 치사도 요청하였다.[46] 태종은 하윤의 제안을 수용하여 치사제의 시행과 더불어 지속적인 과제로 남아 있던 검교직 정비까지 같이 추진하였다. 이는 태종 16년 태종의 다음과 같은 제안에 잘 나타난다.

"내가 검교의 녹을 받는 자들을 혁파하고자 한다. 그 중에 나이 70

---

41) 상동조.
42) 『정종실록』 권4, 정종 2년 4월 신축.
43) 『태종실록』 권1, 태종 1년 5월 기축.
44) 『정종실록』 권4, 정종 2년 6월 갑오.
45) 『태종실록』 권12, 태종 6년 12월 계사.
46) 『태종실록』 권31, 태종 16년 5월 병진.

에 이르고 공이 있는 자에게 치사를 주고 녹을 받게 함이 어떠하겠는
가?"하니, 여러 사람들이 가합니다하였다.[47]

치사제의 시행과 검교직의 정비를 같이 추진하였다. 태종은 검교직을
혁파하고, 70세 이상인 검교직 관원들을 치사시키고 있다. 그러나 검교직
은 폐지하되 '공이 있는 자'에게는 치사를 하여도 녹봉을 주도록 조치하였
다. 치사한 대신에게 녹봉을 주는 것은 치사제를 시행하는 본래의 취지와
다른 것이었으나, 검교직 폐지에서 오는 정치적 부담을 줄이기 위해서 치
사관원의 일부에게 녹봉을 부여하였다.

치사한 관원의 일부에게 녹봉을 주는 것이 결정되자, 녹봉을 주는 규정도
정비하였다. 이는 태종 16년 이조의 다음 언급을 통해서 확인할 수 있다.

"각 품으로 치사한 祿科는 종전의 각 품 검교의 녹과에 의하소서."
하니, 그대로 따랐다.[48]

치사된 후에 받는 녹봉은 현직과는 달라야 하였다. 또한 녹봉의 부여가
폐지되는 검교직 관원들을 위무하기 위한 것이었으므로 검교직에 지급하
던 기준에 의해서 녹봉을 지급하는 것이 적절했다.

치사제를 전면적으로 시행하고 녹봉까지 결정되자, 좌의정 이귀령, 우
의정 한검, 찬성 강서, 참찬 권유 등을 치사시켰고, 치사한 관원들에게 녹
봉도 지급하였다.[49] 녹봉을 지급한 구체적인 예를 보면 태종 18년에 이지
를 좌의정으로 치사시키고 제2과 녹봉을 주었고,[50] 세종대에 좌의정 안천
보, 영돈녕 한검 등을 치사시키고 종2품과의 녹봉을 주었다.[51]

---

47) 『태종실록』 권31, 태종 16년 6월 신사.
48) 『태종실록』 권31, 태종 16년 6월 갑신.
49) 상동.
50) 『태종실록』 권35, 태종 18년 6월 갑신.
51) 『세종실록』 권14, 세종 3년 12월 임인.

치사제가 정비되면서 치사한 관원들을 관리하기 위해서 전함재추소를 치사기로소로 바꾸었다.[52] 명칭으로 볼 때, 전함재추소는 70세 이전의 관원까지 포함한 퇴직 대신들을 관리하는 기구였으나, 치사기로소는 치사한 대신들만을 관리하는 부서가 되었다. 이러한 명칭상의 변화가 가능하였던 것은 2품 이상의 대신들은 70이 되도록 提調職 등을 맡으면서, 현직을 유지하였기 때문에 70세 이전에 퇴직되는 경우가 거의 없었고, 대신들은 70세에 치사하면서 비로소 기로소에 소속되었기 때문이었다.

태종대에 치사제가 전면 시행되었지만, 치사제는 세종대를 통해서 더욱 다듬어졌다. 가장 중요한 쟁점이 두 가지였는데, 하나는 녹봉을 부여하는 방식을 정비한 것이었고, 다른 하나는 치사를 담당하는 기구의 역할을 정비하는 것이었다.

치사제를 시행하면서 치사관원 일부에게 녹봉을 부여하게 되었는데, 그 기준은 '공이 있는 자'라는 다소 애매한 규정에 불과하였다. 그러므로 이를 좀 더 명백하게 정리할 필요가 있었다. 그러므로 치사한 관원에게 녹봉을 부여하는 경우와 부여하지 않는 경우를 나누어 명료하게 규정하였다. 세종 5년에는 치사제를 '치사'와 '잉령치사'를 구분하여 녹봉을 부여하는 치사 관원을 분명히 규정하였다. 이는 이조의 다음과 같은 계문에 잘 나타난다.

> 옛날에 대신은 늙으면 사무를 맡기지 않고 '仍令致仕'하게 하고는 그 녹봉을 받도록 하였던 것인데, 지금은 실직을 지내지 않았던 자도 또한 '致仕'한다 일컬으니, 명실이 서로 어긋나고 옛 제도와 다르오니, 이제부터는 '仍令致仕'하는 것 이외에는 아울러 다 革除하도록 하소서.[53]

치사 관원을 현직에 있을 때에 실직을 지낸 자와 지내지 못한 자로 구분하여 '치사'와 '잉령치사'로 나누었다. 그리고 잉령치사한 자에게만 녹봉

---

52) 『세종실록』 권39, 세종 10년 2월 임술.
53) 『세종실록』 권22, 세종 5년 12월 임자.

을 주는 것으로 결정하였다. 그러므로 실직을 지내고 치사한 대신은 치사 후에도 여전히 녹봉을 받게 되었다.

다음으로 쟁점이 된 것은 치사제를 관리하는 부서의 역할을 명백히 하는 것이었다. 치사제는 인사의 문제였으므로 이조와 병조에서 담당하는 것이 당연하였다. 그러나 치사제는 원로 관원에 대한 예우로 진행되었으므로, 70세가 되는 관원이 치사를 요청하는 상소를 올리면 이에 근거해서 진행하였기 때문에 이조와 병조에서 일률적으로 관리하지 않았다.

이와 같은 상황 하에서 치사제는 만들어졌지만 활성화되기 어려웠다. 그러므로 세종 22년 사간원은 "특별히 궤장을 내려 준 외에, 나이가 치사하게 된 자는 모두 다 파면해 돌려보내어, 국법에 따르고 풍절을 장려하게 하소서."라고[54] 70세가 된 관원들을 일률적으로 치사시킬 것을 요청하였다. 그러나 이러한 요청을 세종은 수용하지 않았다.

대간이 문제를 삼을 정도로 치사제가 정상적으로 운영되지 않자, 의정부도 나서지 않을 수 없었다. 의정부는 세종 22년 다음과 같이 요청하였다.

> 조신 중에 나이 70세 이상인 사람으로 관계가 지극히 중한 장상 대신과 종친 공신 및 능히 국가의 요긴한 임무를 맡은 자는 본조에서 사유를 갖추어서 계문하고, 전지를 받아서 그대로 둔 사람과 특지가 아닌 자는 직무를 해면하여 늙은이를 공경하는 뜻을 보이소서.[55]

의정부는 일률적인 치사제의 시행은 반대하고, 치사에 예외를 두어 이조와 병조를 통해서 왕의 허락을 맡은 대신과, 왕의 특지에 의한 대신 등을 제외하고 나머지 대신들을 일률적으로 치사시킬 것을 제안하였다. 이러한 제안에 세종도 동의하여[56] 예외를 인정한 위에서 일률적인 치사제가 추진되었다.

이러한 논의를 바탕으로 세종 24년에 세종이 "지금부터는 本司로 하여
금 某人이 나이 70이 찼다.[57]고 써서 本曹에 바치게 하고, 본조에서 계문
하여 시행하라."고 치사를 관리하는 부서로 이병조의 역할을 분명하게 정
리하였다. 물론 예외는 있었으나, 담당 부서가 분명하게 결정되면서 70세
가 된 대신들의 치사제는 활성화될 수 있었다.

이상에서 볼 때, 조선 초기 치사제는 태종대에서 세종대를 거쳐서 정비
되었다.[58] 2품 이상 대신들은 70세가 되면 현직을 물러나 퇴직하는 제도
가 시행되었다. 그러나 치사제의 시행으로 대신의 신분적 지위에 변화를
주지는 않았다. 치사제에는 예외가 있어 대신들은 70세가 넘어도 건강이
유지되는 경우에, 왕의 제가를 통해서 현직을 계속 유지할 수 있었다. 또
한 대신이 치사되어 관직을 물러나도 과전의 보유는 물론, 실직을 역임한
경우에는 녹봉까지 지급받고 있었다. 또한 치사한 대신들이 정치를 완전
히 떠난 것도 아니었다. 대신들은 치사 후에도 여전히 정치의 중요한 현안
에 관여하였고[59] 치사한 후에도 필요에 따라서 현직에 다시 임명되었
다.[60] 그러므로 치사제의 시행에도 불구하고 대신은 그 신분적 지위를 유
지할 수 있었다.

치사제가 정비되면서 조선 초기 관직제는 큰 윤곽이 정비되었다. 정비
된 모습을 잘 보여주는 것이 세종 6년 品鋼을 걷으면서 보여준 관원들의
분류였다. 호조에서는 관원에게 품동을 차등 있게 거둬들일 것을 제안하

---

57) 『세종실록』 권98, 세종 24년 12월 경술.
58) 문종대에도 치사제도 운영에서 이병조의 역할을 강화하자는 논의가 있었으나, 기본
적인 치사제의 골격은 그대로 유지되었다(『문종실록』 권12, 문종 2년 2월 신미).
59) 『세종실록』 권83, 세종 20년 10월 을묘.
60) 이지의 경우가 대표적이다.
    "태종이 왕위에 오르자, 불러와서 순녕군 영공안돈녕부사로 복직되고, 우의정에
    승진되어 치사하였다. 얼마 뒤에 영의정에 임명되어 치사하고, 다시 영돈녕이 되
    어 그대로 치사하게 하였다."(『세종실록』 권35, 세종 9년 1월 임진).

면서 관원들을 다음과 같이 분류하였다.

〔현직관원〕 정·종1품은 10근, 정·종2품은 9근, 정3품은 8근, 종3
품은 7근, 정·종4품은 6근, 정·종5품은 5근, 정·종6품
은 4근, 정·종7품은 3근, 정·종8품은 2근, 정·종9품과
權務는 1근

〔전함관원〕 전함 정·종 1품은 9근, 정·종2품은 8근, 田을 받은 전
함 정3품은 7근, 종3품은 6근, 정·종4품은 5근, 정·종
5품은 4근, 정·종6품은 3근, 정·종7품은 2근, 정·종8품
은 1근, 정·종9품에서 권무에 이르기까지 8냥, 전을
받지 않은 전함 정·종3품은 5근, 정·종4품은 4근, 정·
종5품은 3근, 정·종6품은 2근, 정·종7, 8품은 1근, 정·
종9품과 권무는 8냥

〔치사관원〕 녹을 받는 치사한 정·종1품은 9근, 정·종2품은 8근,
(중략) 녹을 받지 않는 치사한 정·종1품은 8근, 정·종
2품은 7근[61]

이 내용에 의하면 정부는 관원을 여러 기준에 의해서 분류하였다. 이들
을 나누는 가장 중요한 기준은 과전과 녹봉의 수수 여하였다. 물론 현직
관원은 과전과 녹봉을 모두 받았다. 그러나 전함 관원 즉 퇴직 관원은 과
전과 녹봉을 기준하여 받는 관원과 받지 않는 관원으로 나누어졌다.

먼저 과전 수수를 기준으로 관원이 나누어졌다. 일단 2품 이상의 전함
은 모두 과전을 받고 있었다. 2품 이상의 전함 관원은 모두 과전을 받고
있었으므로 전을 받는 여부로 구분하지 않았다.[62] 이에 비하여 3품 이하
의 전함 관원은 전을 받는 관원과 받지 않는 관원으로 나누어지고 있었다.
즉 3품 이하 관원의 경우 수전품관과 무수전품관으로 분류되고 있었다. 즉

---

61) 『세종실록』 권25, 세종 6년 8월 경술.
62) 최이돈 「조선 초기 관원체계와 과전 운영」 『역사와 현실』 100, 2016.

3품 이하의 관원으로 거경숙위에 참여하는 자는 5~10결의 군전을 받는 수전품관이 되었으나, 숙위를 하지 않는 관원은 무수전품관으로 과전을 받지 않았다.

다음으로 녹봉을 기준으로 퇴직 관원을 구분하였다. 일단 녹봉을 받을 수 있는 퇴직 관원은 치사관원에 한정하였다. 2품 이상의 대신들만이 치사의 기본 대상이었으므로 위의 내용에도 2품 이상만을 거론하고 있다. 물론 치사한 대신들 중에서도 녹봉을 받는 경우와 받지 않는 경우로 나뉘었는데, 그 나누는 기준은 앞에서 살핀 것처럼 실직을 지냈는가의 여부였다. 실직을 지낸 경우는 '잉령치사'로 규정하여 녹봉을 지급하고 있었다.

이상에서 볼 때, 조선초기의 치사제는 태종대를 거쳐서 세종대에 정비되었다. 그러므로 세조대의 직전제가 실시되면서 양성지가 세조 12년 다음과 같이 주장할 때 '치사'의 의미는 분명하였다.

> 과전은 사대부를 기르는 것입니다. 신이 듣건대 장차 職田을 두려고 합니다. 하지만, 朝士는 이미 그 봉록을 먹고서 또 직전을 먹게 되는데, 치사한 신하와 무릇 공경 대부의 자손들은 장차 1결의 전지도 먹을 수 없게 되니, 이른바 世祿을 주는 뜻에 어긋나는 듯합니다.[63]

이 내용에 의하면 직전제가 시행되면서 치사한 신하들은 과전을 받을 수 없게 되었다. 여기서 치사한 신하는 대신으로서 70세가 넘어서 치사한 이들을 지칭하였다. 이들의 대부분은 치사제에 의해서 치사를 하여도 과전은 물론 녹봉까지 받고 있었다. 그러므로 직전제의 시행은 치사한 대신들이 녹봉은 물론 과전을 받지 못하게 하는 큰 변화였다.

그러나 직전제의 시행으로 치사 대신들이 과전을 받지 못하게 된 상황에 대한 지적은 양성지가 언급한 것 외에는 찾을 수 없다. 앞에서 살핀 것처럼 직전제를 폐지하고 과전제를 복원하자는 관원들의 주장은 많았으나,

---

63) 『세조실록』 권40, 세조 12년 11월 경오.

양성지를 제외하고는 치사한 대신의 과전을 언급하지 않았다. 그 이유는 무엇이었을까.

여러 가지 이유가 있겠지만, 우선 중요한 것은 70세로 치사한 대신의 수가 적어서 논의의 중심이 되지 못하였던 것으로 생각된다. 당시의 평균 수명을 감안할 때, 70세로 치사하는 대신의 수는 극히 적어, 이들이 받았던 과전의 면적은 국가의 경영의 입장에서 많지 않았으므로 적극적인 논의의 대상이 되지 않은 것으로 짐작된다.

그러나 더 중요한 원인은 직전제 시행이후 규정에 따라 치사 대신이 과전을 받지 못하게 되면서, 치사제의 시행이 원활하게 추진되지 못하였기 때문이었다. 당시의 상황을 보여주는 것은 성종 8년의 예조 참판 이극돈 등의 다음과 같은 논의이다.

> 70세에 치사하는 것은 고금의 통례입니다. 신하로서 告歸하는 것은 廉退하는 것이 아니고, 氣力이 날로 지탱해 내지 못함이 있기 때문이니, 국가에서 이를 허락함은 그것이 薄待하는 것이 아니라, 바로 老臣을 예로 존경하는 소이입니다. 근일에 70세에 치사하는 자는 으레 억지로 머무르게 하여, 일을 위임하지 않고 모두 한가한 곳에 두어, 혹은 1,2품으로 7,8품의 녹을 받게 하고, 隨例隨朝하게 하며 집에서 休養할 수 없게 하니, 노인을 존경하는 뜻에 매우 어그러집니다.[64]

세종대에 치사제가 그 규정을 정비하면서 전면적으로 시행되었지만, 위에서 보여주는 성종대의 상황을 보면 직전제가 시행된 이후 치사제는 원활하게 추진되지 않았다. 관원들이 70세가 되어도 치사하지 않고 현직을 지속적으로 유지하면서 과전은 물론 녹봉까지 받고 있었다.

구체적인 예를 성종 19년 첨지중추부사의 변포의 상황을 통해서 살펴볼 수 있다. 그의 동향은 그의 졸기에 다음과 같이 언급되고 있다.

---

64) 『성종실록』 권82, 성종 8년 7월 임오.

　　첨지중추 변포가 졸하였다. 변포는 처음에 무과로 출신하였는데, 성
품이 탐욕스러웠다. (중략) 재산이 鉅萬인데도 날로 貨殖을 일삼았고
또 녹봉을 탐하여 나이를 속이고 치사 하지 않았다. 하루는 병조 낭관
과 서로 힐난하여 부득이 늙은 것으로써 사직하니, 임금이 특별히 無病
하다고 하여 윤허하지 않았었는데, 이에 이르러 병으로 졸하였다.[65]

　　변포는 특별한 공이 없는 인물이었고, 치부에 몰두하여 관원들 사이에
서도 평이 좋지 않는 대신이었다. 그러나 위의 언급과 같이 70세가 지나도
병이 없다는 이유로 죽을 때까지 치사하지 않고 첨지중추의 직을 계속 유
지하였다.

　　이러한 상황이 전개되고 있었으므로 직전제의 시행으로 치사한 대신에
게 과전을 주지 않는 것이 결정되었지만, 현실에서 대신들은 치사할 나이
가 지나도 치사를 하지 않고, 과전은 물론 녹봉까지 받고 있었다. 그러므
로 치사한 대신의 과전을 회수하는 문제는 직전제의 시행 직후 양성지가
논한 것으로 그치고 말았다.

　　이러한 관점에서 볼 때에, 과전제에서 직전제로의 변화는 결국 대신의
유족이 받는 수신전과 휼양전의 폐지를 의미하였다. 그러므로 대다수의
관원들이 직전제의 폐지를 주장하면서 수신전과 휼양전의 복원을 주장하
였다.

　　그러면 수신전과 휼양전의 폐지는 대신이 받는 과전의 세록전적 성격을
변화시키는 것이었을까? 물론 이는 대신이 받는 과전의 세록전적인 성격
에 영향을 주는 것이었다. 그러나 직전제 시행 후에도 대신들은 3품 이하
의 관원들과 달리 죽을 때까지 과전을 보유하였고, 대부분은 그 과전을 문
음을 통해서 관직에 오른 자손에게 전할 수 있었다. 대신의 유족에게 수신
전과 휼양전이 주어지지 않았지만, 문음의 특권이 유지되는 한, 자녀가 성
장하는 동안의 과전의 지급이 유보될 뿐이었다.

---

65) 『성종실록』 권213, 성종 19년 2월 계해.

그러므로 대신이 소지한 과전의 세록적 성격은 직전제가 시행되면서 수신전과 휼양전의 폐지로 다소의 손상은 있었지만, 그 기본적인 성격을 유지하였다고 보아도 좋을 것이다. 이는 예종 1년 직전제가 시행되면서 언급된 호조의 다음과 같은 상소의 내용으로도 짐작할 수 있다.

> 科田을 혁파하면서 수신전과 휼양전이 직전이 되니, 사람들이 모두 巨室들이 收租를 외람되이 거두는 것을 꺼려, 다투어서 자기의 전지를 臺諫과 少官에게 속하고자 하니, 關請이 폭주하여 호조에서 분요를 감당하지 못하고 있습니다.66)

이는 직전제가 시행되면서 나타난 문제점을 지적한 것이다. 여기서 호조가 지적한 직전제의 시행이후의 문제점으로 '거실'의 '외람'된 수조를 지적하고 있다. 즉 대신들의 직전 수조가 과하다는 지적이다. 과다한 수조의 문제는 직전제의 시행으로 비로소 나타난 것이 아니었고, 과전제에서부터 일상적으로 지적되던 것이었다.67) 그러므로 이 내용은 새로운 것이 아닌데, 여기서 주목하고자 하는 것은 호조에서 '거실'과 '소관'을 비교하여 언급하고 있는 부분이다. 이 내용에 의하면 수조를 납부하는 대상에 따라서 수조의 강도가 달랐기 때문에, 전객들은 '소관'에게 수조를 납부하기를 원했다.

여기서 소관은 앞에서 살핀 바와 같이 3품 이하의 관원을 지칭하는 것이다. 이들의 과전은 직전으로 운영되었고, 특히 이들은 관직의 빈번한 전출 속에서 현직을 벗어날 수 있는 상황이 많았으므로 이들은 과전을 지속적으로 보유하기 어려웠다. 그러므로 이들은 전객을 지속적으로 강도 높게 관리하는 것이 어려웠다. 특히 직전제가 시행되면서 국가의 직전에 대한 관리를 강화하면서,68) 전객에 대한 지배는 더욱 약화되었다. 그러므로

---

66) 『예종실록』 권8, 예종 1년 10월 정사.
67) 최이돈 「태종대 과전국가관리체제의 형성」 『조선시대사학보』 76, 2016.

당시 전객들은 자신의 전조를 이들에게 내기를 바랐다. 이에 비해 '거실'로 표현된 대신들의 경우 직전제의 시행에도 불구하고 지속적으로 토지를 세전하면서 상대적으로 수조권을 강하게 관리할 수 있었다. 그러므로 전객들은 이들에게 전조를 내는 것을 꺼리고 있었다.

직전제가 기본적으로 대신들의 지위에 큰 영향을 주지 않았다는 것은 이후 과전법 회복 논의에 보이는 대신들의 태도에 잘 나타났다. 과전을 회복하자는 주장은 관원들에 의해서 여러 차례 제기되었다. 물론 그 내용은 수신전과 휼양전을 회복하려는 것이었다. 그러나 이 논의에 참여한 신숙주, 한명회 등의 훈구 대신들은 과전제의 회복에 큰 관심이 없었다.[69] 직전제의 시행이 대신이 신분을 세전하는데 미치는 영향이 미미했기 때문이었다. 이는 그 영향력이 컸던 保法을 성종대 초반부터 폐지하였던 것과 상반된 상황이었다.

이상에서 볼 때에 세조대의 직전제의 시행은 70세로 치사한 대신의 과전을 회수하고, 대신의 유족에게 지급하던 수신전과 휼양전의 지급을 정지하는 것이었다. 그러나 치사제의 운영이 엄격하지 않았기 때문에, 실제에서 직전제의 시행은 수신전과 휼양전의 지급을 정지한 것이었다. 그러나 수신전과 휼양전의 지급을 정지하는 것은 대신들의 지위에 크게 영향을 주지 않았다. 대신들은 사실상 죽을 때까지 자신의 과전을 유지하였고,

---

68) 정부의 직전에 대한 적극적인 관리의 일환으로 관원들은 직전제가 시행되면서 직전의 관문을 매년 정부에 제출하여야 하였다.
　　"東班 西班의 職田 關文을 각각 스스로 私藏하였다가 혹은 잃어버리고 혹은 죽어버려 교대하는 자가 전하여 받지 못하였으므로, 姦人이 직전의 관문을 가지고 외람되게 그 租稅를 거두는 자가 있으니, 청컨대 이제부터는 조세를 거둔 뒤에 2월 그믐 안에 직전의 관문을 그 관청에 바치고, 10월에 이르러 도로 받아서 조세를 거두게 하소서."(『예종실록』 권8, 예종 1년 10월 정사).
69) 『성종실록』 권32, 성종 4년 7월 기미.
　　이경식도 고위 관원들이 과전의 복설을 반대하였다는 점을 강조하였다(이경식 앞의 책 251쪽).

문음을 통해서 관직에 진출한 자손에게 보유한 과전의 대부분을 세전시킬 수 있었다.

그러므로 직전제의 시행에도 불구하고 조선 초기 수조권의 분급제는 여전히 3품 이하의 직전 성격의 과전과 대신의 세록전 성격의 과전으로 나누어져 이원적으로 운영되었다.[70]

맺음말

1. 이상으로 직전제 시행의 내용과 그 의미를 검토해 보았다. 최근 필자는 조선초기의 과전 운영은 관품과 관련해서 이원적으로 운영되고 있었다고 주장하였다. 대신들의 과전은 세록전으로 운영되었으나, 3품 이하는 현직에 있는 경우에만 과전을 받는 직전으로 운영되었다고 주장하였다. 이는 기존의 연구에서 과전을 세록전으로 이해하고, 직전제의 실시로 인해서 현직의 관원만 수조권을 분급 받는 직전으로 변화했다는 견해와 상이하다.

과전의 운영이 관품에 따라서 달라지는 것으로 이해할 때에, 세조대 나타나는 직전제의 변화는 무엇이었는지를 검토하였다. 이미 3품 이하 과전은 직전으로 운영되었으므로 세조대 직전세의 시행은 당연히 2품 이상 대신의 과전에 영향을 주는 것이었다.

2. 그러나 직전제의 실상이 무엇이었는지는 분명하지 않다. 세조대에 직전제는 관원들 간 별다른 논의 없이 시행되었다. 그간 연구에서 직전제 시행의 중요성을 강조하였던 것을 고려할 때에 너무 조용한 시행이었다. 그러므로 먼저 직전제의 실상이 무엇이었는지를 검토하는 것이 필요하다. 직전제가 시행되면서 이에 대한 문제점의 지적은 세조대에서부터 제기되

---

70) 최이돈 「조선 초기 관원체계와 과전 운영」 『역사와 현실』 100, 2016.

었고, 세조 사후에는 직전제의 폐지와 과전의 회복까지 주장되었다. 그러므로 이러한 논의를 검토해보면 직전제 시행의 의미가 무엇이었는지 분명히 파악할 수 있다.

직전제 시행직후 양성지는 직전제 시행의 문제점을 지적하면서 직전제의 시행으로 '치사한 신하'와 '공경 대부의 자손'이 전지를 받지 못하게 되었다고 주장하였다. 이와 같은 견해는 기왕의 연구에서 직전제로 퇴직 관원들이 토지를 분급받지 못하게 되었다는 주장과는 거리가 있다. '치사'한 관원도 퇴직 관원의 범주에 드는 것은 사실이나, 당시의 치사라는 용어는 퇴직의 의미와는 다른 뜻으로 사용되었다.

직전제에 대한 비판과 과전제의 복구에 대한 주장은 세조가 죽으면서 본격화되었다. 과전제를 회복하자는 논의는 성종대에 집중되었는데, 흥미롭게도 이때에 관원들은 전적으로 수신전과 휼양전의 회복을 주장하였다. 수신전과 휼양전의 회복은 양성지가 주장한 '공경 대부의 자손'의 과전과 같은 의미였다. 즉 직전제의 시행으로 수신전과 휼양전이 폐지되었음을 확인할 수 있다. 그러나 어느 관원도 퇴직관원의 과전을 회복하자고 주장하지 않았다. 이와 같은 상황은 기왕의 연구에서 주장하는 것과 같이 퇴직관원에게 과전을 회수하는 것이 직전제의 시행의 본질이 아니었음을 보여준다. 그러므로 직전제의 시행은 수신전과 휼양전의 폐지, 나아가서 치사 관원에게 부여하였던 과전의 회수 이상의 의미는 없었다.

과전제의 회복을 주장하는 견해를 검토할 때에 직전제의 시행은 퇴직관원의 과전을 회수하는 조치가 아닌 것이 분명해졌다. 필자가 다른 논문에서 주장한 바와 같이 이미 3품 이하 관원들의 과전에서는 과전법의 시행에서부터 현직만 과전을 보유하는 직전으로 운영되었으므로[71] 퇴직관원의 과전 문제를 새삼 제기할 필요는 없었다. 그러므로 세조대 직전제가 조정에서 별다른 논의 없이 조용히 시행될 수 있었다.

---

71) 최이돈 앞의 논문.

3. 그러면 직전제의 시행이 가지는 의미는 무엇이었을까? 이를 분명히 하기 위해서는 먼저 직전제의 시행으로 폐지된 수신전과 휼양전의 성격과 치사한 관원이 가진 과전의 성격을 살필 필요가 있다. 먼저 수신전과 휼양전을 검토하였다. 기왕의 연구에서는 수신전과 휼양전을 모든 관원에게 지급되는 세전적 토지로 이해하였다. 그러나 3품 이하 관원의 토지가 이미 직전으로 운영되고 있었다면, 직전을 받고 있던 관원이 세록전인 수신전과 휼양전을 받는다고 주장하는 것은 모순이 될 수 있다.

주목되는 것은 수신전과 휼양전은 관원이 보유하고 있던 과전에서 지급되었다는 점이다. 그러나 대부분의 3품 이하의 관원들은 퇴직하면 과전을 보유할 수 없었기 때문에 수신전과 휼양전으로 분배할 토지를 가지고 있지 못하였다. 이들은 5결 내지 10결의 군전을 받을 수 있었는데, 이 토지도 군역을 지는 조건으로 부여되는 토지였으므로 수신전과 휼양전의 대상이 될 수 없었다. 물론 3품 이하의 관원이 현직을 보유한 상태에서 죽는 경우에도 이들의 과전은 장례 기간 중에 환수되어서 수신전과 휼양전의 대상이 되지 않았다.

실제의 수신전과 휼양전의 보유 사례를 검토해 보아도 수신전과 휼양전은 대신의 유족에게만 부여되고 있었다. 혈통적 특권인 문음을 대신에게만 부여하는 상황이었으므로 이들에게만 세록전 성격의 수신전과 휼양전을 주는 것은 당연하였다.

4. 다음으로 직전제의 성격을 분명히 논하기 위해서 검토한 것은 '치사제'이다. 직전제의 시행으로 치사한 관원의 과전을 회수하였기 때문이다. 치사한 관원은 퇴직 관원의 한 부분이었다. 그러나 조선왕조실록에 치사라는 용어는 대부분 한정적으로 사용되었다. 즉 70세가 되는 관원을 퇴직시키는 치사제에 의해서 치사한 관원의 경우에 치사라는 용어를 사용하였다. 70세까지 관직을 계속하는 경우는 거의 대신에 한정되고 있었으므로 치사한 관원의 과전이 문제되는 것은 퇴직을 하여도 과전을 보유하였던

대신의 경우였다.

조선의 치사제는 태종대부터 정리되기 시작하였다. 건국초기 정권이 안정되지 못한 상황에서 정권에 기여하는 핵심관원을 70세가 되었다고 일률적으로 퇴직시킬 수 없었기 때문이었다. 태종 초반까지도 사정은 비슷하였다. 쿠데타로 집권한 태종도 그 집권 초반에 치사제를 시행하기 어려웠다. 그러므로 태종 중후반에서 세종대에 걸쳐서 치사제는 정비되었다.

치사제는 나이든 관원을 퇴직시켜서 녹봉을 아끼자는 의도에서 추진되었으나, 정비된 치사제는 70세가 된 관원을 일률적으로 퇴직시켜 녹봉을 아끼는 제도가 되지 못하였다. 예외 조항을 만들어 70세가 넘어도 병이 없는 경우 계속 관직을 유지할 수 있었다. 또한 치사를 한 경우에도 과전의 보유는 물론 대다수의 관원이 녹봉을 계속 받을 수 있었다. 결국 조선의 치사제가 대신의 세전적 지위를 제한하는 요소로 작용하지 않았다.

양성지는 직전제의 시행으로 치사한 대신의 과전이 회수되었다고 주장하고 있다. 만약 양성지의 주장과 같이 치사한 대신의 과전을 회수하였다면, 이는 대신의 세전적 지위에 영향을 미치는 것이었다. 그러나 이러한 조치는 실제적으로 취해지지 않은 것으로 추측된다. 많은 관원들이 직전제의 문제점을 논하였지만, 양성지 외에는 치사제로 대신의 과전이 회수되었다는 언급을 하지 않고 있다. 이는 치사한 대신의 과전 문제는 조정에 논란거리가 되지 않았기 때문으로 이해된다. 당시의 평균수명을 고려할 때에 치사한 대신의 수가 적었으므로 적절한 조치를 통해서 이 문제가 논란의 대상이 되지 않도록 조정한 것으로 짐작된다. 실제로 직전제 시행 이후에 치사제의 운영상황을 보아도 70세 이상 대신들이 치사하지 않고 그 지위를 계속 유지하고 있는 것이 일반적이었다. 그러므로 치사 대신의 과전 회수는 큰 문제가 되지 않았다.

5. 이상에서 볼 때에 과전제에서 직전제로의 변화는 대신의 과전에 대한 개혁이었다. 대신의 유족이 받는 수신전과 휼양전을 폐지하고, 치사한

대신이 보유하던 과전을 회수하는 조치였다. 그러므로 직전제의 시행은 세조가 대신들을 견제한 조치였다. 그러므로 세조는 직전제를 관원들과 논의 없이 왕명에 의해서 시행하였다. 이는 직전제 시행 직후에 양성지가 정면으로 직전제를 비판한 것으로 짐작할 수 있다. 양성지는 세조대 경제 국방 정책에 매우 요긴한 역할을 한 인물이었는데, 직전제 시행 직후에 양성지가 이를 비판한 것은 그도 직전제의 구상에 참여하지 못했음을 보여준다. 세조 후반기의 개혁 정책들이 세조와 공신들 사이의 긴장관계 속에서 진행되었고, 결국 이시애란까지 발생한 배경이 되었는데, 직전제도 그러한 동향의 하나였다고 짐작된다.

6. 물론 직전제의 시행으로 대신의 과전이 가지는 세록전적인 성격이 바뀌었다고 보기는 어렵다. 직전제 시행 이후에도 대신의 대부분은 70세가 넘어도 현직을 유지하면서 과전은 물론 녹봉까지 받고 있었고, 보유한 과전을 문음으로 관직에 진출한 아들과 손자에게 세전할 수 있었다. 즉 대신이 보유한 과전의 세록전적 성격은 직전제가 시행되었어도 여전히 유지되었다. 그러므로 직전제의 시행에도 불구하고 조선 초기 과전은 여전히 3품 이하 관원의 직전 성격의 과전과 대신의 세록전 성격의 과전으로 이원적으로 운영되고 있었다.[72] 대신에게 분급된 세록전인 과전은 특권신분의 지위를 유지하기 위한 경제적 특권이었다(최이돈 「세조대 직전제의 시행과 그 의미」 『진단학보』 126, 2016).

---

72) 최이돈 위의 논문.

제8장 조선전기 特權身分과 身分構造

머리말

　신분제는 지배신분이 기득권을 유지하기 위하여, 법으로 집단의 지위를 제한하고, 그 지위를 세전하도록 하는 제도로, 전근대사회의 특징을 잘 보여주고 있다. 그러므로 학자들은 전근대사회의 특성을 드러내기 위해서 신분제의 구조와 실상을 밝히는데 노력하였다.

　그간 조선 초기의 신분제를 밝히기 위한 노력은 다른 시대 연구에 비하여 활기차게 진행되었으나, 그 성과는 아직 미흡한 것 같다. 아직도 국사학계를 대표하는 주요 개론서에 조선 초기의 신분제를 서술하는 내용이 상이하게 나타나고 있기 때문이다.

　조선 초기 신분제에 대하여 체계적인 입장을 먼저 정리한 연구자는 이성무였다. 그는 1973년 「十五世紀 兩班論」에서 그간의 신분사 연구를 바탕으로 조선 초기의 신분은 양반, 중인, 양인, 신량역천, 천인 등으로 구성되어 있다는 견해를 제시하였다.[1] 그는 자신의 견해를 종합 체계화하여 1980년 『朝鮮初期 兩班研究』를 출간하여 소위 '통설'을 정립하였다.[2] 이 저서는 조선 초기 신분제를 최초로 체계화한 소중한 성과였다.

　통설에 대하여 이의를 제기한 이는 한영우였다. 그는 1978년 「朝鮮前期의 社會階層과 社會移動에 관한 試論」에서 통설의 문제점을 지적하면서 '양천제설'을 제시하였다.[3] 또한 그는 이성무의 저서가 출간되자 1982년 서

---

1) 이성무 「15세기 양반론」『창작과비평』 8(2), 1973.
2) 이성무 『조선 초기 양반연구』 일조각 1980.

평의 형식으로 통설을 비판하였다.[4] 이성무는 1984년 답변 형식의 「조선 초기 신분사연구의 재검토」를 발표하여 이에 반박하였고,[5] 이에 대하여 한 영우는 1985년에 다시 「조선 초기 사회 계층 연구에 대한 재론」를 발표하면서[6] 소위 조선 초기 신분제 논쟁이 진행되었다. 이 과정에서 양 주장의 핵심 내용들과 문제점들이 잘 드러났는데, 이를 통해서 신분제를 이해하는 수준이 한 단계 높아질 수 있었다.

한영우는 통설에서 지배 신분으로 인식되고 있던 양반과 중인을 신분으로 인정하지 않고, 나아가 조선 초기 지배신분의 존재를 부정하였다. 그는 용례로 볼 때 양반은 관원을 지칭하는 것에 불과하고, 관원들 중에는 지배신분이라고 할 만한 특권을 가지지 못한 존재들이 많음을 지적하면서, 양반 지배신분설을 부정하였다. 또한 중인이라는 용어는 조선 초기에는 보이지 않는 용어이므로 중인신분도 존재하지 않는다고 주장하였다. 이와 같은 지적은 통례적으로 사용하고 있던 양반이나 중인 등의 신분 용어를 다시 한 번 고찰하게 하는 것이어서 의미가 있었다.

한영우의 가장 중요한 기여는 신분제를 분명한 기준 위에서 보도록 한 것이다. 그는 신분을 '법적', '혈통적' 기준에 입각해서 이해하고자 하였다. 신분제는 국가 권력이 기득권을 보호하기 위한 제도였으므로, 이는 법적인 규정을 통해서, 또한 혈통에 입각해서 관철되었다. 그러므로 한영우의 이와 같은 지적은 타당하였다. 법의 기준에서 볼 때에 통설에서 주장하는 지배신분으로서 양반은 경계가 불분명한 집단이었다. 특히 이성무는 광의의 양반을 지배신분으로 보았는데, 광의의 양반은 관원인 협의의 양반은 물론 재야의 사류들까지 포괄하는 개념이었다.

한영우의 양천제론은 타당성이 있었으나, 이 논쟁은 사실 불공평한 것

---

3) 한영우 「조선 전기의 사회계층과 사회이동에 관한 시론」『동양학』8, 1978.
4) 한영우 「조선 초기 신분계층연구의 현황과 문제점」『사회과학논평』창간호 1982.
5) 이성무 「조선 초기 신분사연구의 재검토」『역사학보』102, 1984.
6) 한영우 「조선 초기 사회 계층 연구에 대한 재론」『한국사론』12, 1985.

이었다. 이성무는 저서를 통해서 자신의 체계를 드러내고 방어하는 입장
이었고, 한영우는 시론에 입각한 논리를 바탕으로 공격하는 입장이었기
때문이다. 정당한 논쟁이 되려면 한영우도 시론을 보완하여 양천제론의
주장들을 실증적으로 논증해야 하였다. 특히 그는 양인이 권리와 의무에
서 균질한 집단이라고 주장하고 있는데, 과연 그러한지 실증해야 하였다.
한영우는 "양반의 개념이 불분명하고 그 기준이 모호하다."고 비판하였는
데, 양천제론에서 주장하는 양인이 그 경계가 분명한 집단이었는지는 논
증하지 못하고 숙제로 남겼다. 그러므로 논쟁은 지속되기 어려웠다.

양천제론의 숙제를 이어 받은 이는 유승원이다. 그는 1987년 『조선 초
기 신분제연구』를 발표하여 양천제론의 체계화를 시도하였다.[7] 그는 신분
을 '혈통에 따라 세습되는 법제적 차등'으로 정의하고 그에 입각해서 양천
제론을 정비하였다. 그의 연구는 신분제에 대한 연구 수준을 한 단계 높이
는 데 크게 기여하였다.

그러나 유승원은 자신의 주장을 실증하는 데는 성공하지 못한 것 같다.
양인이 동일한 권리와 의무를 가지고 있었는지를 검토하는 것은 양천제론
의 숙제인데, 이 부분에 대해서 유승원은 너무 간단히 처리하고 있다. 유
승원이 조선 초기 양인의 구성을 설명하고 있는 것은 그의 저서 1부의 3
장으로, 이 내용은 불과 40여 쪽에 불과한데,[8] 여기서 양인 신분의 다양한
구성과 그 제일성을 모두 논하고 있다. 구체적으로 살펴보면, 그간 신분제
논쟁에서 중요한 쟁점이 되었던 서얼이나 향리에 대한 논의는 각각 1쪽의
분량도 되지 않는다. 서얼이나 향리에 대해서는 일찍부터 별도의 신분임
을 주장하는 체계적인 논고가 있었다는 점을 고려한다면 좀 더 구체적으
로 논의되어야 하였다.

사실 유승원은 저서의 중후반부인 2부에서 양인 내의 역리, 염간 등 특

---

7) 유승원 『조선 초기 신분제연구』 을유문화사 1987.
8) 유승원 위의 책 62~108쪽.

수직역들을 하나하나 심혈을 기울여 검토하고 있다. 이는 1부의 시론에서 주장하는 논리를 보완하기 위한 작업으로 보인다. 그런데 이 논문들은 양천제론을 보완하는 작업으로 보기에는 충분하지 않다. 논문의 논의 과정과 결론 부분 사이에 미묘한 괴리를 보여주고 있기 때문이다. 구체적인 예로 역리의 연구를 보면, 그는 역리가 일반양인에 비하여 법적으로 차대를 받는 지위를 가지고 있었고, 또한 이러한 지위를 세전하고 있음을 충분히 논증하고 있다. 그러나 결론에서는 별다른 설명 없이 '역리도 양인'이라고 맺고 있다. 역리가 양인인 것은 사실이지만, '혈통에 따라 세습되는 법제적 차등'이라는 관점에서 본다면, 역리는 일반양인과는 다른 신분이 될 수 있음을 보여주고 있다. 날카롭게 정리해 간 본론의 내용에 비하여 결론이 겉도는 느낌이다. 이와 같은 문제점은 역리만이 아니고 다른 직역을 검토한 부분에서도 공히 나타나고 있다. 즉 유승원은 신분이 '혈통에 따라 세습되는 법제적 차등'이라고 보는 기준을 연구에 충분하게 적용하지 못하고 있다.

그간 신분제 논쟁에 대하여 여러 연구자들이 관심을 표하였다. 이 논의에 참여한 상당수의 연구자들은 실증과 이론의 양면에서 양천제론에 의문을 표하였다. 실증의 면에서 보면, 전형택은 보충군의 입역규정을 검토하면서 조선의 신분구조는 양반, 양인, 천인의 신분으로 구성되었다는 견해를 제시하였고,[9] 송준호 역시 양반신분의 존재를 주장하였다.[10] 지승종은 서얼신분을 논하면서 서얼은 양반과 상민 사이에 위치한 별도의 신분임을 주장하였고,[11] 양성지와 이이의 신분인식을 검토하면서, 양반과 상인의 구분을 신분의 기본 구조로 이해하였다.[12] 이들은 모두 양천제론에 의문을 표하고 있으나, 양천제를 대신할 신분 체계를 논증하는 데까지는 나아

9) 전형택 「보충군 입역규례를 통해 본 조선 초기의 신분구조」 『역사교육』 30 31, 1982.
10) 송준호 「조선양반고」 『한국사학』 4, 1983.
11) 지승종 「조선 전기의 서얼신분」 『사회와 역사』 27, 1991.
12) 지승종 「조선 전기 신분구조와 신분인식」 『한국사연구의 이론과 실제』 1991.

가지 못하였다.

이론의 면에서 김필동과[13] 지승종이[14] 양천제론을 비판하였다. 그 중 주목이 되는 것은 ① 신분 개념의 조작성에 대한 지적이다. 즉 양천제론의 신분 개념 및 분류의 기준은 양천제론을 논리적으로 이끌어 내기 위한 조작적 정의라는 지적이다. 즉 논리적으로 양천제론은 노비제의 다른 표현이라고 비판하였다. ② 또한 양천제론의 유용성에 대한 의문도 제기되고 있다. 양천제론은 신분사적 갈등을 노비제를 둘러싼 갈등으로 축소하여서, 양천제가 시행되었던 거의 천년 동안 노비 아닌 구성원 간의 갈등과 변화에 대해서 신분사적 설명이 불가하게 하였다. 이러한 이론적인 지적은 논리적으로 타당하지만, 아직 이론적 비판에 그치고 있다.

이상의 연구 상황을 볼 때 조선 초기 신분사 연구를 위해서 고려되어야 할 연구 방법은 다음의 두 가지이다. 먼저 신분사를 규명할 때 필요한 것은 적절한 수준의 개념 규정을 일관성 있게 적용하는 것이다. 그간의 연구를 검토해 볼 때, 통설은 그 기준에서 미비한 면이 노출되었다. 한영우의 날카로운 비판은 이러한 미비점에 대한 지적이었다. 이에 비하여 양천제론에서는 한영우에서 유승원에 이르면서 개념이 한층 정교하게 정비되었다. 그러나 양천제론에서는 그 개념을 일관성 있게 적용하고 있는가라는 문제가 제기된다.

적절한 수준의 개념 규정이라고 할 때에, 어느 정도의 수준이 적절한 수준인가를 결정하는 것은 쉽지 않다. 이에 대해서는 학자마다 생각이 다를 수 있다. 그러나 신분제 연구의 본질을 생각한다면 오히려 쉽게 정리할 수 있다. 즉 신분제 연구의 핵심은 국가권력이 어떻게 구성원을 편제하고자 하였는가, 즉 국가권력의 본질이 무엇인가라는 질문에 답하는 것이라고 본다면, 그 개념 정리 수준은 이미 유승원이 정의한 대로 신분을 '혈통에

---

13) 김필동 「신분이론구성을 위한 예비적 고찰」 『사회계층』 다산출판사 1991.
14) 지승종 「신분개념 정립을 위한 시론」 『한국사회사 연구회 논문집』 11, 1988.
    「신분사 연구의 쟁점과 과제」 『사회와 역사』 51, 1997.

따라 세습되는 법제적 차등'으로 파악하는 정도면 충분하다. 물론 이러한 규정을 가능하면 예외 없이 일관성 있게 적용하는 것은 필요하다.

다음으로 고려되어야 할 것은 신분제의 구조를 실증적으로 제시하는 작업이 필요하다. 이 작업은 특히 양천제론의 경우에 절실하다. 양천제론이 제기되면서 통설은 그 개념이 정교하지 못하여 크게 공격을 받았다. 그럼에도 통설을 주장하는 이들은 여전히 양천제론을 수용하고 있지 않다. 그 가장 중요한 이유는 통설이 문제점은 있지만 적어도 신분제 전체의 체계를 실증하고 있는 반면, 양천제론은 아직 자체의 논리에 입각한 실증에 성공하고 있지 못하다고 생각하기 때문이다. 신분제 논쟁 이후 상당한 시간이 지난 현재까지도 양천제론의 입장에서 서얼이나 향리 등 주요 쟁점이 되었던 직역에 대하여, 왜 서얼이나 향리가 일반양인과 같은 신분으로 이해되어야 하는가를 구체적으로 구명하는 논고가 보이지 않는 것은 이러한 상황을 잘 보여준다.

또한 신분제의 구조를 실증적으로 제시하는 작업은 양천제론을 반대하는 입장에서도 필요하다. 이론과 실증의 면에서 많은 연구자들이 양천제론에 대하여 반대를 표명하고 있지만, 대부분 단편적인 지적에 그치고 있다. 양천제론의 공격으로 통설은 이미 수용되기 어려운 형편인데, 양천제론이 아니라면 어떠한 신분 구조를 제시할 수 있는가 하는 의문이 제기될 수밖에 없다. 새로운 신분제의 구조를 실증적으로 제시할 수 없다면, 조선 초기 신분제에 대한 논의는 당분간 큰 진전을 보기 어려운 상황이다.

이상의 검토에서 볼 때, 신분제 연구의 당면한 연구 방법은 적절한 수준의 개념 규정을 일관성 있게 조선 초기의 각 신분집단에 적용해보면서, 실증적으로 조선 초기의 신분 구조가 어떠한지를 구명하는 것이라 할 수 있다. 좀 더 구체적으로 언급하면, 신분제의 과제는 양천제론에서 제시한 신분을 '혈통에 따라 세습되는 법제적 차등'으로 파악하는 관점을 그대로 각 직역에 적용하였을 때에 조선 초기의 신분제는 과연 어떠한 결론에 도달할 수 있을지를 살펴보는 것이라 할 수 있다.

신분제를 정리하기 위해서는 위와 같은 연구 방법에 입각해서 다음의
세 가지의 과제를 해결하는 것이 요긴하다.

① 먼저 양인이 단일한 권리와 의무를 가진 집단인가를 검토해야 한다.
이는 양천제론이 제기한 가장 중요한 쟁점인데, 그간 이에 대한 검토가 실
증적인 면에서 미진하였다. 이를 검토하기 위해서는 양인의 다양한 직역
을 모두 검토해야 한다. 특히 이미 연구자들에 의해서 쟁점으로 부각되었
던 직역들을 세밀하게 검토하는 것이 우선되어야 한다.

② 다음으로 지배신분을 명료하게 논증해야 한다. 통설에서는 양반을
지배신분으로 제시하고 있다. 그러나 양천제론에서는 양반은 그 집단적
경계도 분명치 않은 집단이므로 지배신분으로 인정할 수 없다는 입장을
보이고 있다. 더 나아가 조선 초기에는 지배신분이 존재하지 않는다고까
지 주장하고 있다.

통설의 입장에서는 양반을 신분으로 주장하기에 부족한 면이 있다는 것
은 인정하지만 여전히 양천제론에 동의하지 않고 있다. 조선 초기는 최대
의 권력을 누리면서 그 지위를 세전하는 왕이 존재하였고, 역시 최하위의
지위를 세전하도록 강요받는 천인이 명백하게 존재하는 사회였으므로, 지
배신분이 존재하지 않는다고 보는 것을 쉽게 수용할 수 없기 때문이다. 그
러므로 신분을 법적으로만 보아야 하는가에 의문을 제기하고, 사회적 신
분도 인정하여야 한다는 주장들이 표출되고 있다.[15]

분명히 양반은 역사의 어느 시기부터 지배신분으로 인식되고 있었다.
이는 조선 후기 신분제인 반상제를 볼 때 그러하다. 그러나 조선 후기 반
상제로 표출되는 양반은 이미 상당 기간의 역사를 거친 역사적 퇴적물임
을 고려할 필요가 있다. 특별히 유념할 것은 조선 후기의 양반도 법제적
신분제의 관점에서 보면 여전히 그 경계가 분명치 못한 집단이라는 점이

15) 지승종 앞의 논문.

다. 양반이 지배신분으로 인식되는 것은 법제적 신분 뿐 아니라 사회적 신분도 인정되는 사회적 상황에서 가능하였다.

즉 역사의 어느 시기부터 양반은 사회적 신분의 관점에서 지배신분으로 인정되었다. 언제부터 양반이 지배신분이 되었는지를 구명하는 것은 흥미로운 연구주제이다. 그러나 구체적으로 사회적 신분을 어떻게 정의할 것인지, 이를 어떤 방법으로 추출할 것인지는 아직 학문적으로 논하기에 매우 어렵다. 따라서 양반이 언제부터 사회적 신분으로 인식되었는지를 구명한다는 것 역시 상당한 시간이 필요한 과제이다. 불가피하게 당분간은 법제적인 관점에서 신분제를 논할 수밖에 없다.

이러한 상황을 인정한다면, 양반을 지배신분이라고 보는 명제는 일단 보류하고, 역으로 지배신분의 성립 근거가 되는 특권에 주목할 필요가 있다. 즉 특권을 부여하는 정치체계에 관심을 가져볼 필요가 있다. 이러한 관점에서 볼 때에 그간 최고의 직역으로 인정되었던 관직과 관원체제를 다시 한 번 주목할 필요가 있다.

이미 관원체제는 통설과 양천제설에서 모두 주목을 받았다. 통설에서는 관직에서 부여되는 특권에 주목하여 이를 지배신분의 징표로 삼았으나, 이에 집중하지 못하고 광의의 양반까지를 지배신분으로 설정하면서 양천제설의 집중적 공격을 받았다. 양천제설에서는 오히려 고시제, 고과제, 상피제 등을 내세워 관료제의 합리성을 강조하면서 관료제를 양천제설의 한 근거로 삼고 있다.

통설과 양천제설은 관직을 상이한 관점에서 보고 있으나, 양 설은 모두 관직을 단일한 신분에 대응하는 단일한 직역으로 보고 있다. 그러나 그간의 연구에 의하면 관직을 단일한 신분에 대응하는 단일한 직역으로 보는 것은 적절하지 않다. 정부는 서얼은 물론, 공상, 천인까지 관직을 부여하고 있고, 이를 위해서 관직체계 내에 한품제, 한직제, 잡직계 등 다양한 제도를 두어서 관직을 모든 신분에 대응하는 직역으로 만들고 있었다. 따라서

한 관직체계 내에 모든 신분에 대응하기 위하여 내부에 벽을 만들고 있었다. 이는 관직체계가 합리적, 개방적인 영역과 폐쇄적, 비합리적인 영역을 모두 가지고 있음을 보여주고 있다. 즉 관직체계는 능력에 입각한 합리적 공간과 혈통을 기반으로 하는 비합리적인 공간을 같이 가지고 있었다.

관원에게 부여되는 신분적 특권인 문음제 역시 혈통을 기반으로 하는 것으로 합리적 관료제 내에서는 수용이 불가능한 제도였다. 그러므로 혈통적 특권을 부여하기 위해서는 관원체제 내에 별도의 특권관원의 영역을 구축하는 것이 불가피하였다. 만약 특권관원의 영역을 검증할 수 있다면, 이러한 특권을 부여받는 집단을 추출하는 것은 어렵지 않을 것이고, 특권을 누리는 집단을 지배신분이라 부르는 것은 타당할 것이다.

너무 앞서가는 이야기지만 법적으로 지배신분이 명료하게 정리된다면 사회적 신분인 양반에 대한 논의도 진전시킬 수 있다. 법적 특권을 부여받는 지배신분의 주변에, 시간이 가면서 신분의 사회화 과정을 통해서 사회적으로 인정받는 집단들이 형성 누적되어 갈 수 있고, 그 과정에서 양반은 자연스럽게 사회적 신분으로 자리를 잡아가면서 지배신분에 합류할 수 있었을 것으로 가정된다.

③ 최하위의 신분인 천인에 대하여 검토하는 것이 필요하다. 조선초기 신분제 논쟁에서 천인은 그 대상이 아니었다. 최하위의 신분인 천인의 지위에 대하여 별다른 쟁점이 제기되지 않았기 때문이다. 그러나 신분제의 큰 틀이 변화는 과정에서 천인의 지위 역시 변화하였다. 그러므로 조선 초기 천인의 지위의 변화를 검토하는 것이 필요하다.

그간 저자는 조선전기 신분사에 대한 몇 편의 글을 발표하였다. 기왕에 발표한 글을 중심으로 이상의 세 가지 연구 과제에 답해보고자 한다. 먼저 특권신분을 검토하고자 한다. 우선 특권신분의 형성과정을 정리해보고, 특권신분의 지위를 분명히 밝히기 위해서 특권신분이 정치, 경제에서 가지는 특권을 검토하고자 한다. 다음으로 양인 신분의 구조를 밝히고자 한다.

그간의 연구를 볼 때, 양인은 여러 신분으로 나누어지고 있었는데, 이를 상급양인, 협의양인, 광의양인으로 나누어 검토하고자 한다. 그리고 마지막으로 천인의 지위를 검토하고자 한다. 조선 초기에 천인의 지위 역시 고려에 비해 크게 변화하였는데 이를 정리하고자 한다. 이상의 검토를 통해서 조선초기의 특권신분과 신분구조에 대한 이해가 깊어지기를 기대한다.

1. 特權身分의 형성

1) 特權 官品의 정비과정

(1) 가선대부의 지위 형성

조선초기의 지배신분은 신분, 정치, 경제적으로 특권을 가진 특권신분이었다. 대표적인 특권신분은 대신과 왕족이었다. 이들은 법으로 보장된 특권을 누리고 또한 세전하고 있었다.

지배신분이 형성되는 과정을 구명하기 위해서 먼저 특권관품이 형성되는 과정을 검토해보자.[16] 조선 초기의 신분제는 태종대에서 세종대에 걸쳐서 형성되어 갔다. 신분제는 직역과 불가분의 관계에 있었으므로 신분제의 형성에 따른 직역체계의 변화도 불가피 하였다. 특히 상위 직역으로 파악되는 관직제도에도 상응하는 변화가 있었다.

관직은 국가에 기여하는 모든 구성원, '국민'에 대응하는 직역이었다. 국가는 양인은 물론 천인에게도 관직을 부여하고 있었다. 그러므로 관직 체계는 내부가 열린 구조가 아니라, 신분에 대응하기 위해서 그 내부에는 넘어가기 힘든 몇 개의 구역이 존재하였다. 관직체계의 최상부에는 특권이

---

16) 이하 서술 최이돈 「조선 초기 특권 관품의 정비 과정」 『조선시대사학보』 67, 2013 참조.

부여된 특권관직이 존재하였다. 이는 최상위 신분과 대응하는 관직의 영역
이었다.

그러므로 조선 초기 신분제 구명의 일환으로 특권관직이 어떻게 정비되
어 가는가를 살펴보자. 특권관직은 신분적 특권인 문음이 부여되는 관직
이다. 문음이 부여되는 관직은 『경국대전』「이전」 문음조에 2품 이상의
관품과 3품 이하의 몇몇 顯官이 명시되어 있다.

태조대의 자료를 보면, 가선대부는 특권관품이 아니었다. 가선대부는
종2품으로 고위 관품이었으나, 태조대에는 대신으로 인정받지 못하였고
당연히 그에 상응하는 특권도 부여받지 못하였다. 태조대의 자료에 의하
면 군인이 군역만 충실히 이행하여도 가선대부의 품계를 얻을 수 있었고,
국가에서 관원에 대한 관리가 허술하여 고신을 가지지 않은 가선대부도
있었다. 이와 같은 현상은 태조대에는 관원의 관리가 고려의 유제를 이어
관품 중심이 아니라 관직 중심으로 운영되면서, 고위의 관품인 가선대부
도 중요한 관품이 아니었기 때문이었다.

가선대부의 지위에 큰 변화를 준 것은 태종 5년의 관제 개혁이었다. 개
혁의 핵심은 육조의 기능을 강화하기 위해서 관직 중심의 운영체제를 관
품 중심의 운영체계로 바꾸는 것이었다. 관품 중심의 운영체계를 만들기
위해서 그간 쉬운 승진 체계 속에서 양산된 가선대부를 정리하여 이들을
모두 통정대부로 정리하였다.

그 결과 새로운 가선대부는 이전의 가선대부보다 상위에 있던 양부의
대신들에게 주어졌다. 변화한 관품제 하에서 가선대부는 대신으로 호칭되
었고, 상응하는 신분상, 사법상 특권을 부여받았다. 신분상 특권으로 門蔭,
追贈 등의 특권이 부여되었고, 사법상 특권으로 寬典에 따른 재판, 啓聞治
罪의 특권 등이 주어졌다. 태종 5년 이후 가선대부는 특권 관품이 되었다.

(2) 통정대부의 지위와 그 변화

가선대부가 특권 관품이 되었으나, 그 아래의 품계인 통정대부는 전혀 다른 위치에 있었다. 양 관품 사이에는 그 당시의 표현을 빌리면 '커다란 간격', '尊卑의 분별' 등이 존재하였다. 통정대부는 참상관에 속하여, 서얼 이나 기술관도 가질 수 있는 품계였으므로 당연히 신분이나 사법상의 특 권을 가지지 못하였다.

특히 통정대부는 고과제, 상피제, 고시제 등 관료제의 틀 안에 존재하였 다. 고과제, 상피제, 고시제 등은 능력을 기준으로 관료제를 합리적이고 투 명하게 운영하기 위한 제도로 관료들이 이 틀 안에 있다는 것은 당연하였 다. 그러나 가선대부 이상은 이 틀을 벗어나 있었다.

통정대부를 資窮이라 불렀는데, 이는 資級의 끝이라는 의미로 통정대부 가 관원체제의 틀 안에서 올라갈 수 있는 가장 상위의 품계였음을 의미하 였다. 이는 가선대부와 통정대부는 외형상 하나로 연결되어 있었지만, 가 선대부 이상은 별도의 관리방식에 의해서 운영되는 별도의 영역에 속하였 음을 보여준다.

그러므로 통정대부는 관직에 있으면서 자녀에게 문음의 특혜를 부여하 거나, 부모에게 추증의 특혜를 부여하지 못하였을 뿐 아니라, 퇴직 후 관 원으로서의 자신의 지위를 신분으로 연결시키지 못하였다. 그러므로 통정 대부는 퇴직 후에는 양인과 같이 군역에 편제될 수 있었다. 이는 가선대부 이상이 퇴직 후에도 관품에 따른 특권을 누린 것과 대조된다. 결국 통정대 부는 특권관원이 되지 못하였다.

통정대부와 가선대부 사이에 단절이 생기면서 문제가 노출되었다. 고과 제를 통해서 올라온 관원들이 자궁인 통정대부에 쌓이기 시작하였다. 통 정대부의 품계소지자가 과도하게 늘어나면서 정부에서는 대응방법을 모색 하였다. 그 한 방법이 통정대부를 분리시켜서 통정대부 내에 별도의 관품 처럼 운영하는 것이었다. 통정당상관은 그러한 모색으로 만들어진 통정대부 내의 단계였다.

통정대부 내부에서의 승진과정은 이미 고과제 밖에 있는 단계였으므로 시간이 지난다고 승진할 수 없었고, 공을 세워야 승진이 가능하였다. 그러므로 그 승진과정은 고과에 의한 승진보다 더 어려운 과정이 되었다. 그러므로 통정당상관제는 통정대부가 팽창되는 문제를 완화할 수 있는 방안이었다.

그러나 이러한 조치에도 불구하고 통정당상관의 수가 급격히 늘자 새로운 방법이 필요하였다. 세조대 공신의 남발 등으로 통정당상관 이상 관원은 360명을 넘기도 하였다. 당시 통정당상관 이상의 실직이 45직에 불과한 상황에서 볼 때에 이는 과도하게 많은 수였다.

통정당상관의 수가 과도하게 늘면서 통정대부를 나누어 대응하는 것이 현실적으로 어려워지자, 통정대부로의 승진을 제한하는 방법이 제기되었다. 이는 통정대부를 특지에 의하여 임명하는 방법이었다. 특지에 의하여 통정대부가 되는 방법은 일정시간이 지나면 승진하는 고과에 의한 방식보다 통정대부의 양산을 제한하는 좋은 방법이 될 수 있었다. 이러한 변화로 통정대부와 통정당상관의 구분이 약해졌고, 통정대부를 일률적으로 당상관으로 호칭하게 되는 통정당상관제가 시행되었다. 또한 자궁의 품계가 통정대부의 아래 품계인 통훈대부로 바뀌었다. 이러한 변화는 특권 관품의 진입을 더욱 확실하게 통제하기 위해서 통정대부를 준특권관품으로 설정하여 완충 영역으로 삼은 것이었다.

이상을 종합할 때에 가선대부 이상의 특권관품은 준특권관품인 통정대부를 통해서 통훈대부 이하와 연결되어 있었다. 그러나 그 내부의 운영방식은 상이하게 다른 체제 아래에 있었다. 통훈대부 이하에 대한 관리는 능력을 근간으로 하여 합리적이고 투명한 제도를 바탕으로 하여 이루어졌다. 반면 가선대부 이상의 관원은 진입부터가 왕의 특지에 의한 寵臣的 성격이 강하였고, 이후의 인사도 고과제, 상피제 등의 합리적인 규정을 벗어난 것이었다.

기본적으로 혈통에 입각한 신분제와 능력을 기반으로 하는 관료제는 양
립하기 어려웠다. 따라서 형식상으로는 하나인 관직체계 내에 닫혀 있는
별도의 공간을 마련하는 것은 불가피한 조치였다. 그러므로 조선의 위정
자들은 태종대에서 성종대에 이르는 긴 논의과정을 통해서 특권 신분에
대응할 수 있는 관직체계 내의 한 영역을 특권 관품으로 정비해갔다. 따라
서 조선 초기의 관직체계는 열려있으면서 닫혀있는, 닫혀있으면서 열려있
는 구조였는데, 이는 당시 신분제의 특성에 조응하는 것이었다.

2) 顯官과 士族 신분

(1) 문음과 현관

다음으로 조선 초기의 지배신분을 검토하기 위해서 현관제도를 검토하
고자 한다.[17] 조선 초기 문음은 2품 이상의 특권관품 외에 3품 이하의 몇
몇 관직에 주어져 있었다. 3품 실직자를 비롯해서 이병조 낭관과 대간 등
에게 문음을 부여하였다. 물론 대신과 같은 문음이 부여된 것은 아니었고,
문음의 대상이 제한된 낮은 단계의 문음이 부여되었다.

대신이 아닌 하위 관원들에게 문음을 부여한 것은 신분적 특권인 문음
의 특성과 연결되는 조치였다. 즉 문음은 자손에게 본인이 가진 지위를 부
여하는 것이 아니라 입사권을 부여하는 것에 그쳤다. 그러므로 신분적 세
전이 완성되기 위해서는 입사한 자손이 대신의 지위에 오르는 과정이 필
요하였다. 그러므로 대신들은 문음으로 진출한 자손들이 대신이 되기 전
에 부분적으로라도 문음의 특혜를 누릴 수 있도록 3품 이하 관원의 문음
제도를 정비한 것이었다.

---

17) 이하 서술 최이돈 「조선 전기 현관과 사족」 『역사학보』 184, 2004 참조.

이러한 제도적인 정비는 태종대 중엽에서 시작하여서 성종초에 완비되었다. 결국 이조, 병조, 도총부, 사헌부, 사간원, 홍문관, 부장, 선전관 등 3품에서 9품의 관직에 문음이 부여되었다.

문음의 특권이 부여되는 관직은 청요직, 청현직, 현관 등으로 불리었다. 현관은 문음이 부여된 관직이 중심이었으나, 당시 관직 운영체계의 특성상 문음이 부여되지 않는 몇몇 관직이 포함되었다. 이조, 병조 외의 육조 낭관이나 수령과 같은 관직이 그 예이다. 그러나 이는 당시 관직 운영체계를 고려하면 이해될 수 있는 것이었다. 즉 이는 문음이 부여된 관직과 순환관계에 있는 관직에 한정된 것으로, 이로써 청요직과 문음직의 상관성이 훼손되지는 않았다.

(2) 현관의 신분

현관은 신분적 특권을 가지고 있었고, 그 특혜를 자, 손에게 끼치고 있었다. 먼저 입사에 관한 권한을 보면, 현관은 문음과 충순위 입사의 특권을 가졌다. 문음은 현관의 자, 손 가운데 일정 인원, 충순위는 문음 혜택 밖에 있는 나머지 자와 손을 위한 입사의 특혜였다.

현관의 자손은 물론 증손까지도 특혜를 누리고 있었다. 현관의 증손까지 성균관의 승보시를 면제받았고, 또한 교생으로서 落講한 경우에 구제를 받았으며, 全家徙邊 등 형벌에 처해질 때에 감형을 받고 있었다.

현관이 신분 집단적 특성을 가지면서 현관은 신분적 영역을 구축하였다. 서얼, 재가녀의 자손, 기술직 관원들은 현관이 될 수 없었다. 서경은 이러한 자격이 없는 이들이 현관으로 진입하는 과정을 규제하는 기능을 하였다.

(3) 현관과 사족

현관을 매개로 형성된 친족을 사족이라 호칭하였다. 법제적으로 四祖

내에 현관이 있는 경우 사족으로 불렀고, 그 범위의 구성원에 대하여 법적인 우대도 하였다. 사조는 부, 조, 증조와 외조까지를 칭하는 것으로 당시의 호적을 통해서 가장 간단하고 분명하게 확인할 수 있는 친척의 경계를 형성하고 있었다. 이 경계는 현관의 신분적 우대가 미치는 범위와 동일한 것이었다. 그러므로 사족은 현관을 매개로 국가로부터 사족으로 인정받고, 국가의 특혜를 받고 있었다.

사족이 현관과의 연관성 속에서 지위를 정립한 시기는 분명치 않다. 그러나 세종 말 기술직이 잡직으로 자리를 잡고, 세조대 문음이 부여되는 관직이 완비되면서 늦어도 성종초에는 이러한 체계가 정비되는 것으로 보인다.

이상의 논의를 종합할 때 사족은 조선 전기의 지배신분으로, 현관을 매개로 해서 문음의 특권을 누리면서 배타적인 지위를 확보해갔다. 세조 12년에 양성지는 '족속의 강약'으로 세 신분을 구분하고 있다. '문음사대부', '잡직사대부', '평민'이 그것이다. 여기서 문음사대부는 특권관품과 현관을 통해서 문음의 특혜를 누리는 사족이었다. 잡직사대부는 3품까지 승진은 가능했지만, 문음에서 배제되고 있는 일반관원과 기술직 관원들이었다.

사족의 범주는 조선 중후기로 접어들면서 정치구조의 변화에 따라서 현관에 대한 해석의 변화 속에서 달라질 수 있었다. 또한 신분의 사회화 속에서 사족의 용례도 다소 변동이 있을 수 있었다. 그러나 현관을 매개로 사족을 파악하는 기본적인 틀은 조선 후기 서얼과 중인의 通淸운동이 나타나는 시기까지 유지되었다.

3) 王室 親族의 신분적 성격

(1) '宗親不任以事'론에 대한 검토

특권신분에는 대신 외에 왕과 왕의 친족이 속하여 있었다. 그러므로 왕의 친족들이 특권신분으로 편입되는 과정을 검토할 필요가 있다.[18] 흥미롭게도 왕의 친족들이 법적으로 특권신분으로 규정된 것은 태종대의 논의를 거쳐서 세종대에 이르러서야 확정되었다. 이는 조선의 신분제가 태종을 거쳐 세종대에 완비되는 것과 같은 현상이었다.

그간의 연구에서 조선 초기 왕실 친족은 차대와 우대를 동시에 받는 것으로 이해되었으므로, 연구자들이 그 지위를 적극적으로 검토하지 않다. 그간 왕실 친족은 '종친불임이사'의 규정에 제약을 받아 차대받는 것으로 이해되었다. 그러므로 왕실 친족의 신분을 검토하기 위해서 이에 대한 검토가 선행되어야 한다. 이를 검토하기 위하여 먼저 『경국대전』의 관련규정을 검토해보자. 『경국대전』 종친부조의 조문은 종친불임이사설의 근거로 이해되어 왔으나, 그 내용은 "親盡, 則依文武官子孫例, 入仕"라는 짧은 구절이다. 이는 단지 종친에게 주는 특권이 다할 경우에 대한 설명에 불과하였고 종친불임이사를 설명하고 있지 않다. 이 구절은 명료함을 생명으로 하는 법조문이므로, 이 이상으로 확대 해석하는 것은 곤란하다. 그러므로 『경국대전』의 조문을 종친불임이사론을 입증하는 자료로 보기 어렵다.

다음으로 종친불임이사 규정이 만들어졌던 상황을 정치변동과 연결해서 검토해보자. 종친불임이사 규정이 만들어진 것은 제1차의 왕자의 난 이후 정치상황에 기인하였다. 왕자의 난 이후 왕실의 친족은 병권을 장악하면서 태종 정권의 다른 한 축인 일반공신들과 서로 협조하면서 경쟁하는 관계에 있었다. 그러나 왕실 친족의 병권이 2차 왕자의 난의 원인으로 작용하자, 일반공신들은 이를 빌미로 왕실 친족의 사병을 혁파하였고, 나아가 종친불임이사 규정을 만들어 친족들을 정권에서 몰아내고자 하였다.

정종과 이방원은 자신들의 권력 기반인 왕실 친족을 병권과 정권에서 배제할 의사는 없었다. 다만, 사병의 혁파로 사기가 저하된 왕실 친족들을 封君하여 위로하겠다는 목적으로 왕실의 친족들에 대한 종친불임이사 규

18) 이하 서술 최이돈 「조선 초기 왕실 친족의 신분적 성격」 『진단학보』 117, 2013 참조.

정에 동의하였다. 이러한 정종과 이방원의 의도는 이 규정이 만들어진 직후의 인사에 그대로 나타났다. 즉 왕실 친족에게 봉군은 하였으나, 종친불임이사의 규정은 지키지 않았다. 왕실의 친족들은 계속적으로 문무직에 서용되었고, 특히 병권을 장악하였다. 종친불임이사 규정은 만들어짐과 동시에 폐기된 것이다.

이와 같이 『경국대전』이나 조선건국기의 정치상황을 검토해 볼 때, 왕실 친족이 종친불임이사의 규정으로 차대를 받았다는 것은 입증하기 어렵다. 즉 왕실 친족은 우대받는 집단으로 보는 것이 타당하다. 왕실 친족이 우대받는 집단이었다면, 그들이 받는 신분적 특혜는 무엇인가? 신분적 특혜의 핵심은 관직이었고, 다른 특혜는 관직과 연관되는 것이 보통이었다. 왕실 친족이 관직을 신분적 특혜로 받는 과정은 단순하지 않고, 태종대에서 세종 후반에 이르는 30여 년의 상당한 시간의 논의를 필요로 하였다.

(2) 돈녕부의 설치와 왕실 친족의 관직 진출

태종 14년 돈녕부의 설치는 왕실친족의 관직 진출에 있어서 매우 중요한 전기를 제공하였다. 이의 설치로 왕실친족의 관직 진출은 제도화되고 활성화될 수 있었다. 이전에도 왕실의 친족이 병권과 정권에 참여하고 있었지만, 조선의 건국이나 태종 정권의 창출에 기여한 이들을 중심으로 서용되었다. 돈녕부의 설치로 돈녕부의 관직은 왕실의 친족에게만 열린 공식적인 관직 진출로가 되었다.

돈녕부는 예우기관으로 만들어졌으므로, 직사가 없는 무직사 관청이었으나, 관원들은 다른 문무관과 차이가 없는 대우를 받고 있었고, 관원으로서의 정치적 기능도 하고 있었다. 특히 주목할 것은 돈녕부의 관원들은 별다른 제한이 없이 다른 문무직으로 이동할 수도 있었다. 돈녕부를 예우아문으로 그리고 무직사 기관으로 만들 때에, 왕과 관원들은 왕실 친족이 돈녕부에 진출하여 돈녕부 내에만 머물기를 기대하였던 것으로 보인다. 그러나 종친불임이사 규정은 이미 정종대에 폐지되었으므로, 돈녕부 관원들이 다른 부서로 이동하는 것을 막을 논리나 방법이 없었다.

왕실친족이 다른 직사로 나아간데 제한이 없다는 것은 매우 중요한 의미를 가진다. 왕실 친족이 돈녕부를 통해서 관직에 진출하여, 이들이 다른 문무직으로 옮겨가고, 비워진 돈녕부의 자리를 다시 다른 왕실의 친족으로 채운다면, 논리적으로는 왕실 친족은 무제한으로 관직에 진출할 수 있었다.

이러한 예상치 못한 상황이 전개되면서 어떤 방식으로든 돈녕부를 규제하는 것은 불가피하였다. 규제는 결국 돈녕부의 관원이 될 수 있는 자격을 제한하는 것으로 나타났다. 따라서 돈녕부에 진출할 수 있는 왕실 친족의 범위가 논의되었다. 논의의 결과 돈녕부에 임명될 수 있는 관원은 단문지친으로 제한하도록 결정되었다. 여기서 단문지친은 왕을 중심으로 5대까지 포괄하는 범위였다.

(3) 왕실 친족의 관직 진출 확대

돈녕부에 진출할 수 있는 왕실친족의 범위를 제한하는 논의 이면에서 제한 범위의 왕실 친족 모두에게 관직을 주어야 한다는 논의도 진행되었다. 돈녕부로 진출할 수 있는 왕실 친족을 왕과의 친소에 따른 일정한 선으로 제한을 하게 되자, 역으로 제한된 범위 내에서 다시 선별하여 일부의 인원에게만 관직을 주는 일이 곤란해진 것이다.

이 문제는 세종 15년에서 25년에 이르는 10년간에 걸쳐서 논의되었다. 세종은 그 15년부터 일정 범위의 왕실 친족들을 모두 관직에 임명시키고자 제안하였고, 이를 위해서 돈녕부 외에 별도의 부서를 만드는 것까지 제안하였다. 이에 대하여 대신들은 왕실 친족을 일률적으로 서용하는 것은 반대하고 '선별' 서용을 주장하였다. 그러나 세종의 집요한 노력으로 세종 25년 '왕실친족 서용법'이 결정되었다. 이로서 왕의 유복지친의 범위, 즉 4

대 모든 친족이 관직을 받을 수 있게 되었다.

왕실의 유복지친에게 관직을 부여하는 것은 그간의 조정 논의의 맥락에서 볼 때, 당연히 돈녕부의 관직에만 제한하지 않았다. 세종 28년의 기록에 의하면 이들은 군직에도 임명되었다. 그러나 이들이 어떠한 군직에 임명되었는지는 분명하지 않다. 정치적인 상황을 미루어 짐작해본다면, 이 무렵 족친위가 만들어져 왕실 친족을 서용하는 군직으로 기능하였을 것으로 생각된다. 이상과 같이 왕실 친족은 태종대에서 세종 후반에 이르는 긴 논의를 통해서 관직을 특혜로 확보하면서 법적으로 특혜를 받는 신분적 지위를 가지게 되었다.

(4) 왕실 친족의 법적 범위와 그 의미

이상에서 '유복지친'인 왕실 친족들은 관직을 신분적 특혜로 얻게 되었음을 밝혔다. 그 과정에서 흥미로운 점은 왕과 대신들이 단순히 친족의 범위를 한정하였을 뿐 아니라 이를 '親盡'이라는 용어를 동원에서 친족 범위를 한정한 것을 설명하고 합리화하고 있다는 점이다. 친진은 나를 중심으로 '親疎'를 가려서 일정 범위를 넘어가면 '친'이 다하였다는 의미였다. 친을 다하였으니, 이미 친족이 아니라는 의미였다. 이러한 친족의 의미는 혈통적인 의미가 아니라 법적인 친족을 의미하였다. 이와 같은 현상에 대하여 신분제 연구에서는 관심을 가지지 않았지만, 친족제 연구에서는 이미 오래 전부터 주목하고 있었다. 사실상 제도로서 신분제와 친족제는 국가의 차원에서 통합 조응될 수밖에 없는 것이었다.

왕실 친족의 법적 범위는 어떻게 결정되었을까? 이를 검토하기 위해서 친족 범위를 결정하는 논의에서 제기된 그 근거들을 살펴보자. 친족 범위의 설정은 유교경전과 중국사의 사례를 바탕으로 논의되었는데, 경전과 역사서에 근거하여 왕은 그 범위를 넓히려 하였고, 대신은 그 범위를 좁히려 하였다. 결과적으로 왕과 대신들은 유복지친을 기본적 경계로 설정하고, 단문지친을 보조적으로 그 비중이 적은 특혜의 경우에 적용하였다.

이렇게 왕실 친족의 특혜를 한정한 이유는 무엇이었을까? 왕과 대신들은 그 이유를 역사적 경험에서 찾고 있었다. 즉 무리한 특혜의 남발은 국가 공동체를 운영하는데 무리를 줄 수 있다고 인식하였다. 세종은 왕실 친족의 특혜를 논하면서 "천하를 다스리는 것은 본래 백성을 위한 것이요, 백성을 수고롭게 하여 자기 친속을 기르고자 하는 것이 아니다."라는 언급을 하고 있는데, 이는 세종이 왕실 친족의 특혜 범위를 정하기 위해서 왕실의 안정적 운영과 '백성의 수고'를 같이 저울질 하고 있음을 보여준다.

조선은 중앙집권국가를 운영한 역사적 경험 위에서 건설되었다. 또한 이웃 중국이 집권국가를 운영한 역사적 경험도 참고하였다. 왕과 관원들은 오랜 집권국가 운영의 경험을 바탕으로 신분적 특혜에 제한이 없을 때, 결국 이는 국가의 안정적 운영을 저해할 수밖에 없다는 것을 인식하고 있었다. 이러한 역사적 경험을 바탕으로 하여 조선은 자신만의 운영방식을 찾기 위해서, 태종 중반에서 세종 후반에 걸친 30여 년의 논의를 통해서 적절한 신분제의 틀을 모색하고 고민하였다. 이는 오랜 중앙집권국가를 운영해 온 국가 수준에 어울리는 신분제를 갖기 위한 노력이었다. 조선의 지배신분은 집권국가 체제 내에서 신분제를 어떻게 편제하는 것이 특혜를 누리면서도 국가 운영에 무리가 없는가를 역사적 경험을 통해서 알고 있었다.

2. 特權身分과 정치 경제

1) 提調制의 시행과정

(1) 提調制의 형성

이상에서 대신과 왕의 친족이 특권신분이 되는 것을 검토하였다. 이들에게 주어진 특권은 신분적 특권만이 아니었다. 정치적, 경제적 특권이 주어지고 있었다. 그러므로 먼저 대신이 가지는 정치적 특권을 검토해보자.[19] 조선에서는 대신에게 정치적 활동을 보장할 수 있도록 제조제가 운영되고 있었다.

조선에서는 고려의 제도를 이어 태조대부터 제조제를 시행하였다. 태조대의 제조는 주로 비상설기구에 임명되었다. 건국이후 필요한 제도 정비를 위해서 비상설기구인 도감을 만들고, 책임자로 제조를 임명하였다. 당연히 책임자로 임명된 제조는 부서업무를 책임을 졌다.

제조는 비상설기구에 뿐 아니라 몇몇 상설기구에도 임명되었다. 성균관 등 교육부서와 승문원 등 외교 관련부서였다. 제조들은 교육기관에 임명되어 학생들의 교육을 맡거나, 외교기관에 배치되어 외교문서의 작성에 참여하였다. 이미 재추의 지위에 있는 고위의 관원을 제조로 임명하여 그 재능을 활용하였다.

그 외에 왕의 사장고인 五庫나, 왕의 사병적 성격이 강한 內甲士 등에 제조가 임명되었다. 이 경우 제조는 왕의 신뢰를 바탕으로 왕의 사유기구를 관리하였다. 그러나 이는 극소수의 비공식적 기구에 설치된 것으로, 제조의 일반적인 성격과 거리가 있었다.

결국 태조대 제조는 비상설기구나 상설기구에 임명되어 상설적 기구의

---

19) 이하 서술 최이돈「조선 초기 提調制의 시행과정」『규장각』48, 2016 참조.

부담을 줄여주거나, 그 기능을 원활하게 하는 역할을 하였다. 태조대의 제
조제는 결국 상설적 행정기구의 보조적 기능을 수행하였다. 태조대의 제
조제는 아직 지배신분을 위한 기구로 기능하지 않았다.

(2) 提調制의 확대와 정비

태종대로 들어서면 조금 특이한 제도가 나타났다. 그것은 태종 초반에
서부터 확인되는 겸판사제의 시행이다. 겸판사제는 정3품 아문인 육시칠
감의 책임자인 판사를 겸직으로, 많은 경우 5,6명씩 복수로 두는 제도였다.
당연히 겸판사는 행정을 담당하지 않았다. 이러한 현상은 관직에 비하여
자격을 가진 고위관원이 많아지면서 나타난 대응방식이었다. 즉 대신에게
관직을 주기 위한 특별한 조치였다.

그러므로 겸판사제는 시행초기부터 합리적 행정과 관계가 없었다. 정부
는 불합리성을 최소화하기 위해서 겸판사에 임명하는 인원을 최소화하고,
고위관원을 배치할 다른 관직을 만들 필요가 있었다. 이는 육시칠감 외의
하위 부서에도 대신을 임명할 수 있는 제도가 필요함을 의미하였다. 그 대
안으로 제시된 것이 육시칠감 이하의 부서에 제조를 두는 것이었다. 그러
므로 태조대와 다른 성격의 제조제가 시행되었다.

물론 태조대부터 시행되던 기존의 제조제는 그대로 유지되었다. 도감
등 비상설적기구의 제조는 물론 교육과 외교에 관여하던 제조제는 그대로
유지되었다. 그 위에 새로이 하위 부서에 제조가 임명되면서 제조제가 확
대되었다.

그 변화는 왕의 사장고인 오고 등에서 시작되었다. 태조대부터 사장고
에는 제조가 임명되었는데, 태종초 사장고가 공식기구에 편제되면서도 여
전히 제조를 배치하였다. 이는 제조제에 있어서 기존의 방식을 바꾸는 중
요한 변화였다. 사장고 등이 공식기구가 되면서 제조를 폐지하는 것이 적
절했지만, 대신을 임명할 관직이 부족하였으므로 태종은 사장고를 공식기

구화하면서도 이 부서에 제조직을 두어 대신들을 임용하였다. 이러한 변화로 육시칠감에 미치지 못하는 하위 상설아문에도 제조를 두는 결과를 가져오게 되었다.

이와 같은 사례가 나오면서 이후 4품 이하의 관서에 제조를 설치하는 경우가 속출하였다. 나아가 세월이 가면서 육시칠감에도 제조를 두는 현상들이 나타났다. 그러나 제조제나 겸판사제는 같은 기능을 하였으므로 이를 일원화하는 것이 필요하였다. 판사는 정3품 아문의 장을 칭하는 명칭이었으므로 하위부서까지 포괄할 수 있는 제조라는 명칭이 선호되었다. 그러므로 태종 후반에는 이 두 명칭이 혼용되다가, 세종대에 이르러 겸판사라는 명칭은 소멸되고 모두 제조제로 통일되었다.

제조제를 확내 시행하면서 세종대에는 제조제를 정비하였다. 그간 일률적으로 제조제를 시행한 것이 아니어서 제조를 두어야 하는 부서나, 각 부서에 배정할 제조의 수도 정하지 못했다.

세종 5년에는 제조를 배치할 부서와 배치할 제조의 수를 정비하였다. 정비의 결과 제조를 55개의 부서, 177개의 자리에 배치하였다. 55개의 부서는 거의 모든 속아문을 망라하는 숫자였다. 몇몇 부서는 제조를 임명하지 않았다. 이는 재정적으로 영세하여 제조를 공궤할 수 없는 부서였다. 이들을 제외하고는 모든 부서에 제조를 두었다. 한 부서에 3,4명의 제조를 복수로 두는 상황에서 재정적으로 여유가 있는 부서에 제조를 임명하지 않을 수 없었다. 제조가 배치되는 177개의 자리는 의정부와 육조에 대신이 배치될 수 있는 관직이 20여개이었던 것에 비하면 엄청난 수였다.

177직이라는 제조의 수는 당시 대신의 지위에 있는 모든 인원을 포괄할 수 있는 숫자로 추측된다. 기본적으로 모든 대신에게 관직을 주겠다는 의도 하에 부서별로 제조의 수를 분배한 것이었으므로, 관직의 총수는 당시 대신의 총수와 관계가 있었을 것으로 추측된다. 결국 세종대 제조제의 정비로 대신에게 관직을 부여하는 관직의 신분제적 성격이 제조제를 통해서 보다 확대되었다.

(3) 제조제의 기능변화

제조가 행정적 기능을 위해서 배치된 것은 아니었으나, 제조가 거의 전 부서에 배치되자 불가피하게 이에 대한 체계적인 관리가 필요하게 되었다. 처음에 제조를 전부서에 배치한 일차적 목적은 제조에게 관직을 부여하는 것이었으므로, 이들은 부서의 업무에 관여하지 않았다. 그러나 제조를 전 부서에 확대배치하면서 이들의 기능을 검토할 수밖에 없었다.

제조의 관리를 위해서 먼저 추진한 것은 實案提調制의 시행이었다. 실 안제조제는 의정부나 육조의 대신을 당연직으로 제조에 임명하는 제도로, 이들에게 포폄권을 주어 속아문 관리의 책임을 부여하였다. 제조가 배치 된 부서가 55개였는데, 그 중 실안제조제는 29개부서, 59직에 임명되었다. 중요한 속아문에는 실안제조가 임명되었다.

실안제조제의 시행은 의정부와 육조를 중심으로 제조제를 정비하고자 하는 것이었으나, 이미 육조가 의정부의 통제를 벗어나면서, 제조제의 일 원적 통제는 추진되기 어려웠다. 그러므로 실안제조의 배치는 부서의 중 요도에 따라서 체계적으로 배치하려고 노력하였으나, 의정부와 육조는 각 기 부서의 이해관계를 반영하였고, 왕도 비서기관인 승정원을 통해서 주 요 제조직에 관여하였다.

국가는 실안제조를 통해서 속아문을 통제하고자 하였으나, 제조가 복수 로 배치된 구조 속에서 실안제조가 속아문의 관리를 일방적으로 주도하기 는 힘들었다. 실안제조가 포폄권을 가지고 속아문을 관리할 수 있었지만, 속아문에 속한 제조들 상호 간은 상하관계가 아니었다. 또한 실안제조들 의 경우 그 교체가 빈번한 반면, 일반제조들은 실안제조에 비하여 한 부서 를 오래 맡는 것이 일반적이었으므로, 실안제조가 업무의 중심이 되기 어 려웠다. 따라서 실안제조의 실제적인 기능은 제조들 간의 의견을 조율하는 역할에 한정되었을 것으로 추측된다.

실안제조가 속아문을 관리하게 되면서 일반제조들의 지위도 변화하였다. 제조가 배치된 부서 중 절반 정도에는 실안제조가 배치되지 않았는데, 이 경우는 일반제조들이 속아문 관원의 포폄을 맡게 되었다. 일반제조들이 포폄권을 맡게 되면서 실안제조가 설치된 아문에서 일반제조의 지위도 상승할 수밖에 없었다.

제조들은 포폄권을 장악하면서, 그 영향력을 확대하여 '관원포상추천권'과 '관원인사추천권' 등을 확보해갔다. 속아문에 필요한 관원을 제조가 천거하면 이병조에서 그대로 임명하는 것이 관행이었다. 제조가 인사권을 장악하면서 제조는 속아문을 완전히 장악할 수 있었다.

제조가 속아문을 장악하는 데는 제조가 속아문에 오래도록 임명되는 '久任'도 크게 작용하였다. 제조는 임기가 길었다. 의정부나 육조의 대신직이 빈번하게 갈리는 것과는 대조적으로 제조직은 대신들에게 관직을 주기 위해서 만들었고, 겸직인 실안제조와 부제조를 제외해도 거의 120직에 달하는 다수의 자리였으므로 구조적으로 교체를 자주 할 수 없었다. 한번 제조에 임명되면 오래 그 자리에 있었고, 드물게는 20년 이상 한 부서를 담당하는 경우도 있었다. 제조가 속아문을 강하게 장악하면서 비리도 나타났다. 뇌물의 수수는 물론 소속아문의 물품이나 인원을 사적으로 사용하는 경우도 흔하였다.

제조에게 전권을 부여한 것이 문제가 되자 제조를 견제하는 동향도 나타났다. 그 방법은 육조가 해당 속아문의 관리를 강화해서 제조를 견제하는 방식이었다. 즉 육조가 해당 속아문 관리의 포폄에 참여하거나, 제조가 천거한 소속관원의 인사를 이병조가 관여하는 등의 방법으로 제조를 견제였다. 이는 결국 육조를 통해서 제조들을 견제하려는 것이었는데, 사실상 육조의 대신들 역시 속아문의 제조였으므로, 제조가 속아문을 장악하는 것을 구조적으로 막기 어려웠다.

사실 제조제 문제의 원인을 찾아가보면, 제조제는 그 시행에서부터 문제가 있었다. 즉 제조제는 관료체제의 관점에서 보면 전혀 불필요한 제도였다. 그러므로 제조제에 대한 본격적인 문제의 제기와 개선은 새로운 정치세력인 사림의 등장을 기다릴 수밖에 없었다. 사림이 정치세력으로 등장하면서 제조가 한 부서에 久任하는 것을 문제로 삼았고, 제조제 폐지까지 제안하였다.

제조가 내적으로 속아문을 확실하게 장악하게 되면서 제조는 외적으로도 정치력을 행사할 수 있게 되었다. 즉 제조는 대신의 지위에 있었으므로 속아문의 정책을 왕에게 바로 직계할 수 있는 제조직계제를 확보하였다. 왕은 제조가 각 부서를 대표에서 올린 직계에 대하여 단독으로 결정하기도 하였으나, 상당한 경우 단독으로 처리하지 않고, 육조 중 해당되는 부서에 이 안건을 검토시켜 처리하였다. 이와 같은 사례는 제조의 직계를 인정하면서도 관련된 육조의 논의를 거치게 하여 행정의 통일성을 유지하려는 동향이었다.

그러나 육조와 제조의 관계가 상하의 관계는 아니었다. 그러므로 위의 예와는 반대로 육조에서 올린 정책을 왕이 속아문의 제조에게 검토하도록 하였다. 즉 육조와 속아문은 부서의 업무와 관계되는 사안을 제안하고 결정하는 과정에서 동등한 지위를 인정받았다. 속아문이 제안한 정책은 육조의 심의를 받았고, 육조가 제안한 정책은 속아문의 실무적 검토를 거치는 것이 대부분이었다.

제조직계제가 시행되면서 '의정부-육조-속아문 체제'와는 별도의 '제조-속아문 체제'가 형성되었다. 물론 이는 완전히 독립된 체제는 아니었고 의정부-육조-속아문 체제와 같이 작동되고 있었다.

그런데 당시 의정부-육조-속아문 체제 내에서 의정부와 육조의 관계는 육조직계제가 시행되면서 상하관계가 아니라 협의 관계를 유지하고 있었다. 그러므로 이러한 상황에 제조직계제로 제조가 발언권을 행사하면서 조선의 주요 행정 사안은 의정부, 육조의 대신과 제조의 합의에 의해서 이루어질 수밖에 없었다. 즉 대신들이 합의에 의한 收議制가 당시 국정운영의 기본방식이었다. 대신은 특권관품으로 조선의 최상위 신분이었으므로 이들의 합의에 의해서 국정을 결정하는 것은 오히려 당연한 것이었다. 그러므로 특권신분인 대신은 제조제를 매개로 정치적 특권을 지속적으로 유지할 수 있었다.

2) 관원체계와 科田의 운영

(1) 고려말 과전법과 관원체계

다음으로 검토할 것은 특권신분인 대신이 가졌던 경제적 특권이다. 대신이 가진 경제적 특권은 과전법을 통해서 관철되었다. 이를 살피기 위해서 관원체제와 과전의 관계를 살펴보자.[20]

이를 위해서 과전이 어떻게 분급되고 관리되고 있었는지를 먼저 검토하고자 한다. 또한 기존의 연구에서 과전의 세록전적인 성격이 직전제의 시행으로 변화하였다고 주장하고 있는데, 직전제의 시행과정을 검토하여서 직전제의 시행의 의미가 무엇이었는지도 검토하고자 한다.

먼저 과전이 세록전인가를 검토하기 위해서 과전법과 관원체계의 관계를 최근의 신분제 연구성과에 기초해서 정리하고자 한다. 전근대 사회에서 신분제와 토지분급제는 그 시대를 지탱하는 두 기둥으로 기본구조는 동일할 수밖에 없었다. 기존의 과전법을 보는 입장은 신분제 연구의 통설을 근거로 하여 정리되었으나, 최근 신분제 연구는 이와 다른 입장을 제시하고 있다. 즉 기존의 통설과는 달리 최근 연구는 조선 초기의 특권신분을 2품 이상의 대신으로 한정하고 있다. 그러므로 이러한 주장을 수용하여 과

---

20) 이하 서술 최이돈 「조선 초기 관원체계와 과전 운영」『역사와 현실』 100, 2016 참조.

전법과 관원의 관계를 살펴보자.

이를 살피기 위해서 먼저 고려 말 사전 개혁 논의에 나타나는 과전과 관원의 관계를 살펴보자. 창왕 원년의 상소에 의하면 개혁파는 녹과전시와 구분전을 관원에게 주고자 하였다. 녹과전시는 직전제로 그리고 구분전은 세전하는 토지로 운영하고자 하였다. 그러나 개혁파는 구분전을 받고 있는 산관을 5軍에 예속하여 군역을 담당시키려 하였다. 결국 구분전은 군전과 구별되지 않는 토지가 되었다. 그러므로 구분전은 결국 세록전적인 성격이 많이 희석되고 役田的 성격을 가지게 되었다.

따라서 개혁파가 구상한 사전개혁의 기본 방향은 관원들에게 전시과와 같은 세록전적 토지를 주겠다는 생각은 아니었다. 개혁파는 관원들에게 관직과 군직의 직무에 대한 보상으로 직전인 녹과전시와 역전인 군전을 지급하는 것을 기본 구상으로 하고 있었다.

그러나 과전법의 토지분급방식은 위와는 다른 형태로 정리되었다. 과전법에 나타난 토지 분급방식의 특징은 산직에 대한 토지 분급방식에서 잘 나타나 있다. 과전법에서 산직에 대한 토지분급은 이원적으로 정리되었다. 제1과에서 제14과까지의 관원은 검교직 등의 산직체계를 통해서, 제15과 이하의 관원들은 제18과에 기록된 '산직'의 규정에 따라서 토지를 분급하였을 것으로 추측된다.

특히 주목되는 것은 제15과 이하 산직관원의 과전을 군전과 연계지어 운영하였다. 과전분급의 대전제가 '경성에 살면서 왕실을 보위하는 자'를 조건으로 하고 있었으므로 관원은 산직이 되면 군직에 편제될 수밖에 없었다. 이들이 받는 과전 10결은 쉽게 군전 10결과 연결되었다. 그러므로 제15과 이하의 산직이 받는 토지는 세록전적 토지와는 다른 성격을 가졌다.

고려 말 개혁파는 외형적으로는 고려의 태조가 행한 전시과를 다시 복행한다는 것을 명분으로 표방하고 있었지만, 변화한 상황에 맞는 제도를 모색하였다. 그 결과 과전법은 산직의 관리에서 상위직은 고려와 유사한 방법을 사용하였으나, 하위직은 군전과 연결하는 별도의 방식을 도입하였다. 결국 제14과 이상의 관원들은 현직을 벗어나도 검교직등을 통해서 世祿田的 성격을 가진 과전을 계속 보유할 수 있었으나, 제15과 이하의 관원들은 현직을 벗어나면 과전 대신 군전을 받았다. 군전은 거경숙위의 의무와 연계되어, 世祿田的 성격보다는 役田的 성격을 가졌다.

(2) 3품 이하 관원의 과전운영

다음으로 태종대의 관직체제의 변화에 따른 과전의 운영방식을 3품 이하 관원의 경우와 2품 이상 대신의 경우로 나누어 검토해 보자. 조선의 정부는 관직을 한 신분에 대응하는 직역으로 인식하지 않았고, 국정운영에 기여한 대가로 받을 수 있는, 모든 신분에 대응하는 직역으로 만들고자 하였다. 그러므로 관직을 신분제와 연동시키기 위해서는 하나의 관직체계 안에 각 신분에 대응할 수 있는 구역을 나누는 정비가 필요하였다. 이는 태종대에 시작하여서 세종대까지 지속적인 논의를 통해서 이루어졌다. 과전과 연관해서 진행된 가장 중요한 관원체계의 변화는 태종대에 나타난 특권관품의 정비였다. 특권관품의 정비는 2품 이상을 특권신분에 대응하는 관품으로 정비하는 과정이었다.

관원체계가 바뀌면서 대신과 3품 이하의 관원 간에는 과전 운영상에 큰 차이가 생겼다. 이 차이는 관원이 산직이 되었을 때에 분명하게 나타났다. 먼저 3품 이하 관원들은 산관이 되면 과전을 반납하였다. 대신 5결이나 10결의 토지를 군전으로 지급받아 受田品官이 될 수 있었다. 물론 군전도 서울에 거주하면서 군직을 수행하는 경우에 한하여서 주어지는 것이었으므로, 숙위를 포기하고 지방으로 돌아가는 경우 이를 반납하여야 하였다. 이 경우 3품 이하의 관원은 양인과 같이 일반 군역을 져야 하였다.

그러므로 3품 이하 관원에게 주어지는 과전은 직전이었다. 당시 관원들은 관직의 전출이 빈번하였고, 그 사이 지속적으로 관직을 맡지 못하는 경

우도 자주 있었다. 관직을 맡지 못하고 관품만을 가지고 있을 때 관원의
처지는 퇴직관원의 처지와 다를 것이 없어 과전을 받지 못하였다.

　물론 3품 이하 관원이 받는 군전은 가족에게 체전될 수 있었다. 퇴직 관
원이 군역을 담당할 수 없을 때에, 군전을 자손이나 사위·조카 등에게 체
전할 수 있었다. 그러므로 군전은 세전적 성격이 있었다. 그런데 군전은
가족이면 곧 물려받을 수 있는 토지가 아니었다. 군전은 기본적으로 '과전'
이었다. 관품을 기반으로 주어지는 토지였으므로 군전의 체수는 품관만이
물려받을 수 있는 토지였다. 그러나 3품 이하 관원들에게는 기본적으로 문
음이 부여되지 않았으므로 자녀가 군전을 이어받는 것은 제도적으로 어려
웠다.

　따라서 조선초기의 3품 이하 관원이 받는 과전 및 군전은 직전 내지 역
전이었으므로 世傳되는 世祿田과는 거리가 먼 관료제적인 토지였다.

(3) 2품 대신의 과전 운영

　이에 비해서 대신들의 과전은 세록전의 성격을 가졌다. 대신은 현직을
벗어나도 과전을 유지하였다. 대신은 검교직을 가지거나, 산직만을 가지거
나 어느 경우이든지 과전을 상실하지 않았다. 대신이 과전을 상실하는 경
우는 죽거나, 관품을 상실할 만한 죄를 범하는 경우였다. 대신은 죄를 지
어 파직을 당하여도 관품만 가지고 있으면 과전을 유지할 수 있었다.

　대신들은 특혜를 받으면서 동시에 제한도 받았다. 정부는 대신의 거주
를 서울로 한정하고 있었다. 특권을 가진 대신들의 지방 거주는 지방사회
에 부담을 줄 수 있기 때문이었다. 퇴직 대신에게 과전을 유지하도록 하면
서 서울에 거주하는 규제를 두는 것은 3품 이하의 관원에게 소량의 군전
을 주는 대신에, 지방의 거주를 허용한 것과는 대비되는 조치였다. 따라서
대신에게 주는 과전은 특권신분을 유지할 수 있도록 경제적인 특권을 부
여하는 것으로, 세전되는 성격을 가진 귀족제적인 성격의 토지였다.

과전의 운영에서 볼 때, 조선에서의 과전 관리는 이중적인 모습을 보여주고 있다. 한편에서 3품 이하의 관원에게는 관직을 수행하는 것에 대한 보상인 직전으로서의 과전을 부여하여 관료제적으로 운영하였고, 한편으로 대신들에게 준 과전에 세록전적인 성격을 부여하여 귀족제적으로 운영하였다. 그러므로 대신에게 부여하는 과전은 특권신분에게 부여된 경제적 특권이었다.

3) 세조대 職田制의 시행

(1) 직전제 시행의 내용

다음으로 특권신분의 경제적 지위를 살피기 위해서 직전제 시행의 내용과 그 의미를 검토해 보자.[21] 연구자들은 세록전적인 과전이 직전제의 시행으로 그 성격이 직전으로 바뀌었다고 이해하고 있다. 그러므로 과전의 성격을 분명히 하기 위해서 직전제 시행의 의미를 검토하는 것이 필요하다.

저자는 앞에서 조선초기의 과전 운영은 관품과 관련해서 이원적으로 운영되고 있었다고 주장하였다. 대신들의 과전은 세록전으로 운영되었으나, 3품 이하는 현직에 있는 경우에만 과전을 받는 직전으로 운영되었다고 주장하였다. 이는 기존의 연구에서 과전을 세록전으로 이해하고, 직전제의 실시로 인해서 현직의 관원만 수조권을 분급 받는 직전으로 변화했다는 견해와 상이하다.

과전의 운영이 관품에 따라서 달라지는 것으로 이해할 때에, 세조대 나타나는 직전제의 변화는 무엇이었는지를 살펴보자. 이미 3품 이하 과전은 직전으로 운영되었으므로 세조대 직전제의 시행은 당연히 2품 이상 대신의 과전에 영향을 주는 것이었다.

---

21) 이하 서술은 최이돈 「세조대 직전제의 시행과 그 의미」 『진단학보』 126, 2016 참조.

그러나 직전제의 실상이 무엇이었는지는 분명하지 않다. 세조대에 직전제는 관원들 간에 별다른 논의 없이 시행되었다. 그간 연구에서 직전제 시행의 중요성을 강조하였던 것을 고려할 때에 너무 조용한 시행이었다. 그러므로 먼저 직전제의 실상이 무엇이었는지를 검토하는 것이 필요하다. 직전제가 시행되면서 이에 대한 문제점의 지적은 세조대에서부터 제기되었고, 세조 사후에는 직전제의 폐지와 과전의 회복까지 주장되었다. 그러므로 이러한 논의를 검토해보면 직전제 시행의 의미가 무엇이었는지를 분명히 파악할 수 있다.

직전제 시행직후 양성지는 직전제 시행의 문제점을 지적하면서 직전제의 시행으로 '致仕한 신하'와 '공경대부의 자손'이 전지를 받지 못하게 되었다고 주장하였다. 이와 같은 견해는 기왕의 연구에서 직전제로 퇴직 관원들이 토지를 분급 받지 못하게 되었다는 주장과는 거리가 있다. '치사'한 관원도 퇴직 관원의 범주에 드는 것은 사실이었으나, 당시의 치사라는 용어는 퇴직의 의미와는 다른 뜻으로 사용되었다.

직전제에 대한 비판과 과전제의 복구에 대한 주장은 세조가 죽으면서 본격화되었다. 과전제를 회복하자는 논의는 성종대에 집중되었는데, 흥미롭게도 이때에 관원들은 전적으로 수신전과 휼양전의 회복을 주장하였다. 수신전과 휼양전의 회복은 양성지가 주장한 '공경 대부의 자손'의 과전과 같은 의미였다. 즉 직전제의 시행으로 수신전과 휼양전이 폐지되었음을 확인할 수 있다. 그러나 어느 관원도 퇴직관원의 과전을 회복하자고 주장하지 않았다. 이와 같은 상황은 기왕의 연구에서 주장하는 것과 같이 퇴직관원에게 과전을 회수하는 것이 직전제의 시행의 본질이 아니었음을 보여준다. 그러므로 직전제의 시행은 수신전과 휼양전의 폐지, 나아가서 치사 관원에게 부여하였던 과전의 회수 이상의 의미는 없었다.

과전제의 회복을 주장하는 견해를 검토할 때에 직전제의 시행은 퇴직관원의 과전을 회수하는 조치가 아닌 것이 분명해졌다. 이미 3품 이하 관원들의 과전에서는 과전법의 시행에서부터 현직만 과전을 보유하는 직전으로 운영되었으므로 퇴직관원의 과전 문제를 새삼 제기할 필요는 없었다. 그러므로 세조대 직전제가 조정에서 별다른 논의 없이 조용히 시행될 수 있었다.

(2) 수신전과 휼양전의 운영과 직전

그러면 직전제의 시행이 가지는 의미는 무엇이었을까? 이를 분명히 하기 위해서는 먼저 직전제의 시행으로 폐지된 수신전과 휼양전의 성격과 치사한 관원이 가진 과전의 성격을 살필 필요가 있다. 먼저 수신전과 휼양전을 살펴보자. 기왕의 연구에서는 수신전과 휼양전을 모든 관원에게 지급되는 세전적 토지로 이해하였다. 그러나 3품 이하 관원의 토지가 이미 직전으로 운영되고 있었다면, 직전을 받고 있던 관원이 세록전인 수신전과 휼양전을 받는다고 주장하는 것은 모순이 될 수 있다.

주목되는 것은 수신전과 휼양전은 관원이 보유하고 있던 과전에서 지급되었다는 점이다. 그러나 대부분의 3품 이하의 관원들은 퇴직하면 과전을 보유할 수 없었기 때문에 수신전과 휼양전으로 분배할 토지를 가지고 있지 못하였다. 이들은 5결 내지 10결의 군전을 받을 수 있었는데, 이 토지도 군역을 지는 조건으로 부여되는 토지였으므로 수신전과 휼양전의 대상이 될 수 없었다. 물론 3품 이하의 관원이 현직을 보유한 상태에서 죽는 경우에도 이들의 과전은 장례 기간 중에 환수되어서 수신전과 휼양전의 대상이 되지 않았다.

실제의 수신전과 휼양전의 보유 사례를 검토해 보아도 수신전과 휼양전은 대신의 유족에게만 부여되고 있었다. 혈통적 특권인 문음을 대신에게만 부여하는 상황이었으므로 대신의 유족에게만 세록전 성격의 수신전과 휼양전을 주는 것은 당연하였다.

(3) 치사제의 운영과 직전

다음으로 직전제의 성격을 분명히 논하기 위해서 '치사제'를 살펴보자. 직전제의 시행으로 치사한 관원의 과전을 회수하였기 때문이다. 치사한 관원은 퇴직 관원의 한 부분이었다. 그러나 조선왕조실록에 치사라는 용어는 대부분 한정적으로 사용되었다. 즉 70세가 되는 관원을 퇴직시키는 치사제에 의해서 치사한 관원의 경우에 치사라는 용어를 사용하였다. 70세까지 관직을 계속하는 경우는 거의 대신에 한정되고 있었으므로, 치사한 관원의 과전이 문제되는 것은 퇴직을 하여도 과전을 보유하였던 대신의 경우였다.

조선의 치사제는 태종대부터 정리되기 시작하였다. 건국초기 정권이 안정되지 못한 상황에서 정권에 기여하는 핵심관원을 70세가 되었다고 일률적으로 퇴직시킬 수 없었기 때문이었다. 태종 초반까지도 사정은 비슷하였다. 쿠데타로 집권한 태종도 그 집권 초반에 치사제를 시행하기 어려웠다. 그러므로 태종 중후반에서 세종대에 걸쳐서 치사제는 정비되었다.

치사제는 나이든 관원을 퇴직시켜서 녹봉을 아끼자는 의도에서 추진되었으나, 정비된 치사제는 70세가 된 관원을 일률적으로 퇴직시켜 녹봉을 아끼는 제도가 되지 못하였다. 예외 조항을 만들어 70세가 넘어도 병이 없는 경우 계속 관직을 유지할 수 있었다. 또한 치사를 한 경우에도 과전의 보유는 물론 대다수의 관원이 녹봉을 계속 받을 수 있었다. 결국 조선의 치사제가 대신의 세전적 지위를 제한하는 요소로 작용하지 않았다.

양성지는 직전제의 시행으로 치사한 대신의 과전이 회수되었다고 주장하고 있다. 만약 양성지의 주장과 같이 치사한 대신의 과전을 회수하였다면, 이는 대신의 세전적 지위에 영향을 미치는 것이었다. 그러나 이러한 조치는 실제적으로 취해지지 않은 것으로 추측된다. 많은 관원들이 직전제의 문제점을 논하였지만, 양성지 외에는 치사제로 대신의 과전이 회수되었다는 언급을 하지 않고 있다. 이는 치사한 대신의 과전 문제는 조정에 논란거리가 되지 않았기 때문으로 이해된다. 당시의 평균수명을 고려할 때에 치사한 대신의 수가 적었으므로 적절한 조치를 통해서 이 문제가 논란의 대상이 되지 않도록 조정한 것으로 짐작된다. 실제로 직전제 시행 이후에 치사제의 운영상황을 보아도 70세 이상 대신들이 치사하지 않고 그 지위를 계속 유지하고 있는 것이 일반적이었다. 그러므로 치사 대신의 과전 회수는 큰 문제가 되지 않았다.

이상에서 볼 때에 과전제에서 직전제로의 변화는 대신의 과전에 대한 개혁이었다. 대신의 유족이 받는 수신전과 휼양전을 폐지하고, 치사한 대신이 보유하던 과전을 회수하는 조치였다. 그러므로 직전제의 시행은 세조가 대신들을 견제한 조치였다. 그러므로 세조는 직전제를 관원들과 논의 없이 왕명에 의해서 시행하였다. 이는 직전제 시행 직후에 양성지가 정면으로 직전제를 비판한 것으로 짐작할 수 있다. 양성지는 세조대 경제 국방 정책에 매우 요긴한 역할을 한 인물이었는데, 직전제 시행 직후에 양성지가 이를 비판한 것은 그도 직전제의 구상에 참여하지 못했음을 보여준다. 세조 후반기의 개혁 정책들이 세조와 공신들 사이의 긴장관계 속에서 진행되었고, 결국 이시애 난까지 발생하게 된 배경이 되었는데, 직전제도 그러한 동향의 하나였다고 짐작된다.

물론 직전제의 시행으로 대신의 과전이 가지는 세록전적인 성격이 바뀌었다고 보기는 어렵다. 직전제 시행 이후에도 대신의 대부분은 70세가 넘어도 현직을 유지하면서 과전은 물론 녹봉까지 받고 있었고, 보유한 과전을 문음으로 관직에 진출한 아들과 손자에게 세전할 수 있었다. 즉 대신이 보유한 과전의 세록전적 성격은 직전제가 시행되었어도 여전히 유지되었다. 그러므로 직전제의 시행에도 불구하고 조선 초기 과전은 여전히 3품 이하 관원의 직전 성격의 과전과 대신의 세록전 성격의 과전으로 이원적으로 운영되고 있었다. 따라서 대신은 직전제의 시행에도 불구하고 세록전인 과전을 유지하는 경제적 특권을 누리고 있었다.

3. 上級良人

1) 庶孼의 차대와 신분

(1) 서얼에 대한 정치적 차대

조선 초기 상급양인의 대표적인 신분은 서얼이었다. 물론 여기서 서얼 신분으로 논하는 대상은 대신들의 서얼이다. 대신의 서얼은 문음의 특혜를 받았기 때문이다. 이들은 문음으로 관직에 진출하여 정3품까지 올라갈 수 있었다. 그러므로 상급양인으로 서얼의 신분에 대하여 검토해 보자.[22]

서얼은 문음의 특혜를 누렸지만, 한품제와 한직제의 차대를 받았다. 관원들은 서얼이 받을 수 있는 관직과 관품을 규제하여서 서얼을 사족으로부터 분리하고자 하였다. 한품제로 서얼이 받을 수 있는 품계를 3품으로 제한하였고, 한직제로 서얼이 받을 수 있는 관직을 잡직으로 제한하였다. 또한 서얼이 받을 수 없는 관직을 현관으로 설정하였다.

서얼에게 한품제와 한직제를 시행하는 의미는 분명하였다. 서얼로 관직에 진출한 자를 문음의 특권에 접근하지 못하도록 하는 조치였다. 문음은 2품 이상의 관원과 3품 이하의 청요직 즉 현관이 가지는 신분상 특권이었다. 그러므로 서얼이 문음의 특권에 접근하지 못하게 방지하기 위해서는 2품 이상의 관직을 가지지 못하게 할 뿐 아니라, 3품 이하의 관직에서는 현관에 접근하지 못하도록 막는 것이 필요하였다.

서얼에 대한 규제는 한품제, 한직제, 과거금지 등이 있었다. 서얼은 과거를 볼 수 없었다. 흥미로운 것은 서얼에 대한 과거 금지 규정은 한품제, 한직제와 같이 거론되지 않고, 약 50년 후『경국대전』의 편찬 시에 첨록되면서 법제화되었다는 점이다. 또한 서얼의 과거 금지 규정은 시행된 지

---

22) 이하 서술 최이돈「조선 초기 서얼의 차대와 신분」『역사학보』 204, 2009 참조.

얼마 되지 않은 명종대에 해소된다. 단 과거에 합격하여도 현관이 될 수 없다는 조건과 함께 과거 금지 조항은 폐지되었다.

서얼의 과거 금지를 서둘러 규정하지 않았고, 또한 과거 금지 규정을 쉽게 해지할 수 있었던 것은 관원들이 과거 금지를 서얼의 지위를 규정하는 근본적인 요건으로 보지 않았기 때문이었다. 관원들은 현관이 될 수 없다는 것 하나로 충분한 규제가 된다고 보았다. 서얼이 현관이 될 수 없다는 것은 이미 앞에서 살핀 바와 같이 문음에 접근할 수 있는 길을 봉쇄한다는 의미였다. 그러므로 관원들은 신분을 규정하는 근본적인 요건을 과거가 아닌 문음에서 찾고 있었다.

이와 같은 이해는 기왕의 연구에서 과거의 의미를 문음에 비하여 중요하게 평가하였던 견해와는 다르다. 특히 이는 과거에 응시할 수 있는 자격을 가진 것만으로도 상위의 신분과 같은 지위에 있는 것으로 평가하는 견해와 상반된다. 과거에 합격하여도 여전히 현관이 되지 못하는 서얼의 경우에 비추어 볼 때에, 과거가 가지는 신분상에서의 기능을 제한적으로 해석해야 할 것이다. 물론 이는 양인에게도 적용된다. 즉 양인이 과거에 합격해도 특권신분이 되지 못하는 경우는 흔하였다.

(2) 서얼과 관직체계의 변화

서얼에게 현관을 줄 수 없다는 기본 원칙이 형성되면서 서얼에게 부여할 관직으로 잡직체계의 마련이 필요하였다. 그러나 이 과정은 간단치 않았다. 잡직의 개념이 단순히 일정한 관직을 의미하는 것이 아니라 신분과 연계된 관직이라는 의미를 함축하고 있었기 때문이었다. 관원들은 부득이 서얼에게 관직을 주기는 하지만, 서얼은 신분적으로 다른 집단이었으므로 이들에게는 그 신분에 상응하는 관직을 주어야 한다고 생각하였다. 그러므로 잡직은 일정 신분에 대응하는 관직군이 되어야 하였다.

그러나 건국기의 관직체계는 신분제와 부합되는 체계가 아니었다. 관직은 크게 유품직과 비유품직으로 나누어졌으나, 이 구분은 신분제와 연관이 약했다. 천인이나 공상인들이 유품직에 임명되기도 하는 것이 당시의 현실이었다. 그러므로 잡직의 범주를 분명히 하는 작업은 관직체계의 틀을 재조정하는 것이었다.

잡직의 범주를 분명히 하고자 때에 먼저 문제가 된 것은 서얼보다 하위에 있는 신분들의 관직을 정비하는 것이었다. 가장 시급한 일은 공상과 천인에 대응하는 관직을 만드는 일이었다. 이 작업은 일단 유품직에 있는 공상과 천인을 비유품직으로 보내는 조치로 시작되었다. 유품직에 있는 공상 천인들을 우선 비유품기관인 사옹원으로 모았고, 조금 뒤에 이들을 다시 상림원으로 모으는 조치를 취하였다. 그리고 그 경계를 더욱 분명히 정비하기 위해서 문무산계와는 다른 별도의 잡직계를 만들어 공상과 천인에게 부여하였다. 이 과정에서 공상과 천인은 유품직에서는 물론 비유품직 내에서도 별도의 품계를 받는 지위가 되면서, 이들은 다른 신분과 관직체세 내에서 분명하게 분리되었다.

잡직계의 설치 이후 자연스럽게 서얼에 대응하는 관직군의 설정이 과제로 부각되었다. 서얼의 범주에 천첩소생은 물론 양첩소생까지 포괄하였으므로 한품의 상한을 3품까지 확대하였고, 서얼을 배치할 수 있는 적절한 부서를 선정하는 것은 불가피하였다. 그 결과 기술직은 서얼과 같이 3품까지 한품제의 규제를 받았으므로 기술직이 서얼이 임용되는 관직으로 적당한 대안이 될 수 있었다.

기술직이 서얼의 신분에 대응하는 관직이 되면서 이는 기술직을 담당하고 있던 사족들에게는 충격이 될 수 있었다. 기존에는 사족들이 기술직에 배치되는 경우가 적지 않았다. 그러므로 정부에서는 충순위를 만들어서 사족이 기술직에서 벗어날 수 있는 길을 추가로 만들어 주었다. 또한 이미 기술직에서 경륜을 쌓은 사족을 위하여 기술직 내에 사족으로 임명되는 습독관직을 별도로 신설해서 변화의 충격을 최소화하였다. 기술직이 서얼에 대응하는 관직이 되면서 관직체계는 보다 신분제에 조응하는 체제로 정비되었다.

세종대에 이르러 기술직이 서얼이 받는 잡직으로 정리되면서 서얼신분과 기술직의 지위는 정리되었다. 그러나 성종대에도 조정에서 종종 기술직의 지위에 대한 논의가 있었다. 성종대에 나타난 기술직에 대한 논의는 크게 두 가지였다. 그 하나는 이미 세종대에 기술직이 잡직이 된 결과에 따른 후속조치였다. 서얼의 진출로 기술직은 잡직이 되었으나 여전히 유품직이었다. 그러므로 서얼은 유품직의 권리 즉 조회의 참여와 계문치죄를 받을 수 있는 권리를 부여받고 있었다. 그러나 기술직이 잡직이 되면서 기술직 관원에게 유품직으로서의 권리를 계속 줄 수 있는가의 의문이 제기되었고, 이는 조정에 논의거리가 될 수 있었다. 조정의 논의 결과 기술직은 유품직으로 계속 인정되었으므로, 이미 세종대에 결정된 서얼과 기술의 지위에 별다른 변화가 없었다.

다른 한 가지 논의는 기술직 관원에게 현관을 부여할 수 있는가의 문제였다. 기술직의 관원이 현관이 될 수 없는 것은 분명하였으나, 특이한 공을 세운 기술직 관원에게 왕은 특별한 보상으로 현관직을 주고자 하였다. 그러나 이에 대해서는 관원들이 전원 일치로 반대하였고 기술직 관원의 현관 진출은 불가하였다.

기왕의 연구에서는 성종대의 기술직에 대한 논의를 주목하고 이때부터 기술직의 지위가 변화하는 것으로 파악하면서, 이를 사림파가 주도했다고 해석하거나, 16세기 이후 중인 신분에 변화가 나타나기 시작한 조짐으로 설명하였다. 그러나 이러한 견해는 성종대의 변화를 앞 시기의 변화와 연결시켜 파악하지 못하고, 성종대의 논의만을 확대 해석한 결과였다. 서얼의 신분과 기술직의 지위는 이미 태종대에서 세종대에 걸쳐서 정리되었고, 이후 조선 후기 통청운동에 이르기까지 별다른 변화 없이 유지되었다.

(3) 서얼의 신분과 대칭집단

서얼은 천첩의 소생이라 하여도 종량의 과정을 통하여 법적으로 영구 양인이 되었고, 3품에 이르는 관직을 가질 수 있었으며, 나아가 과거에 응시할 수 있었다. 이들에게 남아있는 제한은 단지 현관이 될 수 없다는 것밖에 없었다. 이러한 간단한 제약만이 남아있는 서얼의 신분에 대하여 조선 초기의 관원들은 어떠한 평가를 하였을까 검토해보자.

조선 초기의 관원들은 서얼을 별도의 신분으로 보았다. 서얼을 상위의 집단과 혈통적, 법적으로 귀천의 차이가 있는 집단으로 보았다. 구체적으로 형법의 집행에서도 상위집단과 비교할 때 양인과 천인 사이에 있는 정도의 차대가 필요한 것으로 보았다. 또한 관원들은 자연의 질서인 '分數'로 서얼의 생득적 차이를 설명하면서 서얼에 대한 차대를 정당화하였다.

당시 신분인식에서 서얼은 차대 받는 신분으로 드러났는데, 이러한 차대는 상대적인 것이었고, 서얼에 대칭되는 집단의 존재를 상정하지 않고는 논할 수 없다. 서얼에 일차적으로 대칭되는 집단은 적자였으나, 서얼이 신분으로 정리되면서 신분적 대칭집단은 다양한 용어로 표현되었다.

서얼과 대칭으로 나타나는 집단은 사족과 사류가 가장 대표적이었다. 사족과 사류의 공통점은 '士'라는 것이다. 사족은 '사'의 족적인 면을 강조하고, 사류는 '사'의 집단적인 면을 강조한 것이었다. 즉 서얼은 사가 아니었다. 이와 같은 사의 의미는 신분적인 것이었다. 사의 기본적 의미는 유학을 공부하는 선비라는 뜻을 가지거나, 대부와 대비되는 중급 관원이라는 의미가 주된 것이었다. 여기서의 서얼과 대칭되는 사의 의미는 그것이 아니었다. 서얼은 경학을 공부하는 선비였고, 3품까지의 관직을 가질 수 있었으므로 관원이었다. 그러므로 여기서의 사는 선비나 관원 등 개인적인 능력으로 획득할 수 있는 성취적 집단을 의미하는 것이 아니라, 혈통적으로 소속되는 신분적인 의미를 가지는 집단을 지칭하였다.

서얼과 대칭이 되는 칭호는 종종 양반이라는 용어도 사용되었다. 여기서 양반은 모든 관원을 지칭하는 의미에서의 양반이 아니라 신분적 의미에서 양반이었다. 즉 서얼은 엄연히 관원으로서 양반이었으나, 여기서 지칭되는 양반인 신분적 양반에는 속하지 못했다. 당연히 서얼은 신분적 양반과는 결혼도 할 수 없는 별도의 신분이었다.

이상에서 볼 때, 서얼이 신분으로 정리되면서 사나 양반의 의미 역시 분화되어 신분집단으로서의 성격이 부각되고 있었다. 이는 기존의 연구에서 '양인'의 용어 역시 광의양인과 협의양인으로 분화되어 나타나고 있는 것과 유사한 현상이었다. 특히 분화되는 시기가 태종대 이후로 사와 양반은 물론 양인의 경우까지 모두 그 분화 시기가 일치하고 있는 것은 흥미로운 일이다. 즉 이러한 현상은 조선 초기의 신분제가 태종대를 전후해서 크게 달라지고 있음을 보여준다. 즉 태종대에 이르러 조선 초기의 신분제는 그 골격을 갖추기 시작한 것으로 이해할 수 있다.

2) 雜織의 형성과 그 변화

(1) 건국 초기의 비유품직과 잡직

서얼의 신분이 정비되면서 이를 수용할 수 있는 관직체계도 정비되었다. 그러한 관직체계의 변화과정을 잡직을 중심으로 검토해보았다.[23] 잡직에 대한 검토는 잡직의 준비, 형성, 변화의 관점에서 나누어서 검토할 수 있다. 잡직 검토의 중심은 잡직이 조정의 관심이 되면서 잡직계의 설치로 이어지는 일련의 논의과정인데, 이를 잡직의 형성과정으로 살피고자 한다. 또한 세종대의 잡직에 대한 논의과정의 검토는 그 이전의 연원이 없이는 불가능한 것이다. 따라서 조선의 건국 초부터 세종대에 본격적으로 논의되는 시기까지를 잡직의 준비과정으로 단계를 나누어서 살펴보자. 또

---

23) 이하 서술 최이돈 「조선 초기 잡직의 형성과 그 변화」『역사와 현실』 58, 2005 참조.

한 잡직 형성이후 변화과정을 성종대를 중심으로 잡직의 확대과정으로 살
펴보자.

잡직의 개념이 아직 분명하지 않았지만, 세종대 잡직의 연원은 비유품
직에서 찾을 수 있다. 비유품직은 태조대부터 액정서, 아악서, 전악서 등을
필두로 만들어지기 시작하여, 이후 그 체계를 정비하여 정종대까지는 그
형태를 정비한 것으로 파악된다. 비유품직은 유품직과 분명한 경계가 있
었다. 유품직에 임명되기 위해서는 문무과나 잡과 등의 과거나 문음의 관
문을 거쳐야 하였고, 또한 서경을 통해서 적격여부를 검토하는 엄격한 과
정을 통과해야 하였다.

그러므로 유품직과 비유품직 간에는 분명한 차대도 존재하였다. 먼저
유품직을 맡는 유품관은 朝班에 참여할 수 있었으나 비유품관은 그렇지
못하였다. 朝班에 참여는 왕과 면대하는 조회에 참여하는 것으로 주된 관
원 여부를 구별하는 상징적인 지표였다. 또한 관원의 잘못을 재판하여 처
벌하는 과정에서도 유품관은 왕에게 물어서 형을 결정하는 啓聞治罪의 특
권이 주어졌으나, 비유품관에게는 그러한 권리가 없었다. 계문치죄는 관원
의 지위를 보장하기 위해서 관원의 처벌을 왕의 결정에 의한다는 일종의
보호 장치였다. 이러한 우대가 비유품관에게는 주어지지 않았다. 이는 비
유품관도 관원이기는 하였으나, 관직과 연결되는 신분적 지위에서는 유품
관과 다른 지위를 가지고 있음을 의미하는 것이었다. 이러한 차대를 받았
던 비유품관은 이후 논의에서 잡직의 주요한 부분을 차지하는 부류가 되
었다.

(2) 세종대 잡직계의 설치와 유외잡직의 변화

세종대에 이르러서 잡직은 분명하게 정리되었다. 이러한 계기를 제공한
것은 유품직 내에 속하여 있던 공상천례에게 유품직을 주어서는 안 된다
는 논의가 시작되면서였다. 앞에서 언급한 대로 유품직은 진출로가 제한

되어 있었고, 서경을 통해서 그 자격을 심사했음에도 불구하고 자격이 문제되는 부류들이 상당수 유품직을 가지고 있었다. 이는 이러한 규정의 시행이 철저하지 않았음을 보여준다. 심지어 천인들도 상당수 유품직을 맡고 있음을 보아 관직의 운용에서 양천의 구분도 엄격하지 않았던 것으로 짐작된다.

관원들은 세종대에 이르러서야 본격적으로 이 문제를 풀려고 노력하였다. 이를 위해서 먼저 유품직을 맡고 있는 공상천례를 사옹원으로 모으는 조치를 취하였다. 사옹원은 비유품직 관서이었으므로 공상천례의 유품관들을 여기에 모으는 것만으로도 이들을 분리하는 효과가 있었다. 그러나 사옹원은 양인 출신의 관원들이 배치되는 부서이었으므로 이러한 조치도 충분하다고 인정되지 못했고, 공상천례의 유품관들을 다시 천인들이 배치되는 관서였던 상림원으로 옮기는 조치를 취하였다.

상림원으로 옮겨졌지만 이들은 여전히 유품관과 같이 문무산계를 사용하여 산계상 유품관과 구분되지 않았다. 이 때문에 새로운 산계로 잡직계를 만들어 이를 공상천례의 관원들에게 주었다. 또한 관직명도 여전히 유품관과 차이가 없어 유품관과는 다른 명칭으로 바꿀 필요가 제기되면서 관직명도 별도로 만들었다. 이러한 일련의 조치를 바탕으로 공상천례 관원은 분명하게 분리되었다. 분명하게 분리되면서 잡직계 관원들을 상림원에 모아둘 필요가 없어졌고, 잡직계 관원들은 별도의 산계와 관직명을 가지고 필요한 부서로 재배치되는 조치가 취해졌다. 이러한 과정을 거치면서 잡직이라는 호칭의 의미는 분명해졌고 일차적으로 잡직계를 가진 관원이라는 의미로 이해되었다.

공상천례인 유품직 관원들이 잡직계를 받게 되는 변화과정을 거치면서 비유품계 관원도 잡직으로 호칭되는 변화가 나타났다. 이들은 잡직계 관원과 별도로 '유외잡직'으로 칭하였다. 물론 유외잡직 중에서도 양인과 공상천례를 나누려는 논의도 진행되었다. 따라서 유외잡직 내에서도 공상천례는 잡직계가 주어졌다.

공상 천인 관원을 나누면서 오히려 유외잡직의 양인관원들은 그 지위가 상승하였다. 유외잡직 내의 양인관원들은 유품직의 특권이었던 계문치죄의 특혜를 받게 되었고, 산계도 문무산계를 유지하면서 유품직과 차이가 줄어들었다. 그러면서 이들에게는 별도로 '잡직유품인'이라는 이름이 부여되었다. 잡직과 유품인이라는 상반된 용어가 조합을 이루었다. 물론 잡직유품인들은 그 지위가 상승하였으나 조반의 참여는 여전히 금지되었고, 사회적으로도 평민으로 인식되면서 잡직의 주류가 되었다.

(3) 성종대 잡직 범위의 확대와 기술직

세종대에 잡직의 개념이 정리된 뒤에 성종대에 들어서는 잡직의 범위가 확대되는 변화가 나타났다. 잡직유품인이 잡직의 주류가 되면서 잡직의 용례가 위의 관직에까지 확대되었다. 기술직을 잡직으로 부르는 용례들이 나타나기 시작하였다. 기술직에 대한 차대는 이미 서얼이 기술직에 진출하면서 나타나기 시작하였는데, 잡직계가 정비되면서 다음 단계로 기술직을 잡직으로 부르는 변화가 시작되었다.

더불어 기술직이 조반에 참여하는 것도 폐지하려는 움직임이 있었다. 기술직의 조반참여 여부를 결정하는 논의에 조정의 관원들이 대거 참여하여 열띤 논의를 하였고, 여러 가지 안들이 제안되었다. 결론은 기술직이 유품직이라는 원칙을 다시 확인하면서 조반 참여는 허용하였다. 그러나 동반이 아니라 서반에 위치하는 것으로 정리되었다. 이 논의 과정에서 기술직은 잡직으로 분류되어 사족직과 분명하게 분리되었다.

이러한 변화를 통해서 잡직은 기술직 관원, 잡직유품인 등이 배치되는 관직으로 정립되었다. 이러한 정립과 더불어 잡직은 사족이 아닌 상급양인이 맡는 관직이라는 인식도 굳어졌다.

4. 狹義良人

1) 佃夫制의 형성

(1) 태조 태종대의 전객

다음으로 협의양인에 대해서 검토해보자. 협의양인은 일반양인을 지칭한다. 협의양인은 고려 말 백정이 자립농으로 그 지위를 상승시키면서 확보한 신분으로 국가의 관리 하에 군역의 의무와 사환권의 권리를 가지고 있는 신분이었다. 협의양인의 지위에 대해서는 기존의 양천제론에서 충분히 검토되었다. 그러나 기존의 연구에서는 협의양인이 어떻게 제일적 지위를 확보하였는지 설명하지 않았다.

과전법 체제 하에서 협의양인은 단일한 지위를 가지지 않았다. 경기의 백성들은 전객으로 편입되면서 여타의 공전수조지역의 백성에 비하여 법적으로 차대를 받고 있었다. 전지의 처분권을 제약당하고 있었고, 수조의 부담도 상대적으로 높았다.

그러므로 이들이 어떻게 그러한 제약을 극복하고 제일적 협의양인의 지위를 확보하였는지 검토하는 것이 필요하다.[24] 흥미롭게도 태종대에 전객이라는 칭호가 소멸되고 전부라는 용어가 새롭게 등장하였다. 佃客의 지위가 상승하면서 그 호칭이 바뀌어 佃夫로 칭하게 되었다. 그러므로 그 명칭이 바뀌는 과정을 검토하면서, 협의양인이 제일적 지위를 확보하는 과정을 검토해보자.

전객이라는 용어는 고려에서는 없었던 용어로 과전법에서 처음 사용되었다. 이는 납조자를 지칭하는 용어로 수조권자를 칭하는 전주와 대칭적으로 사용되었다. 조선이 건국되면서 전객이라는 용어는 계속 사용되어,

---

24) 이하 서술 최이돈 「조선 초기 佃夫制의 형성과정」『진단학보』 127, 2016.

수조권자와 납조자 간에 전주와 전객의 관계가 형성되었음을 잘 보여주었다. 그러므로 그간 연구에서 이와 같은 내용을 바탕으로 조선 초기에는 수조권을 둘러싸고 '전주전객제'가 형성되었다고 정리할 수 있었다.

경기의 사전수조지역의 전지소유자를 전객으로 호칭한 것과 달리 여타 공전수조지역의 전지소유자를 전주로 호칭하고 있었다. 과전법에서 수조권의 분배를 경기에 한정하였으므로, 공전수조 지역의 전지소유자는 수조권적 지배에서 벗어나 고려에서와는 다른 지위를 가질 수 있었다. 그러므로 이들을 전주라고 호칭한 것은 당연하였다.

사전 수조지역의 전지소유자를 전객이라고 부른 법적인 근거는 과전법의 규정에 있었다. 과전법에 의하면 전객은 자신의 전지를 임의로 처분할 수 없었다. 배타적 소유권의 중요한 요소인 처분권이 전객에게 제한되었다. 수조권자인 전주는 전객 전지의 처분은 물론 경영에도 관여할 수 있었다. 그러므로 수조권자와 납조자를 주와 객을 나누어, 전주와 전객의 표현한 것은 사실관계를 함축하고 있었다. 이에 비하여 공전수조 지역의 전지소유자들은 이와 같은 법적 규제를 벗어나 있었고, 당연히 전지의 배타적인 소유권을 가지고 처분도 자유롭게 하고 있었다.

그러므로 경기 사전수조 지역 백성과 공전수조 지역 백성 간에 법적, 실질적 지위의 차이가 있었다. 따라서 전국의 전지 소유자들 간에 아직 齊一的 지위가 형성되지 않고 있었다. 그러나 조선의 정부는 제일적 통치를 목표로 하였기 때문에 이와 같은 경기 백성의 차대는 시간을 가지고 해소해야할 과제였다.

(2) 태종 세종대 전객의 성장

경기 사전수조 지역의 전객들은 법적으로 공전수조 지역의 전주들에 비하여 차대를 받고 있었다. 그 차대의 실제는 수조 부담의 차이였다. 경기만 부담이 큰 것은 과전법의 '科田京畿' 규정을 만든 것에 원인이 있었다.

공전수조 지역의 농민들은 공전수조로 바뀌면서 그 부담이 현격히 줄어 그 지위를 높이고 있었으나, 경기의 백성은 수조권적 지배하에 여전히 남 아 있었다.

그러므로 경기 백성들은 자신들의 부담이 공전수조 지역보다 많다는 것 을 문제삼지 않을 수 없었다. 이는 태종 9년 경기의 과전을 타 지역으로 이전시켜달라는 요청으로 부각되었다. 정부는 경기의 백성에게 여타지역 의 백성과 같이 일원적 지위를 부여하고자 하였으므로, 이와 같은 차대를 해소해 달라는 요청은 정당한 것이었다.

정부는 이 문제를 해소하기 위해 다양하게 노력하였다. 그러한 노력의 일환으로 태종 15년에는 전객에게 전주를 고소할 수 있도록 전주고소권을 부여하였다. 태종 17년에는 관답험도 시행하였다. 과전에서의 과잉 수조의 근본적인 원인은 전주가 답험을 담당하는데 있었다. 그러므로 사전수조량 을 공전수조량에 맞추기 위해서는 전주가 행하는 답험에 정부가 관여할 필요가 있었다.

이와 같은 정부의 노력으로 과전의 운영에 국가가 관여하는 '과전국가 관리체제'가 형성될 수 있었다. 과전국가관리체제 하에서 전주는 국가의 규제로 인해 규정 이상을 수조하는 것이 어려웠고, 사실상 수조권적 지배 도 불가능하게 되었다. 이러한 변화로 인해서 전객의 지위는 향상되었다.

과전국가관리체제의 정비로 전객의 지위가 변화하자, 당연히 전객이라 는 호칭도 변화하였다. 세종 전반에 전객이라는 용어가 소멸되었다. 이는 전객의 지위가 변화하면서 전객이라는 용어가 전지 소유자를 지칭하기에 적절한 용어가 아님을 인식한 결과였다.

과전국가관리체제가 만들어진 다음 해인 태종 16년부터 전객을 대신할 용어가 등장하기 시작하였다. 가장 처음 전객의 대안으로 제기된 용어는 '佃人'이라는 용어였다. 새로운 용어가 등장한 것은 전객을 대신할 용어를 관원들이 모색하기 시작하였음을 보여준다. 세종 1년에는 '佃戶'라는 용어도 사용되었다. 전호는 전객으로부터 그 지위를 높인 납조자를 의미하였다.

과전국가관리체제가 형성되고 전객을 대신할 수 있는 칭호가 모색되는 과정에서, 세종 6년에는 납조자의 지위를 결정하는 매우 중요한 변화가 있었다. 경기도 감사의 요청에 의하며 납조자가 전지를 자유로이 매매할 수 있는 처분권을 확보하게 되었다. 비로소 경기의 전지소유자들도 공전수조 지역의 전지소유자들과 같이 전지를 배타적으로 소유하고 처분할 수 있는 권리를 확보할 수 있었다. 이와 같은 조치는 과전국가관리체제 형성이후 납조자의 상승한 지위를 법으로 확정해준 것이었다. 이로써 전주가 과전 법의 규정을 근거로 가지고 있던 전지에 대한 권리가 해소되었고, 역시 수조권적 지배도 실제적으로 불가능하게 되었다.

이러한 법적 조치를 통해서 납조자의 지위는 더욱 확고해졌다. 이를 잘 보여주는 것이 예종 1년 납조자를 '전주'라고 호칭한 자료이다. 이미 공전 수조 지역의 전지소유자들을 전주로 부르고 있었지만, 납조자를 수조권자 와 대칭적으로 언급하는 자료에서 전주로 칭하지 않았다. 그러나 납조자 들의 지위가 상승하면서 이들을 수조권자들과 대칭으로 논하면서 전주라 고 칭할 수 있었다.

특히 이 무렵에 정부에서는 납조자의 '납조 거부'에 대한 대책을 논하는 상황이 전개되고 있었다. 납조자의 납조 거부는 과잉 수조에 대한 저항으로 출발하였으나, 이 무렵에 이르면 정부가 대책을 논해야 할 정도로 활성 화된 것으로 짐작된다.

(3) 세종 성종대 전부

이러한 변화의 가운데에서 최종적으로 전객을 대신한 명칭으로 佃夫가 결정되었다. 수조권적 지배는 해소되었지만, 수조권의 분배는 조선전기를 통해서 지속되었으므로 이 양자를 대칭적으로 부르는 명칭은 불가피하였 다. 그러므로 이 경우 수조권자를 전주로, 납조자를 전부로 호칭하는 것으로 정리되었다. 물론 전부라는 표현으로 전지소유자의 새로운 지위인 '전주'의 뜻을 다 담기 어려웠다. 그러므로 전주와 전부라는 용어를 대칭적으로 표현한 용례를 극히 제한적으로 사용되었다.

이미 사전 수조 지역의 전지소유자의 지위가 공전수조 지역의 전지 소유자의 지위와 같아졌으므로, 전국의 전지 소유자 모두를 통칭할 때에도 전부라는 용어를 사용하였다. 또한 전부라는 용어가 전국의 전지 소유자를 齊一的으로 지칭하는 용어가 되면서 『경국대전』에서도 사용되어 법적 용어로 정리되었다. 이는 '田主佃客制'를 대신해서 '田主佃夫制'가 형성되었음을 보여준다.

그간 조선 초기 신분제를 양천제로 주장하는 연구자들은 양인 신분의 齊一性을 강조하였다. 그러나 양인 신분의 제일성이 어떤 과정을 통해서 확보되었는지는 설명하지 못하였다. 위의 검토에 의하면 전지 소유자인 협의양인은 경기의 전지 소유자들이 전객으로 불리는 동안에는 법적, 실제적으로 제일적인 지위를 가지지 못하였다.

과전국가관리체제의 정비로 사전수조가 공전수조와 그 부담이 같아지고, 그 변화한 지위를 인정받아 경기의 전지 소유자들이 전지 처분권을 획득하여, 전국의 전지 소유자들과 동일하게 '佃夫'로 호칭되면서, 비로소 협의양인 내의 제일적 지위가 형성될 수 있었다.

2) 협의양인과 광의양인

(1) 협의양인과 역리 염간

양인을 단일한 신분이라고 볼 때에 우선 양인으로 호칭되는 범위의 경계가 분명하게 설정되어야 하고, 양인에 속하는 다양한 구성원들의 권리와 의무 역시 같아야 한다. 그러나 그간의 연구에서 양인이라고 호칭되는 구성원의 권리와 의무가 동일하지 않고, 집단의 경계도 분명치 않아 협의

양인과 광의양인이 존재한다고 지적이 되고 있었다.

그러므로 양인의 신분을 분명히 이해하기 위해서 협의양인과 광의양인의 용례가 의미하는 것이 무엇인지 검토하는 것이 필요하다. 협의양인과 병치되어 나타나는 직역 중에 하나는 역리와 염간이다. 역리와 염간은 협의양인에 속하지 못하였고 광의양인에 속하였다. 협의양인과 광의양인의 의미를 검토하기 위해서 협의양인의 용례와 역리 염간의 지위를 검토해보자.[25]

그간 역리와 염간의 지위는 양인 내에서 특이한 것으로 밝혀졌으나, 양인으로 호칭된다는 점이 강조되면서 그 신분적 지위는 양인으로 이해되었다. 그러나 양인의 용례는 협의양인과 광의양인으로 나누어지고, 이들 간에는 단일 신분으로 볼 수 없는 요소들도 나타나고 있다는 지적이 되고 있으므로, 역리와 염간의 신분을 협의양인과 비교하여 검토해보면, 협의양인과 광의양인의 신분에 대하여 좀 더 깊이 있는 이해가 가능하리라 생각된다.

먼저 역리와 염간이 양인으로 불린다는 것은 중요한 쟁점이 될 수 있으므로 역리와 염간이 양인으로 호칭되는 자료와 호칭되지 않는 사료를 같이 검토해보았다. 자료의 전반적인 상황을 볼 때 역리 염간을 양인으로 명시하는 자료보다는 역리 염간을 협의양인이 아닌 것으로 보는 자료가 더욱 많았다. 이는 기존의 연구에서 배려하지 못한 부분이다.

기존의 연구에서는 협의양인이 역리 염간 등의 집단과 병기되는 것을 '표기상'의 문제로 가볍게 이해하거나, 협의양인은 법적인 용어가 아닌 것으로 처리하여, 협의양인은 신분과 관련이 없는 것으로 보았다. 그러나 역리 염간과 같이 거론된 협의양인의 용례는 거의 모든 자료가 역리와 염간의 법적인 지위가 협의양인과 다름을 명기하기 위한 것이었다. 즉 역리와 염간이 협의양인에 비하여 법적으로 차대를 받는 집단이었음을 분명하게

---

25) 이하 서술 최이돈 「조선 초기 협의의 양인의 용례와 신분」 『역사와 현실』 71, 2009 참조.

보여주고 있다. 이는 역리와 염간의 신분적 지위를 파악할 때에 이들이 광의양인으로 호칭되고 있다는 점에 구애되지 않고, 그 실제적 지위에 즉해서 검토해야 할 필요성을 보여준다.

(2) 역리 염간의 차대와 호칭

이에 역리와 염간의 신분적 실상을 밝히기 위해서 이들이 받는 차대를 검토하였다. 이들이 받는 차대의 가장 중요한 것은 천역으로 인식되는 고된 직역을 벗어나지 못하고 세전하는 것이었다. 당연히 이들은 관직에 나아갈 수 없었고, 과거응시의 자격도 가지지 못하였다. 또한 이들이 차대를 받는 별도의 집단이었으므로 호적도 양인과는 별도로 관리되고 있었다. 특히 이들이 호적에 명기된 직역의 지역을 벗어나는 경우에는 추쇄되어 노비가 되는 엄한 처벌을 받고 있었다. 또한 이들은 죄를 범하여 형을 받는 경우에도 양인과는 구별을 받았는데, 流刑을 받는 경우에 양인과는 달리 유배되는 지역의 驛이나 鹽所에서 형을 받았다.

역리와 염간이 받는 차대는 칭호에도 반영되었다. 이들은 '身賤者' '賤口' '役賤者' 등으로 천인과 별다른 차이 없이 불렸다. 이러한 호칭은 이들이 양인에 비해서 차대를 받는 지위에 있었음을 잘 보여준다. 그러나 이들의 신분적 지위가 분명하게 천인보다는 높았다. 이들의 지위가 천인과 비교될 때에는 그 지위가 다르다는 것이 강조되면서 '身良役賤'라는 호칭이 사용되었다. 이들의 지위가 협의양인보다는 낮았지만 여전히 광의양인에는 포함되어 천인보다는 우대받는 집단으로 인식되었다.

그러나 여기서 부언할 것은 '신양역천'의 호칭에서 '역천'의 의미를 기존의 연구에서 지적하는 것처럼 '신양'에 부속적인 의미로 가볍게 생각해서는 안 된다는 점이다. 역천의 의미는 직역이 천하다는 것인데, 역리와 염간의 직역은 단순히 직업이 아니었다. 즉 그 직역이 법으로 규정되어 혈통을 매개로 세습되고 있었다. 그러므로 역리와 염간의 직역은 신분적 의미를 함축하고 있었다. 그러므로 '역천'의 당시대적 의미는 '신천'과 큰 차이가 있는 것이 아니었다. 따라서 신양역천에서의 역천의 의미를 직업으로 해석하여 신분은 양인이지만 천한 직업을 가진 것으로서 해석하는 것은 당시의 실상과 거리가 있는 해석일 수밖에 없다. 오히려 이는 양인과 천인 사이에 있는 신분을 표현하기 위해 그 시대에 맞게 합성한 조어로 이해해야 할 것이다. 즉 신양역천을 양인과 천인 사이에 있는 별도의 신분을 가진 집단을 칭하는 용어로 보는 것이 당시의 의미를 살리는 것으로 생각된다.

(3) 역리 염간 직역의 세습과 신분 이동

다음으로 역리와 염간의 직역 세습과 그 직역에서 벗어나는 문제를 검토해 보자. 역리와 염간의 세습은 기왕의 연구에서도 지적한 바 있다. 그러나 기왕의 연구에서는 역리와 염간의 신분을 양인으로 파악하고 있었으므로 세습은 부차적인 관심사였고, 특히 직역을 벗어나는 것을 신분의 이동이라는 면에서 파악하지 않았다. 그러므로 역리와 염간의 세습 문제를 좀 더 심도 있게 살펴보고, 그 직역을 벗어나는 문제도 검토해 보자.

먼저 역리와 염간이 그 직역을 세습하는 실상을 검토해보자. 역리와 염간의 직역 세습은 여러 가지 자료를 통해서 분명하게 확인할 수 있었다. 역리와 염간이 신분을 세전하는 문제를 다룰 때에, 이들이 타 신분 집단과 결혼을 하여 얻은 소생의 신분이 어떻게 결정되는가는 주요 검토 과제가 된다. 그러므로 역리 염간이 천인이나 양인과 혼인하는 경우를 살펴보자. 역리나 염간이 양인 천인 등 다른 신분의 여인과 결혼을 하는 경우는 從夫的 원리가 강하게 작용하는 시대적 분위기에 따라서 그 소생의 직역은 역리와 염간을 잇는 것으로 나타났다. 같은 원리에 따라서 역리나 염간의 딸이 양인이나 천인과 결혼을 하는 경우에는 그 소생의 지위는 아버지 되는 양인이나 천인을 따라가는 것이 일반적이었다.

역리나 염간은 직역에 결박되고 그 직역을 세습하였으나 군공이나 이에 준하는 특별한 공을 세우면 역에서 벗어날 수 있었다. 구체적으로 보면 특별한 공을 세울 때에 역리와 염간은 역을 면하는 상을 받았고, 양인은 관직을, 노비는 양인이 되는 상을 받았다. 역리와 염간은 특별한 공을 통해서 직역의 세습에서 벗어나 그 신분을 상승시킬 수 있었다. 역리와 염간이 역을 면하여 확보한 지위는 협의양인이었다. 이는 같은 공을 세운 공사비가 상으로 얻은 '永久從良'과 같은 지위였다. 이러한 상황은 역리와 염간의 지위가 실제로는 노비와 크게 다르지 않았음을 보여준다.

이상으로 역리와 염간의 신분적 지위를 검토할 때, 이들은 협의양인에 비하여 차대를 받는 직역에 긴박되어 그 직을 세습하였고, 특별한 공을 세운 경우에 협의양인이 될 수 있는 협의양인과는 별도의 신분이었음을 구명하였다. 물론 이들은 광의양인에 속하였으므로 천인과는 분명히 구분되는 신분이었다.

첨언할 것은 양인의 용례가 협의와 광의로 나누어져서 나오는 시기가 태종대 후반부터라는 점이다. 태종 중반 이전에는 광의양인의 용례만 나타나고 있어, 양인은 천인과 대칭되는 집단으로 파악되고 있다. 그러나 그 이후에 협의양인의 용례가 나타나면서 양인이 천인 외에 다양한 집단들과 대비되면서 나타난다. 용어상 혼란의 가능이 있었음에도 불구하고 협의양인의 용례를 사용하게 된 원인은 조선 초기 신분제의 정착과정에서 나타나는 혼란으로 이해할 수 있다.

즉 다양한 신분이 조선 건국의 주체로 참여하면서 건국 초기의 신분 질서는 이완될 수밖에 없었고, 계층 간의 위계질서를 정비하는 신분제에 대한 구상도 느슨해 질 수 있었다. 그러나 신분을 단순화하려는 이상은 직역체제의 편성과 같은 현실적인 문제에 부딪히면서 조절될 수밖에 없었다. 그러므로 조선 초기 광의양인은 태종 중반부터 협의양인으로 분리되기 시작하였고, 세종대에 이르면 정착되어 광의양인과 협의양인은 별도의 신분으로 정리된 것으로 이해할 수 있겠다.

협의양인의 용례가 나타나면서 광의양인의 용어는 단일 신분을 지칭하
는 기능은 상실하였으나, 여전히 천인에 대칭되는 집단을 지칭하는 법적
인 칭호로의 기능은 유지하였다. 다만 협의양인이 신분을 지칭하는 용어
로 광범위하게 사용되면서 광의양인의 용례는 축소될 수밖에 없었다.

5. 廣義良人

1) 鄕吏의 지위와 신분

(1) 향리의 지위

양인 내에 별도의 신분으로 광의양인이 있었다. 이들도 양인으로 통칭
되고 있었으나, 이들의 법적 지위는 협의양인과 달랐고, 그러한 지위를 세
전하고 있었다. 이들은 향리, 역리 등 국가의 특수한 역을 담당하는 이들
과 상인, 공인 등이었다. 이들은 협의양인이 가지는 군역의 의무과 사환권
의 권리를 가지고 있지 못하였다.

향리 역시 특수직역자로 광의양인에 속하였다.[26] 그간 연구에서 향리의
지위는 논쟁의 대상이 되었다. 그러므로 향리 신분에 대하여 좀더 세심하
게 검토할 필요가 있다. 이를 위해 향리의 지위를 현실적인 지위와 법제적
인 지위로 나누어 검토해보자. 향리의 현실적 지위는 다양한 모습으로 나
타났다. 일부의 향리가 정치경제적으로 상당한 위세를 가진 모습을 보여
주었다. 경제적인 면에서 향리들이 불법으로 토지를 겸병하고, 양민을 점
탈하여 경작에 사용하는 등의 모습을 보여주었다. 또한 일부의 향리는 정
치적으로도 위세가 있어 심지어 백성들이 수령보다 향리를 더 무서워하고,

---

26) 이하 서술 최이돈 「조선 초기 향리의 지위와 신분」『진단학보』110, 2010 참조

수령이 향리의 눈치를 보는 모습도 보여주었다. 이러한 향리의 모습은 향리가 향촌에서 상당한 위세를 가진 것으로, 이러한 모습을 근거로 그간의 연구에서는 향리를 하급지배신분으로 파악하기도 하였다.

그러나 조선 초기의 향리의 현실적 지위는 이와 같은 위세를 부리는 모습으로만 나타나지 않고 고단한 모습으로도 나타나고 있다. 향리는 향역의 과중한 부담에 시달리고 있었고, 이를 벗어나려고 노력하였다. 향리가 역을 피하여 국내외의 다른 지역으로 도망하는 모습은 빈번하였고, 승려가 되는 일도 자주 있었다. 그러므로 향리들은 국가에서 인정하는 면역의 길을 적극 이용하였다. 군공을 세우려고 전쟁에 나아가거나, 북방의 사민에 적극 응하는 등 공을 세워 향역을 면하려고 노력하였다. 이와 같이 향리들이 양인들이 꺼리는 전쟁이나, 북방의 사민에 적극 참여하는 모습은 이들의 현실적 지위가 일반 양인보다도 못한 것을 보여준다.

이와 같이 향리는 위세를 부리는 모습과 양인보다 못한 모습으로 상반된 형태를 나타내고 있는데, 이러한 상반된 향리의 현실적 지위를 어떻게 설명할 수 있을까. 이는 향역과 향직을 나누어 설명해 봄으로써 그 이해의 실마리를 마련할 수 있다. 향역을 지는 향리의 모습은 고단하였고, 향직을 행하는 향리의 모습은 위세가 있었다. 즉 향역은 고단하여 향리들이 모든 방법을 통해서 피하고 싶은 것이었으나, 위세를 부여하는 향직은 모든 향리가 소망하는 것이었다. 따라서 향직과 향역은 향리가 가지는 권리와 의무로도 이해될 수 있다. 그러나 향리에게 있어서 향역은 모두 지는 것이었으나, 향직은 모든 향리가 고루 가질 수 없었다. 향직은 그 수가 제한되어 있었고, 향리가 아닌 양인도 담당할 수 있었다. 특히 특정지역에서는 토성이족이 향직을 독점하는 경향도 나타나고 있었다. 그러므로 대부분의 향리들은 향직에서 소외되고 향역의 의무만이 남아있었다.

더욱 중요한 것은 향리가 향직으로 인해서 가지는 위세는 법적으로나 사회적으로 인정되는 지위가 아니었다. 오히려 정부는 향직을 바탕으로 행하는 향리의 위세를 제거해야 할 비리로 파악하여 다양한 방법을 통해서 규제하려고 노력하였다. 이는 태종대 중반 이후 나타난 지방제도나 신분제의 정비과정에서 잘 나타나고 있었다. 특히 奸吏推薦法 등의 향리 규제법이 만들어지면서 향직의 위세는 더욱 위축되었다. 이러한 향리의 상황을 종합할 때에 대부분 향리들의 현실적인 지위는 위세가 있는 모습이라기보다는 향역에 시달리는 양인보다 못한 어려운 처지였다고 볼 수 있다.

향리의 지위에서 현실적 지위보다 더욱 중요한 것은 법적 지위였다. 향리의 법적 지위를 검토할 때에 먼저 눈에 띄는 것은 향리가 법적으로 양인과 구별되고 있다는 점이다. 향리는 천인에 대칭되는 집단인 광의양인에는 포함되었으나, 협의양인과는 구별되는 집단으로 나타난다. 이러한 구별은 형식적인 것이 아니었고, 집단 간의 법적인 대우를 분명히 하기 위하여 구분하는 것이었으므로, 향리가 법적으로 양인과 구분되는 집단이었다.

좀 더 구체적으로 살피면 향리는 양인에 비하여 차대를 받는 집단이었다. 이는 향리가 공을 세워 상을 받는 경우에 극명하게 나타났다. 포상을 받는 경우를 보면, 공을 세운 양인에게는 관직을 주는 데에 비하여 향리에게는 신역을 면제해 주었으므로 향리는 차대를 받고 있었다.

향리는 복식이나 의례에서도 양인에 비해 차대를 받았다. 향리는 양인과 구분하기 위해서 方笠을 쓰도록 하였고, 수령에 대한 예에서도 俯伏之禮를 행하도록 하였다. 이러한 구분은 존비를 분명히 하기 위한 조치였으므로 향리가 차대를 받는 지위에 있었음을 알 수 있다.

향리는 관직도 가질 수 없었다. 이는 조선 초기부터 분명하였다. 태조 1년 향리 출신의 고위품관들을 고향으로 보내 향역을 지게 하였는데, 이는 향리가 혈통 때문에 능력으로 이룬 성취를 인정받지 못하는 모습이었다. 조선왕조를 통해서 양인이 능력으로 이룬 성취가 부정되지 않았음을 본다면, 향리는 이미 조선 건국기부터 양인과 달리 취급되었음을 알 수 있다. 이후에도 향리는 관직을 가질 수 없었고, 공을 세운 경우에도 관직이 아닌 면역을 상으로 받고 있었다.

이와 같은 향리의 법적인 지위를 종합적으로 보여주는 것이 향리에 대한 賤稱이었다. 종종 향리를 '천인'으로, 향역을 '천역'으로 호칭하였다. 물론 향리는 엄연하게 노비와는 구분되었으므로 천인으로 호칭되어도 이는 상대적인 의미를 가지는 것이었다. 즉 향리가 협의양인과 비교할 때에 천하다는 의미였다. 따라서 이와 같은 호칭은 향리가 협의양인에 비해 차대를 받고 있을 뿐 아니라, 협의양인과는 다른 신분이었음을 의미하고 있다.

이와 같은 향리에 대한 법적인 차대에서 호장층도 예외는 아니었다. 기존에 호장층은 색리층에 비하여 별도의 지위를 가지는 것으로 주장하는 연구들이 있었지만, 향리는 향리 신분 전체를 칭하는 공식 호칭이었고, 법적인 지위를 논하는 자리에서 호장층만을 별도로 우대한 자료는 찾을 수 없다. 호장층 역시 양인에 비하여 법적으로 차대를 받는 지위에 있었다.

(2) 향리의 신분

이상으로 향리의 법제적인 지위가 협의양인에 비하여 차대를 받는 것이었음을 알 수 있으나, 이러한 법제적 지위가 신분과 연결되기 위해서는 법제적인 지위가 세습되는가의 여부를 검토할 필요가 있다. 법제적 지위가 세습된다면 이는 신분으로 이해할 수 있기 때문이다. 향리의 법적 지위의 핵심은 향역과 관련되는 것이었는데, 향역의 세전은 다양한 자료들을 통해서 확인할 수 있다. 향역의 세전을 직접 언급한 자료도 보이고, 간접적으로 이를 보여주는 자료도 보인다. 구체적으로 향역을 본인은 물론 그 자손까지 같이 지고 있음을 보여주는 자료들도 다수 찾을 수 있다. 이에 비해서 향직은 세전되지 않았다. 기왕의 연구에서 향직의 세전에 대해서 언급하고 있으나, 이는 그 가능성이 검토되었을 뿐으로, 이를 실증할 수 있는 자료는 찾기 힘들고, 오히려 그 반대의 자료는 다수 노출되고 있다.

국가에서는 향역의 세전을 매우 엄격하게 관리하였다. 향리가 자기비와

의 결혼하여 낳은 아들에게 향역을 세습하도록 하는 조치나, 향리가 자손이 없는 경우에 외손에게 그 직역을 세습하도록 하는 조치 등은 이를 잘 보여준다. 심지어 혈통적으로 향리출신이 아니었더라도 2대 연속 향역을 하는 경우 향역을 세습하도록 강제하는 규정이 『경국대전』에 보이고 있다. 이는 정부에서 향리 직역의 세습을 특별하게 관리하고 있음을 보여준다. 이상에서 볼 때에 향리는 법제적으로 양인과는 다른 지위를 세전하고 있었다. 그러므로 향리는 협의양인과는 다른 신분 즉 차대를 받는 신분이었다.

향리는 그 직역을 세습하였지만, 직역에서 벗어날 수 없는 것은 아니었다. 향리는 직역을 벗어나 신분을 상승시킬 수 있었다. 이는 몇 가지의 상황에서 가능하였다. 공을 세우거나, 과거에 급제하거나, 三丁一子로 서리가 되어서 去官하는 등의 경우에 향리는 신분 상승이 가능하였다. 먼저 향리는 공을 세우면 향역을 면할 수 있었다. 공을 세울 수 있는 가장 큰 기회는 군공이었고, 군공의 외에도 향리는 도적을 잡는 경우, 북방지역에 徙民에 응모하는 경우 등 다양한 기회가 있었다. 향리는 국가가 인정하는 공을 세우면 향역을 면하여 신분을 상승시킬 수 있었다. 그러나 공을 세워서 그 신분을 상승시키는 것은 향리만이 아니라 노비의 경우에도 적용되었으므로 이는 향리만의 신분상승의 길은 아니었다.

향리가 과거에 합격한 경우에도 향역을 면할 수 있었다. 즉 향리는 문과에 급제, 생원 진사시에 급제하거나, 잡과에 급제하여 거관하면 향역을 면할 수 있었다. 구체적으로 향리가 과거를 보거나 과거에 합격한 듯이 서술하고 있는 사료도 볼 수 있다. 그러나 이러한 사료를 좀 더 자세히 검토해 보면, 향역을 지는 향리가 과거를 보거나 과거에 급제한 것이 아니라 이미 삼정일자로서 향역을 면하여 양인이 된 이들이 과거를 보고 합격한 것으로 해석할 수 있다.

향리는 16세부터 향역을 져야 하였고, 심한 경우에는 16세가 되기 이전부터 향역을 지기도 하였다. 그러므로 현실적으로 향리가 고단한 역인 향역을 지면서 과거를 준비하고 합격한다는 것은 불가능하였다. 또한 향리는 관직이 허용되지 않고 있었으므로 당연히 역을 면하기 전에는 과거의 응시도 불가하였다. 그러한 현실에도 불구하고 향리가 과거에 합격한 것처럼 표현되었던 것은, 당시의 용례에 의하면 향리가 향역을 면하는 경우에도 향리 혹은 향리자손이라고 불리는 것이 일반적이었으므로, 기록상 향리가 과거에 응시할 수 있고, 급제하였던 것처럼 표현되었기 때문이었다.

향리는 삼정일자의 제도를 통해서 향역을 면할 수 있었다. 삼정일자는 향리가 3명 이상의 아들을 가지는 경우 한 아들에게는 향역을 면할 수 있는 길을 열어주는 제도였다. 향리가 삼정일자에 해당하는 경우 바로 면역되는 것은 아니었고, 서리직을 담당하여 일정기간 복무하고 거관에 이르러야 그 역을 완전히 벗어날 수 있었다. 서리직을 하는 중에는 신분적으로는 여전히 향리였다. 그러나 향리가 삼정일자로 서리직을 거관하는 길은 제도가 정비되면서 점차 좁아져 갔다. 따라서 향리가 서리직에 늙도록 종사하여도 거관을 못하는 경우도 자주 있었다. 또한 수령이 향역을 확보하려고 삼정일자인 경우에도 서리직으로 나아가는 것을 방해하는 일도 빈번하였다. 그러나 향리가 삼정일자의 제도를 통해서 신분을 상승시킬 수 있는 길은 계속 인정되었다.

이상과 같이 향리는 다양한 방법으로 그 직역을 벗어나 신분을 상승시킬 수 있었다. 향리가 향역을 벗어나 상승시킨 신분적 지위는 협의양인이었다. 이는 향역을 벗어난 이들이 가지는 직역을 통해서 확인된다. 향리를 벗어난 이들은 정병이나 기병 혹은 학생 등의 직역을 가졌고, 이들이 갑사취재나 잡과 등에 응시하고 있었다. 이러한 직역이나 진로는 모두 협의양인이 가질 수 있는 것이었으므로 이들이 신분상승으로 성취한 신분은 협의양인이었다.

이상에서 볼 때, 향리는 분명히 협의양인과는 다른 신분이었으나, 그 직역을 벗어나 신분을 상승시킬 수 있는 합법적인 길도 열려 있었다. 즉 향리는 한편으로 협의양인에 비하여 차대받는 법적 지위를 세전하고 있었고, 한편으로는 협의양인이 될 수 있는 합법적인 길을 가지고 있었다. 이러한 양면성을 그대로 가지고 있는 것이 향리 신분의 특징이었다.

그간의 연구에서는 이러한 양면성을 그대로 인정하지 못하고, 한 면만을 강조하는 경향이 있었다. 그러나 이는 향리의 신분이나 나아가 조선 전기의 신분제를 보는 균형 잡힌 시각이 되기 어렵다. 그간의 연구에 의하면 천인의 경우에도 군공을 세우거나 다양한 국가가 인정하는 공을 세우면 양인이 될 수 있는 합법적인 길이 열려 있었다. 또한 실제로 이 길을 통해서 신분을 상승시키는 이들이 있었다. 이러한 경우 합법적인 길이 열려 있음만을 강조하거나, 소수 인원이 신분을 상승시킨 사례만을 강조한다면 공사천도 그 상위의 신분인 양인과 다름이 없는 신분으로 볼 수 있다. 유사한 사례로 양인에게 과거에 응시할 수 있는 길이 열려 있다는 것만을 강조하여, 양인을 그 상위의 신분과 동일한 신분으로 보는 것도 같은 오류를 범할 수 있다.

그러므로 신분을 보는 균형 잡힌 시각이 필요한데, 정부는 향리의 경우 신분에 따라 법적인 차대를 가하고 이를 세전하도록 강제하는 규정을 마련하면서, 한편으로는 신분상승이 가능하도록 합법적인 길을 열어 놓고 있었다. 그러므로 향리를 통해서 보여주는 조선 초기 신분제는 닫혀있지만 열려있고, 열려있지만 닫혀있는 특이한 구조를 가진 것이었다. 이는 오늘날의 관점에서 보면 혼란스러운 것인데, 음과 양의 원리와 태극의 조화를 바람직한 것으로 이해하고 있던 성리학적 사유체계에 의해서 사회를 운영하던 당시 정부에서 본다면 매우 조화롭고 자연스러운 것이었다.

2) 補充軍의 형성과정과 그 신분

(1) 보충군의 형성과정

다음으로 보충군의 신분에 대하여 검토해 보자.[27] 보충군의 형성과정을 더듬어 가면 그 단초는 조선 초기 양천의 변정과정에서 비롯하였다. 양천의 변정은 고려 말 혼란했던 시기에 양천의 구분이 혼란된 데서 연유하였다. 양천의 연원을 밝혀 줄 수 있는 근거 자료의 소실로 조선의 개국 이후에도 이 문제는 쉽게 해결되지 않았다. 이는 태조 6년 "良에도 賤에도 문적이 분명하지 않은 자는 신량역천으로 한다."는 명에 의해서 돌파구가 마련되었다. 태조는 양천을 원활히 변정하기 위해서 신량역천이라는 별도의 집단을 설정하였다. 신량역천은 양인도 천인도 아니었다. 기존의 연구에서 주장한 것처럼 신량역천을 양인으로 처리하고자 하였다면, 이들을 별도로 신량역천으로 나누지 않고 從良하여 양인에 포함시켜야 하였다. 그러나 정부에서는 이들을 별도로 나누었다.

흥미로운 것은 신량역천의 딸자식과 외손은 '영구히 양인'이 되도록 조치하고 있다는 점이다. 여기서 '영구히 양인'이라는 용어를 구체적으로 언급한 것은 신량역천의 딸과 그 외손자는 신량역천에서 벗어나 영구히 양인이 된다는 것을 분명하게 보여준다. 이는 동시에 그 아들은 신량역천의 역을 계속하여 '영구히 양인'이 되지 못한다는 점을 표현하고 있다. 즉 신량역천은 남계를 통해서 역을 세전하였다.

신량역천이라는 새로운 집단의 범주가 정해지자, 상응하는 여러 집단이 이에 소속되었다. 먼저 태종 1년에는 양녀와 천인의 소생이 신량역천에 속하게 되었다. 또한 태종 5년 무렵에는 자기비첩소생도 신량역천에 참여하였다. 자기 비첩의 소생은 이미 태조 6년에 放良의 조치를 통해서 천인은

---

27) 이하 서술 최이돈 「조선 초기 보충군의 형성과정과 그 신분」 『조선시대사학보』 54, 2010 참조.

면하였으나 완전히 양인이 되지 못하고 신량역천에 속하게 된 것이다. 이후 태종 13년에는 양천변정의 소송에 연루된 이들을 판결 이전에라도 신량역천에 소속시켰다. 판결이 쉽지 않자 취해진 특단의 대책이었다. 이로 인해서 여러 집단이 신량역천에 속하게 되었는데, 이들은 모두 양인에도 천인에도 속하기에 적절하지 못한 집단들이라는 공통점을 가지고 있었다.

신량역천은 태종 중반에 이르러 변화를 겪는다. 태종대 중반부터 조선의 신분체계는 본격적으로 정비되었는데, 신량역천 역시 이에서 벗어날 수 없었다. 태종 14년 관원들의 비첩소생에게 관직을 주는 조치는 매우 큰 변화였다. 이 조치로 서얼신분이 형성되었는데, 이는 당연히 관원의 비첩소생으로 신량역천에 속해있던 이들에게 큰 변화를 주었다.

태종 14년 2품 이상의 비첩소생이 관직을 받았고, 태종 15년에는 3품 이하의 비첩의 소생 역시 관직을 받게 되었다. 그러나 3품 이하의 소생은 2품 이상 관원의 비첩소생과는 달리 일정 기간 군역을 져야 하였다. 이러한 조치가 결정되자 이들에게 군역을 부여하기 위해서 별도의 군종으로 보충군을 설치하였다.

그러므로 신량역천 중 관원의 비첩소생은 보충군에 이속시켰고 나머지 신량역천은 그대로 사재감에 남게 되었다. 그러나 나누어 운영하는 것이 문제가 있자, 신량역천은 다시 보충군으로 일원화되는 과정을 거쳤다. 신량역천 중 가장 먼저 보충군에 합류한 부류는 干尺으로 이들은 태종 14년에 보충군에 소속되었다. 이후 태종 17년에는 양천불명자들이 보충군에 소속되었다. 마지막까지 보충군에 합류가 계속 논란이 되었던 것은 양인과 천녀가 결혼해서 낳은 소생이었다. 보충군을 만든 것이 관원의 비첩소생을 우대하고자 한 것이었으므로, 정부는 양인의 천처소생이 보충군에 입속하지 못하게 하고, 오히려 양천의 교혼을 법으로 금하였다. 그러나 법으로 금하여도 양천 교혼이 계속되는 현실이 지속되자, 결국 세조 7년에 이르면 양인의 비처소생도 보충군에 포함시켰다.

양인의 비처소생까지 보충군에 소속되면서 보충군을 만든 의도와는 달리 모든 신량역천을 보충군에 소속시키는 결과가 되었다. 그러나 이는 외형적인 모습에 불과하였고, 그 내부에서는 이원적인 운영을 통하여 관원의 비첩소생을 우대하였다. 즉 정부는 보충군을 관원의 비첩소생으로 거관하여 보충군을 벗어날 수 있는 거관보충군과 보충군에 영속되어서 직역을 세전하는 영속보충군으로 나누어 운영하였다. 관원의 소생은 거관하여 양인이 되는 반면, 그 외의 신량역천은 보충군에 계속 남게 되었다.

(2) 보충군의 법적 지위

다음으로 신량역천과 보충군의 신분을 살피기 위해서 우선 이들의 법적 지위가 어떠한지 살펴보자. 먼저 지적할 수 있는 것은 신량역천과 보충군이 양인과 법적으로 나누어 호칭되는 집단이라는 점이다. 신량역천과 보충군이 양인과는 확연이 나뉘어 호칭되는 것은 여러 사례를 통해서 확인된다. 또한 신량역천과 보충군은 천인과는 다른 집단으로도 나타난다. 즉 이들은 호칭으로 볼 때 양인도 천인도 아니었다. 이들은 광의양인으로 천인과 구분되면서 또한 협의양인과도 구분되었다.

이들은 협의양인과 다른 집단이었으므로 국가에서 이들을 별도로 관리하고 있었다. 이들이 국가로부터 별도 관리되고 있는 것은 이들의 籍이 양인이나 천인과는 별도로 관리되고 있는 것을 통해서 알 수 있다. 이들의 적은 보충군안에 기록되어서 별도로 관리되고 있었다. 보충군안은 일반 군적과는 달리 호적과 비슷하게 자매와 딸까지도 기록하고 있었다. 보충군안은 천시되어서 형지안으로 불리기도 하였다. 이는 보충군안이 양적보다는 노비안과 가깝게 인식되고 있었음을 보여준다. 이들이 양인과 별도로 관리되고 있는 것은 이들이 가지는 호패의 형식에서도 잘 나타난다. 세조 9년 호패사목에 의하면 보충군은 그 호패에 '某婢妾子'라고 명시되고 있어 양인의 호패와 양식에서 차이가 있었다.

신량역천과 보충군이 법적으로 받는 차대를 가장 잘 보여주는 것은 이들이 관직을 가질 수 없다는 것이었다. 신량역천은 물론 보충군이 관직을 가질 수 없었다는 것은 여러 사료를 통해서 거듭 확인된다. 이들이 관직을 가지기 위해서는 일단 '영구히 양인'이 되어 직역을 벗어나는 과정이 필요하였다.

신량역천과 보충군이 차대를 받는 지위에 있었다는 점은 형법상의 지위에서도 잘 드러난다. 이들은 형법상 지위가 협의양인과 달랐으므로 이들이 받는 처벌은 무거웠다. 이들이 직역을 벗어나는 것은 고발의 대상이었고, 고발당한 신량역천과 보충군은 천인이 되는 처벌을 받았으며, 그 일부는 고소자에게 노비로 지급되었다. 이와 같은 혹독한 처벌은 신량역천과 보충군의 형법적인 지위가 양인에 비해서 차대를 받는 것이었음을 보여준다. 이와 같이 천인이 되는 처벌을 받는 것은 당시에도 과도한 것이라는 논의가 있었으나, 이들의 지위가 협의양인과 달랐으므로 차대는 계속 유지되었다.

(3) 보충군 직역의 세전 및 면역

이상의 검토로 신량역천과 보충군이 양인에 비하여 법적으로 차대를 받는 지위에 있음을 알 수 있었다. 그러나 이러한 법제적인 지위가 신분으로 연결되기 위해서는 이들이 차대를 받는 지위를 세전하고 있었는지를 검토하는 것이 필요하다. 신량역천의 경우 직접적으로 세전을 언급한 기록은 보이지 않으나, 주변 자료를 통해서 세전하는 것이 확인된다. 보충군의 경우는 그 세전 여부가 보다 분명하게 드러난다. 보충군이 그 직역에 영속되는 것을 직접적으로 보여주는 자료가 있기 때문이다. 그러므로 신량역천과 보충군은 모두 그 직역을 세전하고 있었다.

신량역천과 보충군은 남계로서 그 직역을 세전하였다. 여계는 직역을 세전하지 않는 것이 일반적이었다. 그러나 이들의 경우에도 양인과 완전하게 동등한 대우를 받는 것은 아니었다. 즉 보충군의 딸이라는 조건은 계속 따라다녔고, 법제적으로 불리하게 작용하는 경우도 있었다.

신량역천과 보충군은 그 직역을 벗어나 신분을 상승시킬 수 있었을까? 조선 초기의 여러 자료를 보면, 역리나 염간 등 보충군과 그 지위가 비슷한 신분들은 물론 천인까지도 특별한 공을 세우면 그 직역을 벗어나 그 신분을 높일 수 있었다. 그러므로 보충군도 공을 세우면 그 직역을 면하였을 것으로 생각된다. 그러나 그 구체적인 사례는 찾기 힘들다.

그러나 제도를 보면, 보충군 중 관원인 아버지의 혈통에 따라서 직역을 벗어날 수 있는 '거관보충군'이 존재하였다. 이들은 보충군에 일정기간 복무한 후에 거관하여 관직에 임명되면서 그 신분을 상승시킬 수 있었다. 2품 이상의 관원의 비첩소생은 문음의 혜택을 받는 것이었으므로, 바로 영구 양인이 되어 보충군에 소속될 필요도 없이 관직에 나아가고 있었다. 그러나 3품 이하의 비첩소생은 '근무한 날 수'와 '조, 부의 직품'을 고려하여 거관할 수 있었고 거관이후 관직에 나아갔다.

이상의 검토를 통해서 볼 때, 신량역천과 보충군은 협의양인에 비하여 차대를 받는 법적 지위에 있었고, 이와 같은 지위를 세전하고 있었다. 그러므로 신량역천과 보충군은 광의양인이었으나, 협의양인에는 속하지 않는 별도의 신분이었다.

3) 工商의 身分

(1) 공상과 관직

다음으로 조선 초기의 공상의 신분적 지위에 대하여 검토해보자.[28] 공상은 관직에 원칙적으로 임명될 수 없었다. 많은 자료가 공상의 관직 임명

---

28) 이하 서술 최이돈 「조선 초기 공상의 신분」『한국문화』 38, 2006 참조.

을 근본적으로 부정하고 있었다. 사와 농은 관직을 가질 수 있다고 보았으나, 공상과 천인은 관직을 가질 수 없다는 입장이 조선 건국기부터 확실하였다. 이러한 입장의 뒤에는 사와 농은 귀하고 공상은 천하다는 생각이 깔려있었다. 즉 공상은 협의양인과는 다르다는 입장이 분명하게 나타나고 있다. 이러한 원칙론은 구체적으로 정책에 반영되어서 나타나고 있었다. 군공을 세우거나 명화적을 잡는 등의 경우에 양인은 관직을 주고 있으나, 공상은 미포 등을 상으로 주는 것이 일반적이었다. 납속으로 관직을 주는 경우도 공상을 그 대상에서 제외하였다. 또한 이러한 인식 위에서 실제로 공상에게 관직을 주는 것은 대단히 제한되었고, 특별히 관직을 주는 경우는 대간 탄핵의 대상이 되었다.

(2) 공상과 과거

공상은 과거에 응시할 수 없었다. 양인은 과거에 응시할 수 있다는 주장이 양천제론의 중요한 입론이다. 그 입론에 의하면 당연히 공상도 과거에 응시할 수 있어야 한다. 그러나 공상과 관련된 과거의 규정들이 편린만 나타나는 실정이어서 이를 실증하는 것은 상당히 어렵다.

그러므로 이 문제를 둘로 나누어서 먼저 공상이 과거에 응시할 수 있었는가를 검토하고, 다음으로 공상이 과거에 응시할 수 없도록 결정된 시기를 검토해보자. 먼저 공상의 과거 응시가 불가하였다는 것을 중종대의 기록을 통해서 확인할 수 있다. 다음으로 공상의 과거 응시를 금한 정책이 확정된 시기를 중종대부터 역으로 추적해 올라오면서 검토해보자. 과거에 관한 단편적인 자료와 인사나 서경에 관련된 자료를 종합해보면서 그 시기를 추적하였다. 그 결과 태종대 이미 공상이 과거에 응시할 수 없는 대상으로 규정되었고, 이를 규제하는 방법이 四祖의 확인과 보증인을 세우는 것으로 형성되었음을 확인할 수 있었다. 따라서 공상은 이미 태종대부터 과거를 볼 수 없었다.

(3) 공상 관원의 차대

공상의 관직 제수를 원칙적으로 금하고, 이를 실제로 제한하는 정책들을 시행하였으며, 공상의 과거 응시도 금하였지만, 현실에서 공상 관원들이 배출되고 있었다. 이는 국가의 운영과 관리에 현실적으로 공상의 손길이 필요하였고, 일정한 공을 세운 이들에게는 상직을 내릴 수밖에 없는 현실에 기인하였다. 이러한 형편은 천인들이 관직을 받게 되는 것과 그 경위가 같은 것이었다.

조정에서는 먼저 유품직에 있는 공상 관원에게 제한을 가하고자 하였다. 즉 啓聞治罪나 朝班 참여 등 유품직 관원들이 가지는 권리를 공상 출신에게는 제한하려고 하였다. 그러나 공상 관원들이 문무산계와 더불어 유품직을 받고 있는 현실에서 이들을 차대하는 것은 규정상 쉽지가 않았다.

이에 정부는 공상 관원들을 차대하기 위해서 몇 가지의 조치를 취하였다. 우선 유품직 공상을 비유품직 부서인 사옹원으로 옮기는 조치를 취하였다. 즉 공상 관원을 유품직에서 비유품직으로 관직을 전환시키는 조치였다. 또한 비유품직 내에서도 공상을 일반양인과 구별하여 천인들이 임명되는 관서인 상림원으로 다시 옮기는 조치를 취하였다. 이러한 단계를 거친 후에 공상 관원에게 별도의 산계인 잡직계가 주어졌고, 별도의 직명도 부여되었다. 이러한 변화에 따라 잡직계를 받은 공상 관원은 특권은 상실하고 직역만 남아 있어 관원으로서의 지위는 사실상 상실하였다. 특히 공상은 이러한 일련의 논의과정에서 천인과 같이 묶여서 논의되었고, 결국 천인과 같이 잡직계를 받게 되었다. 이는 당시 지배계층이 인식하고 있는 공상의 신분적 범주가 협의양인과 달랐음을 보여준다.

(4) 공상의 世傳

공상은 그 직이 세전되었다. 공상의 신분을 논함에 있어서 공상의 세전 여부를 검토하는 것은 필요하다. 공상의 세전을 보여주는 자료는 지극히 제한되어 있어 세전여부를 단정하기 힘들다. 그러므로 단편적인 자료를 통해서 공상의 세전 여하를 검토하였다. 먼저 공상의 관직제수와 공상의 과거 응시 관련 자료를 중심으로 당시 관원들이 공상을 차대하는 이유를 검토하여 그 실마리를 찾고자 한다. 다음으로 차대의 대상에 공상 본인은 물론 공상의 자손도 들어가는지를 검토하고자 한다. 즉 당시의 관원들이 공상을 차대하는 이유가 직업적 기능 때문인지, 혈통적 신분 때문이었는지를 검토해보자. 또한 이러한 차대가 공상 본인에 그치는 것인지 자손에게까지 미치는 것인지도 검토해보자.

먼저 당시 관원들이 왜 공상에게 관직을 줄 수 없다고 주장하였는지 그 이유를 검토해 보았다. 많은 자료에 공상은 사, 농에 비하여 천한 것으로 언급이 되어 있어서 공상의 차대가 단순히 직업적인 유능, 무능의 차원이 아닌 것을 확인할 수 있다. 공상 관원에 대한 차대가 신분적인 차대이었음을 보다 분명하게 보여준 것은 世係의 관점에서 공상이 천하다고 언급한 기록들이다. 그 대표적인 것이 서경의 규정이다. 서경의 기준은 世係과 人品 두 가지였는데, 공상은 世係를 기준할 때 전인, 서얼 등과 같이 차대를 받는 부류였다. 즉 공상은 직업적인 의미가 아니라 생득적, 혈통적인 의미에서 천한 것이었으므로 그 자손까지 차대하는 것을 당연하게 여겼다.

과거의 규정에서도 공상은 그 자손까지 과거를 볼 수 없었던 것이 매우 분명하였다. 이는 "우리나라의 科擧法은 한갓 재주만 시험함에 그치는 것이 아니라 또한 族屬을 분변한다."라고 '족속'을 명시하여 '능력'만이 아니고 '혈통'에 의해서 그리고 '자손'까지 규제하는 것을 분명히 하고 있다.

이상을 종합할 때에 공상은 본인은 물론 자손까지 관직에 접근하는 것이 제한되어 있었고, 관직을 가지더라도 차대를 받고 있었으며, 과거의 응시도 불가능하였다. 이와 같은 검토의 결과는 공상에 대한 유일한 세전규정인『대전후속록』의 공장 세전 사례와 잘 조응한다. 따라서 공상은 협의양인과는 신분적으로 다른 지위를 가지고 있었으며, 이를 세전하고 있었다.

6. 賤人

1) 賤人國民論

마지막으로 천인의 지위를 검토해보자.[29] 조선이 건국되면서 신분제의
큰 틀이 바뀌고 있었으므로, 당연히 최하위 신분인 천인의 지위도 변화하
고 있었다. 조선 초기 천인의 지위를 賤人天民論을 중심으로 검토하고자
한다. 천인천민론은 "노비가 아무리 천하다 하여도 天民"이라는 인식이다.
즉 노비도 '하늘의 백성'으로 하늘이 낼 때에는 양인과 동등한 지위를 가
졌다는 주장이었다. 이러한 인식은 고려 말 천인들이 봉기와 저항을 통해
서 보여준 역동성을 조선의 건국주체들이 인정하면서 형성된 것이었다.
천인천민론은 태종대에 그 윤곽이 드러났으며, 세종에 이르러 그 내용이
구체적으로 정비되었다. 조선의 신분제가 태종대에서 세종대에 걸쳐 정리
되었다는 점을 고려한다면, 천인천민론도 같은 시기에 부각되어서 천인의
지위를 정리하는 시금석이 되었다.

조선 초기 천인천민론과 같이 천인신분을 규정하는 다른 하나의 기본이
념은 '貴賤之分論'이 있었다. 귀천지분론은 貴賤은 하늘이 세운다는 인식
으로, 천인천민론과 대립적인 이념이었다. 조선 초기의 위정자들은 두 가
지의 모순된 생각을 동시에 인정하였다. 천인과 천인 주인을 나누는 신분
제적 현실을 인정하면서, 천인과 천인 주인이 모두 천민으로 동등하다는
이상도 버리지 않았다. 조선 초기 천인의 신분적 지위는 귀천지분론의 현
실과 천인천민론의 이상 사이에서 형성되고 있었다.

천인천민론은 정비되면서 몇 가지의 모습을 보여주었다. 賤人國民論,
禮治賤人論, 私賤國家管理論 등이 그것이다. 천인국민론은 천인도 國民이

---

29) 이하 서술 최이돈 「조선 초기 천인천민론의 전개」 『조선시대사학보』 57, 2011
참조.

라는 인식이다. 즉 천인을 국가의 구성원으로 인정하는 것이다. 당시에 왕을 하늘을 대신하여 天民을 다스리는 존재로 정의하고 있었으므로, 天民인 賤人은 당연히 국가 구성체의 일원이 될 수 있었다. 또한 향촌공동체의 구성원이 될 수 있었다. 특히 천인은 公賤과 私賤을 구분하지 않고 국민으로 파악되었다. 공사천 모두를 天民으로 보았으므로 공사천 모두를 국민으로 호칭하는 것은 오히려 당연한 것이었다. 천인을 국민으로 보는 것은 고려시대에는 찾을 수 없었다. 고려대에 천인은 국가의 구성원으로 인정받지 못하였고, 당연히 국민으로 불릴 수 없었다.

천인이 국민이라는 인식이 국가의 정책에 영향을 주는 것은 당연하였다. 천인을 국민으로 파악할 때에 국가가 시행하는 정책에서 천인이 소외될 이유는 없었다. 이러한 국가의 입장은 세종이 복지정책을 논의하면서 "사람을 구휼하는 법전에 양인과 천인의 다름이 있어서 실로 타당하지 못하다."는 지적에 극명하게 잘 나타났다.

2) 禮治賤人論

賤人이 天民으로 인식되면서 나타나는 또 다른 변화는 예치천인론이다. 천인도 예의 질서에 참여할 수 있다는 생각이었다. 하늘이 낸 모습은 모두가 天民으로 동질적인 것이었으므로, 천인도 하늘의 질서를 땅에서 구현한 것으로 이해되는 예를 배우고 예를 실천할 수 있는 존재로 이해되었다. 당시 예의 질서는 법보다 상위에 있는 사회질서의 근간이었으므로 여기에 천인이 주체로 인정된다는 것은 매우 중요한 변화였다.

천인이 예의 질서에 참여하는 현상은 여러 가지 면에서 나타났다. 국가가 천인을 충신, 효자 등에 선발 대상으로 인정하였고, 천인에게도 삼년상을 지내도록 권장하였으며, 천인을 양로연 등의 국가 예전에 참여시켰다. 국가에서 천인을 충신과 효자 등의 대상으로 선발하는 경우에, 국가는 천인에게 포상뿐 아니라 그 행적을 기리는 旌閭도 세워주었다. 정려를 세운다는 의미는 귀감이 되는 행동을 지역 공동체가 기리고 본받도록 하는 조치였다. 그러므로 여기에 천인이 포함된다는 것은 천인의 행적도 신분에 관계없이 모든 공동체의 구성원들이 본받고 기리는 대상이 될 수 있음을 보여주었다.

천인이 예를 실천하는 주체가 되었다는 것은 예전에 참여하는 것에서 그치는 것이 아니라 그 연장선상에서 부여되는 정책적 혜택을 양인과 동등하게 받았다는 것을 의미하였다. 한 예로 천인이 양로연에 참가한 것은 단순히 잔치에 참가한 것이 아니라, 이 예전으로 베풀어지는 특전을 양인과 구분 없이 받을 수 있다는 것을 의미하였다. 양로연에 참여한 노인들에게는 특별한 포상으로 관직이 부여되었는데, 당연히 천인들에게도 관직이 주어졌다. 주목되는 것은 천인이 관직을 가질 수 없는 신분이었다는 점이다. 천인에게 관직을 주기 위해서 먼저 천인의 신분을 면하는 면천의 조치를 취하는 것이 필요하였다. 국가에서는 천인에게도 양인과 동등하게 관직을 주기 위해서 천인에게 면천을 허용하는 극단적인 조치도 불사하였다. 이러한 사례는 천인이 예전에 참여한다는 것이 어떠한 의미를 가지는가를 잘 보여준다. 특히 천인에게 예전에 따른 혜택을 부여하기 위해서 신분을 상승시키는 조치도 불사하였다는 점은 천인천민론에 근거한 예전의 질서가 귀천지분론에 근거한 신분 질서보다 더욱 본질적인 것으로 인식되었음을 잘 보여준다.

3) 私賤國家管理論

천인이 天民으로 인식되면서 나타나는 다른 한 가지 이념은 공천이 아닌 사천의 경우에도 국가에서 적극적으로 관리한다는 사천국가관리론이다. 사천은 개인의 소유이었다. 그러나 사천은 天民이면서 국민이었으므로 개인의 소유라는 조건에만 제한될 수 없었다. 즉 사천에 대한 사천 주인의 요구와 국가의 요구가 서로 배치될 경우에 국가의 요구가 상위에 있었다.

사천국가관리론이 제기되면서 고려에서는 볼 수 없었던 사천에 대한 다양한 국가정책이 나올 수 있었다. 국가에서는 사천을 그 주인으로부터 보호할 수도 있었고, 사천을 국가의 필요한 일에 적극 동원할 수 있었다. 국가에서 사천을 사천의 주인으로부터 보호하는 정책은 세종대부터 구체화된다. 세종대에 노비에게 가혹행위를 하거나 살해하는 주인을 처벌하는 규정을 만든 것이 그 예였다. 이러한 조치는 성종대에도 계속되어 노비를 살해한 주인은 물론 그 죄를 엄폐한 주인의 친족에게도 지웠다.

사천국가관리론에 근거해서 국가는 사천을 보호하는 소극적인 정책 뿐 아니라, 국가가 필요할 때에는 사천을 적극적으로 동원하고, 그에 상응하는 대가로 신분해방을 시키기도 하였다. 국방을 위해서나, 북방의 사민을 위해서나, 각종 국가의 사업을 위해서 국가는 사천 주인의 의사와 관계없이 사천을 동원하고 있었다. 특히 사천을 동원하는 경우 국가에서는 동원에 응한 사천에게 다양한 포상을 하고 있었는데, 공이 큰 경우에는 사천을 면천하여 양인이 되도록 하는 포상도 하였다. 이러한 포상은 사천 주인의 의사와 배치될 수밖에 없었다. 이외에도 국가에서는 사천국가관리론에 입각하여서 개인이 천인을 소유할 수 있는 수를 제한하려는 논의도 지속하였다. 이 논의는 태종대, 세종대에는 물론 중종대까지 지속되었는데, 이 역시 사천국가관리론에 입각한 것이었다.

이상의 검토에서 볼 때에 천인천민론의 이념 하에서 시행된 일련의 정책으로 조선 초기 천인의 지위는 고려대와 달랐다. 조선 초기의 천인은 고려에 비하여 그 지위가 높아졌고, 양천 신분 간의 격차도 상대적으로 좁아졌다. 특히 공천의 지위를 광의양인인 역리나 염간의 경우와 비교할 때에, 공천이 받는 차대는 법제적이나 실제적으로 크지 않았다. 양천 간의 간격이 좁아지면서 이미 성종대부터 광의양인과 천인을 묶어서 下賤으로 총칭

하는 사례가 나타나고 있었다. 이는 당시대인들이 광의양인과 천인 간의
신분적 차이를 대비되는 다른 신분에 비하여 가까운 것으로 이해하고 있
음을 잘 보여준다. 이러한 여건을 고려할 때, 신분구조 하에서 양천 간의
신분 이동도 이전 시기보다는 용이하였을 것이다.

맺음말

이상으로 조선 초기 신분 구조를 검토하였다. 조선 초기 신분제는 태종
대부터 세종대에 걸쳐서 형성되었고 성종초에 완성되었다. 신분의 구조는
크게는 사족, 양인, 천인으로 구성되어 있었다. 또한 양인 간에도 신분적
지위가 달라, 양인은 상급양인, 협의양인, 광의양인으로 구분되었다. 이와
같은 신분제 구성은 세종 16년 예조참판 권도의 다음과 같은 언급과 일치
한다.

> 오늘날 양민이라 부르는 자는 등급이 하나가 아니옵니다. 비록 衣
> 冠, 閥閱의 후손이 아니라 하더라도, 上下內外의 구별이 있는 자가 있
> 고, 상하내외의 구별이 없이 대대로 평민인 자가 있으며, 몸은 천하지
> 아니하되 천민과 다름이 없는 자가 있으니, 驛吏, 補充軍 같은 자들까
> 지도 통틀어 양민이라고 하옵니다.30)

이 자료는 조선 초기의 신분체계 전체를 언급한 매우 귀한 것이다. 여기
서 권도는 양인을 구분하여 설명하고 있는데, 양인의 밖에 위로는 의관 벌
열이 있고, 아래로는 천민이 있는 것으로 설명하고 있다. 즉 신분을 크게
① 의관 벌열, ② 양인, ③ 천민으로 구분하고 있다. 그리고 양인을 다시
셋으로 나누어 ① 상하내외의 구별이 있는 자, ② 세세로 평민인 자, ③

---

30) 『세종실록』 권64, 세종 16년 4월 계해.

역리나 보충군과 같은 자 등으로 구분하고 있다. 이와 같이 권도가 보여주는 신분제의 구조는 필자가 구명한 조선 초기의 신분 구조와 같다.

약간의 설명을 더하면, '의관 벌열'의 '벌열'은 특권관품을 대대로 누리는 사족, '의관'은 현관의 지위를 누리는 사족을 지칭한 것으로 보인다. 그러므로 의관과 벌열은 모두 사족 신분을 의미하였다. '상하내외의 구별이 있는 자'는 애매한 표현이지만, 사족은 아니었으나 관직을 가져서 상하의 구분이 있는 자로 이해된다. 당연이 현관이 아닌 일반 참상관과 기술관이 이에 해당하고, 기술관의 관직을 가지는 서얼의 신분 역시 이에 포함되는 것으로 이해된다. 세조대에 양성지가 거론한 門蔭士大夫와 雜職士大夫의 구분 중 잡직사대부에 해당하는 신분으로 이해된다.[31] '대대로 평민인 자'는 일반양인으로 협의양인이었다. '역리 보충군'은 광의양인을 의미한다. 그러므로 이 내용은 조선 초기의 신분구조는 사족, 양인, 천인으로 크게 구분되었고, 양인은 다시 상급양인, 협의양인, 광의양인으로 구분되는 것임을 논하고 있다.

1. 이러한 관점에서 그간의 논의한 것을 정리하면 다음과 같다. 먼저 지배 신분이 형성되는 과정을 검토해 보았다. 지배집단을 추출하는 가장 손쉬운 방법은 특권으로부터 접근하는 것이다. 특권을 부여받은 집단이 지배집단이었다. 그러므로 특권이 주어지는 관직이 어떻게 구성되고 운영되었는가를 살펴볼 필요가 있다.

신분적 특권으로 가장 명료한 것은 문음이었는데, 이 특권이 부여되는 대상은 『경국대전』에 잘 정리되어 있다. 즉 2품 이상의 大臣과, 3품 이하의 顯官에 한정되었다. 그러므로 특권신분을 추출하기 위해서는 2품 이상의 대신과 현관에 대하여 자세하게 검토하는 것이 필요하다.

먼저 2품 이상 특권관품 즉 대신의 형성과정에 대하여 검토해 보았다. 태조대에는 2품은 특권 관품이 아니었다. 2품 이상 관원이 특권관품으로 간주되고 특권이 부여되는 것은 태종대에서 세종대의 이르는 상당히 긴 기간을 통해서 진행되었다. 이는 3품 이하의 관원들을 대상으로 하여 고시제, 고과제, 상피제 등 합리적이고 투명한 관원체제가 만들어지는 이면에서 진행되었다. 그러므로 2품 이상 특권관원에게는 고시제, 고과제, 상피제 등의 모든 제도가 적용되지 않았고, 2품으로의 진입도 특지에 의한 寵臣的인 방법에 의한 것이었다. 물론 이들에게는 문음제, 추증제, 대가제 등의 신분제적 특권과 사법상의 특권 등 다양한 특권이 부여되었다.

관직체계상 2품 이상 특권관원과 3품 이하 관원들은 외형상으로 연결되어 있었으나, 전혀 다른 운영방식에 의해서 운영되는 별도의 공간에 속하였다. 그러므로 당시의 관원들은 3품 이하의 최상위 품계인 통정대부를 '資窮' 즉 '자급의 끝'으로 칭하고 있었는데, 이는 3품을 합리적인 관원체계에서 올라갈 수 있는 최상의 품계로 이해하고 있었기 때문이었다.

사실 능력을 중시하는 관료체제와 혈통에 근거한 특권의 부여는 잘 어울리지 않는 것이었다. 그러므로 위정자들은 관원체제 내의 일정한 영역을 나누어 특권을 부여하기 위한 영역으로 만들어갔는데, 그것이 2품 이상의 관품이었다. 그러므로 2품 이상의 관품이 특권 관품이었고, 특권을 매개로 형성되는 집단이 지배신분이었다.

2. 다음으로 顯官과 사족 신분에 대하여서 검토하였다. 문음의 특권이 부여되는 관품은 2품 이상의 대신에 한정되는 것은 아니었다. 3품 이하의 관품에서도 문음이 부여되고 있었다. 특권관원들의 자손에게는 문음이 부여되고 있지만, 문음은 일단 입사로를 열어주는 것에 불과하였다. 특권관원의 자손이 다시 그 자손에게 문음을 부여하기 위해서는 특권관품인 2품까지 승진하기 위한 시간이 필요하였다. 그러므로 이를 보완하기 위해서 2품에 진입하기 이전 단계에서 문음을 부여하는 제도가 필요하였다.

3품 이하에 문음이 부여되는 관직의 정비에는 태종대에서 세조대에 이르기까지 상당한 기간이 필요하였다. 지배신분은 신분의 재생산을 위해서 3품

이하에도 문음을 부여하는 것이 필요하다는 것은 인지하였으나, 어떠한 관
직에 문음을 부여하는 것이 관리에 효과적인지를 고심했기 때문이었다.

문음이 부여된 3품 이하의 관직군은 다른 관직들에 비하여 신분적으로
중요하였다. 그러므로 이들을 별도로 관리하였고, 또한 이들을 부르는 별
도의 호칭도 필요하였다. 이들을 부르는 용어가 淸要職 혹은 顯官이었다.
현관은 문음을 매개로 특권에 연결되는 특권관품의 보조적인 관직이었다.

현관에게는 문음을 비롯한 다양한 신분적 특권이 주어져, 그 혜택을 그
자손은 물론 증손에게까지 전하고 있었다. 이러한 혈통적 특혜를 받는 집
단을 부르는 칭호가 사족이었다. 사족과 현관의 관계를 명료하게 잘 보여
주는 것은 '四祖에 顯官'이 있는 경우를 '사족'으로 보는 규정이다. 이 규정
은 많은 연구자들에 의해서 주목을 받고 있었으나, 현관이라는 용어가 문
음을 통해서 특권과 연결되어 있다는 점은 놓치고 있었다. 四祖의 범위는
현관 특혜의 범위와 일치하였다. 그러므로 사족은 대신과 현관이 가지는
특혜를 받는 혈족을 지칭하는 용어로 해석할 수 있다.

四祖는 부, 조, 증조까지 3대 포함하는 것으로, 그 확인은 호적을 통해
서 간단하고 분명하게 할 수 있었다. 그러므로 사족을 이와 같이 정의하는
것은 그 실용성이 매우 높았다. 따라서 사족은 법적으로 그 경계가 분명하
고, 그 주어지는 특혜도 분명한 신분집단이었다. 그러나 사족이라는 호칭
의 용례를 보면 그렇지 않은 경우도 보인다. 이는 신분의 사회화 과정에서
나타나는 사회적 호칭이 법적 호칭과 혼란을 일으키는 경우였다. 사회적
호칭으로의 사족은 재야의 사람을 지칭하는 경우가 대부분이었다. 그러나
법적 칭호와 사회적 칭호는 신분의 관점에서 엄격히 구분할 필요가 있다.
이상의 논의를 종합할 때 사족은 대신과 현관의 제도에 근거하여 문음을
매개로 형성된 지배신분이었다.

3. 특권신분의 일환으로 왕실 친족의 신분을 검토하였다. 앞에서 사족이
특권관품과 현관을 매개로 형성된 지배신분이라고 밝혔는데, 사실 지배신

분의 정점에는 왕이 있었다. 그러므로 왕과 왕실 친족의 신분적 지위를 구명하는 것은 지배신분의 실체를 파악하기 위한 불가피한 과제이다.

그간 왕의 신분적 성격과 왕실 친족의 신분적 지위에 대해서는 본격적으로 다루어지지 못하고 다소 피상적으로 이해하는 경향이 있었다. 그러한 결과 왕은 신분에 있어서 관원들보다 진보적인 경향을 가진 것으로 이해되기도 하고, 왕실의 친족들은 '宗親不任以事' 규정에 따라 차대를 받는 지위에 있는 것으로 이해되기도 하였다.

그러나 검토의 결과 왕실의 친족들은 4대 8촌까지 이르는 방대한 인원이 문음으로 문관직에 진출하는 특혜를 누리고 있어 결코 차대를 받는 모습이 아니었다. 또한 왕은 문음의 특혜를 보다 많은 왕실 친족들에게 부여하기 위하여 집요하게 대신들과 줄다리기를 하고 있었다. 이 과정에서 보여준 왕의 태도는 진보적인 성향과 거리가 멀었고, 최고의 권력을 세전하는 지배신분의 수장으로서의 모습이었다.

왕실 친족에게 4대 8촌의 문음을 부여하는 모습은 특이한 것이었다. 즉 신분적 특권의 부여를 직계에 한정하지 않고 방계까지 주는 것이었다. 이 경우 문음을 부여하는 경계를 설정하는 것은 매우 중요하였다. 당시 관원들은 이를 '親盡'이라는 개념을 동원하여 정리하고 있었다. 친진이라는 개념은 주지하다시피 親이 다한다는 뜻으로 일정 범위를 벗어난 친족은 친족이 아니라는 개념이다. 이들이 혈통적으로는 친족이 아닐 수 없었으나, 법적으로 권리와 의무를 나누는 친족은 아니라는 뜻이다. 이러한 관점에서 볼 때, 법적 친족이 되지 못하는 이들에게 법적인 특권인 문음을 주지 않는 것은 당연하였다. 친족이 신분제와 만나면서 법적 친족과 혈통적 친족으로 나뉘었다.

이와 같은 기본틀에는 왕도 예외가 될 수 없었다. 조선의 법전 어디에도 왕의 영대적 세습을 언급한 내용은 보이지 않는다. 다만 직계와 방계에게 부여하는 특권을 언급하고 있을 뿐이었다. 구체적으로 왕실의 법적 친족의 범위를 놓고 세종과 대신들은 오랜 힘겨루기를 하였는데, '공천하론'에 입각해서 국가에 부담을 주지 않는 범위 즉 백성의 수고를 고려한 범위에서 특권을 부여하는 것으로 합의를 보았다. 즉 왕실의 문음을 4대 8촌으로 한정하였다.

4. 이상에서 대신과 왕의 친족이 특권신분이 되는 것을 검토하였다. 이들에게 주어진 특권은 신분적 특권만이 아니었다. 정치적, 경제적 특권도 주어지고 있었다. 그러므로 먼저 대신이 가지는 정치적 특권을 검토해 보았다. 조선에서는 대신에게 특권을 부여하기 위해서 제조제가 운영되고 있었다.

제조제는 태조대부터 시행되었다. 그러나 태조대 제조는 비상설기구나 상설기구에 임명되어 상설적 기구의 부담을 줄여주거나, 그 기능을 원활하게 하는 역할을 하였다. 아직 특권신분을 위한 기구는 아니었다.

태종대부터 제조제가 확대되면서 특권신분을 위한 조직으로 기능하기 시작하였다. 대신이 임명될 수 있는 관직이 의정부와 육조이 당상직에 제한되어, 대신들이 정치에서 소외되기 쉬웠다. 이에 대종은 늘어나는 대신의 정치참여를 위해서 4품 이하의 관서에 제조를 설치하여 대신을 임명하였고, 나아가 육시칠감에도 제조를 두기 시작하였다.

제조제를 확대 시행하면서 세종대에는 제조제를 정비하였다. 그간 일률적으로 제조제를 시행한 것이 아니어서 제조를 둘 부서나, 각 부서에 배정할 제조의 수도 정하지 못했다. 세종 5년에는 제조를 배치할 부서와 배치할 제조의 수를 정비하였다. 정비의 결과 제조를 55개의 부서, 177개의 자리에 배치하였다. 55개의 부서는 거의 모든 속아문을 망라하는 숫자였다. 제조가 배치되는 177개의 자리는 의정부와 육조에 대신이 배치될 수 있는 관직이 20여개이었던 것에 비하면 엄청난 수였다. 결국 세종대 제조제의 정비로 대신에게 관직을 보장하면서 관직의 신분제적 성격이 확대되었다.

처음에 제조를 전 부서에 배치한 일차적 목적은 제조에게 관직을 부여하는 것이었으므로, 이들은 부서의 업무에 관여하지 않았다. 그러나 제조를 전 부서에 확대배치하면서 이들의 기능을 검토할 수밖에 없었다. 결국 정부는 제조에게 속아문의 인사권을 부여하였고, 제조는 인사권을 장악하면서 속아문을 완전히 장악할 수 있었다.

제조가 내적으로 속아문을 확실하게 장악하게 되면서 제조는 외적으로도 정치력을 확대해 갔다. 즉 제조는 대신의 지위에 있었으므로 속아문의 정책을 왕에게 바로 직계할 수 있는 제조직계제를 확보하였다. 제조직계제가 시행되면서 '의정부-육조-속아문 체제'와는 별도의 '제조-속아문 체제'를 형성하였다. 그러므로 조선의 주요 행정 사안은 의정부, 육조의 대신과 제조의 합의에 의해서 이루어질 수밖에 없었다. 따라서 제조제는 의정부-육조-속아문으로 이어지는 합리적인 관원체제와는 그 성격이 다른 특권신분의 정치적 지위를 보장하기 위한 제도였다.

5. 다음으로 검토한 것은 특권신분이 가졌던 경제적 특권이다. 대신이 가진 경제적 특권은 과전법을 통해서 관철되었다. 이를 살피기 위해서 관원체제와 과전의 관계를 살펴보았다. 먼저 고려 말 사전 개혁 논의에 나타나는 과전과 관원의 관계를 살펴보았다. 개혁파는 녹과전시와 구분전을 관원에게 주고자 하였다. 녹과전시는 직전제로 그리고 구분전은 세전하는 토지로 운영하고자 하였다.

그러나 과전법의 토지분급방식은 위와는 다른 형태로 정리되었다. 과전법에서 산직에 대한 토지분급은 이원적으로 정리되었다. 제14과 이상의 관원들은 현직을 벗어나도 검교직 등을 통해서 世祿田的 성격을 가진 과전을 계속 보유할 수 있었으나, 제15과 이하의 관원들은 현직을 벗어나면 과전 대신 군전을 받았다. 군전은 거경숙위의 의무와 연계되어, 世祿田的 성격보다는 役田的 성격을 가졌다.

태종대의 관직체제의 변화에 따른 과전의 운영방식을 3품 이하 관원의 경우와 2품 이상 대신의 경우로 나누어 검토해 보았다. 대신과 3품 이하의 관원 간에는 과전 운영상에 큰 차이가 있었다. 이 차이는 관원이 산직이 되었을 때에 분명하게 나타났다. 먼저 3품 이하 관원들은 산관이 되면 과전을 반납하였다. 그러므로 조선초기의 3품 이하 관원이 받는 과전은 직전으로 世傳되는 世祿田과는 거리가 먼 관료제적인 토지였다.

이에 비해서 대신들의 과전은 세록전의 성격을 가졌다. 대신은 현직을 벗어나도 과전을 유지하였다. 따라서 대신에게 주는 과전은 특권신분을 유지할 수 있도록 경제적인 특권을 부여하는, 세전되는 귀족제적인 성격의 토지였다.

6. 다음으로 특권신분의 경제적 지위를 살피기 위해서 직전제 시행의 내용과 그 의미를 검토해 보았다. 연구자들은 세록전적인 과전이 직전제의 시행으로 그 성격이 직전으로 바뀌었다고 이해하고 있다. 그러나 저자는 조선초기의 과전 운영은 관품과 관련해서 이원적으로 운영되고 있었다고 주장하였다.

과전의 운영이 관품에 따라서 달라지는 것으로 이해할 때에, 세조대 나타나는 직전제의 변화는 무엇이었는지를 살펴보았다. 이미 3품 이하 과전은 직전으로 운영되었으므로 세조대 직전제의 시행은 당연히 2품 이상 대신의 과전에 영향을 주는 것이었다.

그러나 직전제의 실상이 무엇이었는지는 분명하지 않다. 세조대에 직전제는 관원들 간에 별다른 논의 없이 시행되었다. 그러므로 먼저 직전제의 실상이 무엇이었는지를 검토하였다. 직전제가 시행되면서 이에 대한 문제점이 지적되고, 직전제의 폐지와 과전의 회복까지 주장되었다. 그러므로 이러한 논의를 검토해보면 직전제 시행의 의미가 무엇이었는지를 분명히 파악할 수 있다.

과전제의 회복을 주장하면서 관원들은 전적으로 수신전과 휼양전의 회복을 주장하였다. 어느 관원도 퇴직관원의 과전을 회복하자고 주장하지 않았다. 이와 같은 상황은 기왕의 연구에서 주장하는 것과 같이 퇴직관원에게 과전을 회수하는 것이 직전제의 시행의 본질이 아니었음을 보여준다. 그러므로 과전제에서 직전제로의 변화는 대신의 과전에 대한 개혁이었다. 대신의 유족이 받는 수신전과 휼양전을 폐지하고, 치사한 대신이 보유하던 과전을 회수하는 조치였다.

물론 직전제의 시행으로 대신의 과전이 가지는 세록전적인 성격이 바뀌었다고 보기는 어렵다. 직전제 시행 이후에도 대신의 대부분은 70세가 넘어도 현직을 유지하면서 과전은 물론 녹봉까지 받고 있었고, 보유한 과전을 문음으로 관직에 진출한 아들과 손자에게 세전할 수 있었다. 그러므로 대신들은 직전제의 시행에도 불구하고 과전을 세전하는 경제적 지위를 유지하였다. 그러므로 특권신분은 직전제의 시행에도 불구하고 과전을 통해서 경제적 특권을 지속적으로 누리고 있었었다.

7. 다음으로 상급양인 신분을 검토해 보았다. 서얼은 대표적인 상급양인 신분이었다. 서얼에 대해서는 일찍부터 여러 연구자들이 관심을 표하였고 서얼이 별도의 신분인 것을 분명히 밝혔다. 통설에서 서얼을 향리와 같이 묶어서 중인으로 분류한 것은 분명히 적절하지 못한 것이었지만, 양천제론에서 '중인'이라는 용어가 조선 초기에는 없었다고 언급하는 정도로 서얼의 신분 문제를 넘어간 것도 적절하지 않았다. 중인이라는 용어에 얽매이기보다는 협의양인보다 우대받는 서얼집단의 실제에 주목하여야 하였다.

서얼신분은 특권관원에게 부여한 문음제를 첩자손까지 적용하면서 형성된 신분집단이었다. 이들은 처자손들에 비하여 차대를 받는 지위에 있어서 사족이 될 수는 없었다. 그러나 종량되어 양인의 지위를 인정받았고, 나아가 관직 진출이 보장되어 있었으며, 최고 3품까지 올라갈 수 있는 특혜가 주어지고 있었다. 이들의 신분적 지위는 협의양인보다는 높았으므로, 이들을 상급양인 신분으로 분류할 수 있다.

8. 서얼신분이 형성되면서 관직체계도 바뀌었는데, 이를 잡직의 형성과 그 변화를 통해서 검토하였다. 신분제의 정비는 당연히 관직체계의 재정

비를 유발하였다. 조선의 위정자들은 모든 신분의 소지자들에게 관직을 개방하기 위해서 노력하였기 때문이다.

이러한 노력은 태조대에 유품직과 비유품직의 체계를 만든 것에서 일부 드러났고, 세종대에 공상 천인을 위해서 잡직계를 만든 것으로 분명해졌다. 더 나아가 서얼에게 관직을 부여하기 위하여 한품제와 한직제를 시행하였고, 세종말에는 한직제의 연장선에서 서얼에게 기술직을 개방하게 되면서 관직체계는 정비되었다. 이러한 관직체계의 변화로 서얼은 기술직을 세전하는 신분으로 자리잡아갔다.

9. 다음으로 협의양인을 검토하였다. 협의양인은 일반양인을 지칭한다. 협의양인은 고려 말 백정에서 자립농으로 그 지위를 상승시키면서 확보한 신분으로, 국가의 직접적 관리 하에 군역의 의무와 사환권의 권리를 가지는 신분이었다. 협의양인의 지위에 대해서는 기존의 양천제론에서 충분히 검토되었다. 그러나 기존의 연구에서는 협의양인이 어떻게 제일적 지위를 확보하였는지 설명하지 못하였다.

그러나 과전법 체제 하에서 협의양인은 단일한 지위를 가지지 않았다. 경기의 백성들은 전객으로 편입되면서 여타의 공전수조지역의 백성에 비하여 법적으로 차대를 받고 있었다. 법으로 전지의 처분권을 제약당하고 있었고, 수조의 부담도 높았다. 경기 사전수조 지역 백성과 공전수조 지역 백성 간에 법적, 실질적 지위의 차이가 있었기 때문에, 전국의 전지 소유자들 간에 아직 齊一的 지위가 형성되지 않고 있었다.

경기 백성들은 자신들의 부담이 공전수조 지역보다 많다는 것을 문제삼지 않을 수 없었다. 이는 태종 9년 경기의 과전을 타 지역으로 이전시켜달라는 요청으로 부각되었다. 정부는 경기의 백성에게 여타지역의 백성과 같이 일원적 지위를 부여하고자 하였으므로, 이와 같은 차대를 해소해 달라는 요청은 정당한 것이었다.

정부는 이 문제를 해소하기 위해 다양하게 노력하였다. 그러한 노력의 일환으로 태종 15년에는 전객에게 과잉수조하는 전주를 고소할 수 있도록 '전주고소권'을 부여하였다. 또한 태종 17년에는 '관답험'도 시행하였다. 이와 같은 정부의 노력으로 과전의 운영에 국가가 관여하는 '과전국가관리체제'가 형성될 수 있었다. 과전국가관리체제 하에서 전주는 국가의 규제로 인해 규정 이상을 수조하는 것이 어려웠고, 사실상 수조권적 지배도 불가능하게 되었다. 이러한 변화로 인해서 전객의 지위는 향상되었다.

과전국가관리체제의 정비로 전객의 지위가 변화하자, 당연히 전객이라는 호칭도 변화하였다. 전객이라는 용어가 소멸되었고, 최종적으로 전객을 대신한 명칭으로 佃夫가 결정되었다. 또한 전부는 전국의 전지 소유자를 齊一的으로 지칭하는 용어가 되면서 『경국대전』에서도 사용되어 법적 용어로 정리되었다. 전국의 전지 소유자들과 동일하게 '佃夫'로 호칭되면서, 비로소 협의양인 내의 제일적 지위가 형성될 수 있었다.

10. 다음으로 광의양인을 검토하였다. 양인이 단일 신분인가를 검토하기 위해서, 양인의 용어를 검토할 필요가 있다. 흥미롭게도 『조선왕조실록』에 의하면 종종 사족이나 역리와 염간 등의 명칭과 양인이 병렬적으로 표기된다. 한 예를 들면, '양인, 역리, 염간'으로 병기되어서 나온다. 역리와 염간의 신분은 양인이었으므로 여기서 양인은 '협의양인'이 된다. 즉 역리와 염간 등은 양인이었으나, 협의양인과 구별되는 광의양인이었다. 양인이 법적으로 단일 신분이라면, 그 집단의 범주도 단일한 것으로 나타나야 하고, 호칭 역시 단일한 호칭이 되어야 한다. 그러나 양인은 단일한 범주를 가진 호칭이 되지 못하였다.

왜 양인이 협의양인과 광의양인으로 그 집단적 범주가 다르게 사용되었을까? 이를 파악하기 위해서 협의양인이 역리, 염간과 같이 병기된 용례를 대상으로 병기한 이유를 검토하였다. 국가에서 이러한 표기를 사용한 경우는 역리와 염간에게 협의양인과 구분해서 법적으로 다른 대우를 부여하는 경우에 사용하였다. 이는 역리와 염간 등 광의양인의 신분이 법적으로 협의양인과 다름을 보여주었다.

광의양인과 협의양인의 신분적 지위가 다르다는 것을 좀 더 분명히 하기 위해서 역리와 염간의 법적 지위와 세전 여부를 검토하였다. 그 결과 역리와 염간은 협의양인과는 그 법적 지위가 달랐고, 그 다른 지위를 세전하고 있었다. 그러므로 역리와 염간 등 광의양인은 협의양인과 별도의 신분이었다.

11. 다음으로 향리의 신분을 검토하였다. 기왕의 향리에 대한 연구는 향리를 중인신분 혹은 하급지배신분으로 분류하였다. 이러한 주장은 향리의 현실적 지위에 근거한 것이었다. 그러나 향리는 그 법적인 지위와 현실적인 지위 사이에 상당한 괴리가 있었다.

향리가 가지는 현실적 지위를 검토한 결과 일부 향리의 현실적인 지위가 높게 나타나는 것은 향직을 가진 극소수 향리들의 경우에 한정되었다. 또한 이들이 가지는 위세 역시 합법적으로 주어진 것이 아니었다. 그러므로 소수의 향리가 보여주는 불법적 위세를 가지고 향리의 신분으로 일반화하는 것은 적절하지 못하였다. 향리는 분명하게 협의양인에 비하여 법적으로 차대를 받는 위치에 있었고, 그 차대를 받는 지위를 세전하고 있었다. 그러므로 향리의 신분은 협의양인보다 차대를 받는 광의양인이었다.

12. 다음으로 신량역천과 보충군을 살펴보았다. 신량역천과 보충군은 그 직역의 특수성으로 인해서 일찍부터 주목을 받았으나, 양천제론의 입장에서는 이들이 양인이라는 결론을 내렸다. 그러나 필자는 양천의 변정 과정에서 정부가 이들은 양인이나 천인으로 판정하지 않고, '신량역천'이라는 별도의 직역으로 판정한 것에 주목하였다.

신량역천은 양인으로 호칭되었지만, 신량역천이라는 별도의 직역을 지면서, 법적으로 협의양인에 비하여 차대를 받는 지위에 있었고, 이러한 지위를 세전하고 있었다. 물론 신량역천을 잇는 직역인 보충군도 마찬가지였다. 보충군 역시 협의양인과는 다른 법적 지위를 가지고 있었고, 이러한

지위를 세전하고 있었다. 따라서 신량역천과 보충군은 광의양인으로, 협의
양인과는 다른 신분이었다.

13. 다음으로 공상의 신분을 검토하였다. 일찍부터 연구자들은 공상은
차대를 받는 지위에 있는 것을 주목하였으나, 공상의 신분을 밝혀줄 자료
가 부족하여 신분의 구명에는 진전이 없었다. 양천제론에서는 공상의 신
분을 양인으로 정리하였다.

자료를 자세히 검토한 결과 공상은 협의양인과는 다른 법적인 지위에
있었다. 즉 공상은 협의양인과는 달리 과거를 볼 수 없었고, 관직을 받는
경우도 천인과 같은 대우를 받아 잡직계를 받고 있었다. 또한 그러한 지위
를 세전하고 있었다. 그러므로 공상은 협의양인과는 별도의 신분으로 정
리할 수 있다.

이상에서 볼 때, 향리, 역리, 염간, 신량역천, 공상 등은 모두 협의양인
에 비하여 법적으로 차대를 받고 있었고, 그 지위를 세전하고 있었다. 이
들은 모두 양인이었으나, 법적으로 협의양인에 비하여 낮은 신분적 지위
를 가지고 있었다. 이들 간의 신분적 지위는 다소의 차이는 있지만, 크게
보면 유사한 지위를 가지고 있었다. 그러므로 이들을 묶어서 광의양인 신
분으로 칭할 수 있다.

14. 마지막으로 천인의 신분적 지위를 살펴보았다. 조선 초기에 변화한
천인의 지위를 賤人天民論을 중심으로 살펴보았다. 조선의 건국과 더불어
양인의 신분적 지위가 올라간 것과 같이, 천인의 신분적 지위도 상승하였
다. 조선의 정부는 천인천민론에 입각해서 천인도 天民으로, 본질적 지위
는 다른 신분과 동질하게 보았다. 다만, 현실적 상황에서 불가피하게 차대
를 받고 있다고 이해하였다.

국가는 賤人國民論에 입각해서 천인도 '국민'으로서 국가구성원임을 인
정하였다. 국가는 천인이 국가에 봉사하는 경우에 관직을 주어 그 노고를
치하하였다. 또한 천인은 국민이었으므로 국가 복지 정책의 대상이었다.

천인은 국가에 의해서 공적 구성원으로 인정받았으므로, 당연히 향촌공동체에서도 구성원으로 인정받아 향도나 향약 등에 참여할 수 있었다.

또한 국가는 禮治賤人論에 입각해서 천인이 예의 질서에 참여할 수 있다는 것을 인정하였다. 천인도 하늘의 백성이었으므로 하늘의 질서를 땅에 구현하는 예를 시행할 수 있는 존재로 인정되었다. 그러므로 국가에서 충신과 효자를 선정할 때에 천인도 그 대상으로 보았다. 국가는 충신 효자로 선정된 천인을 기려서, 정려를 세우고 모든 국가구성원이 이를 모본으로 삼게 하였다.

또한 국가는 노인을 위한 국가의 예전인 양로연에 천인을 참여시켰다. 특히 일정 나이 이상의 노인에게는 관직을 주었는데, 천인에게도 동등하게 관직을 부여하였다. 국가는 관직을 주기 위해서 천인에게 먼저 면천을 시키고 나서 관직을 부여하였다.

국가는 私賤國家管理論에 입각해서 사천의 경우에도 국가에서 적극적으로 관리하였다. 사천은 개인의 소유이었으나 동시에 사천은 天民이면서 국민이었으므로 개인의 소유라는 조건에만 제한될 수 없었다. 즉 사천에 대한 사천 주인의 요구와 국가의 이해가 서로 배치될 경우에 국가의 요구가 상위에 있었다. 사천국가관리론에 입각해서 국가는 사천을 그 주인으로부터 보호할 수도 있었고, 사천을 국가의 필요한 일에 적극 동원할 수 있었다.

천인은 신분상승도 가능하였다. 국가에 일정한 공을 세우면 천인도 양인으로 신분을 상승시킬 수 있었다. 구체적으로 광의양인이 그 직역에서 벗어나 양인이 될 수 있는 정도의 공을 천인이 세우는 경우, 천인도 양인이 될 수 있었다. 이러한 점은 천인의 지위 특히 공천의 지위는 광의양인의 신분적 지위에서 그리 멀지 않음을 보여준다. 그러므로 천인의 신분적 지위는 협의양인, 광의양인에서 천인으로 이어지는 계서적인 질서의 하단에 위치하였다고 이해할 수 있겠다.

15. 이상의 검토를 통해서 조선전기 신분구조를 검토해보았다. 조선전기의 신분구조는 사족, 양인, 천인으로 구성되어 있었고, 양인은 상급양인, 협의양인, 광의양인으로 세분화되어 있었다. 이러한 신분구조는 고려와 비교할 때, 몇 가지 점에서 발전적인 면모를 보여주었다.

① 먼저 조선에서는 지배신분이 고려에 비하여 많이 축소되었다. 조선에서는 특권관품을 2품으로 제한하면서 고려에 비하여 특권신분이 많이 축소되었다. 대신과 현관을 핵으로 하는 조선의 특권신분인 사족은 정확히 추정하기 어렵지만, 국민의 1~2%를 넘기 어려웠다. 또한 중간지배신분도 소멸하였다. 고려의 경우 중간지배신분이 뚜렷하였다. 향리는 백정을 관리하는 중간지배신분이었다. 이에 비해 조선에서는 중간지배신분이 소멸되었다. 고려말 향리신분의 일부는 그 지위를 상승시켜 사족에 편입되었고, 남은 이들은 향역을 져야하는 특수직역자가 되면서 중간지배신분이 소실되었다. 그러므로 조선에서 지배신분이라고 할 수 있는 특권신분은 대단히 소수였다.

② 조선에서는 생산담당 신분층의 지위가 고려에 비하여 상승하였다. 고려의 주된 생산담당 신분은 백정이었고, 조선의 주된 생산담당 신분은 양인이었다. 고려의 백정도 천인이 아니었으므로 광의양인이었다. 그러나 고려의 백정은 그 신분적 지위가 조선의 양인과는 달랐다. 고려의 백정은 향리의 지배하에 있는 존재들로 중간지배층을 통해서 국가와 간접적 관계를 가지는 이들이었다. 그러므로 백정은 향리나 정호가 가지는 국가에 대한 직접적 의무와 권리가 없었다. 이에 비하여 조선의 양인은 국가와 직접적인 관계를 가지는 존재였다. 조선의 양인은 고려의 정호와 같이 군역의 의무와 사환권, 과거에 응시권 등의 권리를 가진 신분이었다. 그러므로 조선의 양인 지위는 고려의 정호에 비견될 수 있었다. 그러므로 주된 생산담당자 층의 신분적 지위가 크게 상승한 것은 조선의 신분제가 고려에 비하여 발전된 면모였다.

③ 마지막으로 조선에서 천인의 지위는 고려에 비하여 상승하였다. 그
간 연구에서 조선에 들어서 천인이 크게 느는 것에 주목하여 조선의 신분
제를 부정적으로 보는 견해도 있었다. 그러나 이는 신분제의 틀이 바뀌면
서 나타난 결과였다. 고려에서는 국가에 역을 담당할 수 있는 경제력을 가
진 층을 정호로 편제하고, 국가에 역을 담당하기에 부족한 다수의 구성원
을 백정층으로 설정하여, 정호와 천인 사이에 배치하였다. 고려에서는 천
인을 적대적인 집단의 후손으로 인식하는 경향이 있어 그 수가 적을 수밖
에 없었다. 이와 같은 신분 배치는 기본적으로 농업생산력의 수준이 낮아
국가의 역을 자립적으로 담당할 수 없는 층이 광범히 하게 존재하는 상황
에서 취할 수 있는 방식이었다.

그러나 조선에서는 고려 후기에 보이는 농업생산력의 향상에 힘입어 국
가의 역을 담당할 수 있는 층을 양인으로 편제할 수 있었다. 즉 고려 백정
의 상당수는 농업생산력의 향상에 힘입어 국역을 부담할 수 있는 양인으
로 그 지위를 높여갈 수 있었다. 물론 일부의 백정은 고려말 토지를 둘러
싸고 나타난 극심한 혼란 속에서 양인으로 성장하지 못하였다.

그러나 조선은 신분제를 양인과 천인으로 단순하게 편제하면서 국역을
담당할 수 없는 상당수의 백정층을 결국 사적 영역에 남겼다. 국역을 담당
할 수 없는 미자립 백정층은 고려에서와는 달리 공동체 아래 은폐되지 못
하고, 결국 다양한 경로를 통해서 천인으로 편제될 수밖에 없었다. 조선
초기의 자료에 '無田之民, 幾乎十分之三'이라는 기록이 보이는데, 이는 국
역을 담당할 수 없는 국가 구성원이 30%에 달한다는 의미였다. 연구자들
이 조선 초기 천인의 비율을 30% 정도로 추정하고 있는 것은 이러한 당시
현실을 고려한 것이었다.

국가가 양천제를 기본 골간으로 해서 국역을 담당할 수 있는 층을 양인
으로 편제한 것은 이미 백정의 상당수가 국역을 담당할 수 있는 구성원으
로 성장한 상황에서 당연한 조치였다. 그러나 조선은 신분제를 양인과 천

인으로 단순하게 편제하면서 국역을 담당할 수 없는 상당수의 백정층을 결국 사적 영역에 남겼다. 물론 당시의 생산력 수준을 고려한다면, 미자립적인 국가 구성원을 사적 영역에 남겨둘 수밖에 없는 것이 현실이기도 하였다.

그러나 국가는 이러한 신분편제 상황을 정확하게 인식하고 있었다. 그러므로 조선에서는 고려에서와는 달리 천인을 적대적으로 인식하지 않았다. 천인의 지위를 불가피한 상황에 기인하는 것으로 이해하는 경향이 컸다. 賤人天民論이 이러한 상황을 고려한 이념이었다. 천인도 본래는 天民으로 신분상의 격차를 떠나 본질은 동일하다고 인식하였다. 이러한 인식은 고려 말 천인이 확대되는 신분구조를 잘 이해하는 바탕에서 형성된 것이었다.

조선 정부는 불가피하게 천인을 사적인 영역에 위탁하고 있었지만, 완전히 사적인 영역에 남겨두지 않았다. 천인도 국가의 구성원 '국민'으로 인정하였고, 국가의 복지 정책에 참여시켰다. 그러므로 천인은 재판을 받을 수 있는 권리, 재산을 가질 수 있는 권리 등 국민으로서의 기본권을 가질 수 있었고, 이들은 당연히 향약 등 향촌공동체의 구성원이 될 수 있었다. 그러므로 조선 초기에 천인의 수는 늘어났으나, 천인의 지위는 상승하였다.

이상으로 조선 초기의 신분제는 지배신분의 축소, 양인 신분의 지위 상승, 천인 지위의 상승 등을 종합할 때, 조선 초기의 신분제는 고려에 비하여 개혁되었다고 평가할 수 있다.

16. 조선의 신분제는 고려에 비하여 발전하였을 뿐만 아니라, 혈통적 특권을 부여하는 방식, 신분을 조직하는 원리, 신분제를 뒷받침하는 이념 등에서 볼 때, 매우 독특한 신분제였다.

① 우선 조선의 신분제는 특권의 부여 방식에서 볼 때에 독특한 신분제였다. 조선 초기에는 신분적 특권을 직계에 한정하지 않고, 방계에까지 부여하였다. 그러므로 조선에서 특권을 부여할 때, 특권을 부여하는 친족의

범위를 설정하는 것은 매우 중요하였다. 당시 관원들은 이를 '親盡', '代盡'이라는 개념을 동원하여 정리하였다. 친진이라는 개념은 주지하다시피 親이 다한다는 뜻으로 일정 범위를 벗어난 친족은 친족이 아니라는 개념이었다. 친진을 넘어서는 경우에도 이들이 혈통적으로는 친족이 아닐 수 없었으나, 법적으로 권리와 의무를 나누는 친족은 아니었다. 법적 친족이 되지 못하는 이들에게 법적인 특권인 신분적 특권을 나누어 주지 않는 것은 당연하였다.

이는 문음제에 잘 나타나고 있다. 문음은 특권을 직계는 물론 동생과 조카에게까지 부여하고 있었다. 이러한 경향은 왕실의 문음제를 보면 더욱 분명하게 나타나고 있다. 조선 초기 왕실의 문음은 왕의 직계에 한정하지 않고, 4대 8촌에 이르는 방대한 범위의 방계에까지 부여되고 있었다. 그러므로 조선 초기 신분제는 특권의 부여 방식에서 볼 때에 親盡的 身分制였다.

② 조선의 신분제는 특권의 유지 범위에서 볼 때, '限代的 身分制'였다. 조선의 신분제는 친진적 신분제였는데, 친진의 범위는 '나'를 중심으로 동심원을 그리고 형성되었고, 일정범위를 넘어가면 관계는 단절되었다. 이러한 친진적 친족제 위에서 형성된 신분제는 친진의 범위 내에서만 신분적 동질성이 유지되었다. 이러한 관점에서 보면, 나와 나의 아들 간에도 친진의 범위가 달랐다. 당연히 이에 기반한 신분적 지위도 다를 수 있었다. 따라서 친진적 신분제는 영대적으로 이어지기 어려웠다. 이와 같은 기본틀에는 왕도 예외가 될 수 없었다. 법전에 보장 된 왕과 왕실의 특권도 친진의 범위 내의 친족에게 문음을 부여한 것이 거의 전부였다. 법전에 왕의 영대적 세습을 규정한 부분도 없었다.

그러나 한대적 신분제가 형식은 한대적인 것이라고 하더라도, 그 본질은 기득권을 영대적으로 보장하는 것을 목적으로 하였다. 대표적인 예로, 왕과 왕실의 영대적 특권을 법으로 규정하지 않았지만, 왕실이 천세, 만세에 이어질 것을 기대하고 있었다. 즉 한대적 신분제는 서양에서 보이는 특권을 직계에 한정하여 영대적으로 보장하는 방식과 다른 것이었지만, 이 양자는 기득권을 영속시키려는 같은 목적을 가진 다른 방식이었다. 이 두 가지의 방식 중 어느 방식이 기득권을 지속적으로 유지하는데 더 효과적 인지 판단하기는 쉽지 않다.

③ 조선의 신분제는 운영방식에서 볼 때, '닫힘과 열림이 공존하는 신분제'였다. 신분제는 집단의 권리와 의무를 법적으로 한정하는 것이었으므로 신분간의 벽은 분명하고 견고하였다. 즉 신분제의 본질은 닫혀있는 구조였다. 각 신분 간에는 법으로 다른 혈통적 권리와 의무를 부여되고 있었다. 그러나 조선에서는 신분 간에 넘어갈 수 있는 문이 공식적으로 열려있었다. 그 대표적인 예를 향리의 신분제를 통해서 확인할 수 있다. 향리는 광의양인으로 분명히 법적으로 협의양인과는 다른 신분적 지위를 가지고 있었고 이를 세전하고 있었다. 그러나 향리에게 '三丁一子'의 제도를 통해서 그 직역을 벗어나 신분을 상승시킬 수 있는 합법적인 길이 열려 있었다. 즉 향리는 한편으로 협의양인에 비하여 차대받는 법적 지위를 세전하는 광의양인이었으나, 협의양인이 될 수 있는 합법적인 길을 가지고 있었다. 신분의 관점에서 볼 때에 향리의 신분은 양면성을 공유하고 있었다.

이는 협의의 양인의 경우에도 잘 나타난다. 협의의 양인은 법적으로 사족은 물론 상급양인인 서얼에 비하여 차대를 받는 지위에 있었다. 그러나 상위의 신분으로 나아갈 수 있는 길이 공식적으로 열려있었다. 科擧는 협의의 양인이 오를 수 있는 신분상승의 사다리였고, 실제로 이를 통해서 협의의 양인은 신분을 상승시켜간 이들이 있었다.

이러한 특징은 신분에 대응하는 관직체계에도 나타난다. 관직은 한 신분에 대응한 직역이 아니었다. 관직은 천인, 공상, 서얼, 사족 등에 이르기까지 모든 신분에 대응하는 직역이었다. 기본적으로 혈통에 입각한 신분제와 능력을 기반으로 하는 관료체제는 양립하기 어려웠다. 그러므로 모든 신분을 수용하기 위해서 형식상으로는 하나의 공간인 관직체계 내에 닫혀 있는 별도의 공간을 마련하는 것은 불가피하였다. 잡직계, 한품제, 한직제, 자궁제 등은 하나로 열려있는 관직체계 내에 닫혀있는 공간을 만드는 제도였다.

따라서 조선 초기의 관직체계와 신분제는 공히 닫혀있으면서 열려있고 열려있으면서 닫혀있는 구조였다. 그간의 연구에서는 이러한 양면성을 그대로 인정하지 못하고, 한 면만을 강조하는 경향이 있었다. 닫혀있는 면만을 강조하거나, 열려있는 면만을 강조하였다. 자료를 보면, 최하위 신분인 천인의 경우에도 국가가 종종 양인이 될 수 있는 합법적인 길을 열어주었다. 또한 실제로 이 길을 통해서 신분을 상승시키는 이들이 있었다. 이러한 경우 합법적인 길이 열려 있음만을 강조하거나, 소수 인원이 신분을 상승시킨 사례만을 강조한다면 천인도 그 상위의 신분인 양인과 다름이 없는 신분으로 볼 수 있다. 유사하게 협의양인에게 과거에 응시할 수 있는 길이 열려 있다는 것만을 강조하여, 협의양인을 신분상승의 사다리를 통과한 이들과 동일한 신분으로 보는 것도 같은 오류를 범할 수 있다. 그러므로 조선 초기 신분제를 이해하기 위해서 공존하는 모습을 모두 인정하는 균형 잡힌 시각이 필요하다.

이와 같이 신분제를 조직하는 방식은 오늘날의 관점에서 보면 매우 혼란스러운 것이다. 그러나 당시의 왕과 관원들이 세상의 이치를 열림과 닫힘이 공존하는 태극으로 이해하고 있었으므로 이러한 현상을 잘 소화하고 있었다. 그러므로 이와 같은 닫힘과 열림이 공존하는 신분제를 '太極的 身分制'라고 불러도 좋을 것이다.

④ 마지막으로 조선 초기 신분제는 이념에서 볼 때, '天民論的 身分制'였다. 조선 초기 신분제를 지탱하는 이념은 두 가지였다. 하나는 貴賤之分論이었고, 다른 하나는 天民論이었다. 귀천지분론은 신분적인 차이를 하늘이 부여한 분수로 설명하여 신분상의 벽은 넘어설 수 없는 것으로 설명하였다. 이에 비하여 천민론은 하늘이 인간을 낼 때에는 모두가 천민 즉 '하

늘의 백성'으로 동질적 지위를 가진 것으로 설명하고 있다. 귀천지분론은 신분 현실을 대변하는 이념이었고, 천민론은 신분에 대한 이상을 담은 이념이었다.

천민론은 고려말 유학자들에 의해서 제기되었고, 조선의 신진사대부들에 의해서 다듬어진 이념으로, 고려 말의 혼란 속에서 보여준 천인과 양인들의 역량을 반영하는 새로운 신분 이념이었다. 개혁파는 천민론을 새로운 신분론으로 수용하였으나, 기존의 신분이념인 귀천지분론을 완전히 털어버리지 못하였다. 그러므로 조선 초기 왕과 관원들은 신분제를 정비하면서 이 두 이념을 조합하여, 현실적 상황을 인정하되 그 이상도 버리지 않았다. 그러므로 조선 초기 신분제는 귀천지분론과 천민론의 이념을 조화시킨 위에서 만들어졌다.

조선 초기의 천민론은 賤人天民論에 잘 나타난다. 천인천민론은 노비가 아무리 천하다 하여도 天民으로, 본질적 지위는 양인과 동질하다는 주장이었다. 천인천민론은 이상론에 그치지 않고 구체적으로 賤人國民論으로 전개되었다. 정부는 신분을 구성하는 모든 구성원을 천민론에 근거하여 '국민'으로 인정하였다. 당시에는 왕은 하늘을 대신하여 天民을 다스리는 존재로 정의되고 있었으므로, 천민은 모두 국가의 구성원 즉 국민이 될 수 있었다. 천인이 국민이 될 때, 천인은 국가의 보호와 관리를 받게 되었다. 이는 私賤의 경우도 예외는 아니었다. 私賤主의 권리는 인정되었으나 국가와 사천주의 이해관계가 갈릴 때, 사천은 개인의 소유이기 이전에 국민이었으므로 국가의 이해가 우선되었다.

이상에서 볼 때, 조선 초기 신분제는 '親盡的' '限代的' '太極的' '天民論的' 특징을 가진 신분제였다. 이러한 각각의 특징은 상호 긴밀하게 연결되어 있었다. 천민론적 신분 이념을 반영할 때, 신분제의 조직 방식이나, 신분적 특혜를 주는 방식이 달라질 수밖에 없었다. 신분간의 벽은 불가피한 것이지만, 천민론을 수용할 때 단절만을 강조할 수는 없었다. 닫혀있지만,

열려있는 태극적 구조를 만드는 것은 당연한 귀결이었다. 또한 특권을 부여하는 방식도 달라질 수밖에 없었다. 永代的으로 특권을 부여하여 신분 간의 벽을 고착화하기보다는, 親盡을 그 경계로 하여서 특권을 한대적으로 부여하여, 기득권은 인정하면서도 피지배층이 신분 상승할 수 있는 가능성도 열어두었다. 그러므로 천민론적 신분 이념, 태극적 신분제의 조직 방식, 친진적 특권의 부여방식, 한대적 특권유지 방식 등은 서로 간에 영향을 주면서, 조선 초기 신분제를 형성하는 불가결의 요소들이었다. 이러한 요소들이 결합되면서, '혈통'을 중시하면서도, '능력'도 인정하는 조선의 신분제가 만들어졌다.

이러한 조선 초기 신분제는 가장 적절한 신분제 운영방식을 찾기 위해, 태종대에서 성종 초에 걸친 긴 모색의 소산이었다. 왕과 관원들은 오랫동안 중앙집권체제를 운영해 온 역사적 경험을 바탕으로 신분제를 어떻게 정비하는 것이 지배신분의 특권을 인정하면서도, 고려 말의 혼란을 극복하면서 성장한 천인과 양인의 역량을 충분히 반영할 수 있는가를 고민하였다. 그러므로 지배층의 기득권을 위해서 피지배층을 억누르는 것은 불가피하였지만, 피지배층의 일정지위를 보장하고, 나아가 그들에게 신분 상승의 가능성을 열어 주어야 하였다. 그 절충점이 세종이 언급한 '天下公物' 즉 '公天下論'이었다. 천하는 지배층만의 것이 아니었다. 그러므로 피지배층의 지위를 인정하고 국가운영에 무리가 되지 않는 경계선에서 지배층의 신분적 특권을 부여하였다.

그러므로 조선의 신분제는 지배신분을 위해서 '血統'을 중시하고 있었으나, 피지배층을 배려해서 '能力' 역시 신분제를 운영하는 중요한 지표로 인정하고 있었다. 그러므로 조선의 신분제는 중세적 요소와 근대적 요소를 잘 절충하는 모습을 보여주었다. 이와 같은 모습을 가진 조선의 신분제를 '근세적 신분제'로 이해해도 좋을 것이다.

補論

제9장 16세기 士林派의 身分制 인식

머리말

조선 중기는 정치 사회적으로 변동하는 시기였다. 그 변화는 사림파가 새로운 정치세력으로 부상하면서 나타났다. 사림은 그들 중심의 향촌사회 질서를 확보하려 하였고, 중앙정치 역시 사림이 주도할 수 있는 구조로 만들고자 노력하였다.

향촌과 중앙정치에서 새로운 주도 세력으로 부상하는 사림파는 자신들의 집단적 범위를 어떻게 설정하고 있었을까? 자신들의 사회적 지위를 어떻게 파악하고 있었을까? 이는 정치적인 의미에서는 정치세력의 문제이며 나아가 정치 모집단을 어떻게 파악하는가의 문제이나, 사회적인 의미에서는 신분제의 문제였다.

이 장에서는 조선 중기의 정치세력을 밝히기 위한 작업의 일부로, 사림파가 신분제에 대하여 어떠한 인식을 가지고 있었는가를 구명하고자 한다. 사림파의 신분제에 대한 인식은 여러 기록에 나타나있지만, 그 입장을 체계적으로 잘 보여주는 것은 성종대에서 중종대에 걸쳐 이루어진 보충대 제도에 관한 논의였다.

이미 잘 알려져 있듯이 보충대는 그 신분이 분명치 않아 양천의 어디에도 포함하기 어려운 부류들을 처리하기 위해서 만들어진 제도였다. 그런데 시간이 지나 애매한 부류들이 상당부분 정리되면서, 결국 양인과 천인이 결혼하여 낳은 소생들의 경우만 보충대의 대상이 될 수 있었다. 이들에 대하여 정부에서는 여러 가지 정책을 시행하였으나, 세종 16년에 이르러

양인과 천인의 결혼을 제도적으로 금하고 사이에서 출생한 소생을 천인으로 간주하는 정책을 취하였다. 그러나 관원의 경우는 이러한 제한을 두지 않아, 결국 보충대는 관원과 결혼한 천첩의 소생만이 소속되었고, 이들이 일정기간이 복무하면 양인이 될 수 있는 제도로 정착되어 갔다.

그러므로 이 제도는 양인확대를 위하여 시작되었으나, 결과적으로는 관원을 우대하는 제도로 정리되었다. 또한 이 우대는 관원 자녀들의 신분적 지위까지 규정하는 것이었으므로 단순히 우대를 넘어서 신분제적 특권을 부여하는 제도로 변질되었다.

그간 보충대에 관한 연구는 여러 연구자들의 관심을 끌어왔다. 有井智德은 보충군을 양인 확대를 위한 방안으로 논의하였고,[1] 유승원은 身良役賤 계층의 규명과정에서 그 변화를 포괄적으로 밝혔다.[2] 전형택은 보충군의 입역을 중심으로 신분구조를 밝히는 성과를 거두었으며,[3] 이성무, 지승종은 노비제의 관점에서 이 문제를 포괄적으로 다루었다.[4] 기존의 연구들은 보충대에 대하여 많은 것을 밝혀 주었으나, 논의의 주체가 되는 정치세력에 대하여 고려를 하지 못한 한계가 있다. 즉 논의를 이끌고 가는 정치세력인 사림파의 동향에 대한 고려가 부족하여 보충대 논의의 초점이 선명하게 부각되지 못하였다.

그러므로 필자는 선학들의 연구를 발판으로 성종대에서 중종대에 이르는 보충대 제도의 논의과정에서 사림파가 이 문제에 어떻게 대응하였는가를 중심으로 논의하여, 사림파의 신분제에 대한 인식을 밝히고자 한다.

---

1) 有井智德 「조선 보충군고」 『조선학보』 21 22 합집 1961.
　　임영정 「선초 보충군 산고」 『현대사학의 제문제』 1977.
2) 유승원 「조선 초기의 신량역천 계층」 『한국사론』 1, 1973.
3) 전형택 「보충군 입역규례를 통해 본 조선 초기의 신분구조」 『역사교육』 30 31, 1982.
4) 이성무 「조선 초기 노비의 종모법과 종부법」 『역사학보』 115, 1987.
　　지승종 『조선 전기 노비신분연구』 일조각 1995.

1. 성종대 戊午士林의 補充隊 문제 제기

조선 초기의 신분제의 과제는 양천의 변정에 있었다. 그 과정에서 그 지위가 애매하여 양인과 천인의 사이에 위치하는 부류가 존재하였다. 이는 크게 세 부류였다. 첫째는 신분을 확인해 줄 수 있는 文籍이 정확하지 않아 양인이나 천인 어느 쪽에도 소속시키기 어려운 부류, 둘째는 이전부터 '稱干稱尺'으로 불리는 특수한 천역을 담당하면서 집단적으로 천인으로 취급되던 부류, 마지막으로 양인과 천인이 혼인한 사이의 소생으로 양인도 천인도 아닌 애매한 부류 등이다.

보충군은 애매한 부류들에게 일정한 신분을 부여하기 위하여 만든 제도로 조선 초기 신분제 특성의 일단을 매우 잘 보여주고 있다. 보충군은 태종 초에 사재감 수군에 그 연원을 가진다. 이는 신분이 불명한 이들에게 특수한 군역을 부여하여 일단 이들의 신분이 양인임을 인정하는 제도였다.[5]

태종 말년에 이르러 보충군이라는 특수한 병종이 만들어지면서 사제감 수군을 대신하였다. 보충군 설치로 제도가 정비되면서, 이에 속한 사람들은 천역이 면제되었고, 입역을 마치면서 거관하여 양인이 되었다. 나아가 그들의 자매나 여손까지 천역을 면하는 혜택을 받게 되었다.

보충군 구성원은 시간이 지나면서 변화하였다. 먼저 문적이 불명한 자가 정리되면서, 주로 칭간칭척층과 관원들의 천첩자손으로 축소되었고, 칭간칭척층마저 재생산되지 않으면서 세종대에 이르면 보충군의 구성원은 양인과 천인 사이의 소생이 주류가 되었다.[6]

양인과 천인이 결혼하여 낳은 소생을 어떻게 처리할 것인가에 대한 정부의 입장은 몇 차례의 변화가 있었으나, 세종 14년부터는 일반양인과 천

---

5) 이들에게는 일반양인에 비하여 입사의 권리를 제한하였다.
6) 물론 이 시기에도 양천의 소속이 불명한 경우는 보충군에 소속하도록 하였으나, 이러한 경우는 영속보충군으로서 자손들까지도 보충군에 속하여 역을 지도록 하였다.

녀의 결혼을 허용하지 않게 되었다. 따라서 관원이 천첩을 취하여 낳은 자녀만을 보충군을 통해서 양인으로 삼는 정책이 시행되었다. 그러나 관원이라는 이유로 그의 자녀를 일반양인과 차별하여 보충군을 통하여 양인이 되게 하는 것은 논란의 대상이 될 수 있었다. 그러므로 세조 14년 종부법을 실시하여 이 문제를 일률적으로 처리하고, 보충군을 폐지한 것은 진전된 모습이었다.[7]

그러나 세조가 죽으면서 훈구가 다시 정권을 장악하자 종부법이 폐지되었고, 예종원년에 보충군은 보충대라는 명칭으로 복설되었다. 복설된 보충대에는 당연히 관원의 천첩자손들만이 입속하는 것이 원칙이었다. 일반양인들의 경우 종모법에 따라서 천인으로 그 지위가 내려가도록 제도를 정비한 반면 관원의 경우 오히려 특권으로 그 지위를 높일 수 있도록 허용하였다. 여기서의 관원은 이미 기술직이나 공상 관원이 탈락한 사족직의 관원으로 한정되고 있었다. 그러므로 보충대의 특혜는 사족이 가지는 특혜로 해석될 수 있다.[8]

사림파가 보충대 문제에 관심을 구체적으로 표현한 것은 성종 22년부터였다. 이때는 사림파가 중앙정치에 진출하여 언론삼사를 중심으로 적극 활동하던 시기였다.[9] 성종 22년 사림의 핵심인물인 표연말은 『경국대전』의 보충대 규정에 '及良人'이라는 3글자를 넣어서, 그 대상을 확대하여 일반양인의 천첩자녀에게도 보충대에 들어갈 수 있도록 하자고 제안하였다.[10] 표연말은 이를 통해서 양인을 확대하여 군역을 충실히 할 수 있다고

---

7) 세조 후반의 개혁적인 모습은 집권 초반의 주도세력이었던 훈구세력의 한계가 노출되면서 세조의 주도로 나타나는 현상으로 이해된다. 직전제의 시행, 보법의 시행, 민의 수령에 대한 고소의 허용 등은 세조 후반에 나타나는 변화의 대표적인 변화들이었다.

8) 이미 보충군의 제도가 정비되면서 공상 관원이나 기술직 관원의 천첩자가 보충군에 속할 수 없게 규제되었다(최이돈 「조선 초기 보충군의 형성과정과 그 신분」 『조선시대사학보』 54, 2010).

9) 최이돈 『조선 중기 사림정치구조 연구』 일조각 1994.

주장하였다.

　사림파의 良役 확보에 대한 관심은 점점 양인이 줄어들면서 향촌사회의 안정을 해치는 상황에서 당연한 것이었다. 현실적으로 많은 양인들이 훈구에게 투탁하고 있었고, 훈구들은 양인의 투탁 외에도 양천 교혼을 노비 확대의 수단으로 적극 이용하면서 양인의 수는 적어지게 되었고, 남아있는 양인들이 양역을 감당하기 어렵게 되자 각종 피역의 수단을 동원하면서 향촌의 안정에 문제가 있었다.

　이러한 상황에서 사림파는 승려들의 추쇄와[11] 도첩제도의 폐지[12] 등을 주장하였고, 그 연장선상에서 보충대 제도 개혁을 추진하였다. 보충대의 제도를 개선하여 양천교혼을 바탕으로 늘어가는 훈구의 노비를 제한하고, 양인을 양산함으로서 양역의 안정적인 확보와 향촌의 안정적인 운영을 기하고자 하였다. 그러므로 이는 훈구파를 규제하려는 정책이었다.

　보충대가 관원들의 천첩 자녀들에 대한 우대의 제도로 정착되어있던 상황에서, 양인과 관원을 구분하지 않고 양인에게도 혜택을 주려는 표연말의 주장은 신분사적으로 상당히 진보적인 것이었다. 물론 사림의 상당한 부분이 관원이 아니어서 보충대의 혜택의 밖에 있었다는 점을 고려한다면, 이러한 주장은 사림파가 모집단인 사림의 신분적 이해관계를 대변한 것이었다. 이렇게 보아도 사림파의 신분정책은 양인의 지위를 높이려는 것이었으므로, 여전히 긍정적인 면을 가지고 있었다.

　표연말의 주장을 들은 성종은 이에 공감하면서 조정에 논의하도록 명하였다. 그러나 대신들의 의견만을 묻는 일상적인 형식을 취하지 않고, 대신

---

10) 발의된 경위가 분명하지 않으나, 성종 22년 10월에 표연말이 경연의 시강관으로 있었던 것으로 보아 표연말이 경연 중에 발언한 사안으로 추측된다(『성종실록』 권258, 성종 22년 10월 계해).
11) 『성종실록』 권261, 성종 23년 1월 경자조에 강겸이나 권경희가 군액의 확대를 위해서 도첩이 없는 승려를 추쇄할 것을 요청하고 있다.
12) 『성종실록』 권271, 성종 23년 11월 계사조에 표연말이 도승법을 폐지할 것을 건의하고 있다.

들은 물론 사헌부, 사간원, 홍문관의 관원들을 불러 논의하게 하였다.

논의에서 윤필상 이극돈 등 훈구대신들은 양인의 소생이 보충대에 들어가는 것을 반대하였다. 이들의 주장의 요지는 이극돈의 다음과 같은 주장에서 잘 나타난다.

조종조 때부터 보충대에 대한 법은 군액을 증가하기 위한 것이 아니고, 대체로 사족의 자손이 어미를 따라 천역을 하게 됨을 민망하게 여겼기 때문에 그 법을 만들어서 從良하는 길을 열어 준 것입니다. 이는 국가에서 그 아비를 우대해 준 것뿐인데, 양민의 아들이 어찌 사족과 同班이 될 수 있겠으며, 또한 그 자손을 종량할 수 있겠습니까?13)

이극돈 주장의 요지는 보충대는 사족을 우대하는 조치라는 것이다. 그는 사족과 양민은 신분적으로 차이가 있으므로 사족과 양민을 같이 대우할 수 없다고 주장하였다. 이와 같은 주장은 이미 보충대의 특혜가 사족의 특혜로 이해되고 있음을 잘 보여준다. 이러한 훈구파의 반대에도 불구하고, 홍응 등 소수의 관원은 표연말의 주장에 동의하였다. 이들의 입장은 홍응이 "우리나라에는 양인이 되는 길이 매우 적고 軍額이 넉넉하지 못한 것을 항상 유감으로 여겼었다."라고 주장한 것에 잘 나타났다. 즉 군액의 확대를 위해서 표연말의 주장에 찬성하고 있었다.

이러한 논의를 들은 성종은 표연말의 제안을 받아들일 것을 주장하는 홍응 등 소수의 의견을 수용하여 '급양인' 세 글자를 대전에 삽입하도록 명하였다14) 성종이 소수의 의견을 따라서 이러한 결정을 내린 것은 성종이 보충대 문제에 대하여 사림파의 입장에 공감하고 있음을 보여준다. 당시 성종은 사림파를 지원하면서 훈구를 견제하고 있는 상황이었다. 이러한 성종의 의도는 논의에 대신은 물론 언론기관의 관원들까지 확대해서

---

13) 『성종실록』 권258, 성종 22년 10월 임신.
14) 상동조.

그 대상으로 삼은 데서도 드러난다. 이러한 상황에서 홍응, 신용개 등 일부 대신이 사림파의 의견에 동의하자, 성종은 사림파의 의견에 힘을 실어주어서 양인에게도 보충대 소속을 허용하는 조치를 취하였다.

이 문제가 쉽게 결정된 듯하자 사림파는 이 문제의 후속적인 조치까지 거론하는 여유를 가졌다. 즉 경연석상에서 사림파의 핵심인물인 동부승지 조위는 '급양민' 석 자를 덧붙여 넣음으로 "천인으로서 종량하는 길은 넓어질 것입니다."라고 왕의 결정에 찬사를 보내면서, 16세가 넘으면 보충대에 속할 수 없도록 하고 있는 당시의 규정을 고쳐서, 16세가 넘어도 보충대에 입속할 수 있도록 하자는 보충대 활성화 방안을 제안하였다[15] 이러한 건의에 대하여서도 성종은 동의하였고,[16] 논의를 정리하여 형조에 명을 내리면서 이를 구체화하였다.[17]

이와 같이 양인의 천첩자녀가 보충대에 속하는 문제의 결정은 상당히 급속하게 되어졌다. 그러나 이 문제는 훈구파와 사림파의 입장의 차가 분명한 만큼, 이후 이에 대한 논란이 계속되었고, 그 논란을 통해서 훈구파와 사림파의 입장 차이는 더욱 뚜렷해졌다. 결정된 몇 달 뒤의 경연자리에서 훈구파의 핵심 인물인 성건은 이 문제를 다음과 같이 제기하였다.

　　지금 『대전』의 "대소인원으로 공천에게 장가들어 낳은 소생은 보충

---

15) 『성종실록』 권259, 성종 22년 11월 신사.
　　『대전』에는 "나이가 16세가 되어도 교안에 붙이지 않은 자는 남이 진고하는 것을 허가한다." 하였으므로, 대개 16세가 진고하는 한계이니, 16세가 넘어도 진고하는 자가 없으면 보충대에 속하는 것을 허가하는 법입니다. 그런데 근년 이래로 장례원의 수교에 "16세를 보충대의 한계로 삼는다." 하였으므로, 16세가 넘으면 진고하는 자가 없더라도 보충대에 속하는 것을 허가하지 않습니다. 우리나라에서 천인이 많고 양인이 적어서 군액이 넉넉하지 않은 것은 참으로 이 때문입니다. 신의 생각으로는, 장례원의 수교를 쓰지 말고 전례대로 16세가 넘은 자라도 속하는 것을 허가하는 것이 좋겠습니다.
16) 상동조.
17) 『성종실록』 권262, 성종 23년 2월 기유.

대에 소속시킨다."는 조항에 '급양인' 3자를 더 보태어 넣도록 명하시
었으니, 대개 종량의 길을 넓히려는 것입니다. 그러나 보충대를 설치한
뜻은 사족의 자손으로 하여금 賤口가 되지 않도록 하려는 것이었습니
다. 만약 '급양인' 3자를 더 보태어 놓으면, 경외의 공천이 누군들 그
자식을 양인이 되게 하고 싶지 않겠습니까? 비록 자기 종으로 대신하
게 한다 하더라도 어찌 본디부터 살던 것처럼 실상이 있는 자에 비하
겠습니까? 이와 같이 하면 공천이 조잔해져서 관가는 날로 곤핍한 대
로 나아가게 될 것입니다.[18]

성건은 보충대에 양인의 소생이 소속되는 것을 반대하면서, 기존의 주
장인 사족과 양인이 신분적으로 다르다는 것을 반복하여 주장하였고, 이
에 추가하여 이를 시행하면 공천이 축소된다는 주장을 하였다. 그러나 추
가된 주장은 설득력이 약한 것이었다. 성건도 "자기 종으로 대신하게 한
다."라고 인정하였듯이 공천의 보충대 입속은 속신을 전제로 한 것이었다.
그러므로 공천이 축소될 수는 없는 것이었다. 훈구의 입장에서는 제도의
변화로 자신들의 사천이 축소될 수 있는 것에 대한 우려가 더욱 컸으나
이를 표면적으로 제시하지는 못하였다.

이러한 지적이 있자 임금이 주위에 물으니, 특진관 정문형, 동지사 신준
등 훈구들은 성건의 주장에 찬성을 표하였다. 그러나 이 자리에 참석하였
던 사림파는 자신들의 입장을 분명히 하였다. 이 자리에 참찬관으로 참석
하였던 조위는 "근일에 세운 법을 지금 문득 고치는 것은 불가하다."라
고[19] 법의 가벼운 개정을 반대하였고, 사림파인 이달선[20] 역시 "우리나라
는 사면에 적이 있으니, 군액을 넉넉하게 하지 않을 수 없는데, 노비가 비

---

18) 『성종실록』 권264, 성종 23년 4월 계묘.
19) 상동조.
20) 이달선은 광주 이씨이다. 광주 이씨는 조선 초기에 과거를 통해서 부상하는 비거
　족가문이었다. 이달선은 김종직 등과 사제관계를 갖지는 않았지만, 사림의 핵심
　인물인 표연말, 유호인 등과 긴밀한 관계를 가지고 정치 사안에 보조를 같이 한,
　사림파로 간주할 수 있는 인물이다(『성종실록』 권267, 성종 23년 7월 신사).

록 적다하더라도 무엇이 해롭겠습니까?"라고 기존 사림파의 입장을 거듭 강조하였다. 이러한 논란의 와중에서 성종은 "지금 천인은 많고 양민은 적기 때문에 이 법을 만들어서 종량의 길을 넓게 한 것이다."라고 사림파의 의견에 동의하면서 이 자리에서의 논의는 일단락되었다.21)

그러나 이 문제는 몇 달 뒤 『대전속록』의 간행을 앞두고 여전히 논란의 대상이 되었다. 성종 23년 8월에 지중추부사 성건은 이 문제를 다시 제기하였다. 그 주장의 요지는 이전과 대동소이하여 별다른 설득력이 없었다.22) 그러므로 이러한 훈구의 계속적인 주장에 대하여 성종은 "종량하는 법을 넓힌 것은 잘못된 것이 아니다."라고 자신의 확고한 입장을 표현하고 있다.

그러나 훈구들은 이에 그치지 않고, 이 문제를 다시 거론하였다. 이들의 집요한 문제 제기는 양인소생을 보충대에 소속시킬 때의 자신들에게 닥칠 문제의 심각성을 반영하는 것이었다. 성종 23년 11월 경연에서 특진관 이목이 '급양민' 세 글자를 『대전』에 첨가하는 것은 불가하다고 문제를 제기하였다. 성종은 경연에 참여한 사람들에게 다시 한 번 의견을 물었다. 이에 영사 윤필상은 훈구파를 대표하여 다음과 같이 의견을 제시하였다.

이는 조종조에서 없었던 법입니다. 지금 獻議하는 자는 그 군액의 수를 많게 하려고 하는 것입니다. 그러나 국가에서 편안함을 믿는 바는 상하의 분별이 있기 때문인데, 이제 만약 세 글자를 보태어 넣으면,

---

21) 『성종실록』 권264, 성종 23년 4월 계묘.
22) 지금 들으니, 『續錄』을 간행한다고 하는데, 사천이라면 그만이거니와, 공천으로 조금이라도 재산이 있는 자면 반드시 양인을 구하여 시집을 가거나 또는 나이가 비슷한 자를 사서 그것으로 贖하나 필시 원노비와 같지는 않을 것입니다. 중앙의 각사로부터 외방의 군현에 이르기까지 관부의 체모를 갖춘 곳은 노비가 있고, 더욱이 노비가 바치는 면포가 실로 국가의 경비와 관계되니, 이 법이 한번 만들어지면 司贍寺에서 거두는 면포가 이로부터 감소될까 두렵습니다(『성종실록』 권268, 성종 23년 8월 갑진).

　　　신은 아마도 상하의 분별이 문란하여 公私賤隷가 날마다 줄어들까 합
　　　니다.23)

　　이러한 주장은 '상하의 분별'의 문란과 공천의 축소라는 기존의 주장을
반복한 위에, 사천의 축소를 그 이유로 추가하고 있다. 이 시점부터 사천
의 감축이라는 훈구에게 더욱 절실한 현실적인 문제점이 제시되고 있다.
그러나 사천의 감소라는 부분은 설득력을 얻기 어려웠으므로, 훈구들은
지방 행정의 문제까지 거론하였다.
　　이는 윤필상의 주장을 거들었던 대사헌 이세좌의 다음과 같은 언급에
잘 나타난다.

　　　私賤이 줄어드는 것은 족히 염려할 것이 못됩니다만, 公私가 또한
　　　날마다 凋耗해질 것입니다. 또 州郡은 노비가 아니면 지탱할 수 가 없
　　　습니다. 만약 贖身을 들어주면 鄕吏, 日守의 소생이 모두 속신하여 양
　　　인이 될 것이니, 10년을 지나지 아니해서 여러 고을이 모두 쇠잔해질
　　　것입니다.24)

　　그는 공천의 축소에서 나아가 향리나 일수의 축소 가능성까지 거론하면
서, 보충대의 규정을 바꾸면 지방행정의 유지가 불가능하다고 주장하였다.
이와 같이 훈구의 주장이 집요하였고, 주장의 내용도 공사천에서 확대되
어 지방의 행정체제의 존속까지 위태할 수 있다고 거론하면서 성종의 마
음은 흔들리기 시작하였다. 또한 마침 경연의 자리에 사림파가 참석하지
않아 적절한 방어를 하지 않은 것도 중요한 배경이 되어, 성종은 "당초의
뜻은 군액을 넓히려고 한 것인데 이제 말하는 바를 들으니, 과연 폐단이
있다. '급양인' 세 글자를 첨록하지 않는 것이 좋겠다."고 양인 소생의 보충

23) 『성종실록』 권258, 성종 22년 10월 임신.
24) 상동조.

대 소속을 폐지하는 쪽으로 입장을 표시하였다.[25]

훈구대신들의 집요한 반격으로 상황이 달라지자, 사림파는 다시 반론을 전개하였다. 훈구의 주장이 수락된 이틀 뒤에 열린 경연 자리에서 사림파인 표연말은 다음과 같이 주장하였다.

『대전』에 '급양인' 세 글자를 첨록하라는 명이 이미 있었는데 이제 다시 삭제하기를 명하셨습니다. 그러나 신은 비록 미천한 자일지라도 골육지친으로 감히 천역을 하게 할 수는 없다고 생각합니다.[26]

여기서 표연말은 인륜의 입장에서 골육지친을 노비로 삼을 수 없다고 다시 한 번 양인 소생의 보충대 입속을 주장하였다. 이러한 의견에 대하여 중종이 좌우에 물으니, 영사 윤필상이 대답하기를, "귀천의 차등은 천하의 큰 제방이므로, 다스림에 있어서는 마땅히 成憲을 준수하는데 힘쓸 것이며 어지럽게 고칠 수는 없습니다."라고[27] 반대하였다.

그러나 사림파는 포기하지 아니하였다. 그 다음날 경연에서 다시 조위는 "『대전』에 '급양인' 세 글자를 보태어 넣는 것을 애초에 어찌 자세히 헤아리지 아니하고서 의논해 정하였겠습니까? 이제 한 사람의 말로써 도로 삭제하는 것이 가하겠습니까?"라고[28] 거듭 급양인의 추가를 주장하였다.

이에 다시 조정에서 논의가 되었는데, 영사 노사신은 "국가의 대계는 從良하는 길을 널리 열어야 마땅합니다."라고[29] 원론에 동의하였으나, "서민은 장획을 가진 자가 항상 적으니, 비록 속신하여 종량하고자 할지라도 얻을 수 있겠습니까?"라고 현실적으로 양인으로서 속신하여 종량할 자가 적을 것이라고 반대하였다. 그 자리에 함께한 동지사 이세좌, 특진관 정괄

25) 『성종실록』 권271, 성종 23년 11월 을해.
26) 『성종실록』 권271, 성종 23년 11월 무인.
27) 상동조.
28) 『성종실록』 권271, 성종 23년 11월 무인.
29) 상동조.

등 훈구파들이 같은 의사를 표현하자, 성종도 "마땅히 이전의 의논을 보고 처리하겠다."고 결정을 유보하였다.[30]

이후의 처리에 대하여서는 뚜렷한 기록을 찾을 수 없다.[31] 다만 표연말이 "비록 '급양인' 세 글자를 삭제한다 하더라도 그 사이의 절목은 마감하여 첨록하지 않을 수 없습니다."라는 경과조치에 대한 보완의견을 제시한 것을 보아서 급양인 세 글자는 빠진 것으로 보인다.[32]

이후에도 이 문제에 대한 별다른 진전이 없었다. 그러나 사림파는 양인 확대에 지속적인 관심을 보여주었다. 연산군대에 김일손은 다음과 같이 양인 확대를 주장하고 있다.

> 이제 천녀가 양부 자식에게 출가하면 어미를 따르고, 양녀가 천부의 자식에게 출가하면 어미를 쫓지 않으니 그 법이 심히 잘못되었으며, 그 결과는 노비가 많아지는데 불과합니다. (중략) 이제 조종의 양부에게 출가하는 법을 복구하여 양민을 족하게 하소서.[33]

김일손은 당시의 종부종모법의 문제점을 지적하고, 양인을 확보하기 위해서 종부법의 시행을 주장하고 있다. 이 주장은 보충대 문제 제기의 연장선에 있는 주장이었다. 양인 천첩소생 자녀를 보충대에 소속시키고자 하

---

30) 상동조.
31) 이후에 이 문제를 어떻게 결정하였는지는 기록에서 찾을 수 없고, 중종 초기의 기록에 "『대전』의 보충대조에 '양인은 보충대에 속한다.' 하였는데도 그 뒤에 이 법을 쓰지 않으므로 중외에 효유하여, '양인' 두 글자를 삭제하여 버리고 다시 인출하도록 한 것이 이미 전례가 있습니다."(『중종실록』 권9, 중종 4년 9월 정묘)라고 언급하는 것으로 보아서 '급양인'의 규정이 시행되지 않는 것으로 보인다.
32) 이러한 표연말의 경과조치에 대한 언급은 수용되었다. 『대전후속록』에 의하면 성종 23년 11월 21일자 명으로 성종 22년 11월 1일에서 성종 23년 11월 8일 이전에 양인이 공사비를 처첩으로 얻어 낳은 소생으로 이미 소장을 접수시킨 자는 보충대의 소속을 허용한다는 규정이 명시되어 있다(『대전후속록』 형전 천첩자녀조).
33) 『연산군일기』 권5, 연산군 1년 5월 경술.

는 주장을 한 단계 더 밀고 나가는 경우 종부법으로 귀결될 수 있었다. 즉 종부법과 양인 천첩자녀의 보충대 입속의 주장은 모두 양인인 아버지를 따라서 종량을 허용하는 것이었다. 다만 보충대라는 과정을 두느냐 아니면 이러한 과정 없이 양인이 되느냐의 차이만 있었다. 그러므로 김일손의 주장은 사림파가 양인의 확대를 위해서 보충대의 문제를 통해서 가지는 문제의식을 보다 심화시켜가고 있음을 잘 보여준다.

이러한 문제의식도 사림파가 무오사화로 피해를 입으면서 단절될 수밖에 없었다. 결국 성종대에 사림에 의해서 추진된 보충대 논의는 별다른 성과를 보여주지 못하였다. 이 문제에 대하여 사림은 꾸준히 양인의 보충대 입속 허용을 요청하였지만, 훈구파의 반대로 쉽게 성취되지 않았다. 그러나 이러한 사림파의 주장은 양인들이 훈구의 노비로 흡수되어 가고, 양천교혼을 통해서 훈구의 노비가 더욱 확대되어 지역사회의 양역을 담당할 양인이 축소되면서 향촌의 재생산기반이 취약해지는 상황에서 유의미한 것이었고 개혁적인 것이었다. 또한 이러한 입장은 신분사적인 관점에서도 의미있는 것이었다. 훈구파는 사족과 양인 사이의 귀천의 차등을 강조하였으나, 사림파는 군액의 확대를 위해서는 사족과 양인 사이의 차등은 불필요하다는 입장을 견지하였다. 그러므로 사림파의 신분적 입장은 훈구들의 주장에 비하여 진보적인 것이었다. 그러나 이러한 보충대의 과제는 성종대에는 해결되지 않았고 다음 시기로 넘겨졌다.

2. 조선 중기 己卯士林의 補充隊 개혁의 추진

사화로 연산군대에 크게 피해를 입고 중앙정치에서 크게 위축되었던 사림파가 중종대에 들어서 다시 중앙정치에 참여하게 되었다. 사림파가 정치에 참여하면서 보충대의 문제에도 다시 관심을 표시하였다. 보충대에 대한 관심은 중종 4년 공조 좌랑 최정이 윤대에서 다음과 같이 언급하면서 재현되었다.

> 조종 때에는 보충대 같은 것과 양민인 지아비에게 시집가서 낳은 사람들일 경우 종량하는 길이 많았기 때문에, 양민이 노상 많아 군액이 역시 넉넉하였는데, 지금에는 군액의 수는 예전보다 배나 되지만 종량하는 길은 매우 좁으니, 비록 군적을 정밀하고 많게 하려 하여도 할 길이 없게 되고 맙니다. (중략) 지금 사족들이 자기 종에게 장가들어 낳은 사람들을 아비가 職이 있는 사람이 아니면 양민에 속하지 못하도록 하여, 期服, 功服의 가까운 친족이 종이 되어 역사를 하게 되니, 常道를 무너뜨리고 풍속을 혼란시키게 되어, 사족으로서 의관을 갖춘 사람의 자손이 도리어 향리나 역리들의 자손만도 못하니 진실로 사체에 어그러집니다. 신의 생각에는 만약 자기의 종에게서 보게 된 소생이라면, 비록 음직은 없더라도 향리 등의 예에 의거하여, 모두 보충대에 속하도록 하여 종량하는 길이 열리게 한다면, 군액이 정밀하여지고 保人의 수효도 넉넉하지 못할 염려가 없으리라고 여깁니다.[34)

다소 인용이 길었는데, 여기서 최정의 주장은 이미 앞에서 살핀 무오사림들의 주장의 연장선에 있음을 확인할 수 있다. 그는 관직이 없는 재지사림들의 현실적 상황을 잘 대변하면서 보충대의 소속의 확대를 요청하였다. 최정은 비거족 출신으로[35) 사림파의 핵심인물은 아니었으나 사림파의 이념을 같이하는 사림파였다.

이러한 제안에 대하여 중종은 병조에 명하여 議啓하도록 하였으나 조선왕조실록에는 이에 대해 논의한 기록을 찾을 수 없다. 당시는 아직 사림파가 조직적으로 활동하기 이전이어서, 이를 지원할 세력이 충분하지 않아

---

34) 『중종실록』권9, 중종 4년 9월 경신.
35) 최정은 비거족인 전주최씨 집안의 사람으로 사림파와 그 이해관계를 같이 할 수 있는 자였으나, 핵심 사림파와 같이 활동하지는 않았다(『연산군일기』권62, 연산군 12년 5월 기축;『중종실록』권10, 중종 5년 1월 기사).

서 본격적인 논의가 진행되지 않은 것으로 보인다.

이 문제가 다시 제기된 것은 사림파가 그 활동을 본격적으로 시작한 중
종 10년이었다. 문제를 제기한 이는 신용개였다. 신용개는 기묘사림파의
핵심인물은 아니었으나, 김일손이 신용개를 김종직의 제자라고 언급할 만
큼36) 사림파의 개혁에 동참한 인물이었다.37) 경연에서 신용개는 함경도의
군비가 虛疎함을 지적하면서 그 대안을 다음과 같이 지적하였다.

　　　　대저 공사천 남녀로 交嫁한 소생은 모두 종천하니 이로 인하여 양민
　　이 점차 적어집니다. 금후에 종부종모의 법을 모름지기 한 법으로 정
　　하여 양인의 남녀소생이 모두 종천되지 않도록 함이 어떠합니까?38)

신용개는 양인의 확대를 위해서 종부종모법을 개선하자고 주장하고 있
다. 그의 주장은 성종대 사림파와 연산군대 김일손 주장의 연장선 위에 있
었다. 이러한 제안이 있자 경연에 참석한 정광필 등은 종모종부법의 논의
보다는 보충대의 '급양민'의 석자를 첨가하는 것을 논의하자고 제안하였
다.39) 앞에서 언급했듯이 보충대 규정을 개정하는 것이 종부법보다 보충
대라는 절차가 있는 완만한 방법이었다.

---

36) 『연산군일기』 권30, 연산군 4년 7월 신해.
37) 최이돈 「조선 중기 신용개의 정치활동과 정치인식」 『최승희교수 정년기념논총』
　　2002.
　　신용개는 신숙주의 손자로 대표적인 훈구가문의 인물로 이해되고 있었다. 그러나
　　기묘사림은 그 구성원의 폭이 넓어지면서 무오사림과는 달리 훈구가문이나 학파
　　적으로 인맥이 다른 구성원도 포함되는 이념집단이었다. 이에 대한 판단은 정치
　　적 이념에 공감하는 정도, 즉 사림의 정책과 이에 동조 여부가 중요하였다. 이러
　　한 관점에서 본다면 신용개는 사림파로 이해할 수 있다. 그는 향약의 실시나 현
　　량과의 실시, 昭陵의 복위 등 사림이 추진한 핵심적인 정치 사안에서 사림파의
　　주장에 동참하는 태도를 보여주고 있다.
38) 『중종실록』 권21, 중종 10년 2월 경자.
39) 『중종실록』 권21, 중종 10년 2월 계묘.

중종은 이 문제를 대신들에게 논의하도록 하였으나 바로 논의되지 못하고, 조금 시간이 지난 6월에 중종이 다시 이 문제를 거론하면서 논의되었다. 논의에서 유순, 정광필 등 대부분의 대신들은 이미 성종대에 '급양민' 세 글자를 빼버린 논의가 상세하므로 더 언급할 것이 없다고 빼버리는 쪽으로 의견을 표시하였다. 그러나 이 문제를 제기한 신용개는 군액이 부족한 현실을 지적하면서 '급양민' 세 자를 옛 조문에 첨가 기록하여 양인이 되는 길을 넓히는 것이 마땅하다고 주장하였다.

신용개는 '급양민'의 첨가를 반대하는 훈구들을 다음과 같이 신랄하게 비판하였다.

> 율문에는 양천이 혼인하는 것을 금지한 것이 있는데, 우리나라는 그 법에 따르지 않고 이 법을 주로 하는 것은, 그 奴로 하여금 양녀에게 장가들게 하여 그 소생을 점유해서 자기에게 소속되게 하려는 것이니, 양인이 줄어드는 것은 또한 이 때문입니다.[40]

신용개는 훈구들이 반대하는 본질적인 이유를 매우 구체적으로 지적하고 있다. 이에 의하면 훈구파가 반대하는 핵심적인 이유는 보충대가 허용되면, 양천교혼으로 노비를 증식하는 것에 지장이 있었기 때문이었다.

또한 신용개는 훈구들이 급양민 첨가를 반대하는 근거로 주장하는 신분 인식에 대해서도 다음과 같이 강하게 비판하고 있다.

> 양인이 공사천에 장가들어 낳은 자식과 대소 관원의 첩의 소생으로 면천하는 자와 그 높고 낮은 신분이 무엇이 그다지 동떨어지게 다르겠습니까? 그런데 이에 구애되어 그들에게 양민이 되는 것을 허락하지 않는단 말입니까?[41]

---

40) 『중종실록』 권22, 중종 10년 6월 신유.
41) 상동조.

신용개는 훈구들이 주장하는 사족과 양인 사이의 신분적인 격차를 인정하지 않고 '양인이 공사천에 장가들어 낳은 자식'과 '대소 관원의 첩의 소생'의 신분적 차이는 크지 않은 것으로 주장하였다. 이러한 신용개의 입장 표명은 상당히 진보적인 것이었다.

이 논의에 사림파가 대거 참여하여 신용개를 지원하였다. 안당, 이장곤, 유인숙, 김구, 윤자임, 기준 등 사림파의 핵심인물들은 적극 '급양민'을 첨가하자는 입장을 표명하였다.[42] 그러나 훈구파의 다수에 밀려서 그들의 의사를 관철하지 못하였다. 중종 10년이라는 시점에서 사림파는 핵심세력이 결집되어가고 있었으나, 아직 정치 주도세력으로 부각되지 못하면서 이러한 결과를 보였다.

그러나 양인의 부족은 계속 문제로 제기되면서 이 문제는 중종 11년 다시 거론되었다. 경연 중에 양민이 적고 천인이 많은 것이 문제로 제기되자, 영사로 경연에 참여한 신용개는 그 해결방법으로 다음과 같은 방법을 제기하였다.

> 지금 법령이, 천구는 어미의 신분을 따르게 됩니다. 노가 양녀에게 장가드는 경우는 적고 비가 양부에게 시집가는 경우는 많으므로 천구가 되는 길은 많고 양민이 되는 길은 적습니다. 그러므로 군액이 날로 감소됩니다. 전일에 신이 이미 논의하였으나, 대신들이 조정의 논의에서 모두 어렵게 여겼는데, 이제는 모름지기 양민에게 시집가지 못하는 법을 정해야 합니다.[43]

신용개는 양인이 감소되는 상황을 제시하면서 양인이 천녀에게 장가가는 경우가 많음을 지적하고, 양인과 천인간의 결혼을 금하자고 제안하였다. 이 방법은 이미 신용개가 종부법이나 종모법 한 가지만을 취할 것을

---

42) 상동조.
43) 『중종실록』 권27, 중종 11년 12월 갑인.

주장한 것이 받아들여지지 않는 상황에서, 한걸음 더 나아간 방법이었다. 이 제안에 대하여 자리를 같이 한 특진관 성몽정이 이에 동감하면서 "오래지 않아 필연코 양민이 전혀 없게 될 것이다."고 강조하니, 중종은 대신들에게 이 문제를 다시 의논하도록 명하였다.

이에 대신들이 이 문제를 논의하였는데, 사림파인 정광필은 "『경국대전』 보충대조의 '大小人員' 아래 '及良民' 3자를 삭제했기 때문에 양민이 되는 길이 넓지 못하니, 이 뒤로는 添入함이 어떠하리까?"라고[44] 보충대 개선방안을 대안으로 제시하였다. 이 안은 양천교혼을 금지하는 것보다는 훈구파의 입장에서도 부담이 덜한 안이었다. 그러므로 대신들은 이 안에 동의하였고, 보충대의 조목에 '급양민' 세 글자를 첨가하여 양민의 천첩의 자녀도 보충대에 입속할 수 있도록 결정하였다.

이러한 결정은 양인의 부족이 계속 문제되는 상황에서, 이 문제를 지속적으로 제기한 사림파의 세력이 점차 강해지면서 가능하였다. 양인의 확대정책에 근거한 보충대의 개혁은 사림파의 주요 개혁 정책 중에 하나였다. 기묘사림은 정전제론을 제기하여 훈구의 토지소유 확대를 규제하고, 노비 소유 상한제를 만들어 훈구의 노비 소유의 확대를 제한하려 하였다. 보충대를 통한 양인 확대 정책은 이러한 개혁들의 연장선상에 있었다.

또한 이러한 논의과정에서 사림파의 신분제에 대한 입장도 분명해졌다. 사림파는 양인의 입장에서 신분제를 바라보고 있었고, 사족들이 가지는 신분적 특혜를 부정하는 입장에 서있었다. 그러므로 양인과 사족 사이에 신분적인 차대를 인정하지 않았다. 이러한 사림파의 진보성은 자신의 현실적 지위에 대한 인식과 더불어 훈구와의 대립 가운데서 모집단인 양인을 끌어들여 개혁의 동력으로 삼으려는 의도에서 나타난 것으로 이해된다.[45]

그러나 보충대의 개혁은 기묘사화로 인하여 중단되었다. 훈구파는 사림

---

44) 상동조.
45) 최이돈 「16세기 사림 중심의 지방정치 형성과 민」 『역사와 현실』 16, 1995.

파의 주도권을 제어하기 위해서 기묘사화를 일으켰고, 사림파가 추진한
개혁을 모두 중단시켰다. 당연히 보충대에 '급양민'의 조목 추가한 것 역시
비판의 대상이 되었다. 경연에서 이조판서 허굉은 다음과 같은 보충대의
문제점을 제시하였다.

> 급양민의 법이 있었기 때문에 散級의 牒紙 한 장만 가지고 있으면
> 천인의 자식이라도 모두 종량될 수 있었습니다. 따라서 대역하는 사람
> 은 편히 살 수가 없어 즉시 도망쳐버리게 됩니다. 감사가 순행할 때 대
> 역하는 사람을 추쇄하면 모두 죽었다고 핑계를 대니 아마도 사술이 있
> 는 것 같습니다.[46]

허굉이 보충대 문제를 지적하면서, 그 문제점으로 보충대가 되는 자를
대역하는 자의 관리 문제를 지적하였다. 우찬성 홍숙은 이에 동의하면서
"외방 사람들은 자기의 아비가 아니라도 혹 양인을 거짓 아비로 삼아 모두
종량되기를 획책하고 있습니다. 또 양계의 女妓들은 土官을 거짓 아비라
일컬어 종량해서 신역을 면하고 있으니 이 폐단도 역시 많습니다."[47]라고
지적하였다.

이러한 '급양민'의 추가에 대한 폐단이 제기되자 며칠 뒤 중종은 대신들
의 논의를 명령하였다. 이에 정부는 논의하여 다음과 같이 이 법의 폐지를
주장하였다.

> 급양민 3자는 구전에 실려 있는 말인데, 지금 행용되고 있는 『대전』
> 을 인간할 때는 삭제해 버렸습니다. 삭제할 때 법연히 의논해서 결정한
> 것은 아닐 것입니다. 또 이 법을 다시 쓰게 된 이유는, 병자년에 어느
> 대신이 건의해서 다시 쓰게 된 것이지 조정이 첨의한 일은 아니었습니
> 다. 이 법뿐만이 아니라 모든 법의 폐립에 있어 첩을 내는 것은, 양사가

---

46) 『중종실록』 권58, 중종 21년 12월 정묘.
47) 상동조.

서경하고 공론이 귀일된 뒤에야 할 수 있는 것입니다. 따라서 한 때의 분부를 받들어 법을 만드는 것은 매우 온당치 못한 일입니다. 병자년 이후로 이 법을 적용해서 종량된 사람은 지금 환천시킬 수 없었습니다. 그러니 내년부터는 이 법을 쓰지 않는 것이 어떻겠습니까?48)

훈구대신들은 보충대의 개혁이 사헌부와 사간원의 서경을 거치지 않고 시행되었다는 궁색한 이유를 달아서 '급양민' 세 글자를 삭제할 것을 요청하였다. 이를 중종이 받아들이면서 보충대에 양인의 소생이 들어갈 수 있는 길은 닫히게 되었다.49) 이러한 정부의 보충대 규정에 대한 입장은 그들이 제시한 근거의 궁색함을 감안할 때 기묘사화 이후 사림이 퇴진하면서 나타나는 보수적인 성향의 복귀로 밖에 설명할 수가 없다. 그러므로 이 문제는 여기서 끝나는 것이 아니라 사림의 재등장과 함께 다시 거론될 수 있는 문제였다.

3. 중종 말기 補充隊 논의의 재개

이후 보충대의 논의는 한동안 거론되지 못하였다. 그러나 중종 말기 김안로가 퇴진하고서 일부 사림파가 정치에 진출하면서 논의가 재론되었다. 중종 36년에 이 문제가 본격적으로 논의의 대상이 되었다. 이미 이 시기에 이르면 송인수가 대사헌, 송순이 대사간을 맡는 등 사림이 언론을 주도하면서50) 경연을 통해서 향촌 군역의 폐단을 적극적으로 지적하고 있었다. 군역이 부실화되고 유명무실화 되고 있었으며, 족징, 인징 등의 악순환으로 향촌이 유지될 수 없는 상황이 제시되고 있었다.51) 이러한 문제제기의

---

48) 상동조.
49) 상동조.
50) 『중종실록』 권96, 중종 36년 10월 경진; 11월 신묘.

결과 중종은 승정원에 다음과 같이 보충대 규정을 검토하도록 지시하였다.

> 군액이 날로 줄어드는 것은 양민이 줄어들기 때문이다. (중략) 그러
> 므로 법을 세워 사천과 양민들로 하여금 서로 혼인하지 못하도록 하였
> 는데, 비록 이러한 법을 세우기는 하였지만 금단하기가 어렵고 다시
> 딴 방책도 없다. 『대전』에 있는 '급양민'의 법을 시행하는 것이 어떻겠
> 는가? (중략) 법조를 세우는 것 역시 경솔하게 개정할 수 없는 일이니
> 아울러 이런 뜻으로 대신들에게 의논하라.[52]

이는 양민 확보 차원에서 보충대 문제를 다시 거론한 것이다. 이러한 중
종의 명령에 따라서 삼공이 논의하였는데, 이들은 "이 일은 경솔하게 의논
할 수 없으니 뒷날 빈청에서 널리 의논하는 것이 어떻겠습니까?"라고 답
하였다. 이러한 의견이 있자 중종은 더 많은 구성원들로 널리 의논하라고
명하였다.[53]

며칠 뒤 논의에 홍언필, 김안국, 권벌, 유인숙, 이언적 등의 사림파가 대
거 참여하였으나, 좋은 결론을 얻지 못하였다. 논의의 결과 다수의 대신들
이 "'급양민'이란 세 글자의 법은 전부터 법전에 있는 것이니 만일 이번에
거행한다면 종량의 길이 넓어질 듯합니다. 그러나 시행한지 오래지 않아
즉시 폐지하였는데 그 시기가 이미 오래되었으니 한갓 시끄럽게만 될 것
입니다."라고[54] 시행에 반대하였다.

그러나 양인이 줄어드는 문제는 지속되었으므로, 이에 대한 문제 제기
는 계속되었고, 급양민 추가 논의는 언제든지 재연될 수 있었다. 특히 경
연에서 이 문제는 계속 거론되었다. 그러므로 중종 38년에 중종은 이 문제
를 다시 논의하도록 다음과 같이 명하였다.

---

51) 『중종실록』 권96, 중종 36년 11월 계묘.
52) 『중종실록』 권97, 중종 36년 12월 계축.
53) 『중종실록』 권97, 중종 36년 12월 계해.
54) 『중종실록』 권97, 중종 36년 12월 을해.

　　근래 큰 시폐 가운데 하나가 賤口는 많고 良民이 적은 것이다. (중략) 이 뜻을 정승들에게 의논하되 '아비의 신역을 따르는 법'을 쓴다면 온 나라가 다 써야 마땅하다. 그러나 예부터 시행하지 않던 일을 이제 갑자기 시행하는 것은 매우 어려운 일이다. 전에 及良民 석 자를 쓰려 하였다가 종량한 자가 많으므로 도로 삭제하였다. 그러나 양민이 많게 하려면 어쩔 수 없이 이러한 일을 시행해야 되겠다. 경연에서 나라를 위하여 논의할 때마다 모두들 이것을 급한 일이라 하는데, 급양민 석 자를 이제 시행해야 할 것인가? 의논하여 아뢰라.55)

　　여기서 중종은 '아비의 신역을 따르는 법' 즉 종부법의 시행과 보충대의 '급양민'을 추가하는 방법을 제시하면서 이는 의논해 보도록 명하였다. 양민 확대책으로 보충대의 개선과 종부법이 같이 제시되자, 관원들은 논의를 통하여 종부법을 반대하면서 보다 온건한 방책인 보충대의 개선책을 받아들이는 결정을 하였다. 정부에서는 보충대의 제도 개선을 '법을 새로 세우는 것은 아니다'라는 명분을 내걸고 수용하였다.56) 이러한 결과는 『대전후속록』에 기록되었다.57) 이로 인해서 양인의 천처첩의 자녀가 보충대에 입속되고 양인이 되는 길이 열렸다.

　　이러한 결정은 이후 별다른 변화 없이 지속되면서 후속적인 조치들이 취해진다. 명종 3년에는 양인 소생으로서 보충대를 통해서 양인이 된 사람이 다시 천인과 결혼하여 얻은 소생이 천인인가 양인인가의 여부가 논의되었다. 대신들은 "새로이 양인이 된 사람도 이미 양인이니 (중략) 양인의 예에 의하여 속신을 허락함이 해롭지 않을 것 같습니다."58)라고 『후속록』에 '급양민' 세 자를 첨입한 의미를 거듭 확인하였다. 이미 천첩소생이 보충대를 통해서 양인이 된 것을 인정한 위에서 취해진 조치였다.

---

55) 『중종실록』 권101, 중종 38년 7월 신해.
56) 『중종실록』 권101, 중종 38년 7월 정사.
57) 『대전후속록』 「형전」 천첩자녀조.
58) 『명종실록』 권8, 명종 3년 12년 신미.

맺음말

　이상에서 성종대와 중종대에 걸쳐 이루어진 보충대 문제를 둘러싼 논의
과정과 그 결과를 살펴보았다. 정리된 내용을 요약하면서 결론을 맺고자
한다. 조선의 신분제는 양인과 천인을 신분의 기본 축으로 하였으나 현실
적으로 양인이나 천인으로 호칭하기에 애매한 신분들이 존재하였고, 이를
처리하기 위하여 만든 제도 중의 하나가 보충군이었다. 당시 보충군에 소
속할 수 있는 부류들은 여러 종류였다. 이는 양인의 신분을 확인할 수 있
는 기록이 부족한 경우, 신분은 양인이나 천역에 종사한 경우, 그리고 양
인과 천인이 결혼하여 낳은 소생의 경우 등이었다. 이러한 신분이 애매한
부류들은 보충군이 설치된 이후 대부분 정리되었고, 성종대에 이르면 양
인과 천인 사이에서 태어난 자녀들만이 계속 보충대의 대상으로 남았다.

　따라서 정부에서는 양인과 천인 사이의 소생에 대한 처리에 고심하였
다. 그 결과 일반 양인과 천인 사이의 결혼을 금하였고, 그들 사이에 소생
이 있는 경우에는 천인으로 간주하는 입장을 취하였다. 이러한 입장에서
예외적인 것은 관원과 천인 사이의 소생들이었는데, 이들은 보충대를 통
해서 양인이 될 수 있도록 하였다. 물론 여기에서 관원은 기술직 등 잡직
이 배제된 사족직에 한정되었으므로 보충대는 양천을 변정하기 위한 제도
로 출발하였으나, 그 의미가 축소되면서 사족을 우대하는 제도로 변질되
었다.

　사림파는 성종대에 이르러 중앙정치에 진출하면서 이 문제에 관심을 표
하였다. 사림파가 이 문제에 임하는 관점은 '양인의 확대'라는 것이었다.
당시 양인수의 축소는 향촌의 재생산구조를 위협하는 중요한 문제였는데,
사림파가 이해하는 양인의 수가 축소되는 가장 중요한 원인은 훈구들의
노비 수의 확대였다. 훈구들이 노비의 수를 확대하는 주된 방법은 양인의
투탁과 양천교혼이었다.

　이러한 상황이 있었으므로 사림파는 양인 확대라는 관점에서 보충대 제
도를 바꾸어 양천교혼으로 인한 훈구파의 노비 증식을 제한하려 하였다.
그러므로 사림파는 당시까지 사족의 천첩소생만을 보충대에 소속시켜 양
인이 되도록 허용하던 것을, 일반양인 남자와 천녀의 소생까지도 보충대
에 소속시켜 양인을 확대하고자 하였다. 이러한 사림파의 주장은 훈구의
경제적 기반을 제한하려는 것으로 토지소유의 상한선을 제시한 한전제 논
의, 소유 노비수의 제한을 요구한 노비소유 상한제의 주장 등과 동일한 선
상에 있는 것이었다.

　이러한 사림파의 주장에 대하여 훈구들은 명분론적으로는 사족과 양인
의 신분이 다르다는 것과, 현실론적으로는 보충대 제도를 바꾸면 공노비
제도의 약화를 일으킬 것이라는 점을 들어 반박하면서 개혁을 거부하였다.
이에 사림은 공노비제도의 약화를 주장하는 것에 대하여는 보충대의 입속
을 허용하는 것이 속신을 전제로 하는 것이므로 전혀 문제가 되지 않는다
고 반박하였고, 신분이 다르다는 주장에 대하여서는 사족의 소생과 양인
의 소생이 무엇이 다른가라고 반박하였다. 사림파는 기본적으로 사족이
가지는 신분적 특권을 부정하고 있었다.

　보충대의 개선논의가 이러한 맥락에 서 있었기 때문에 성종대부터 중종
대에 이르기까지 이 문제를 둘러싼 사림파와 훈구파의 대립은 치열하였고,
세력 관계에 따라서 치폐를 거듭하였다. 즉 성종대에는 무오사림들에 의
해서 일시적으로 개혁이 실시되었으나 곧 폐지되었다. 중종대에는 기묘사
림들이 주도권을 잡으면서 개혁이 실시되었으나, 기묘사화 이후 중단되었
으며, 중종말기에 사림이 재집권하면서 다시 시행되었다.

　이러한 논의과정을 통해서 사림파는 자신의 신분을 양인으로 자리매김
하고 있었다. 사림파의 외연이 확대되어감에 따라 그 모집단이 되는 지방
의 사림들의 신분적 지위는 자신들의 천첩소생을 보충대에 입속시키지 못
하는 양인에 불과하였다.

사림파의 이러한 입장은 정치의 주도권을 잡으면서도 변하지 않았다. 즉 사림파가 정치적 주도권을 장악한 이후에도 사림의 지위를 법적으로 높이려는 시도는 하지 않았다. 그러므로 향촌에서 사림과 일반 양인을 구분할 법적 규정은 존재하지 않았다. 이는 사림파가 향촌에서 주도권을 행사하기 위해서는 자신들의 지위를 확인해 줄 수 있는 비법제적인 장치가 필요하였음을 의미한다. 성종대 이후 사림파가 추진한 유향소의 복립과 향약의 시행 등 일련의 자치 운동들은 비법제적 장치를 통해서 자신들의 사회적 지위를 인정받기 위한 노력이었는데, 이러한 동향은 사림파의 신분인식과 불가분의 관계에서 진행되었다. 그러나 사림이 노력하여 확보한 지위도 법제적인 틀 안에서 인정되지 못한 사회적 지위에 불과하였다.

다만, 사림에 의해서 구축된 사회적 지위가 어떠한 과정을 통해서 사회적 신분으로 정착되고, 나아가 지배신분으로까지 인정을 받았는지의 과정은 매우 흥미로운데, 조선 후기의 신분제인 반상제와의 연결을 위해서 좀 더 관심을 기울여야 할 주제이다.

이러한 사림파의 신분제 인식과 동향은 기존의 연구에서 사림파의 등장과 신분제의 보수화를 연결시키려는 논의는 근거가 없음을 보여준다. 오히려 사림파는 양인의 입장에 서서 양인의 지위를 높이려고 노력하였고, 사족이 가지는 기득권을 부정하고 있었으므로 이들이 가지는 신분적 인식과 동향은 훈구파에 비하여 진보적이었다(최이돈 「16세기 사림의 신분제 인식」 『진단학보』 91, 2001).

참고문헌

저서

강제훈 『조선초기 전세제도 연구』 고려대학교 출판부 2002.
강진철 『한국중세토지소유연구』 일조각 1989.
권영국 등 『역주 고려사 식화지』 한국정신문화연구원 1996.
김 돈 『조선전기 권신권력관계 연구』 서울대출판부 1997.
김두헌 『한국가족제도 연구』 서울대학출판부 1969.
김용섭 『한국중세농업사연구』 지식산업사 2000.
김우기 『조선중기 척신정치연구』 집문당 2001.
김태영 『조선전기토지제도사연구』 지식산업사 1983.
도현철 『고려말 사대부의 정치사상연구』 일조각 1999.
박종진 『고려시기 재정운영과 조세제도』 서울대학교출판부 2000.
박홍갑 『조선시대의 문음제도 연구』 탐구당 1994.
송양섭 『조선후기 둔전연구』 경인문화사 2006.
송준호 『조선사회사연구』 일조각 1990.
역사학회편 『노비 농노 노예』 일조각 1998.
유승원 『조선초기 신분제 연구』 을유문화사 1986.
이경식 『조선전기 토지제도연구』 일조각 1986.
이경식 『조선전기 토지제도연구』2 지식산업사 1998.
이경식 『고려전기의 전시과』 서울대학교 출판문화원 2007.
이기명 『조선시대 관리임용과 상피제』 백산자료원 2007.
이병휴 『조선전기 기호사림파연구』 일조각 1984.
이병휴 『조선전기 사림파의 현실인식과 대응』 일조각 1999.
이성무 『조선초기 양반연구』 일조각 1980.
이성무 『한국과거제도사』 민음사 1997.
이수건 『영남사림파의 형성』 영남대출판부 1979.
이수건 『한국중세사회사연구』 일조각 1984.
이수건 『조선시대 지방행정사』 민음사 1989.
이수건 『영남학파의 형성과 전개』 일조각 1995.
이존희 『조선시대 지방행정제도연구』 일지사 1990.

이태진『조선유교사회사론』지식산업사 1990.
이태진『의술과 인구 그리고 농업기술』태학사 2002.
이태진『한국사회사연구』지식산업사 2006.
임용한『조선전기 수령제와 지방통치』혜안 2002.
장병인『조선전기 혼인제와 성차별』일지사 1997.
전봉덕『한국법제사 연구』서울대학교 출판부 1978.
정두희『조선초기 정치지배세력연구』일조각 1983.
정두희『조선시대의 대간연구』일조각 1994.
지승종『조선전기 노비신분연구』일조각 1995.
채웅석『고려사 형법지 역주』신서원 2009.
최승희『조선초기 언관 언론연구』서울대학교한국문화연구소 1976.
최승희『조선초기 정치사연구』지식산업사 2002.
최승희『조선후기 사회신분사연구』지식산업사 2003.
최이돈『조선중기 사림정치구조 연구』일조각 1994.
최재석『한국가족연구』일지사 1982.
한영우『조선전기 사회사상연구』지식산업사 1983.
한영우『조선전기 사회사상연구』지식산업사 1983.
한영우『조선시대 신분사연구』집문당 1997.
한영우『정도전사상의 연구』서울대학교 출판부 1999.
한영우『양성지』지식산업사 2008.
한영우『과거 출세의 사다리』1,2,3 지식산업사 2013.

논문

강만길「조선전기 공장고」『사학연구』12, 1961.
강제훈「답험손실법의 시행과 전품제의 변화」『한국사학보』8, 2000.
강제훈「조선초기 전세제 개혁과 그 성격」『조선시대사연구』19, 2001.
강제훈「세종 12년 정액 공법의 제안과 찬반론」『경기사학』6. 2002.
강제훈「조선초기의 조회의식」『조선시대사학보』28, 2004.
강진철「고려전기의 공전 사전과 그의 차율수조에 대하여」『역사학보』29, 1965.
강진철「고려전기의 지대에 대하여」『한국중세토지소유연구』일조각 1989.
고영진「15 16세기 주자가례의 시행과 그 의의」『한국사론』21, 1989.

권내현 「조선초기 노비 상속과 균분의 실상」 『한국사학보』 22, 2006.

권연웅 「조선 성종대의 경연」 『한국문화의 제문제』 1981.

권영국 「고려전기 상서 6부의 판사와 지사제」 『역사와 현실』 76, 2010.

구덕회 「선조대 후반 정치체계의 재편과 정국의 동향」 『한국사론』 20, 1989.

김갑주 「원상제의 성립과 기능」 『동국사학』 12, 1973.

김 돈 「중종대 언관의 성격변화와 사림」 『한국사론』 10, 1984.

김 돈 「16세기 전반 정치권력의 변동과 유생층의 공론형성」 서울대학교 박사학위
　　논문 1993.

김동수 「고려시대의 상피제」 『역사학보』 102, 1984.

김동인 「조선전기 사노비의 예속 형태」 『이재룡박사 환력기념논총』 1990.

김성준 「종친부고」 『사학연구』 18, 1964.

김영석 「고려시대와 조선초기의 상피친」 『서울대학교 법학』 52권 2호, 2011.

김옥근 「조선시대 조운제 연구」 『경제학연구』 29, 1981.

김용만 「조선시대 균분상속제에 관한 일 연구」 『대구사학』 23, 1983.

김용만 「조선시대 사노비 일 연구」 『교남사학』 4, 1989.

김용선 「조선전기의 음서제도」 『아시아학보』 6, 1990.

김용섭 「고려전기의 전품제」 『한우근박사정년기념 사학논총』 1981.

김용섭 「토지제도의 사적 추이」 『한국중세농업사연구』 지식산업사 2000.

김용흠 「조선전기 훈구 사림의 갈등과 그 정치사상적 함의」 『동방학지』 124, 2004.

김우기 「조선전기 사림의 전랑직 진출과 그 역할」 『대구사학』 29, 1986.

김우기 「전랑과 삼사의 관계에서 본 16세기의 권력구조」 『역사교육논집』 13, 1990.

김재명 「고려시대 십일조에 관한 일연구」 한국정신문화연구소 석사학위논문 1984.

김재명 「고려시대 십일조에 관한 일고찰」 『청계사학』 2, 1985.

김재명 「조선초기의 사헌부 감찰」 『한국사연구』 65, 1989.

김재명 「조세」 『한국사』 14, 1993.

김정신 「조선전기 사림의 公認識과 君臣共治論」 『학림』 21, 2000.

김준형 「조선시대 향리층 연구의 동향과 문제점」 『사회와 역사』 27, 1991.

김창수 「성중애마고」 『동국사학』 9,10, 1966.

김창현 「조선초기의 문음제도에 관한 연구」 『국사관논총』 56, 1994.

김태영 「과전법상의 답험손실과 수조」 『조선전기 토지제도사연구』 지식산업사 1983.

김필동 「신분이론구성을 위한 예비적 고찰」 『사회계층』 다산출판사 1991.

김한규 「고려시대의 薦擧制에 대하여」 『역사학보』 73, 1977.

김한규 「西漢의 求賢과 文學之士」 『역사학보』 75,76, 1977.

김항수 「16세기 사림의 성리학 이해」 『한국사론』 7, 1981.

김현영 「조선 후기 남원지방 사족의 향촌지배에 관한 연구」 서울대학교 박사학위
  논문 1993.
김형수 「책문을 통해서 본 이제현의 현실인식」 『한국중세사연구』 13, 2002.
남지대 「조선초기의 경연제도」 『한국사론』 6, 1980.
남지대 「조선 성종대의 대간언론」 『한국사론』 12, 1985.
남지대 「조선초기 중앙정치제도연구」 서울대학교 대학원 박사학위논문 1993.
남지대 「조선초기 예우아문의 성립과 정비」 『동양학』 24, 1994.
남지대 「조선중기 붕당정치의 성립기반」 『조선의 정치와 사회』 2002.
남지대 「태종초 대종과 대간 언론의 갈등」 『역사문화연구』 47, 2013.
노명호 「산음장적을 통해 본 17세기 초 촌락의 혈연양상」 『한국사론』 5, 1979.
노명호 「고려의 오복친과 친족관계 법제」 『한국사연구』 33, 1981.
도현철 「정도전의 정치체계 구상과 재상정치론」 『한국사학보』 9, 2000.
민두기 「중국의 전통적 정치상」 『진단학보』 29,30, 1966.
박 진 「조선초기 돈녕부의 성립」 『한국사학보』 18, 2004.
박국상 「고려시대의 토지분급과 전품」 『한국사론』 18, 1988.
박시형 「이조전세제도의 성립과정」 『진단학보』 14, 1941.
박재우 「고려 공양왕대 관제개혁과 권력구조」 『진단학보』 81, 1996.
박재우 「고려전기 6부 판서의 운영과 권력관계」 『사학연구』 87, 2007.
박종진 「고려초 공전 사전의 성격에 대한 재검토」 『한국학보』 37, 1984.
박진우 「조선초기 면리제와 촌락지배의 강화」 『한국사론』 20, 1988.
박진우 「15세기 향촌통제기구와 농민」 『역사와 현실』 5, 1991.
박진훈 「고려말 개혁파사대부의 노비변정책」 『학림』 19, 1998.
박천규 「문과초장 講製是非攷」 『동양학』 6, 1976.
배재홍 「조선전기 처첩분간과 서얼」 『대구사학』 41, 1991.
배재홍 「조선시대 천첩자녀의 종양과 서얼신분 귀속」 『조선사연구』 3, 1994.
배재홍 「조선시대 서얼 차대론과 통용론」 『경북사학』 21, 1998.
백옥경 「조선전기 역관의 성격에 대한 일고찰」 『이대사원』 22,23, 1988.
설석규 「16세기 전반 정국과 유소의 성격」 『대구사학』 44, 1992.
설석규 「16-18세기의 유소와 공론정치」 경북대학교 박사학위논문 1994.
성봉현 「조선 태조대의 노비변정책」 『충북사학』 11,12합집 2000.
송수환 「조선전기의 왕실 노비」 『민족문화』 13, 1990.
송준호 「조선양반고」 『한국사학』 4, 1983.
신명호 「조선초기 왕실 편제에 관한 연구」 한국정신문화연구원 박사학위논문 1999.
신채식 「송대 관인의 推薦에 관하여」 『소헌 남도영박사 화갑기념 사학논총』 1984.

신해순「조선초기의 하급서리 이전」『사학연구』35, 1982.

신해순「조선전기의 경아전연구」성균관대 박사학위논문 1986.

안병우「고려의 둔전에 관한 일고찰」『한국사론』10, 1984.

오금성「중국의 과거제와 그 정치사회적 기능」『과거』일조각 1983.

오수창「인조대 정치세력의 동향」『한국사론』13, 1985.

오종록「조선전기의 경아전과 중앙행정」『고려 조선전기 중인연구』신서원 2001.

우인수「조선명종조 위사공신의 성분과 동향」『대구사학』33, 1987.

유승원「조선초기의 신량역천 계층」『한국사론』1, 1973.

유승원「조선초기의 잡직」『조선초기 신분제연구』을유문화사 1986.

유승원「조선초기 경공장의 관직」『조선초기 신분제연구』을유문화사 1986.

유승원「양인」『한국사』25, 1994.

유승원「조선시대 양반 계급의 탄생에 대한 시론」『역사비평』79, 2007.

유승원「조선 태종대 전함관의 군역: 수전패 무수전패의 복역을 중심으로」『역사학보』210, 2011.

유승원「한우근의 조선 유교정치론 관료제론」『진단학보』120, 2014.

윤남한「하곡조천기 해제」국역『하곡조천기』2008.

윤희면「경주 司馬所에 대한 일 고찰」『역사교육』37,38, 1985.

이경식「조선초기 둔전의 설치와 경영」『한국사연구』21,22, 1978.

이경식「고려전기의 평전과 산전」『이원순교수 화갑기념사학논총』1986.

이경식「조선 건국의 성격문제」『중세 사회의 변화와 조선건국』혜안 2005.

이경식「고려시대의 전호농민」『고려시대 토지제도연구』2012.

이광린「제조제도 연구」『동방학지』8, 1976.

이기백「고려주현군고」『역사학보』29, 1965.

이기백「고려 양계의 주현군」『고려병제사연구』1968.

이남희「조선시대 잡과입격자의 진로와 그 추이」『조선시대의 사회와 사상』1998.

이남희「조선전기 기술관의 신분적 성격에 대하여」『고려 조선전기 중인연구』신서원 2001.

이민우「고려말 사전 혁파와 과전법에 대한 재검토」『규장각』47, 2015.

이범직「조선전기의 校生身分」『韓國史論』3, 1976.

이병휴「조선중종조 정국공식의 성분과 동향」『대구사학』15,6합집 1978.

이병휴「현량과 연구」『조선전기 기호사림파연구』일조각 1984.

이병휴「영남 기호 사림의 접촉과 사림파의 형성」『조선전기 기호사림파연구』일조각 1984.

이병휴「16세기 정국과 영남사림파의 동향」『조선전기 사림파의 현실인식과 대응』

일조각 1999.

이병휴「사재 김정국의 개혁론과 그 성격」『조선전기 사림파의 현실인식과 대응』
　일조각 1999.

이상백「서얼차대의 연원에 대한 연구」『진단학보』 1, 1934.

이상백「서얼금고시말」『동방학지』 1, 1954.

이성무「조선초기의 향리」『한국사연구』 5, 1970.

이성무「조선초기의 기술관과 그 지위」『유홍렬박사 화갑기념 논총』 1971.

이성무「선초의 성균관연구」『역사학보』 35,36, 1972.

이성무「십오세기 양반론」『창작과비평』 8(2), 1973.

이성무「고려 조선초기의 토지 소유권에 대한 제설의 검토」『성곡논총』 9, 1978.

이성무「공전 사전 민전의 개념」『한우근박사 정년기념사학논총』 1980.

이성무「조선초기 신분사 연구의 문제점」『역사학보』 102, 1984.

이성무「조선초기 노비의 종모법과 종부법」『역사학보』 115, 1987.

이성무「조선시대 노비의 신분적 지위」『한국사학』 9, 1987.

이성무「조선초기 음서제와 과거제」『한국사학』 12, 1991.

이수건「조선조 향리의 일 연구」『문리대학보』 3 영남대 1974.

이수건「영남사림파의 학문적 연원」『영남사림파의 형성』 영남대학교 출판부 1979.

이수건「영남사림파의 경제적 기반」『영남사림파의 형성』 영남대학교 출판부 1979.

이수건「조선전기 사회변동과 상속제도」『역사학보』 129, 1991.

이영훈「고문서를 통해본 조선 전기 노비의 경제적 성격」『한국사학』 9, 1987.

이영훈「조선전호고」『역사학보』 142, 1994.

이영훈「한국사에 있어서 노비제의 추이와 성격」『노비 농노 노예』 일조각 1998.

이영훈「고려전호고」『역사학보』 161, 1999.

이원택「15-16세기 주례 이해와 국가경영」『한국중세의 정치사상과 주례』 혜안 2005.

이장우「세종 27년 7월의 전제개혁 분석」『국사관논총』 92, 2000.

이재희「조선명종대 척신정치의 전개와 그 성격」『한국사론』 29, 1993.

이존희「조선전기의 외관제」『국사관논총』 8, 1989.

이태진「서얼차대고」『역사학보』 27, 1965.

이태진「사림파의 유향소복립운동」『진단학보』 34,35, 1972.

이태진「15세기 후반기의「거족」과 명족의식」『한국사론』 3, 1976.

이태진「중앙 오영제의 성립과정」『한국군제사-조선후기편』 1977.

이태진「16세기 사림의 역사적 성격」『대동문화연구』 13, 1979.

이태진「조선시대의 정치적 갈증과 그 해결」『조선시대 정치사의 재조명』 1985.

이태진「당쟁을 어떻게 볼 것인가」『조선시대 정치사의 재조명』 1985.

이태진 「李晦齋의 聖學과 仕宦」『한국사상사학』 1, 1987.

이태진 「조선시대 야사 발달의 추이와 성격」『우인 김용덕박사 정년기념사학논총』 1988.

이태진 「조선왕조의 유교정치와 왕권」『한국사론』 23, 1990.

이홍렬 「잡과시취에 대한 일고」『백산학보』 3, 1967.

임영정 「선초 보충군 산고」『현대사학의 제문제』 1977.

임영정 「조선초기의 관노비」『동국사학』 19,20합집, 1986.

장병인 「조선초기의 관찰사」『한국사론』 4, 1978.

장병인 「조선초기 연좌율」『한국사론』 17, 1987.

전형택 「보충군 입역규례를 통해 본 조선 초기의 신분구조」『역사교육』 30,31, 1982.

전형택 「조선초기의 공노비 노동력 동원 체제」『국사관논총』 12, 1990.

정다함 「조선초기 습독관 제도의 운영과 그 실태」『진단학보』 96, 2003.

정만조 「16세기 사림계 관원의 붕당론」『한국학논총』 12, 1990.

정만조 「조선시대의 사림정치」『한국사상의 정치형태』 1993.

정만조 「조선중기 유학의 계보와 붕당정치의 전개」『조선시대사학보』 17, 2001.

정재훈 「조선전기 유교정치사상 연구」 서울대학교 대학원 박사학위논문 2001.

정현재 「조선초기의 경차관에 대하여」『경북사학』 1, 1978.

정현재 「선초 내수사 노비고」『경북사학』 3, 1981.

정현재 「조선초기의 노비 면천」『경북사학』 5, 1982.

정현재 「조선초기의 외거노비의 개념 검토」『경상사학』 창간호 1985.

지두환 「조선전기 군자소인론의」『태동고전연구』 9, 1993.

지승종 「신분개념 정립을 위한 시론」『한국사회사 연구회 논문집』 11, 1988.

지승종 「조선전기 신분구조와 신분인식」『한국사연구의 이론과 실제』 1991.

지승종 「조선 전기의 서얼신분」『사회와 역사』 27, 1991.

지승종 「신분사 연구의 쟁점과 과제」『사회와 역사』 51, 1997.

차장섭 「조선전기의 사관」『경북사학』 6, 1983.

천관우 「조선토기제도사」 하『한국문화사대계』 2, 1965.

최승희 「집현전연구」『역사학보』 32,33, 1966,67.

최승희 「홍문관의 성립경위」『한국사연구』 5, 1970.

최승희 「조선초기 言官에 관한 연구」『한국사론』 1, 1973.

최승희 「弘文錄考」『대구사학』 15,16, 1978.

최승희 「조선시대 양반의 대가제」 진단학보 60, 1985.

최윤오 「세종조 공법의 원리와 그 성격」『한국사연구』 106, 1999.

최윤오 「조선시기 토지개혁론의 원리와 공법 조법 철법」『대호 이융조교수 정년논총』 2007.

최이돈 「16세기 郎官權의 형성과정」『한국사론』 14, 1986.

최이돈 「성종대 홍문관의 言官化 과정」『진단학보』 61, 1986.

최이돈 「16세기 사림파의 천거제 강화운동」『한국학보』 54, 1989.

최이돈 「16세기 郎官權의 성장과 朋黨政治」『규장각』 12, 1989.

최이돈 「16세기 공론정치의 형성과정」『국사관논총』 34, 1992.

최이돈 「조선초기 수령고소 관행의 형성과정」『한국사연구』 82, 1993.

최이돈 「海東野言에 보이는 허봉의 當代史 인식」『한국문화』 15, 1994.

최이돈 「16세기 사림 중심의 지방정치 형성과 민」『역사와 현실』 16, 1995.

최이돈 「16세기 전반 향촌사회와 지방정치」『진단학보』 82, 1996.

최이돈 「성종대 사림의 훈구정치 비판과 새 정치 모색」『한국문화』 17, 1996.

최이돈 「16세기 사림의 신분제 인식」『진단학보』 91, 2001.

최이돈 「조선중기 신용개의 정치활동과 정치인식」『최승희교수 정년기념논총』 2002.

최이돈 「조선전기 현관과 사족」『역사학보』 184, 2004.

최이돈 「조선초기 잡직의 형성과 그 변화」『역사와 현실』 58, 2005.

최이돈 「조선초기 공상의 신분」『한국문화』 38, 2006.

최이돈 「조선초기 공치론의 형성과 변화」『국왕 의례 정치』 이태진교수 정년기념
   논총 태학사 2009.

최이돈 「조선초기 서얼의 차대와 신분」『역사학보』 204, 2009.

최이돈 「조선초기 협의의 양인의 용례와 신분」『역사와 현실』 71, 2009.

최이돈 「조선초기 향리의 지위와 신분」『진단학보』 110, 2010.

최이돈 「조선초기 보충군의 형성과정과 그 신분」『조선시대사학보』 54, 2010.

최이돈 「조선초기 천인천민론의 전개」『조선시대사학보』 57, 2011.

최이돈 「조선초기 특권 관품의 정비과정」『조선시대사학보』 67, 2013.

최이돈 「조선초기 왕실 친족의 신분적 성격」『진단학보』 117, 2013.

최이돈 「조선초기 법적 친족의 기능과 그 범위」『진단학보』 121, 2014.

최이돈 「조선전기 사림파의 정치사상」『한국유학사상대계』 Ⅵ, 한국학진흥원 2014.

최이돈 「조선초기 공공통치론의 전개」『진단학보』 125, 2015.

최이돈 「태종대 과전국가관리체제의 형성」『조선시대사학보』 76, 2016.

최이돈 「조선초기 관원체계와 과전 운영」『역사와 현실』 100, 2016.

최이돈 「세조대 직전제의 시행과 그 의미」『진단학보』 126, 2016.

최이돈 「조선초기 提調制의 시행과정」『규장각』 48, 2016.

최이돈 「조선초기 佃夫制의 형성과정」『진단학보』 127, 2016.

최이돈 「조선초기 損失踏驗制의 규정과 운영」『규장각』 49, 2016.

최이돈 「고려 후기 수조율과 과전법」 『역사와 현실』 104, 2017.
최이돈 「세종대 공법 연분 9등제의 시행과정」 『조선초기 과전법』 경인문화사 2017.
최이돈 「조선초기 전부의 법적 지위」 『조선초기 과전법』 경인문화사 2017.
최재석 「조선시대의 상속제에 관한 연구」 『역사학보』 53,54, 1972.
한명기 「광해군대의 대북세력과 정국의 동향」 『한국사론』 20, 1989.
한상준 「조선조의 상피제에 대하여」 『대구사학』 9, 1975.
한영우 「여말선초 한량과 그 지위」 『한국사연구』 4, 1969.
한영우 「태종 세종조의 대사전시책」 『한국사연구』 3, 1969.
한영우 「조선초기 상급서리 성중관」 『동아문화』 10, 1971.
한영우 「조선초기의 사회계층과 사회이동에 관한 시론」 『제8회 동양학 학술회의
    강연초』 1977.
한영우 「조선초기 신분계층연구의 현황과 문제점」 『사회과학논평』 창간호 1982.
한영우 「조선초기의 상급서리와 그 지위」 『조선전기 사회경제연구』 을유문화사 1983.
한영우 「양성지의 사회 정치사상」 『조선전기 사회사상』 지식산업사 1983.
한영우 「조선초기 사회 계층 연구에 대한 재론」 『한국사론』 12, 1985.
한우근 「신문고의 설치와 그 실제적 효능에 대하여」 『이병도박사화갑기념논총』 1956.
한우근 「훈관검교고」 『진단학보』 29,30, 1966.
한충희 「조선초기 의정부연구」 『한국사연구』 31,32, 1980,1981.
한충희 「조선초기 육조연구」 『대구사학』 20,21, 1982.
한충희 「조선초기 육조연구 첨보」 『대구사학』 33, 1987.
한충희 「조선초기 육조연구」 고려대학교 박사학위논문 1992.
한충희 「조선초기 의정부당상관연구」 『대구사학』 87, 2007.
한충희 「조선 성종대 의정부연구」 『계명사학』 20, 2009.
한희숙 「조선초기의 잡류층에 대한 연구」 고려대학교 박사학위논문 1990.
홍순민 「조선후기 정치사상 연구현황」 『한국 중세사회 해체기의 제문제』 한울
    1987.

찾아보기

최이돈

서울대에서 학사, 석사, 박사학위를 받았다.

조선시대 정치사와 신분사를 연구하여 『조선정치사』(공저, 청년사, 1991), 『조선중기 사림정치구조 연구』(일조각, 1994), 『한국 전근대사의 주요 쟁점』(공저, 역사비평사 2002), 『한국 유학사상 대계』(공저, 한국학진흥원 2002), 『고종시대 공문서 연구』(공저, 태학사 2009) 등의 저서와 다수의 논문을 썼다.

서울대, 성심여대 등에서 강의하였고, 영국 University of Cambridge의 Visiting fellow 를 역임하였으며, 1993년부터 한남대 역사교육과 교수로 재직하고 있다.

조선전기 특권신분

초판 1쇄 발행 | 2017년 11월 02일
초판 2쇄 발행 | 2018년 12월 26일

지 은 이 　 최이돈

발 행 인 　 한정희
발 행 처 　 경인문화사
총 괄 이 사 　 김환기
편 　 집 　 김지선 박수진 유지혜 한명진
마 케 팅 　 전병관 하재일 유인순
출 판 번 호 　 406-1973-000003호
주 　 소 　 경기도 파주시 회동길 445-1 경인빌딩 B동 4층
전 　 화 　 031-955-9300 팩 　 스 　 031-955-9310
홈 페 이 지 　 www.kyunginp.co.kr
이 메 일 　 kyungin@kyunginp.co.kr

ISBN　978-89-499-4300-8 93910

값 35,000원